30/11

Psychotherapieführer

Herausgegeben von Christoph Kraiker und Burkhard Peter

Psychotherapieführer

Wege zur seelischen Gesundheit

Herausgegeben von
Christoph Kraiker und Burkhard Peter

Verlag C. H. Beck München

Deutsche Bibliothek – CIP-Einheitsaufnahme

Psychotherapieführer : Wege zur seelischen Gesundheit / hrsg. von Christoph Kraiker und Burkhard Peter. – 5., vollst. überarb. und aktualisierte Aufl. – München : Beck, 1998
ISBN 3 406 44204 8

ISBN 3 406 44204 8

5., vollständig überarbeitete und aktualisierte Auflage. 1998
Umschlagentwurf: Uwe Göbel, München

Gesamtherstellung: Druckerei Wagner, Nördlingen
Gedruckt auf säurefreiem, alterungsbeständigem Papier
(hergestellt aus chlorfrei gebleichtem Zellstoff)
Printed in Germany

Inhalt

Vorwort zur fünften Auflage

Der Weg der Psychotherapie führte in den Jahren seit Erscheinen der ersten Auflage dieses Buches unverkennbar zur Entwicklung verschiedener therapeutischer Techniken, die jeweils bei ganz spezifischen Störungsbildern wirksam sind. Gleichzeitig veränderten sich jene Therapieformen, die sich nicht mit spezifischen Störungen beschäftigen, sondern, von bestimmten psychologischen und philosophischen Grundannahmen ausgehend, ihr eigenes Ideal der seelischen Gesundheit anstreben. Manche sind aus dem Blickfeld der Öffentlichkeit verschwunden, andere sind dazugekommen, alle haben sich verändert.

Die vorliegende 5. Auflage des Psychotherapieführeres wurde diesen Entwicklungen entsprechend vollständig überarbeitet. Auch hier tauchen einige Formen der Psychotherapie nicht mehr auf, andere wurden hinzugefügt, z. B. Kunsttherapie, Katathym-Imaginative Therapie, Selbstsicherheitstraining, Rational-Emotive Verhaltenstherapie, Psychoanalytische Familientherapie und andere.

Die Darstellungen wurden fast alle vollkommen neu geschrieben, ansonsten aktualisiert. Neu sind auch verschiedene Kapitel über Verfahren bei speziellen Störungen, z. B. Ängsten, Depressionen, sexuellen Problemen, Schmerzen, Beeinträchtigung der Gehirnfunktion und anderen körperlichen Erkrankungen. Da die Definition und Abgrenzung verschiedener psychischer Störungen im letzten Jahrzehnt ebenfalls große Fortschritte machte, werden die häufigsten dieser Störungen in einem gesonderten Kapitel kurz dargestellt.

Um die Information zu vervollständigen, wird dies ergänzt durch Einführungen in die Psychiatrie, die Psychopharmakologie und die Struktur des psychotherapeutischen Versorgungssystems. Letzteres hat sich durch die jüngste Verabschiedung des sogenannten Psychotherapeutengesetzes erheblich verändert, was hier bereits berücksichtigt wird. Im Anhang finden sich die Literatur, Erklärungen von Fachausdrücken, der Index und eine Liste von Anschriften psychotherapeutischer Gesellschaften.

München, 1998 Die Herausgeber

Einführung: Über die Zielsetzung und den Gebrauch dieses Buches

Ziel dieses Buches ist es, die ausgewählten Therapieformen so darzustellen, daß auch Nicht-Spezialisten einen Eindruck davon bekommen können, welche Annahmen den verschiedenen Therapieformen zugrundeliegen und wie die entsprechende Praxis in etwa aussieht. Ein gewisses Maß an Fachausdrücken ließ sich dabei allerdings nicht vermeiden. Wir haben mehrere davon mit einem Sternchen * gekennzeichnet. Das bedeutet, daß dieser Ausdruck entweder im Verzeichnis der Fachausdrücke erklärt wird, oder daß im Sachwortverzeichnis auf Textstellen mit entsprechenden Erläuterungen hingewiesen wird. Auch wenn ein Ausdruck kein Sternchen hat, lassen sich oft an diesen Orten zusätzliche Informationen dazu finden.

In Teil I „Grundlegende Informationen" findet man eine kurze Erläuterung des oft verwirrenden Psychojargons, eine Übersicht der verschiedenen psychotherapeutischen Ansätze, eine komprimierte Darstellung der Psychiatrie, also des medizinischen Teiles des Versorgungssystems, eine Einführung in die neue Psychosomatik, des sich immer stärker entwickelnden Forschungsgebietes über die Zusammenhänge von seelischen und körperlichen Störungen, und schließlich eine Charakterisierung des juristischen und politischen Umfeldes, in dem Psychotherapie nach der Verabschiedung des sog. Psychotherapeutengesetzes stattfindet.

In Teil II geht es um jene Probleme, die psychotherapeutisch behandelt werden können bzw. sollten. Wir wollen hier zwei Dinge deutlich machen: erstens, daß dies sehr *unterschiedliche* Probleme sein können und daß es deshalb auch sehr unterschiedlicher Therapien bedarf. Zweitens, was *Psychische Störungen* nach heutiger Definition sind bzw. nicht sind und wie die wesentlichen Symptome, die häufig vorkommen, aussehen.

Teil III „Psychotherapeutische Verfahren" ist natürlich der Hauptteil. Gedanken über die Auswahl und die Klassifikation der dort vorgestellten Methoden finden Sie im einleitenden Kapitel über Formen der Psychotherapie. Einige werden überrascht sein, hier einen Abriß der Psychopharmakotherapie zu finden. Aber auch sie hat psychische Störungen zum Gegenstand, viele werden auf diese Weise behandelt, und sie wird immer eine Rolle spielen bei der Versorgung. In welcher Form dies letztlich sein wird, wird durch die Forschung entschieden.

Dies bringt uns zu dem nächsten Punkt. Die Vertreter/innen der verschiedenen therapeutischen Richtungen streiten seit Jahrzehnten miteinander, und dieser Streit ist in den letzten Jahren nicht abgeflaut. Diese Kontroverse zeigt sich zum Teil auch in den Beiträgen unserer Autoren und Autorinnen, obwohl wir darauf geachtet haben, Polemik zu vermeiden. Eine kontroverse Darstellung hätte nämlich, um fair zu sein, allen Standpunkten das Wort erteilen müssen, und dann wäre ein eigenes, anderes Buch entstanden. So ein Buch wäre sicher interessant, aber wir wollten hier informieren, nicht debattieren. Man könnte bemerken, daß dieser Streit ohnehin nicht durch Debatten sondern durch Forschung entschieden wird. Das ist im Prinzip richtig, aber nicht so einfach, wie es sich liest. Die wiederum damit zusammenhängenden Probleme diskutieren wir in Teil IV „Situation der Forschung".

Ein schwieriges Thema ist die Auswahl der vorgestellten Therapieverfahren. Es gibt möglicherweise hunderte, auch wenn sie sich nicht so leicht abzählen lassen wie Erbsen. Wen immer wir konsultiert haben meinte, die eine oder andere müsse unbedingt noch hinzugenommen werden, während man auf diese oder jene leicht verzichten könne. Letztlich mußten wir angesichts der Umfangsbeschränkung selbst entscheiden, und das haben wir nach bestem Wissen und Gewissen getan.

Die Herausgeber

I Grundlegende Informationen

1. Kurze Erläuterung einiger *Psycho*-Begriffe

Christoph Kraiker

Psychisch bedeutet einfach „seelisch". Fälschlicherweise wird statt dieses Wortes oft das Wort *psychologisch* verwendet, etwa wenn man sagt „meine Kopfschmerzen haben psychologische Gründe". Die Psychologie ist die *Wissenschaft* vom Seelischen und für Kopfschmerzen nicht verantwortlich, außer vielleicht bei denen, die sich damit beschäftigen. Im Englischen heißt „psychic" auch so viel wie medial oder spiritistisch, ein „psychic" kann also dort leider auch ein Wahrsager oder Handleser sein.

Die Bezeichnung *Psychologe/Psychologin* ist nicht geschützt. Jeder kann sich so nennen. Wer nach entsprechendem Studium einen akademischen Grad in Psychologie erworben hat, trägt den Titel Diplom-Psychologin oder Diplom-Psychologe. Diplompsychologen können sich in *Klinischer Psychologie* (s. d.) spezialisiert haben oder aber auch in Gebieten arbeiten, die mit Psychotherapie wenig zu tun haben, z. B. Werbe- oder Marktpsychologie, Verkehrspsychologie, visuelle Informationsverarbeitung, Ergonomie usw.

Klinische Psychologie ist jener Teil der akademischen Psychologie, der sich mit der Entstehung, Aufrechterhaltung, Verbreitung und Behandlung psychischer Störungen befaßt. Sie beschäftigt sich teilweise mit den gleichen Fragen wie die Psychiatrie (s. u.), allerdings unter anderem Blickwinkel. Eine Klinische Psychologin ist vielleicht auch Psychotherapeutin, möglicherweise beschäftigt sie sich aber vorwiegend mit Forschung (und Lehre).

Psychotherapeuten/Psychotherapeutinnen sind Personen, die berufsmäßig *Psychotherapie* betreiben. Der Titel ist in Deutschland aufgrund der neuesten Gesetzeslage (s. Kap. I,5) geschützt und wird nur nach anerkannter Ausbildung und aufgrund bestimmter Voraussetzungen verliehen. Voraussetzung ist ferner ein akademisches Studium der Psychologie oder der Medizin. Über die *Art* der ausgeübten Psychotherapie sagt diese Bezeichnung nichts aus, es handelt sich dabei also um einen sehr allgemeinen Oberbegriff.

Ein *Psychiater* ist ein Facharzt für das medizinische Teilgebiet der *Psychiatrie* (vgl. Kap. I,3). Er kann und wird in der Regel auch psychotherapeutisch tätig sein. Er kann medizinische Behandlungen durchführen, z. B. Psychopharmaka (s. Kap. F,1) verschreiben. In Amerika nennt man seinen Therapeuten oft „psychiatrist", und wenn dies schlampigerweise mit „Psychiater" übersetzt wird, kann es ein, daß damit doch kein Arzt gemeint ist.

Eine *Psychoanalytikerin* arbeitet auf der Grundlage der *Psychoanalyse*, einer von Sigmund Freud begründeten Theorie (s. Kap. A,1), die auch Grundlage mehrerer verwandter therapeutischer Verfahren ist. Sie wird in der Regel selbst therapeutisch tätig sein, aber es gibt auch Psychoanalytikerinnen, die in anderen Bereichen arbeiten. Psychoanalytikerinnen können Ärztinnen sein, Psychologinnen oder auch nach einem anderen Studium eine entsprechende Weiterbildung absolviert haben.

Tiefenpsychologie ist die Bezeichnung für eine ganze Gruppe psychologischer Theorien, die mit der klassischen Psychoanalyse bestimmte Überzeugungen teilen, z. B. die von der entscheidenden Rolle unbewußter Vorgänge für die Entstehung und Aufrechterhaltung psychischer Probleme, auf unterschiedliche Weise aber auch davon abweichen. Dementsprechend gibt es diverse *tiefenpsychologisch orientierte* Verfahren, und gelegentlich wird eine Psychoanalytikerin eine ihrer Behandlungsvarianten tiefenpsychologisch nennen, z. B. wenn sie dem Patienten gegenübersitzt und zwar seine unbewußten Konflikte aufgreift, nicht aber das Übertragungsgeschehen.*

Psychogen heißt psychisch verursacht. So spricht man etwa von psychogenen Schmerzen. Streng genommen bezieht sich das Wort nur auf den psychischen Anteil des Ursachenkomplexes, der auch andere Anteile hat, z. B. *somatogene* (körperliche).

Psychosomatisch bedeutet seelisch-leiblich oder, andersherum, leib-seelisch. Der Begriff stammt aus der psychoanalytisch orientierten Medizin und diente ursprünglich zur Bezeichnung bestimmter körperlicher Krankheiten, von denen man annahm, sie seien psychisch (mit)verursacht. Beispiele dafür sind das Magen- und Zwölffingerdarmgeschwür, Erkrankungen der Herzkranzgefäße, Asthma Bronchiale usw. Ob es *spezielle* psychosomatische Krankheiten gibt, ist heute sehr umstritten, denn einerseits findet man bei ihnen auch gravierende körperliche Ursachen (z. B. Infektionen oder genetische Prädispositionen), andererseits spielen seelische Faktoren auch bei allen anderen Erkrankungen eine Rolle (s. Kap. I,4).

Psychosen sind eine Bezeichnung für sehr belastende psychische Störungen, wie z. B. die Schizophrenien, die mit schwerwiegenden Beeinträchtigungen des Denkens, der Realitätsorientierung und der Emotionen verbunden sind. Man nennt auch einzelne Symptome psychotisch, z. B. Halluzinationen (Wahrnehmung von etwas nicht Vorhandenem), ohne daß dies jedoch heißen muß, daß der Betroffene an eine Psychose leidet. In Abhebung davon bezeichnet man als *Neurosen* psychische Störungen, die nur Teilbereiche des Lebens ergreifen und die fundamentalen Funktionen des Denkens und der Orientierung intakt lassen, z. B. die Phobien*. Beide Begriffe werden in der Fachwelt immer seltener verwendet, da sie wegen ihrer Ungenauigkeit wenig hilfreich sind und außerdem abwertenden Charakter haben.

2. Formen der Psychotherapie – Ein Überblick

Christoph Kraiker

Einführung

Die verschiedenen Formen der Psychotherapie werden nach unterschiedlichen Gesichtspunkten klassifiziert, was zu einiger Verwirrung führen kann. Es gibt äußere und innere Unterscheidungsmerkmale. Zu den äußeren Merkmalen gehört zunächst die *Anzahl* der Patienten, die an der Therapie teilnehmen. Geläufig sind *Einzel-*, *Gruppen-*, *Paar-* und *Familientherapie*. Weiter gibt es die Unterscheidung von *Eigentherapie* (z. B. Selbstveränderung oder Selbstanalyse), bei der die Patientin ihre eigene Therapeutin ist, und *Fremdtherapie*, wobei dieser Begriff nicht geläufig ist, da es sich dabei um den als selbstverständlich vorausgesetzten Normalfall handelt. Ein weiteres äußeres Unterscheidungsmerkmal bezieht sich auf die *Art der jeweils behandelten Störung*. Es gibt Schmerztherapie, Sexualtherapie, Depressionstherapie, Asthmatherapie, Rehabilitation bei beeinträchtigten Gehirnfunktionen und so fort. Ein weiteres Unterscheidungsmerkmal ist das benutzte *Medium* der Therapie: Kunst-, Musik-, Tanztherapie gehören dazu, aber in gewisser Weise auch Atem-, Entspannungs- und Körpertherapie.

Äußerlich ist jene Unterscheidung hinsichtlich der grundlegenden psychologischen Theorie, Philosophie oder Anthropologie einer Therapie. Man könnte dies auch die Klassifikation nach „Schulen" nennen. Sie gehen oft von einer Gründerfigur aus und haben nicht selten den Charakter einer Bewegung, die auch von den üblichen soziologischen Strukturen geprägt sind wie „heilige" Schriften, „apostolische Nachfolger," also prominente Schüler und Schülerinnen, die noch beim Meister selbst gelernt haben, Gesellschaften, „Konzilien" (Kongresse), offizielle Publikationen und natürlich Häresien und Abspaltungen. Wir können diese Unterscheidungen *innere* nennen, da sie unabhängig sind von den geschilderten äußeren Merkmalen.

Eine verbreitete, ziemlich grobe Klassikation unterscheidet drei „Familien" von Therapieformen:

1. die tiefenpsychologische Familie
2. die verhaltenstherapeutische Familie
3. die humanistische Familie, gelegentlich auch *dritte Kraft* genannt.

Da sich einige Verfahren wie die Hypnotherapie und Entspannung nicht ohne weiteres hier einordnen lassen, wurden sie hier zur 2. Familie gerechnet und diese in *problemorientierte* umbenannt. Alle anderen Therapien lassen sich in diesem Schema unterbringen, auch wenn sie -nach äußeren Merkmalen geordnet- woanders erscheinen.

Informiert man sich über alle Richtungen wird deutlich, daß sie erstens sehr unterschiedlich sind und daß zweitens bestimmte Elemente immer wieder auftauchen, und zwar auch bei Therapien, die sonst nicht viel gemein haben oder zu haben scheinen. Diese Gemeinsamkeiten und Differenzen möchte ich hier genauer analysieren.

Grundlegende Elemente der Psychotherapie

Das Ziel jeder Therapie ist die Vermehrung des Glücks durch den Gewinn von Wissen und Verständnis auf der einen sowie Handlungskompetenz und Selbstvertrauen auf der anderen Seite. Sie unterscheiden sich darin, wie sie diese unmittelbaren Ziele erreichen wollen und wie sie deren gegenseitiges Abhängigkeitsverhältnis bestimmen. Man könnte sagen, daß für einige Wissen und Verständnis notwendige *und* zureichende Bedingungen für das Entstehen von Kompetenz und Selbstvertrauen sind, für andere sind sie zwar notwendig, aber nicht zureichend.

Selbsterkenntnis

Alle Therapien beginnen mit dem ersten Aspekt, und das allen gemeinsame Mittel dazu ist das *Gespräch*, das von Seiten der Therapeutin nicht bewertend und nicht strafend geführt wird. Wahrscheinlich alle stimmen letztlich mit der Auffassung *Epiktets* (55-135) überein, daß nicht die Tatsachen uns beunruhigen, sondern die Meinungen, die wir von ihnen haben, und darin, daß wir unsere eigenen Meinungen zu einem großen Teil selbst nicht kennen. Meinungen bedeutet hier: Überzeugungen, Vermutungen, Befürchtungen, Ängste, Wünsche, Konflikte. Um die Tatsache des „unbekannten Inneren" verständlich zu machen, wurden zum Teil ausgearbeitete Systeme errichtet, in erster Linie natürlich die tiefenpsychologischen Modelle mit ihrer Unterscheidung von bewußt, vorbewußt und unbewußt. Aber auch über die Außenwelt muß Wissen erworben werden, und auch dies ist teils latent vorhanden, teils nicht.

Um Wissen und Verständnis entstehen zu lassen, gibt es unterschiedliche Vorgehensweisen, beginnend mit unterschiedlichen Gesprächstypen.

An mehreren Stellen taucht der Begriff des *Sokratischen Dialoges* auf. Dies ist die Strategie, durch konsequentes Fragen und Nachfragen den Dialogpartner zur Erkenntnis zu führen, wobei diese Kenntnis in ihm bereits verborgen vorhanden ist und nur offenbar gemacht wird. Sokrates nannte dies die *Hebammenkunst* (Maieutik). An diesem sokratischen Dialog können auch Gruppen beteiligt sein.

Es existieren jedoch wenigstens zwei bedeutsame Unterschiede in der Strategie der Förderung von Wissen. Einige Therapien legen großen Wert darauf, daß die *Genese* des gegenwärtigen Zustandes bewußt wird, also wie es lebensgeschichtlich gesehen zum gegenwärtigen Zustand kam. Auch das ist für die tiefenpsychologischen Verfahren charakteristisch. Andere halten es für ausreichend, über die gegenwärtige Situation alles Wichtige zu erfahren und betrachten genetisches Verständnis für nicht oder nicht unbedingt erforderlich. Das gilt für die problemorientierten und *grosso modo* auch die humanistischen Therapien. Darüber hinaus nehmen einige an, daß die Seele mit sich und der Umwelt auch in *Symbolen* kommuniziert, während andere die normale Alltagssprache für ausreichend halten. Wenn die Seele zu sich selbst in Bildern spricht, tut sie dies in Träumen (z. B. Psychoanalyse, Therapie nach C. G. Jung, Alfred Adler und Gestalttherapie), Tagträumen (Katathyme Psychotherapie), Kunstwerken (wieder etwa Jung, Katathyme P. und natürlich Kunsttherapie) und auch in körperlichen Symptomen. Wie immer bei Bildern, kann ihre *Deutung* zu einem besseren Verständnis führen. Deuten heißt, auf eine mögliche Bedeutung hinzuweisen. Deutung wird oft Interpretation genannt, aber dieser Begriff ist eine Rückübersetzung aus dem Englischen und wurde meines Wissens von Freud nie verwendet. Er ist auch irreführend, da die Seele mit sich selbst ja keine fremde Sprache spricht, sondern sie schaut einfach nicht hin bzw. hört nicht zu.

Andere Formen des Gespräches sind das Spiegeln (Gesprächspsychotherapie), Rückmeldungen von anderen Teilnehmern einer Gruppe (ein Aspekt etwa des Psychodramas), die kognitive Analyse (in der Rational-Emotiven Verhaltenstherapie und den Kognitiven Therapien), die methodisch dem sokratischen Dialog ähneln, aber ein spezielles Ziel haben, nämlich die Klärung von aktuellen Denkfehlern, irrationalen Überzeugungen, falschen Erfolgs- und Mißerfolgszuschreibungen (Attributionen), sowie die Verhaltensanalyse, die als Vorbereitung zum gezielten Training von bestimmten Fertigkeiten durchgeführt wird (s. u.). Sie wird eingesetzt u. a. bei der Systematischen Desensibilisierung, der Konfrontationstherapie, der Therapie von Depressionen und anderen störungsspezifischen Therapien wie Sexualtherapie, Schmerztherapie oder Therapie bei Hirnschädigung.

Welterkenntnis

Ein weiteres Mittel des Erkenntnisgewinnes von zentraler Bedeutung ist die *Konfrontation.* Sigmund Freud sagte einmal: „Der Neurotiker wendet sich von der Wirklichkeit ab, weil er sie, ihr Ganzes oder Stücke derselben, unerträglich findet" (GW VIII, S. 230). Und aus dem gleichen Grund wendet er sich auch von Stücken seiner selbst ab. Konfrontation heißt: Wende dich dem Furchtbaren zu, nimm es wahr, bleibe bei ihm und hau nicht ab, bis du merkst, daß es erträglich ist. Viele Therapien konfrontieren mit den zunächst nicht oder schwer erträglichen Aspekten des eigenen Ich und viele mit den zunächst nicht oder schwer erträglichen Stücken der Umwelt, z. B. die Logotherapie, die Systematische Desensibilisierung und natürlich insbesondere die Konfrontationstherapie.

Erwerb von Kompetenz und Selbstvertrauen

Das Beispiel der Konfrontation zeigt, daß der Erwerb von Wissen und der Erwerb von Kompetenz ineinander übergehen. Jemand, der den Schrecken einer überfüllten und steckengebliebenen U-Bahn so lange ausgehalten hat, bis sie ihren Schrecken verloren hat, konnte nicht nur etwas lernen, sondern kann sich nun auch freier bewegen. Jene Therapieformen, die der Auffassung sind, daß der Erwerb von Wissen und Verständnis oft nicht ausreiche, wenn das Symptom bereits „funktional autonom", d. h. unabhängig von seinen Entstehungsbedingungen geworden sei, haben darüber hinaus ein spezielles Arsenal von kompetenzvermittelnden Strategien entwickelt. Diese Strategie wird auch *lösungsorientiert* genannt. *Ressourcenorientiert* heißt, daß man zunächst die vorhandenen Fähigkeiten und Fertigkeiten ausschöpft und dann die notwendigen Zusatzfertigkeiten einübt. Dazu gehören alle konkreten Verhaltenstrainings, wie sie z. B. bei sozialen Ängsten, der Reaktivierung von depressiven Patienten und den schon erwähnten spezifischen Therapien eingesetzt werden. Diese Trainings werden oft in Form von *Rollenspielen* durchgeführt. Eine andere Variante sind das Üben in der Vorstellung, was man unter dem Begriff *mentales Training* zusammenfassen kann. Die Arbeit mit Phantasien hat auch ein doppeltes Gesicht – wie oben gezeigt, kann sie ein Stück Selbsterkenntnis vermitteln, sie kann aber auch Kompetenz vermitteln, und gelegentlich tut sie beides gleichzeitig. Verhaltensorientiert sind auch alle Formen des Entspannungstrainings gegen die Konsequenzen von Stress und anderen Belastungen, aber Entspannung fördert auch die Phantasietätigkeit.

Die Verschränkung von Wissen und Handeln wird auch deutlich bei der Erledigung von bislang unerledigten Problemen (unfinished business). Im Verlauf der therapeutischen Selbstreflektion können vergangene Demütigungen und Verletzungen ins Bewußtsein rücken, für die damals keine Bewältigungsmöglichkeit bestand. Eine reale Bewältigung in der Gegenwart ist dann oft nicht möglich, da die verantwortlichen Personen, etwa die Eltern, dafür nicht zugänglich sind oder nicht mehr leben. In einer therapeutischen Inszenierung, in der Phantasie oder in der dramatischen Darstellung kann dann diese Szene mit neuen Mitteln zu einem besseren Ende gebracht werden.

Schlußfolgerung

Obwohl diese Übersicht auch nicht annähernd vollständig ist, soll sie beispielhaft zeigen, daß die verschiedenen Therapieformen nicht sprach- und beziehungslos nebeneinander stehen, sondern daß es Kriterien gibt, mit denen ihre Vorgehensweisen beschrieben und eingeordnet werden können. Das Problem der Beurteilung ihrer Wirksamkeit wird in Kap. IV diskutiert.

Empfohlene Literatur: Epiktet: Handbüchlein der Moral. Stuttgart: Reclam.

3. Was ist Psychiatrie?

Wolfram Bender

Die klinische Psychiatrie befaßt sich mit der systematischen Beschreibung und Klassifikation (Nosologie), den Ursachen (Ätiologie), der Symptomatik (Psychopathologie) sowie der Diagnostik, der Prävention und der Therapie seelischer Störungen. Disziplinen der Psychiatrie sind die Kinder- und Jugendpsychiatrie, die Gerontopsychiatrie und die Forensische Psychiatrie, enge Verbindungen bestehen zur klinischen Psychologie, zur Psychosomatik und zur Neurologie.

Zu den speziellen Arbeitsgebieten der Psychiatrie zählt die *biologische Psychiatrie,* in der biochemische, neurophysiologische und genetische Methoden besonders für die Erforschung der sogenannten endogenen Psychosen (Schizophrenien, manisch-depressive Störung), bei Alkoholismus und angeborenen Intelligenz-Störungen eingesetzt werden. Der Nachweis von Störungen der Transmitter (Substanzen, welche für die Übertragung von Informationen zwischen den Nervenzellen verantwortlich sind) im Gehirn bei den endogenen Psychosen ist ein Beispiel der Ergebnisse dieser Forschungsrichtung.

In enger Verbindung zur biologischen Psychiatrie steht die *Psychopharmakologie,* die sich mit der Beeinflussung psychischer Vorgänge durch Medikamente befaßt. Körperlich begründbare (organische, exogene) Psychosen, wie sie zum Beispiel unter Amphetaminmißbrauch auftreten, die schizophrenieähnliche Symptome aufweisen können, gaben als Modellpsychose Hinweise auf möglicherweise ähnliche Vorgänge bei schizophrenen Störungen. Mit der Einführung der Neuroleptika und Antidepressiva in die Therapie begann die Psychopharmaka-Ära, die der Psychiatrie inzwischen ein umfangreiches und wirksames Behandlungsinventar zur Verfügung stellt, das – fachkundig und kritisch eingesetzt – die stationären Behandlungszeiten verkürzt, die Zahl der psychiatrischen Krankenhausbetten reduziert und zusammen mit ambulanter Betreuung und komplementären Diensten mitgeholfen hat, Klinikaufnahmen oder Wiederaufnahmen zu vermeiden (zur Psychopharmakotherapie s. Kap. F,1).

Die *psychiatrische Epidemiologie* beschäftigt sich mit der Verteilung psychischer Störungen in der Bevölkerung, den Bedingungen des Auftretens und des Verlaufes sowie den individuellen Risikofaktoren. Die Prävalenz ermittelt die Gesamtzahl der Erkrankungsfälle in einer bestimmten Population für einen definierten Zeitpunkt oder während einer Zeitspanne. Mit Inzidenz bezeichnet man die Häufigkeit der neu aufgetretenen Krankheitsfälle innerhalb eines bestimmten Zeitraumes.

Die *Konsiliarpsychiatrie* beschäftigt sich mit der diagnostischen und therapeutischen Beratung anderer medizinischer Disziplinen bezüglich der dort behandelten Patienten, die zusätzlich ein psychiatrisches Problem haben.

Die *Sozialpsychiatrie* stellt die Bedeutung sozialer Faktoren für das Auftreten, den Verlauf und die Prävention psychischer Störungen in den Mittelpunkt (eine enge Verbindung besteht zur psychiatrischen Epidemiologie und transkulturellen Psychiatrie); außerdem ist in der Bedeutung des Begriffes „soziale Psychiatrie" der Anspruch aller Mitglieder der Gesellschaft auf eine ihren Bedürfnissen entsprechende psychiatrische Versorgung ausgesprochen. Von der Sozialpsychiatrie ist das Auftreten und insbesondere der unterschiedliche Verlauf psychischer Störungen in Abhängigkeit von der sozialen Schicht beschrieben worden und, ausgehend von der Mental-Health-Bewegung der USA, wurde die Forderung nach einer gemeindenahen psychiatrischen Versorgung erhoben, die sich in Deutschland insbesondere mit den Zielen der von dem Enquête-Bericht (1975) angestoßenen Psychiatriereformbewegung deckt.

Eine *gemeindenahe psychiatrische Versorgung* sollte nach heutigen Vorstellungen eine Region (Sektor) versorgen und durch diese Betreuungsaufgabe auch verpflichtet sein, sich am Bedarf auszurichten, d. h. die notwendigen Behandlungsplätze für die Patienten zu stellen (Bedarfsdeckung). Ein Abweisen (bzw. Abschieben) von chronisch kranken, schwer rehabilitierbaren oder längerfristig pflegebedürftigen Patienten in weit entfernte Großkrankenhäuser – ein Kennzeichen einer Zweiklassenpsychiatrie – wird durch konsequente Regionalisierung mit Versorgungsverpflichtung unterbunden.

Als Behandlungsangebote für psychisch Kranke in einer gestuften Betreuungskette einer regionalen Versorgung sind zu nennen:

- stationäre Dienste (psychiatrische Abteilung am Allgemeinkrankenhaus, psychiatrisches Krankenhaus, gegebenenfalls mit Spezialabteilungen; psychotherapeutisch/psychosomatische Station, geronto[alters-]psychiatrische Station, Krisenstation, Schizophreniestation, Depressionsstation, Entgiftungs-/Entwöhnungsstation, Station für Doppeldiagnosen, Sucht und Psychose);
- halbstationäre Dienste (Tages- und Nachtkliniken für Patienten, die nicht mehr voll stationär betreut werden müssen);
- ergänzende Dienste (Übergangsheime, Wohnheime, beschützende Wohnungen, Patientenclubs, Tagesstätten);
- rehabilitative Dienste (Werkstätten für Behinderte, beschützende Arbeitsplätze);

- ambulante Betreuung (Polikliniken, Fachambulanzen, Nervenärzte, Psychologen, psychosoziale Beratungsstellen, psychosomatisch/psychotherapeutische Dienste).

Mit Blick auf diese großenteils erst in der Planung und im Aufbau befindliche gemeindenahe psychiatrische Versorgung erscheint eine Rekapitulation der historischen Entwicklung zum besseren Verständnis angebracht:

Die ersten Anstalten für Geisteskranke im europäischen Raum (1409 in Valencia, 1461 in Nürnberg), die 1632 gegründete Anstalt St. Lazare in Paris, die gleichzeitig Gefängnis und Irrenhaus war, und die ersten zu Beginn des 19. Jahrhunderts gegründeten Anstalten hatten lediglich Verwahrungsfunktionen (Schutz der Gesellschaft vor den Geisteskranken und Schutz des Kranken vor Selbstbeschädigung). Gezielte und wirksame Therapien gab es praktisch nicht, die Patienten wurden zur Ruhigstellung manchmal strafähnlichen Prozeduren unterzogen. Im Zeitalter des Absolutismus und Merkantilismus wurden die Geisteskranken zusammen mit Arbeitslosen, Kriminellen, Bettlern, Dirnen und Geschlechtskranken eingesperrt, und erst die Französische Revolution und die Epoche der Aufklärung befreite die Geisteskranken von ihren Ketten und leitete damit die Entwicklung spezieller Heil- und Pflegeanstalten für psychisch Kranke ein. Vielerorts zogen diese Anstalten in aufgelassene Klöster oder Abteien ein. Aus einem Konzept heraus, das für die Geisteskranken eine Entfernung aus ihrer (krankmachenden) Umgebung und die Unterbringung in ruhiger, ländlicher Gegend als therapeutisch wertvoll ansah, wurden neugegründete Anstalten zumeist weitab von den Städten angelegt (Im Lichte des heutigen sozialpsychiatrischen Wissens eine folgenschwere Fehlplanung). Dieses Isolierungsprinzip, zusammen mit Anleitung zu geregelter Lebensführung nach autoritär-pädagogischen Prinzipien der Disziplinierung und Bevormundung, leitete sich von der „Moralischen Behandlung“ (moral treatment) der Quäker her und wurzelte in den pädagogisch-pietistischen Ideen der damaligen Zeit. In der 2. Hälfte des 19. Jahrhunderts ging von England die Bewegung des „No restraint“ aus, eine Betreuungsform, die ohne Einsatz von mechanischen und anderen Zwangsmaßnahmen vorging und damit auch zur (teilweisen) Öffnung der geschlossenen Abteilungen führte. Insbesondere für geistig behinderte Patienten und Anfallskranke ergaben sich in den Anstalten mit angegliederter Landwirtschaft damit freiere Formen der Unterbringung und Möglichkeiten zur Selbstversorgung.

Mit der Entwicklung einer somatischen, naturwissenschaftlich ausgerichteten Psychiatrie gewann die Vorstellung überhand, daß „Geisteskrankheiten Krankheiten des Gehirns“ seien, wie es Griesinger formulierte. Wichtige Folgerungen hieraus waren die Forderung nach Gleichstellung des psychisch Kranken mit dem körperlich Kranken sowie eine Umstrukturierung der psychiatrischen Versorgung, wobei Griesinger Stadtasyle empfahl, die heute psychiatrischen Abteilungen an Allgemeinkrankenhäusern entsprechen würden. Die Stadtasyle hätten den psychisch Kranken in der Nähe seiner Familie und Freunde behandeln können; Angehörigenbesuche, probeweise Beurlaubung und wirksame Nachsorge sollte damit ermöglicht werden. Die Entwicklung der Stadtasyle scheiterte am Widerstand der Direktoren der großen psychiatrischen Anstalten; zum Teil haben die psychiatrisch-neurologischen Universitätskliniken später die Funktion von Stadtasylen übernommen, wobei sich zwischen den hauptsächlich Akutkranke aufnehmenden Universitätskliniken, die die Forschung, Lehre und Ausbildung der Psychiater betrieben, und den hauptsächlich chronisch Kranke beherbergenden psychiatrischen Anstalten in der Folgezeit eine immer größere Kluft entwickelte („Zweiklassenpsychiatrie"). Dennoch gingen von den zunehmend überfüllten und finanziell schlecht gestellten Anstalten wichtige Impulse aus, wie die von Simon 1929 in der Anstalt Gütersloh eingeführte Arbeitstherapie, die insbesondere die chronisch Kranken aus ihrer Inaktivität befreite (seit dem 2. Weltkrieg wird die Arbeitstherapie durch die Beschäftigungstherapie erweitert und ergänzt, die mehr den musisch-kreativen Aspekt in den Vordergrund stellt). Außerdem wurde von den Anstalten die Entwicklung zu kommunalen Fürsorgediensten angeregt.

Mit der Einführung der Malaria-Kur zur Behandlung der Progressiven Paralyse 1917 begannen die somatischen Behandlungsverfahren in der Psychiatrie; es folgten die Schlafkuren, die Schockbehandlungen (Insulinschock, Cardiazolschock, Elektroschock); die medikamentöse Therapie der Anfallsleiden machte Fortschritte; bei schweren Zwangskrankheiten und Psychosen wurden hirnchirurgische Eingriffe durchgeführt.

In der Zeit des Nationalsozialismus wurden in Deutschland etwa 80 000 psychisch Kranke und Behinderte sowie Anfallspatienten und zusätzlich etwa 5000 hirngeschädigte Kinder im Rahmen des „Euthanasie"-Programms ermordet.

Das Ende des 2. Weltkrieges hinterließ psychiatrische Anstalten, die wegen mangelhafter Förderung unter dem Nationalsozialismus und durch zunehmenden Aufnahmezwang, Überbelegungen und Personalmangel für die Patienten menschenunwürdige Lebensbedingungen boten. Die Situation besserte sich durch die Einführung der Psychopharmaka (Neuroleptika 1952, Antidepressiva 1957 – s. Kap. F,1). Damit gelang es, insbesondere bei den endogenen Psychosen, die Behandlungszeiten deutlich zu verkürzen. Neben den chronisch Kranken, die etwa 60–70% der Belegung der Psychiatrischen Anstalten ausmachten, entwickelte sich nun ein Anteil an Akut- und kurzfristig Kranken mit hohen Aufnahme- und Entlassungsziffern sowie kurzen Liegezeiten.

Um bei diesen Patienten der Entwicklung einer „Drehtürpsychiatrie“ (rasche Abfolge von Entlassungen und Wiederaufnahmen aufgrund hoher Rückfallquoten) vorzubeugen, bedurfte es neben der Psychopharmakotherapie zusätzlicher soziotherapeutischer und psychotherapeutischer Betreuung. Wichtige Impulse bekam die sozialpsychiatrische Ausrichtung durch die von Maxwell Jones beschriebene Therapieform der therapeutischen Gemeinschaft, die den administrativ-kustodialen Anstaltsstil durch einen therapeutischen Pflegestil ersetzte und durch die aus den USA stammende Mental-Health-Bewegung, die die Abkehr vom psychiatrischen Großkrankenhaus und Ausrichtung auf eine gemeindenahe psychiatrische Versorgung anstrebte.

Das Gedankengut der Psychoanalyse, ausgehend von den frühen Arbeiten von Breuer und Freud über die Hysterie (1895), fand in Deutschland lange Zeit keinen Eingang in die Psychiatrie. Von den Nationalsozialisten diffamiert, wanderten führende Analytiker in die USA aus. Dort und auch in anderen Ländern verband sich analytisches und psychiatrisches Gedankengut im Sinne einer „dynamischen Psychiatrie“, während sich in Deutschland die psychoanalytische Therapie lange außerhalb der Psychiatrie weiterentwickelte. Erst in jüngerer Zeit ist es zu der notwendigen und zu begrüßenden Integration gekommen, die sich u. a. in der Änderung der Facharztweiterbildung von „Facharzt für Psychiatrie“ in „Facharzt für Psychiatrie und Psychotherapie“ ausdrückt. Damit schwindet auch der fruchtlose Streit zwischen „Somatikern“ und „Psychikern“, der sich z. B. an der vermeintlichen Alternative Psychopharmakotherapie versus Psychotherapie entzündete.

Schon die (alte) Unterteilung der psychischen Störungen in die drei Gruppen der exogenen (organisch begründbaren) Psychosen, der sogenannten endogenen Psychosen (Schizophrenien und manisch-depressive Störung) sowie der neurotischen Störungen und Persönlichkeitsstörungen zeigt, daß der Standpunkt, psychische Störungen hätten rein körperliche oder rein seelische Ursachen, historisch überholt ist.

Die aktuellen Klassifikationssysteme der Psychiatrie ICD-10 (Internationale Klassifikation Psychischer Störungen, 10. Revision) und DSM-IV (Diagnostisches und Statistisches Manual Psychischer Störungen, 4. Revision) sind charakterisiert durch

- ein beschreibendes Vorgehen (symptom-/syndromorientiert, überwiegend theorie- und ätiologieunabhängig)
- operationalisierte Diagnostik (vorgegebene Symptom-, Zeit- und Verlaufskriterien, Diagnosealgorithmen)
- Komorbiditätsprinzip (gleichzeitiges gemeinsames Auftreten mehrerer psychischer Störungen ist möglich)

- multiaxialer Ansatz (neben dem klinischen Syndrom werden Entwicklungs- und Persönlichkeitsstörungen, körperliche Störungen, Schweregrad psychosozialer Belastungsfaktoren und das psychosoziale Funktionsniveau erfaßt).

Zur Erklärung der Entstehung psychiatrischer Störungen erscheint ein Ansatz am fruchtbarsten, der mehrere Aspekte berücksichtigt: Neben Faktoren der Erblichkeit und Konstitution haben auch organische Bedingungen (z. B. Hirnschädigung) sowie Faktoren der psychischen Entwicklung und der Lebensumstände in unterschiedlicher Ausprägung ihren Platz. Konkret für das Beispiel der schizophrenen Störungen bedeutet dies, daß eine anlagemäßige Bereitschaft unterschiedlicher Stärke angenommen wird, die nur bei starker Ausprägung zum spontanen und weitgehend umweltunabhängigen Auftreten der Störung führt, bei geringerer Ausprägung jedoch erst bei zusätzlichen somatischen, psychischen oder sozialen Belastungsfaktoren krankheitswirksam wird (Vulnerabilitäts-Stress-Modell). Solche Belastungsfaktoren können z. B. im Familienmilieu liegen, und die Forschung zu Familienstrukturen konnte zeigen, daß gestörte Kommunikation in Familien von Schizophrenen für den Krankheitsverlauf und das Wiedererkrankungsrisiko einen wichtigen Stellenwert haben.

Eine integrierte Therapie eines an einer Schizophrenie erkrankten Patienten wird im individuellen Fall somit auch verschiedene Therapiemaßnahmen kombinieren: etwa eine Therapie mit Neuroleptika* zur Akutbehandlung oder Vorbeugung, die sozialtherapeutische Bemühung einer Umgestaltung oder Veränderung der belastenden Familiensituation und eine begleitende Psychotherapie. In der Psychotherapie kann der Akzent z. B. in der Bearbeitung des traumatischen Erlebnisses der Psychose und ihrer Inhalte liegen, in der lebensgeschichtlichen Begleitung und Stützung bei Problemen und Konflikten, im Trainieren und Wiederaufbau sozialer Kompetenz und Krankheitsbewältigungsmechanismen.

Der Bedarf für Psychotherapie hat zu einer Förderung und Integration der Psychotherapie in psychiatrischen Institutionen geführt. Neben speziellen Psychotherapiemethoden ist insbesondere auch eine Ausbildung der Ärzte und des Pflegepersonals im sogenannten psychotherapeutischen Basisverhalten im Sinne von Rogers (s. Kap. C,1) wichtig. Eine Aufgabe für die Zukunft dürfte darin liegen, ein adäquates Psychotherapieangebot gerade auch für die älteren, schwerer und chronisch psychisch kranken Patienten sowie für Patienten der unteren sozioökonomischen Schicht sicherzustellen.

Empfohlene Literatur: Dilling, D., Hippius, H., Kubuschok, Ch. (Hrsg.): Die Ergebnisse der Psychiatrie-Enquete unter dem Aspekt der Rehabilitation psychisch Kranker und Behinderter. Das öffentliche Gesundheitswesen. Sonderheft 1, März 1978, 1–50. *Dilling, H., Mombour, W., Schmidt, M. H. (Hrsg)*: Internationale Klassifikation psychischer Störungen, ICD-10 Kapitel V (F) Klinisch diagnostische Leitlinien, 2. Aufl., Verlag Hans Huber, 1993. *Freyberger, H. J., Stieglitz, R.-D., (Hrsg):* Kompendium der Psychiatrie und Psychotherapie. Karger Verlag, 1996. *Saß, H., Wittchen, H.-U., Zaudig, M. (Hrsg)*: Diagnostisches und Statistisches Manual Psychischer Störungen DSM-IV, Göttingen: Hogrefe-Verlag, 1996.

4. Die neue Psychosomatik

Biopsychosoziale Zusammenhänge von Gesundheit und Krankheit

Lydia Hartl

Seit es dokumentierte Heilkunde gibt, also seit etwa 5000 Jahren, wissen wir von Regelungen zur Erhaltung von Gesundheit und Vermeidung von Krankheit, die sowohl das Individuum als auch seine Umwelt einbeziehen. So gab es früh Ermahnungen, sich ausreichend geistig und körperlich zu bewegen, sich gesund zu ernähren und Aufregungen und Belastungen zu vermeiden oder zu bewältigen. Auch Umweltbedingungen wurden im Rahmen der Gesundheitspflege und Krankheitsbehandlung beachtet, wie Klimabesonderheiten, Konsequenzen bestimmter Arbeitsbedingungen oder kulturell geprägte Hygienevorstellungen. Persönliche Hygiene, aber auch Umwelthygiene im Sinn von reinem Wasser, reiner Luft, guten Wohnbedingungen und friedlichen Formen des Zusammenlebens wurden schon früh als Faktoren für ein langes, gesundes Leben gerühmt. Beispiele finden sich vielfältig: die hippokratische Medizinschule, die eine frühe Form der Verhaltensmedizin vertrat, in der man auf die wissenschaftliche Überprüfung der angewandten Methoden Wert legte, das Trockenlegen von Sumpfgebieten in der Antike, die Wahl, Ansiedlungen dort zu errichten, wo die Luft gut war, zumeist auf Anhöhen, oder die vielfältigen öffentlichen Maßnahmen, die im Lauf der Geschichte beim Auftreten von Seuchenepidemien ergriffen wurden.

Das Interesse am Zusammenwirken von seelischen und körperlichen Vorgängen, also an der Psychosomatik, ist ein altes Grundanliegen der Heilkunde, und das Interesse am damit verbundenen Leib-Seele-Problem, ein existentielles der Philosophie und Psychologie, und somit jeder Kultur. Es ist nur zu gut verständlich, daß die Fortschritte der Wissenschaften in unserem Jahrhundert fast alle Aufmerksamkeit auf sich ziehen. Andererseits sind in den letzten Jahren gerade durch diese Fortschritte die alten Probleme, allerdings in neuem Gewand, wieder sichtbar geworden. Besonders im Umgang mit chronischen Krankheiten, und dies sind meist die sog. Zivilisationskrankheiten, kommt der diesen Problemen innewohnenden Verhaltenskomponente und damit der Psychologie als der wissenschaftlichen Disziplin hierfür große Bedeutung, sogar die Schlüsselrolle zu. Man hat erkannt, daß mit der Identifizierung und Behandlung körperlicher Risikofaktoren allein die Gesundheitsprobleme nicht gelöst werden können. Es stellt sich somit die dringliche Aufgabe, bei der Prävention und Behandlung von Krankheiten nicht nur die körperliche Schädigung, sondern auch die sozialen und psychischen Beeinträchtigungen zu begrenzen. Die hippokratische Einstellung, daß es keine Krankheiten an sich, sondern kranke Menschen gibt, gewinnt wieder hohe Aktualität.

Seit der Jahrhundertwende ist die Lebenserwartung in der westlichen Welt fast um das Doppelte gestiegen. Dies ist zum größten Teil der kurativen, also auf Heilung ausgerichteten Medizin zuzuschreiben, aber auch den allgemeinen Verbesserungen des Lebensstandards. Beides führte zur Eindämmung der früher häufigsten Todesursache, der Infektionskrankheiten. Nun kommt es nicht mehr primär darauf an, dem Leben Jahre, sondern den Jahren Leben zu geben. Die sogenannten Zivilisationskrankheiten treten gehäuft in der zweiten Hälfte des Lebens, also ab etwa 40 Jahren auf. Dies macht es nicht nur nötig, Risikofaktoren für Erkrankungen (wie ungesunde, fettreiche und ballaststoffarme Ernährung, körperliche Inaktivität, Drogen, Nikotin und Alkohol) zu vermeiden, sondern auch schon früh im Leben Fertigkeiten zur Gesundheitspflege zu entwickeln, einschließlich der Fähigkeit, mit Belastungen umzugehen.

Bereits die 1980 geänderte Definition der Weltgesundheitsorganisation (WHO) von Gesundheit, die, zusätzlich zur Abwesenheit von körperlicher Schädigung, als körperliches, seelisches und soziales Wohlbefinden umschrieben wird, zeigt das gegenwärtige Gewicht des Bedürfnisses, psychisch-somatische Zusammenhänge zu verstehen. Neben den Faktoren des klassischen medizinischen, also des kurativen Krankheitsmodells (dies sind Sterblichkeit, Krankheit und Behinderung) werden nun auch Faktoren wie aktive Lebenserwartung, wahrgenommene Gesundheit, Lebenszufriedenheit und gesunde Lebensstile in einer gesunden Umwelt genannt, die ein neues, interdisziplinäres Modell von Gesundheit beschreiben, das die Sozial- und Verhaltenswissenschaften einbezieht.

Aus diesen Erkenntnissen heraus entwickelten sich in jüngerer Zeit drei wichtige Richtungen: *Verhaltensmedizin, Public Health* und *Gesundheitspsychologie*.

Die *Verhaltensmedizin* wurde offiziell 1977 ins Leben gerufen. Man wollte damit ein Forschungsfeld schaffen, das sich mit der Entwicklung und Integration der für Gesundheits- und Krankheitsprobleme wichtigen Erkenntnisse und Techniken der verhaltens- und biomedizinischen Wissenschaften und mit der Anwendung dieser Erkenntnisse und Techniken in Hinblick auf Prävention, Diagnose, Behandlung und Rehabilitation beschäftigt. Gegenwärtig versteht man unter Verhaltensmedizin ein Gebiet, dessen Schwerpunkt auf der systematischen Entwicklung, Erforschung und Anwendung verhaltensorientierter Verfahren zu den genannten Krankheitsaspekten liegt. Dieses Gebiet muß notwendigerweise interdisziplinär sein, was jedoch aus dem etwas unglücklich gewählten Namen kaum hervorgeht: Bei der Betonung der medizinischen Aspekte bleiben die psychologischen Bezüge auf der Strecke, obwohl diese die eigentlich tragenden sind. Inhaltlich wäre daher der etwas umständliche Begriff des „biopsychosozialen“ Krankheitsverständnisses und Forschungsansatzes vorzuziehen.

Public Health, also die Frage nach der „öffentlichen“ Gesundheit, umfaßt die Bemühungen, die Gesundheit von Einzelpersonen und Bevölkerungsgruppen in Städten und Gemeinden, Ländern und Staaten herbeizuführen, zu erhalten und zu fördern, und zwar in den Bereichen, die über die medizinische und psychologische Behandlung und Versorgung des Einzelnen hinausgehen. Public Health ist also ebenfalls eine Aufgabe, der man sich nur interdisziplinär stellen kann. Sie fordert nicht nur ärztliches und psychologisches Wissen, sondern auch die Mitarbeit von Soziologen, Architekten und Stadtplanern, Verkehrsfachleuten, Politikern und der Industrie, im Grunde allen Personen und Gruppen, die sich mit Bedingungen auseinandersetzen, die auf die Definition der WHO von Gesundheit Einfluß haben.

Unter *Gesundheitspsychologie* versteht man alle Aspekte, die sich im Verhalten und Erleben von einzelnen Personen auf Fragen der Gesundheit beziehen. Da Personen sich aber nicht im luftleeren Raum, sondern immer in vielfältigen Bezügen (z. B. mit sich selbst, mit der privaten und der Arbeitsumwelt) befinden, sind die Trennungen zwischen diesen drei Bereichen nicht immer scharf zu ziehen.

Die Arbeitsbereiche von Public Health, Gesundheitspsychologie und Verhaltensmedizin sind bisher noch nicht im Versorgungsalltag etabliert und daher den meisten, Laien wie Fachleuten, unbekannt, obwohl man sich über die Notwendigkeit und auch die Dringlichkeit solcher Vorgehensweisen im Grunde einig ist. Eine Schwierigkeit dabei ist das grundsätzliche interdisziplinäre Vorgehen, das zumeist dann zögerlich umgesetzt wird, wenn es die Fachgrenzen von umfangreichen und schwer überschaubaren Einzeldisziplinen überschreitet, wie es die Medizin und die Psychologie sind. Eine weitere Schwierigkeit ist aber auch die Sichtweise von Krankheitsprozessen nicht nur als individuelles Problem, das möglicherweise repariert werden kann, sondern auch als Resultat von Lebensstilen, die sich im Rahmen gesellschaftlicher Arbeits-, Konsum- und Freizeitbedingungen herausgebildet haben, auf die man in den wohlhabenden Regionen der Welt durchaus stolz ist.

Es ist nicht uninteressant, daß ganzheitliche Ansätze in der Heilkunde vor allem in gesellschaftlichen Extremsituationen an Bedeutung gewinnen, nämlich dann, wenn entweder zu wenig materielle und technische Ressourcen zur Reparatur körperlicher Schäden zur Verfügung stehen oder, am anderen Ende der Skala, wenn der Einsatz von Reparaturtechnologien höchsten Standards nicht genügend Schutz vor Wiedererkrankung bieten kann.

Gesundheitspsychologische und verhaltensmedizinische Ansätze wirken in der gegenwärtigen Situation ganz neuartig. Tatsächlich aber ist es so, daß – bis auf wenige hundert Jahre Unterbrechung – ähnliche, zum Teil sehr ausgearbeitete Überlegungen das abendländische Krankheitsverständnis beherrscht haben. Auch in anderen Hochkulturen gab es biopsychosoziale Erklärungsmodelle für Störungen des Befindens. Daß wir heute sehr viel mehr können als früher, bedeutet nicht gleichzeitig, daß wir alles auch besser verstehen. Vorhandene Erkenntnisse, Konzepte und Methoden müssen in einer Art anthropologischer Sicht genutzt werden.

Als Beispiel hierzu sei folgendes genannt: Viele der in diesem Jahrhundert als „klassische" psychosomatische Krankheiten eingestuften Prozesse, d. h. Krankheitsabläufe, für die man mit den zeitgemäßen diagnostischen Methoden keine oder keine hinreichende organische Ursache fand (z. B. Magengeschwüre, Bluthochdruck oder Asthma), sind inzwischen in den Bereich der Medizin abgewandert, wenn man zumindest eine körperliche Prädisposition als notwendige Bedingung zur Entwicklung der Störung entdecken konnte. Damit könnte man den Bereich der Psychosomatik als aussterbende Disziplin betrachten, die nur noch in einer Restkategorie, nämlich den sogenannten somatoformen Störungen (Schmerzstörungen in wechselnden Körperbereichen, auch „funktionellen" Beschwerden genannt), solange weiterlebt, bis man auch für diese eine organische Erklärung gefunden hat – wenn es nicht noch andere, genuin psychologische Ansätze gäbe, die sich mit dem Zusammenhang von Psyche und Physis auseinandersetzen, die differenzielle Untersuchungsstrategien erlauben und mehr Aussagekraft haben als die zu jeder Zeit verbreitete Laienmeinung, daß sich Seele und Körper beeinflussen.

Diese Ansätze, so ist nun zu fordern, sollten die eigentliche Psychosomatik darstellen. Wir müssen zudem die unsere Kultur tragenden Sichtweisen von Gesundheit und Krankheit berücksichtigen, um diese unter nichttrivialen, ganzheitlichen Aspekten verstehen zu können. Dies führt notwendigerweise zu Lösungswegen, die interdisziplinär gesucht werden müssen, um die ganzheitlichen Konzepte der alten Heilkunde mit zeitgemäßen Methoden weiterzuführen.

In der Heilkunde nahm man bisher entweder an, daß die

beobachteten Probleme auf eine aufzudeckende körperliche Schädigungen zurückzuführen sind, oder aber, daß innerpsychische Konflikte die entscheidende Krankheitsursache darstellen, wie dies im psychoanalytischen Modell formuliert wird. Daneben gab es auch noch zu allen Zeiten einen dritten Erklärungsweg, wenn man mit den beiden anderen Wegen noch nicht oder nicht mehr weiter wußte: Man nahm dann an, daß Krankheit durch schicksalhafte, vom einzelnen nicht kontrollierbare Einflüsse entstehe und auch so behandelt werden müsse. Alle drei Erklärungswege gab es zu jeder Zeit und gibt es heute noch, allerdings mit wechselnder Dominanz.

Die heute vorherrschenden Modelle zu den Störungen, die uns als Zivilisationkrankheiten am meisten zu schaffen machen, gründen sich auf folgende zwei Vorstellungen: Krankheit wird einerseits in Abhängigkeit, also als Funktion von physiologisch-biochemischen körperlichen Vorgängen gesehen, wobei vielfältige Faktoren genetischer oder psychosozialer Art auf die körperlichen Gegebenheiten einwirken und so zu einem einzigartigen individuellen Krankheits-„Bild“ führen können. Andererseits ist unser Krankheitsbegriff aber auch ontologisch. Das bedeutet, daß Krankheiten als Wesenheiten angesehen werden, die Entwicklungs- und Verlaufscharakteristika zeigen, die unabhängig von der einzelnen Person sind. Die gleichzeitige Sichtweise von Krankheit aus funktionaler und ontologischer Perspektive läßt unterscheiden in Krankheiten, die bei einer Person auftreten und von ihr auch als solche erlebt werden, und anderen Zuständen, die funktional und ontologisch nicht deckungsgleich sind. Extrempole hierfür sind die Zustände, in denen man sich krank fühlt, ohne feststellbare körperliche Veränderungen zu haben (z. B. Hypochondrie), oder daß man zwar organische Schädigungen hat, sich aber völlig gesund fühlt (z. B. Bluthochdruck). Dazwischen gibt es alle möglichen Verknüpfungen, denen man wissenschaftlich wie therapeutisch gerecht werden muß.

Man erkannte zunehmend, daß praktisch alle biologischen Systeme in Zeitrhythmen funktionieren und daß eine Vielzahl von Botenstoffen diese Rhythmen mitregulieren. Zudem fanden sich Anzeichen dafür, daß körperliche Systeme, die man bisher als eigenständig erachtet hatte, nicht nur die eigene Aktivität, sondern auch die Aktivität anderer Systeme beeinflussen können. Solche Erkenntnisse über das Immun-, das endokrine und das autonome Nervensystem haben neue Forschungsgebiete erschlossen: die Psychoimmunologie, die Psychoendokrinologie und die Interozeptionsforschung, die in jüngster Zeit wiederum zeigen, daß auch diese drei Bereiche miteinander komplex verwoben sind, so daß man eigentlich einen weiteren Oberbegriff hierfür schaffen müßte, womit wir wieder bei der Neubestimmung des Begriffs von Psychosomatik angelangt wären.

Der Informationsaustausch zwischen Mensch und sozialer und physikalischer Umwelt beinhaltet auch psychosoziales Verhalten, das zur Selbstregulation biologischer Systeme beiträgt, zur Regulation psychologischer und psychophysiologischer Zustände (wie Selbsteinschätzung und Befinden) und auch zur Regulation von Umgebungszuständen. Es gibt also eine Vielzahl von Kommunikationsmitteln unterschiedlicher Komplexität, die vom Calcium-Ion bis zum begrifflichen Wort reichen und die eine einfache Leib-Seele-Polarisierung als wenig geeignet für das Funktionsverständnis des Menschen erscheinen lassen.

Etwa seit den letzten zehn Jahren gibt es einige Ansätze, die Krankheit eher als einen Prozeß der Dysregulation beschreiben, der nicht zwangsweise mit einer auslösenden strukturellen Schädigung einhergehen muß. Man hat sowohl die Konzepte als auch die Methoden, um eine „biopsychosoziale," im echten Sinn psychosomatische Sicht von Krankheit und dem dazugehörigen interdisziplinären Wissen umzusetzen. So wird die traditionelle Unterscheidung in psychische und physische Krankheiten überflüssig, da alle Störungen als psychosomatisch bzw. biopsychosozial angesehen werden können.

Diese Sichtweise beginnt bereits bei der Frage, wann ein Zahn kariös werden kann, ist aber vor allem bei komplexen, chronischen oder rezidivierenden Störungen aus inhaltlicher, aber auch ökonomischer Perspektive interessant. Die Zivilisationskrankheiten erfüllen diese Bedingungen. Dysregulationsmodelle erlauben zudem, nicht warten zu müssen, bis der letzte Kausalfaktor eines multiplen Prozesses aufgeklärt ist, sondern unter einer funktionalen Sichtweise mit Maßnahmen zur primären und sekundären Prävention* zu beginnen, die biologische, psychologische und soziale Bedingtheiten sowie deren Zeitverlauf berücksichtigen. So kann man im Rahmen aller mitwirkenden Bedingungen chronisch kranke Menschen auch als „bedingt gesund" sehen und damit die Frage nach der Lebensqualität stellen. Wichtig ist es dabei, die Schwelle festzustellen, ab der aus einem Noch- ein Nicht-Mehr-Funktionieren wird. Bisher allerdings verschlingen die rein medizinischen Defektbehandlungen den Löwenanteil der an sich sehr hohen Gesundheitsausgaben. Vorbeugende und integrative Maßnahmen spielen kaum eine Rolle. Dies wird sich ändern müssen.

Empfohlene Literatur: Schwartz, F. W., Badura, B., Leidl, R., Raspe, H., Siegrist, J. (Hrsg.).: Gesundheit und Gesundheitswesen. München: Urban & Schwarzenberg: 1997. *Weitkunat, R., Haisch J., Kessler, M.* (Hrsg.): Public Health und Gesundheitspsychologie. Bern: Huber, 1997.

5. Das Versorgungssystem für psychisch Kranke und Behinderte

Curd Michael Hockel

Einführung

Seit der ersten Auflage dieses Buches hat sich sowohl die Bundesrepulik selbst durch die Wiedervereinigung als auch das Versorgungssystem durch vielfältige neue Rechtsvorschriften verändert. Die Vielzahl der Änderungen in schneller Folge ist regelrecht erschreckend: Mehr als 46 Änderungsgesetze mit mehr als 6800 Einzelbestimmungen hat der Gesetzgeber in den Jahren 1977–1996 erlassen – dies kommt einem Umbau des Systems der sozialen Sicherung gleich. Die aktuellste Veränderung muß im Kernbereich dieser Versorgung gesehen werden, in welchem am 6. 3. 1998 endlich das „Gesetz über die Berufe des Psychologischen Psychotherapeuten und des Kinder- und Jugendlichenpsychotherapeuten" (PTG) auch den Bundesrat passierte und damit wirksam wurde; es ist am 1. 1. 1999 in Kraft getreten. Zunächst bedeutet dies PTG jedoch eine Verringerung der Leistungsangebote im Hinblick auf die anerkannten Psychotherapierichtungen („Richtlinienverfahren"). Welche Richtung der Umbau des Systems der sozialen Sicherung und auch der Versorgung psychisch Kranker hatte, wird im Folgenden in Einzelbeispielen deutlich werden.

Die Europäische Perspektive

Am 7. Juni 1990 wurde in Österreich das Gesetz über die „Führung der Berufsbezeichnung ‚Psychologe' oder ‚Psychologin' und über die Ausübung des psychologischen Berufes im Gesundheitswesen (Psychologengesetz)" verabschiedet. Es führte auch die Regelung der Berufstätigkeit klinischer Psychologen und Gesundheitspsychologen durch die Schaffung der entsprechenden Listen ein. Am gleichen Tag wurde das ergänzende 361ste Bundesgesetz „Über die Ausübung der Psychotherapie (Psychotherapiegesetz)" verabschiedet. Diese beiden Gesetze können im europäischen Kontext als eine Art Angelpunkt gesehen werden, da vorher erst übergreifende Organisationen sich zusammenfanden (Hockel, 1981b) und danach die Verrechtlichung auch in anderen Ländern – wie z. B. in der BRD, siehe unten – folgte. In Österreich ist der Beruf des Psychotherapeuten ausgehend von unterschiedlichen Grundberufen erlernbar. Insgesamt läßt sich in den letzten Jahren ein Trend zur Anerkennung psychotherapeutischer Berufstätigkeit und Versorgungsleistungen erkennen, dem auch ein Bemühen um die formalisierte Anerkennung von Psychotherapie im Rahmen europäischer Institutionen entspricht. So wurde auf der Generalversammlung des europäischen Verbandes für Psychotherapie am 29. 6. 1997 in Rom ein Europäisches Zertifikat für Psychotherapie eingeführt.

Rechtsrahmen in der Bundesrepublik Deutschland

Sozialgesetzbuch

Durch die Rechtsentwicklung wurden die in der früheren „Reichs-Versicherungs-Ordnung" geregelten Belange inzwischen zu Bestandteilen eines einheitlichen Systems von Sozialgesetzbüchern (Aichberger 1998). Die gesellschaftliche Wirklichkeit, in welche das Sozialgesetzbuch mit seinem Leistungsspektrum eingebettet ist, umfaßt vielfältige Teilsysteme, dem entspricht auch die Gliederung der Sozialgesetzgebung. Das Sozialgesetzbuch umfaßt heute in seinen 11 Büchern alle diese Teilsysteme und versucht, deren Miteinander unter die Zielvorgabe des § 1, SGB 1 zu stellen:

„Das Recht des Sozialgesetzbuches soll zur Verwirklichung sozialer Gerechtigkeit und sozialer Sicherheit Sozialleistungen einschließlich sozialer und erzieherischer Hilfen gestalten. Es soll dazu beitragen

- ein menschenwürdiges Dasein zu sichern,
- gleiche Voraussetzungen für die freie Entfaltung der Persönlichkeit, insbesondere auch für junge Menschen, zu schaffen,
- die Familie zu schützen und zu fördern
- den Erwerb des Lebensunterhalts durch eine frei gewählte Tätigkeit zu ermöglichen und
- besondere Belastungen des Lebens, auch durch Hilfe zur Selbsthilfe, abzuwenden oder auszugleichen."

Das SGB I benennt in den §§ 18 ff. die jeweils in den weiteren Büchern und Gesetzen festgehaltenen Leistungen und deren Leistungsträger. Sie werden hier zunächst zusammengestellt, da bei genauer Sichtung auch für den Bereich psychischer Nöte, fast in jedem Bereich Hilfen bereit stehen:

- der Ausbildungsförderung (SGB I,1, § 18;SGB III),
- der Arbeitsförderung (SGB I,1, § 19; SGB III),
- der zusätzlichen Leistungen für Schwerbehinderte (SGB I,1, § 20),
- der Leistungen der gesetzlichen Krankenversicherung (SGB I,1, § 21, SGB V),
- der gesetzlichen Unfallversicherung (SGB I,1, § 22, SGB VII),
- der gesetzlichen Rentenversicherung (SGB I,1, § 23, SGB VI),
- der Kinder- und Jugendhilfe (SGB I,1, § 27, SGB VIII),
- der Sozialhilfe (SGB I,1, § 28, BSHG)
- und Leistungen zur Eingliederung Behinderter (SGB I,1,§ 29

Selbsthilfe – Selbstzahler – Eigenbeteiligung?

Das meistgebrauchte Wort im Umfeld der Sozial- und Gesundheitspolitik der letzten 20 Jahre war wohl das Stichwort der „Förderung von Selbsthilfe". Viele sinnvolle Entwicklungen wurden unter diesem Titel vorangebracht. So ist die im Stukturbild (Übersicht 1, s. u.) genannte Vielfalt der „Selbsthilfegruppen und -möglichkeiten" tatsächlich ausgeweitet worden. In vielen Bereichen kann der teilnehmende Beobachter, der jeder psychotherapeutisch Tätige unvermeidlich wird, nicht umhin zu vermuten, daß das Wort von der Selbsthilfe häufig auch mißbraucht

Übersicht: Beanspruchung der Versorgungsstruktur als „Hilfe zur Selbsthilfe", „Produktiver Umweg"

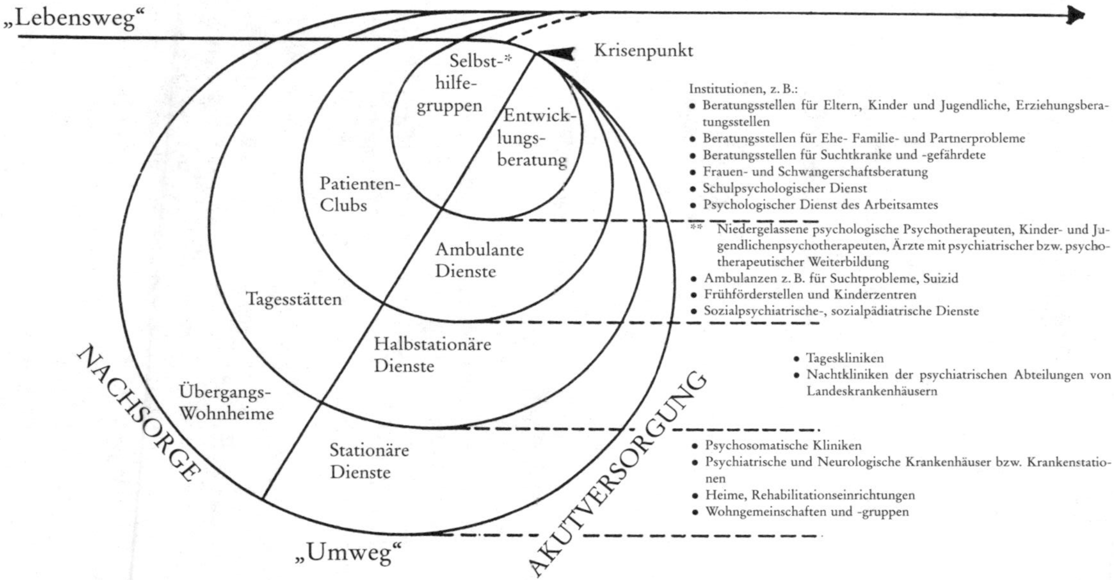

* „Laienhelfergruppen, Selbsthilfegruppen, Selbsthilfefirmen, Kommunikationszentren, Arbeitskreise, Nachbarschaftshilfen, Fördervereine" so gliedert der Führer des Bezirks Oberbayern die Selbsthilfeeinrichtungen. Presse- und Informationsstelle des Bezirks Oberbayern, 80535 München.

** Für den Bereich der niedergelassenen Psychotherapeuten stellt der BDP mit dem „Psychotherapie-Informations-Dienst PID" eine zentrale Informationsbasis bereit. PID, Heilsbachstr. 22–24, 533123 Bonn, Telefon: 0228-74 66 99, Telefax 0228-64 10 23. Freie Plätze bei ärztlichen Behandlern werden von den jeweiligen Informationsstellen der Kassenärztlichen Vereinigungen nachgewiesen.

wird, um geforderte notwendige bzw. sinnvolle Hilfen zu unterlassen.

Direkt zynisch mag es klingen, wenn die Möglichkeiten der privaten Bezahlung von Leistungen in diesem Bereich hier ebenfalls unter dem Stichwort „Selbsthilfe" aufgeführt werden. Tatsächlich ist es in der Öffentlichkeit weitgehend unbeachtet geblieben, daß seit 1997 die gesetzliche Krankenversicherung in einem entscheidenden Punkt mit der bisher den privaten Krankenversicherern vorbehaltenen Regelung gleichgestellt wurden: Mit dem § 13,2 SGB V können nun auch die Versicherten gesetzlicher Krankenkassen anstelle der Sach- oder Dienstleistung Kostenerstattung für in Anspruch genommene Leistungen wählen. Wer seine Behandlung also selbst zu zahlen vermag, kann dies künftig auch als AOK-Patient tun und sich die Rechnung anschließend erstatten lassen – allerdings nur bis zu der Höhe, die dem entspricht, was die Kasse zu zahlen hat.

Anlässe der Hilfe

Wer seelisch in Not gerät, benötigt nicht immer eine Behandlung. Wie in den vorausgegangenen Kapiteln dieses Ratgebers ausgeführt, sind Psychotherapie, Psychosomatik, Psychiatrie und der breite Hilfsbereich der Gemeindepsychologie miteinander vernetzte, gesellschaftliche Leistungsbereiche, die bei unterschiedlichen Anlässen unterschiedliche Hilfsmöglichkeiten (im Strukturschema „produktive Umwege" – Übersicht S. 37) bereitstellen. Seelische Not kann als Krise und Konflikt, Krankheit oder (drohende) Behinderung betrachtet werden.

Krise und Konflikt

„Zur Ausübung von Psychotherapie gehören nicht psychologische Tätigkeiten, die die Aufarbeitung und Überwindung sozialer Konflikte oder sonstige Zwecke außerhalb der Heilkunde zum Gegenstand haben," heißt es in § 1,3 des Psychotherapeutengesetzes. Damit wird erläutert, was in der Begriffsbildung des Satzes 1 § 1 PTG bereits erstaunen mochte, wo von einer „heilkundlichen Psychotherapie" gesprochen wird. Der Gesetzgeber hat bei diesen Formulierungen im Auge, daß ein Großteil der Nöte, die in Eigendiagnose der Leidenden als „psychische Krise,

Krankheit, Behinderung“ erscheinen mag, bei fachlicher Diagnostik beispielsweise als Entwicklungsaufgabe eines Jugendlichen, Krise einer Partnerbeziehung, tiefe (und gesunde) Trauerreaktion oder noch nicht krankheitswertige Selbstunsicherheit zu erfassen wäre.

Krankheit bzw. krankheitswertige Störung

Krankheit im Sinne der gesetzlichen Krankenversicherung ist ein normwidriger Körper- oder Geisteszustand, dessen Eintritt entweder lediglich die Notwendigkeit einer Heilbehandlung oder zugleich oder ausschließlich die Arbeitsunfähigkeit zur Folge hat. (Bundessozialgericht, Ärztliches Berufsrecht). Wer sich das Bein bricht, wer an Pocken erkrankt, der weiß seinen Zustand als „krank“ und seine Lage als „hilfsbedürftig“ zu benennen. Im Bereich psychischer Erkrankungen ist zwar für eine Reihe von definierten Leidenszuständen die Benennung ‚Krankheit‘ inzwischen akzeptiert, dementsprechend wird auch die Gleichberechtigung psychisch Kranker gegenüber körperlich Erkrankten gefordert und rechtlich zugesagt. Es ist jedoch wesentlich schwieriger, hier eindeutig zu definieren, welche Form persönlichen Leidens die Benennung ‚Krankheit‘ in Abgrenzung von ‚Krise und Konflikt‘ (s.o.) verdient.

Durch die gültige Gleichstellung seelischer und körperlicher Krankheiten hat jeder Bürger das Recht, über den Fachmann abklären zu lassen, ob seine persönlichen Belastungen, z. B. in Form quälender Schlaflosigkeit, chronischer Schmerzen ohne körperlichen Befund, tiefsitzender Ängste, unbegründet erscheinender Traurigkeit, fixer Ideen oder nicht abzulegender zwanghafter Gewohnheiten u. a.m. „krankheitswertig“ sind, wie die Fachsprache der Versicherungen es benennt, oder nicht. Dieser Abklärungsprozeß wird von psychotherapeutischer Kompetenz getragen und sollte immer auch eine somatische Abklärung durch einen Arzt (PTG § 1,3) umfassen. Diagnosen werden heute zumeist nach der internationalen Klassifikation psychischer Störungen in ihrer 10ten Version (ICD-10) gestellt. Ihre Bedeutung hat die Diagnose im Gesamtzusammenhang des Systems der gesetzlichen Krankenversicherung in der BRD: Nur für ausdrücklich vom Experten (Arzt/Psychotherapeuten) als krankheitswertig erkanntes Leid tritt die Solidargemeinschaft der Versicherten mit ihren Leistungen ein. Private Krankenversicherungen gehen je nach Vertragsgestaltung auch manchmal den Weg, daß sie einen festgelegten Betrag für psychotherapeutische Dienstleistungen zusagen, auch wenn diese außerhalb des medizinischen Systems, z. B. von Heilpraktikern, erbracht werden.

Behinderung

Die psychische Behinderung unterscheidet sich von der Krankheit zentral durch ihre Langzeitperspektive. In der Eingliederungshilfeverordnung nach § 47 des Bundessozialhilfegesetzes BSHG wird der Begriff der psychischen Behinderung wie folgt definiert: „Seelisch wesentlich behindert im Sinne des § 39 Absatz 1, Satz I des Gesetzes sind Personen, bei denen infolge seelischer Störungen die Fähigkeit zur Eingliederung in die Gesellschaft in erheblichem Umfange beeinträchtigt ist. Seelische Störungen, die eine Behinderung im Sinne des Satzes I zur Folge haben können, sind:

1. körperlich nicht begründbare Psychosen
2. seelische Störungen als Folge von Krankheiten oder Verletzungen des Gehirns, von Anfallsleiden, oder von anderen Krankheiten oder körperlichen Beeinträchtigungen,
3. Suchtkrankheiten,
4. Neurosen und Persönlichkeitsstörungen.

Als nicht nur vorübergehend im Sinne des § 39 ist ein Zeitraum von mehr als sechs Monaten anzusehen."

Bedeutsam ist auch, daß bereits drohende Behinderung zu Leistungen führen kann, dies insbesondere im Bereich der Frühförderung und der Förderung im schulischen Umfeld bzw. allgemein bei Kindern und Jugendlichen.

Leistungserbringer für Psychotherapie

Auch nach der Einführung des Psychotherapeutengesetzes wird es in der BRD den Bereich der Heilkundeausübung mit und ohne Bestallung als Arzt oder Psychotherapeut geben. Das heißt, daß weiter jeder Bürger wählen kann, ob er sich von einem der zugelassenen akademischen Heilberufe oder von einem

Heilpraktiker behandeln lassen möchte oder ob er sonstige Beratung aufsucht.

Psychotherapeuten, Kinder- und Jugendlichenpsychotherapeuten und Ärzte

Mit dem Psychotherapeutengesetz sind erstmals, neben dem aus der Medizin herkommenden akademischen Heilberuf der Ärzte, zwei weitere akademische Heilberufe geschaffen worden, welche zwar in die Ärzteschaft integriert an der Krankenversorgung teilhaben werden, in ihrer fachlichen Selbständigkeit jedoch künftig einen gewichtigen Beitrag zur Verbesserung der psychotherapeutischen Versorgung erbringen können. Mit der Einführung der beiden neuen Berufe wird deren Beitrag zur Krankenversorgung jedoch zunächst eingeschränkt auf die bisher bereits von den ärztlichen Standesorgansiationen anerkannten schulischen Richtungen: die „Richtlinienverfahren" der Tiefenpsychologie/Psychoanalyse einerseits und der Verhaltenstherapie andererseits.

Wie dieser Psychotherapieführer jedoch seit vielen Jahren ausführt, ist die Leistungspalette der Psychotherapie (auch und gerade in ihrem seriösen Kernbereich) weit mannigfaltiger, als dies dem Bild der „Richtlinienverfahren" entspricht. Privatversicherte konnten bereits bisher, je nach Gestaltung ihres Versicherungsvertrages, die ganze Palette dieser Leistungen abrufen. Mit der Existenz der beiden neuen akademischen Heilberufe werden auch fachlich in der Psychotherapie verankerte Zulassungsgremien eingerichtet; es steht zu hoffen, daß diese künftig die bisher ausgeschlossenen, jedoch wirksamen Verfahren im Sinne einer Kostendämpfung zulassen werden.

Heilpraktiker können keine Psychotherapeuten mehr sein

„Die Bezeichnung ‚Psychotherapeut' oder ‚Psychotherapeutin' darf von anderen Personen als Ärzten, psychologischen Psychotherapeuten oder Kinder- und Jugendlichenpsychotherapeuten nicht geführt werden" (PTG, § 1,1). Für diese Leistungserbringer, also auch für Heilpraktiker, wird es notwendig sein, sich künftig eigene Berufsbezeichnungen auszudenken. Als wesentliche Klärung für den Bürger kann gelten, daß sich „Psychotherapeut“ nur noch nennen darf, wer eine entsprechende Ausbildung und staatliche Prüfung bzw. Zulassung erworben hat.

Sonstige persönliche und erzieherische Helfer: Berater

§ 11 SGB I benennt: „Gegenstand der sozialen Rechte sind die in diesem Gesetzbuch vorgesehenen Dienst-, Sach- und Geldleistungen (Sozialleistungen). Die persönliche und erzieherische Hilfe gehört zu den Dienstleistungen.“ Als solche Hilfe ist hier exemplarisch die Vielfalt dessen benannt, was unter den Stichworten „Beratung“ im System der sozialen Sicherung auch außerhalb der Krankenhilfe vorhanden ist.

Die Tätigkeit, die mit dem Begriff „beraten“ bezeichnet ist, ist eine der am häufigsten in Gesetzestexten genannten Tätigkeiten. Zur Information seien hier zunächst einige Paragraphen genannt:

Sozialgesetzbuch, I, § 14, Beratung „jeder hat Anspruch auf Beratung über seine Rechte und Pflichten nach diesem Gesetzbuch. Zuständig für die Beratung sind die Leistungsträger, denen gegenüber die Rechte geltend zu machen oder die Pflichten zu erfüllen sind“.

Bundessozialhilfegesetz, Abschnitt 1, § 8, Abs. 2, Formen der Sozialhilfe: „Zur persönlichen Hilfe gehört außer der Beratung in Fragen der Sozialhilfe (§ 14 des 1. Buches Sozialgesetzbuch) auch die Beratung in sonstigen sozialen Angelegenheiten, soweit letztere nicht von anderen Stellen oder Personen wahrzunehmen ist. Wird Beratung in sonstigen sozialen Angelegenheiten auch von Verbänden der freien Wohlfahrtspflege wahrgenommen, ist der Ratsuchende zunächst hierauf hinzuweisen.“

Bundessozialhilfegesetz, § 124, Sicherung der Beratung Behinderter.

Verordnung zur Durchführung des § 72 des Bundessozialhilfegesetzes vom 9. Juni 1976, Bundesgesetzblatt I S. 1469, § 7 Beratung, persönliche Betreuung: „Zur Beratung im Sinne des § 72 Abs. 2 des Gesetzes gehört es vor allem, den Hilfeempfänger über die zur Überwindung seiner sozialen Schwierigkeiten in Betracht kommenden Maßnahmen zu unterrichten.“

SGB VII: Kinder- und Jugendhilfe: Hilfen zur Erziehung (auch Erziehungsberatung), Beratung in Fragen der Partnerschaft, Trennung und Scheidung, Beratung und Unterstützung bei der Ausübung der Personensorge, Beratung und Belehrung in Verfahren zur Annahme als Kind u. a.m.

Strafgesetzbuch § 218a und b, dort wird vorgeschrieben, daß Schwangerschaftsabbruch bei sozialer Indikation möglich ist, jedoch strafbar, wenn sie geschieht, „ohne daß die Schwangere 1. sich mindestens 3 Tage vor dem Eingriff wegen der Frage des Abbruchs ihrer Schwangerschaft an einen Berater (Abs. 2) gewandt hat und dort über die zur Verfügung stehenden öffentlichen und privaten Hilfen für Schwangere, Mütter und Kinder beraten worden ist, insbesondere über solche Hilfen, die die Fortsetzung der Schwangerschaft und die Lage von Mutter und Kind erleichtert, und 2. von einem Arzt über die ärztlich bedeutsamen Gesichtspunkte beraten worden ist ..." Als Berater im Sinne des Abs. 1, Nr. 1 werden entweder Beratungsstellen oder Ärzte genannt.

Im Feld der Beratung dürfte die institutionelle Erziehungsberatung als Einrichtung der Jugendhilfe den größten Umfang haben.

Strukturelemente des Versorgungssystems (Institutionen und Koordinationsgrundsätze)

Seit der Psychiatrie-Enquête des Jahres 1975 versuchen alle in der Versorgung psychisch Kranker Arbeitenden oder für diese Planenden und politisch Verantwortlichen, einige Grundsätze der Koordination zu verwirklichen:

- Jede Hilfe soll möglichst in erreichbarer Nähe zum Wohn- bzw. Arbeitsplatz des Betroffenen angeboten werden (Gemeindenähe)
- Die einzelnen Dienste sollen zusammenarbeiten, dem Hilfesuchenden möglichst eine gleichbleibende Bezugsperson anbieten und in überschaubar gegliederten Planungsregionen ihre Dienste anbieten (Koordination der Institutionen, Kontinuität der Betreuung und Versorgung; Regionalisierung)
- Jede Möglichkeit der Prävention (Vorsorge) ist, bei gleicher Effektstärke, gegenüber der Planung/Realisierung von Behandlungsangeboten zu bevorzugen.
- Aufklärung über die Gleichwertigkeit körperlichen und seelischen Leidens
- Ermutigung (auch durch die Professionellen) zur Selbsthilfe

Daneben ist es insbesondere im Bereich der psychotherapeutischen Tätigkeit unverzichtbar, die Fort- und Weiterbildung aller beteiligten Berufsgruppen ständig zu fördern.

Arten der Dienstleistung

Krankenbehandlung, d. h. hier zumeist Psychotherapie, kommt neben der Gesundheitsförderung (Prävention) und der Rehabilitation vor. Die Leistungen von Heilpraktikern werden weiter bestehen.

Psychotherapie und ärztliche Behandlung für Erwachsene

Das Ziel der Ausbildung zum Arzt für psychotherapeutische Medizin ist nach der Musterweiterbildungsordnung der deutschen Ärzteschaft: „Vermittlung, Erwerb und Nachweis eingehender Kenntnisse, Erfahrungen und Fertigkeiten in den theoretischen Grundlagen, in der Diagnostik und Differentialdiagnostik seelisch bedingter und mitbedingter Krankheiten und solcher Leidenszustände, an deren Entstehung psychosomatische und somatopsychische Momente maßgeblich beteiligt sind, sowie in der differenzierten Indikationsstellung und selbständigen, eigenverantwortlich durchgeführten Psychotherapie im ambulanten und stationären Bereich, einschließlich präventiver und rehabilitativer Maßnahmen." Dies macht aus dem Facharzt für psychotherapeutische Medizin den geborenen Partner des psychologischen Psychotherapeuten, da das Gesetz zu diesem Beruf vorschreibt:

„Ausübung von Psychotherapie im Sinne dieses Gesetzes ist jede mittels wissenschaftlich anerkannter psychotherapeutischer Verfahren vorgenommene Tätigkeit zur Feststellung, Heilung oder Linderung von Störungen mit Krankheitswert, bei denen Psychotherapie indiziert ist und die durch einen Arzt somatisch abgeklärt sind." (§ 1,3 PTG)

Psychotherapie ist also die selbständig und eigenverantwortlich durchgeführte Behandlung jener krankheitswertigen Störungen, die Psychotherapie indiziert sein lassen – eine Kreisdefintion, die jedoch die Gleichberechtigung der beiden akademischen Heilberufe verdeutlicht.

„Richtlinienpsychotherapie": Psychoanalyse und Verhaltenstherapie

Der Begriff „Richtlinienpsychotherapie" meint die bereits in das System der gesetzlichen Krankenkassen aufgenommenen Schulen der Psychotherapie, die bisher durch Ärzte (und von diesen delegierte Nichtärzte) erbracht werden konnte und bezahlt wurde. Diese Leistungen umfassen eine psychosomatische Grundversorgung sowie die Psychotherapie durch psychoanalytisch begründete Verfahren und die Verhaltenstherapie.

Im Zuge der Einführung des psychotherapeutischen Berufes wird die Reduktion auf diese Verfahren noch systematisch vergrößert, da eine sofortige bzw. übergangsmäßige, sozialversicherungsrechtliche Zulassung („Kassenzulassung") nur jene Psychotherapeuten erhalten können, die eines der bereits anerkannten Richtlinienverfahren anbieten und sich für dies Angebot einen „Fachkundenachweis" erarbeiteten.

Kinder- und Jugendlichenpsychotherapie – Prävention durch Krankenbehandlung

Mit dem Beruf des Kinder- und Jugendlichenpsychotherapeuten wird eine für das Erwachsenenleben immer präventive Dienstleistung der Psychotherapie zu einer Kassenleistung; damit wird ein Ziel erreicht, das Hockel (1980) formulierte. Unter Kinder- und Jugendlichenpsychotherapie wird heute eine Leistung verstanden, die zunächst im Netz der Erziehungsberatungsstellen heranwuchs und häufig tiefenpsychologisch fundiert gesehen wurde, obwohl bereits seit vielen Jahren die empirische Forschung zentrale Wirksamkeitskonzepte herausstellte. Schmidtchen (1989) faßte die Kinderpsychotherapie knapp zusammen. Inzwischen gibt es einige Ausbildungsgänge zum Kinder- und Jugendlichenpsychotherapeuten, die Reiser (1993) zusammenfassend dokumentiert.

Beratung und Prävention

In den letzten Jahren ist das Verständnis für die Bedeutung der Prävention im Gesundheitssystem gewachsen (Hockel,1981, 1992, 1994a,b). Da dieser Psychotherapieführer in weiten Bereichen die Möglichkeiten der Behandlung von krankheitswertigen

Störungen dokumentiert, soll an dieser Stelle exemplarisch betont werden, daß im Versorgungssystem die Beratung und Prävention sowohl „tatsächlich“ als auch „dem Wünschenswerten nach“ eine sehr bedeutende Rolle spielt. Die Reform des Systems der Krankenversicherung zeigt hier allerdings ein bedauerliches Hin und Her zwischen positiver = präventiver Orientierung und dem Rückfall auf kurative Einengungen, die mit „Mittelknappheit“ nur politisch begründet, nicht jedoch sachlich ausgewiesen ist, da vielfältige Studien beweisen, daß sich längerfristig Prävention besser rechnet als Krankenbehandlung.

Rehabilitation

Die Grundsätze der Bundesarbeitsgemeinschaft für Rehabilitation halten fest, daß Rehabilitation „bezweckt, den Menschen, die körperlich, geistig oder seelisch behindert sind und die ihre Behinderung oder deren Folgen nicht selbst überwinden können, und den Menschen, denen eine solche Behinderung droht, zu helfen, ihre Fähigkeiten und Kräfte zu entfalten und einen entsprechenden Platz in der Gemeinschaft zu finden. Dazu gehört vor allem auch die Teilnahme am Arbeitsleben.“

Der Bereich der Rehabilitation ist im System der sozialen Sicherheit dementsprechend umfangreich und ist dezentral organisiert. Die Krankenversicherung zahlt umfassende medizinische Rehabilitation für ihre Mitglieder und deren Familienangehörige, wenn die Behinderung eine Krankheit darstellt und ein anderer Träger der sozialen Sicherheit nicht vorrangig verpflichtet ist. Durch diese Definition wird deutlich, daß für Krankenbehandlungen bzw. für stationäre Heilmaßnahmen (z. B. eine Kur) bzw. für Rehabilitationsmaßnahmen (z. B. eine Umschulung innerhalb eines Berufsförderungswerkes oder eine Psychotherapie bei drohender psychischer Behinderung durch eine unbehandelte Legasthenie und ihre sekundäre Schädigung) die möglichen Wege der Finanzierung sehr verschieden sein können. Rehabilitationsmaßnahmen werden von Krankenversicherungen, Rentenversicherung, Unfallversicherung, Berufsgenossenschaften, Sozialhilfeträgern oder über die Bundesanstalt für Arbeit gewährt bzw. geleistet.

Zusammenfassung

Das Versorgungssystem für psychisch Kranke und Behinderte ist zum Gegenstand politischer Interessen und eines (unbemerkten) Umbaus geworden. Psychotherapie ist künftig die Leistung der entsprechenden akademischen Heilberufe: psychologischer Psychotherapeuten, Kinder- und Jugendlichenpsychotherapeuten und spezialisierter Ärzte. Ausgehend von den gegenwärtig zugelassenen „Richtlinienverfahren" der Psychotherapie (Psychoanalyse, Verhaltentherapie) können künftig wissenschaftlich anerkannte psychotherapeutische Verfahren eingesetzt werden. Neben der Psychotherapie für Erwachsene ist das Feld der Psychotherapie für Kinder und Jugendliche gesetzlich eingeführt – es wird als präventiv für Erwachsenenleben besonders bedeutsam werden und bietet auch den Angehörigen der akademischen Berufe des Diplompädagogen und Diplomsozialpädagogen eine therapeutische Handlungsperspektive.

II Was wird psychotherapeutisch behandelt?

Christoph Kraiker und Bettina Overkamp

Seelisches Leiden und psychische Störungen

Es gibt viele Gründe, die einen Menschen dazu bewegen können, um eine Psychotherapie nachzusuchen. Er kann sein Leben als ziemlich sinnlos empfinden, er kann in einer familiären Krise stecken, er kann, von vielen Schicksalsschlägen bedroht, nicht mehr ein und aus wissen, oder er kann z. B. an einer sogenannten psychischen Störung leiden. Ebenso kann er unterschiedliche Wünsche mit einer Therapie verbinden. Er möchte etwa besser verstehen, wie er so wurde, wie er ist, oder von quälenden Ängsten frei werden oder wieder produktiv arbeiten. Um die vielen verschiedenen psychotherapeutischen Vorgehensweisen besser einordnen zu können, ist die Unterscheidung von seelischem Leiden und psychischer Störung von zentraler Bedeutung: Seelisches Leiden gibt es in allen möglichen Varianten, und es gibt in allen möglichen Varianten Therapien für seelisches Leiden. Psychische Störungen sind dagegen ganz spezifisch definierte Beeinträchtigungen, und um deren Symptome zu lindern, gibt es wiederum andere Verfahren. Dies ist so weit unbestritten, umstritten jedoch sind z. B. Aussagen wie die, daß Linderung von Symptomen keine richtige Therapie sei und zu Rückfällen führe oder daß ohne tieferes Verständnis keine tiefgreifende Besserung erwartet werden könne oder daß nur Therapien mit empirisch nachgewiesener Wirksamkeit angewandt werden sollten. Wir vertreten hier folgenden Standpunkt: Wer unter spezifischen, stark belastenden psychischen Störungen leidet, sollte eine Therapie nachfragen, die speziell auf diese Störungen zugeschnitten ist, und wer andere Ziele hat, sollte eine Therapie nachfragen, die am ehesten dazu geeignet scheint, solchen Zielen näher zu kommen. Es ist die Absicht dieses Buches, mehrere solcher Möglichkeiten zu beschreiben. Im übrigen schließt das eine das andere nicht aus. Eine allzu große Belastung durch akute Symptome einer psychischen Störung ist keine optimale Voraussetzung für viele Langzeittherapien. Hier empfiehlt sich zunächst eine symptomzentrierte Behandlung, und dann kann man sich immer noch überlegen, ob man anschließend noch eine andere Therapie machen möchte.

Wir werden im folgenden verschiedene Formen psychischer Störungen kurz charakterisieren und dies durch eine Erläuterung einiger zum Verständnis notwendiger Fachbegriffe ergänzen. Dies hat zwei Gründe: Wir möchten erstens über einen wichtigen Bereich informieren, mit dem Psychotherapie zu tun hat, und wir möchten zweitens damit selbst therapeutisch tätig werden. Viele Patienten und Patientinnen leiden nicht nur an ihrer Störung, sondern auch an der Überzeugung, daß das, was sie haben, etwas ganz Verrücktes ist, was sonst kein Mensch auf der Erde kennt. Zu erfahren, daß man unter einer gewissermaßen anerkannten Störung leidet und daß es unzählige Leidesgenossen gibt, bedeutet für viele schon eine große Erleichterung.

Allgemeine Charakteristika

Psychische Störungen sind dadurch gekennzeichnet, daß sie
- sich in klar definierten Symptomen manifestieren
- erhebliches Leiden und starke Beeinträchtigungen im sozialen, beruflichen oder körperlichen Bereich hervorrufen
- eine gewisse Mindestzeit andauern (in der Regel einige Wochen oder Monate)
- nicht in erster Linie durch physische Ursachen (z. B. körperliche Krankheiten oder Vergiftungen) erklärt werden können.

Unter *Ätiologie* einer (körperlichen oder psychischen) Störung versteht man die Lehre von den Ursachen dieser Störung bzw. diese Ursachen selbst. Wenn man sagt, die Ätiologie einer Störung sei unbekannt, dann meint man, daß man ihre Ursachen nicht (ausreichend) kennt. Die *Pathogenese* einer Störung ist die Art und Weise, wie sie sich üblicherweise entwickelt bzw. in einem speziellen Fall entwickelt hat.

Unter dem *Symptom* einer Störung kann man, je nach dem bevorzugten Denkmodell, zwei verschiedene Dinge verstehen. Ein Symptom kann einerseits verstanden werden als äußeres Merkmal, das von einer zugrundeliegenden Störung verursacht wird und Rückschlüsse auf diese Störung erlaubt. So kann man etwa eine Schlangenphobie als Symptom eines tieferliegenden Konfliktes auffassen. In diesem Denkmodell würde man einer Behandlung, die nur das Symptom beseitigt, ablehnend gegenüberstehen, da die tieferliegende Ursache unberührt bliebe (so wie fiebersenkende Mittel die zugrundeliegende Infektion nicht heilen). Andererseits kann man Symptom einfach auffassen als *Teil der Erscheinungsformen* einer Störung. So ist etwa die Angst vor dem Fahren mit der U-Bahn *ein* mögliches Symptom der Agoraphobie, die Angst, sich weiter als hundert Meter vom eigenen Haus zu entfernen, ein anderes. In diesem Modell besteht eine Störung einfach aus der Gesamtheit ihrer Symptome, und indem man die Symptome behandelt, behandelt man auch die Störung. Dabei können zwischen den Symptomen durchaus Abhängigkeiten bestehen, aber eine „eigentliche" Störung wird nicht angenommen. Die in diesem Buch gelegentlich vorgebrachten Bedenken gegen „bloße Symptombehandlung" müssen vor dem Hintergrund dieser unterschiedlichen Denkmodelle beurteilt werden.

Ein *Syndrom* ist eine Gruppe von Symptomen, die für eine bestimmte Störung charakteristisch sind. So gehören etwa Schlafstörungen, Gewichtsveränderungen, Verlust an Interesse und Lebensfreude sowie verminderte Aktivität zum Syndrom einer Depression.

Eine Störung ist *chronisch,* wenn sie lange andauert und nicht anzunehmen ist, daß sie von selbst wieder aufhört. Sie ist *chronisch rezidivierend,* wenn ihre Symptome zwar gelegentlich (fast) verschwinden, aber immer wieder auftauchen. *Exazerbation* ist die Verschlimmerung einer Störung.

Formen psychischer Störungen

Angststörungen

Phobien sind starke Ängste vor bestimmten Objekten und Situationen, die objektiv gesehen nicht gefährlicher sind als andere Objekte, vor denen der Betroffene keine Angst hat. *Tierphobien* (Ängste z. B. vor Spinnen, Schlangen, Hunden, Insekten, Fröschen etc) beginnen bereits in der Kindheit und können sich später im Leben verschlimmern. *Agoraphobie* ist die Angst, sich weit von der eigenen Wohnung zu entfernen, Plätze und

Straßen zu überqueren oder eng mit anderen Menschen zusammengequetscht zu sein, z. B. im Aufzug oder in der U-Bahn, verbunden mit dem Gefühl, eingesperrt zu sein und keine Fluchtmöglichkeit zu haben. Diese Phobie setzt meist im 2. oder 3. Lebensjahrzehnt ein. *Sozialphobien* sind starke Ängste, die sich einstellen, wenn man im Mittelpunkt der Aufmerksamkeit wichtiger (oder vieler) anderer Personen steht. Übliches Lampenfieber oder Nervosität vor Prüfungen gehören nicht dazu. Der Beginn liegt meist im 2. Lebensjahrzehnt. Andere Phobien sind Höhenangst, Angst vor Dunkelheit, vor dem Fliegen, vor der Schule, vor Ansteckungen und Blut-Spritzenphobie.

Panikstörungen sind gekennzeichnet durch häufige, über einen gewissen Zeitraum hinweg auftretende massive Angstanfälle, die unerwartet entstehen, für die also ein Auslöser nicht erkennbar ist, obwohl sie sich irgendwann an bestimmte Situationen koppeln können. Diese Angstanfälle nennt man auch Panikattacken, aber vereinzelt auftretende Attacken machen noch keine Panikstörung aus. Kennzeichnend sind eine Reihe von Symptomen wie Atemnot, Benommenheit, Herzrasen, Angst vor Kontrollverlust und auch Todesangst.

Ein Mensch mit *Generalisierter Angststörung* fürchtet sich vor allem und jedem bzw. macht sich ständig schwere Sorgen um verschiedene potientelle Katastrophen, die ihn und seine Familie heimsuchen können.

Eine *Posttraumatische Belastungsstörung* entsteht nach einem selbst erlebten furchtbaren Ereignis (z. B. Naturkatastrophe, Unfall, Vergewaltigung, Entführung, Folter) und ist gekennzeichnet durch immer wiederkehrende Erinnerungen an dieses Ereignis, auch in Träumen, durch die Vermeidung von Dingen und Situationen, die mit diesem Ereignis zusammenhängen, und durch eine gewisse emotionale Abstumpfung sowie Verlust an Lebensfreude.

Zwangsstörungen

Sie werden (noch) zu den Angststörungen gerechnet, da Ängste Teil der Symptomatik sind. Es gibt zwei Hauptformen, nämlich *Zwangshandlungen* und *Zwangsgedanken*. Zu den Zwangshandlungen gehören Wasch- und Reinlichkeitszwänge (z. B.

ständiges Händewaschen oder Putzen der Wohnung), Kontrollzwänge (z. B. ständiges Überprüfen, ob die Wasserhähne zugedreht, das Gas abgestellt, die Fenster geschlossen und die elektrischen Geräte abgeschaltet sind), und Rituale, d. h. komplexe Handlungsabläufe, die immer auf eine bestimmte Art und Weise durchgeführt werden müssen, sehr zeitraubend sind und viel Energie kosten. Zu den Zwangsgedanken gehören u. a. zwanghaftes Grübeln und Zwangsbefürchtungen (z. B. eine andere Person zu verletzen oder zu töten). Leichte Formen aller dieser Symtome gibt es häufig und sind normal. Von einer Störung spricht man erst dann, wenn dadurch erhebliche Schwierigkeiten im normalen Lebensvollzug entstehen, die Person zumindest zeitweise dagegen ankämpft und wenigstens bis zu einem gewissen Maße versteht, daß die Zwänge sinnlos sind (muß bei Kindern nicht der Fall sein). Zwangssymptome können sehr bizarr sein; die Betroffenen schämen sich oft deswegen und versuchen, sie so lange wie möglich vor der Umwelt zu verheimlichen. Man sollte aber gerade bei dieser Störung möglichst früh um eine speziell dafür geeignete Therapie nachsuchen.

Affektive Störungen

Hauptformen sind die *typische Depression,* auch „major depression" genannt, und die *bipolare Störung* oder manisch-depressive Störung. Depressionen erscheinen oft episodisch, wobei diese Episoden einmalig oder immer wiederkehrend auftauchen können. Um als Störung zu gelten, muß eine solche Episode mindestens zwei Wochen bestehen, sie kann aber auch mehrere Monate lang anhalten. Einige charakteristische Symptome einer depressiven Episode sind das Gefühl tiefster Niedergeschlagenheit, Verlust des Interesses an den üblichen Aktivitäten, Erstarrung oder ängstliche Erregtheit, Schlafstörungen, Gewichtsveränderungen (meist Gewichtsverlust) und Schuldgefühle. Depressionen können unterschiedlich intensiv sein und sich in extremen Fällen auch mit Wahnvorstellungen (z. B. Versündigungswahn) verbinden. Bei der *bipolaren Störung* tauchen mindestens einmal auch *manische* Episoden auf. Eine solche Episode ist gekennzeichnet durch Ruhelosigkeit, Überaktivität, geringes Schlafbedürfnis, unangemessen gehobene Stimmung oder starke Reizbarkeit, Selbstüberschätzung und Verlust an Realitätssinn, wobei dies zu Handlungen führen kann, die den Betroffenen und andere gefährden, z. B. in den finanziellen Ruin treiben. Depressive und manische Episoden können auch abwechselnd auftreten.

Abhängigkeiten und Substanzmißbrauch

Man ist von einer Substanz (z. B. Alkohol, Nikotin, Kokain, Heroin) *abhängig*, wenn ein außerordentlich starkes Bedürfnis nach dieser Substanz besteht und der Verzicht darauf zu außerordentlich unangenehmen Entzugssymptomen führt. Es entsteht Toleranz, d. h. es sind immer größere Mengen notwendig, um den gewünschten Effekt zu erzielen. Ein großer Teil der Lebensenergie wird dazu verwendet, die regelmäßige Versorgung mit dieser Substanz sicherzustellen, wobei die Kontrolle über das Ausmaß des Konsums weitgehend verlorengegangen ist. Die kurz- und langfristigen Folgen sehen je nach Substanz anders aus, jedenfalls besteht immer die Gefahr, daß zwischenmenschliche, berufliche und gesundheitliche Probleme entstehen. Von *Mißbrauch* einer Substanz spricht man, wenn ihr Konsum zu einer Gefährdung der eigenen Gesundheit oder der Gesundheit anderer führt, etwa wenn man völlig betrunken Auto fährt.

Eßstörungen

Die beiden Hauptformen sind die *Anorexia Nervosa* (Anorexie) und die *Bulimia Nervosa* (Bulimie). Die Anorexie entsteht hauptsächlich bei Mädchen in der Pubertät oder Vorpubertät. Sie ist durch eine starke Abnahme des Körpergewichtes gekennzeichnet, die durch verschiedene Maßnahmen herbeigeführt wird, z. B. durch Verminderung der Nahrungsaufnahme, absichtliches Erbrechen, intensive körperliche Aktivitäten und Verwendung von abführenden oder entwässernden Mitteln. Die Diagnose wird nur gestellt, wenn der Gewichtsverlust ein gewisses Mindestmaß erreicht. Dieser kann so stark werden, daß nicht nur die Gesundheit, sondern auch das Leben der Mädchen gefährdet ist.

Die Bulimie beginnt in der Regel etwas später als die Anorexie und auch vorwiegend bei jungen Frauen, die versuchen, ihr

Körpergewicht zu kontrollieren. Leitsymptome sind wiederkehrende Freßanfälle, bei denen in kurzer Zeit große Mengen Nahrungsmittel verschlungen werden, gefolgt von Maßnahmen, das Essen wieder loszuwerden. Solche Maßnahmen sind z. B. induziertes Erbrechen und Schlucken von Abführmitteln. Die „Freß-Kotz-Anfälle" sind von Schuldgefühlen begleitet und führen oft zu gesundheitlichen Schäden. Da die verschlungenen Lebensmittel viel Geld kosten, können die Betroffenen in große finanzielle Schwierigkeiten geraten.

Sexuelle Störungen

In erster Linie sind hier die sexuellen *Funktionsstörungen* zu nennen. Das sind Beeinträchtigungen der sexuellen Reaktion, die nicht auf körperliche Ursachen wie Stoffwechselerkrankungen oder Nervenschäden zurückgeführt werden können. Die Unfähigkeit, eine Erektion zu bekommen oder lange genug aufrechtzuerhalten (auch Impotenz genannt) sowie vorzeitiger Samenerguß (ejaculatio präcox) sind typische Störungen beim Mann, bei der Frau sind es seltener oder fehlender Orgasmus. Bei Mann und Frau können zu geringes oder übermäßiges sexuelles Verlangen und Schmerzen beim Geschlechtsverkehr auftreten. *Vaginismus* nennt man Krämpfe in den die Scheide umgebenden Muskeln, die den Geschlechtsverkehr unmöglich oder schmerzhaft machen.

Andere Störungen sind die Paraphilien, die früher Perversionen genannt wurden. Ein Wunsch nach Therapie ist hier oft nicht gegeben, eher besteht in manchen Fällen die Gefahr, mit dem Gesetz in Konflikt zu geraten, z. B. bei Exhibitionismus (Entblößung gegenüber Fremden), Voyeurismus (spannen) oder sexuellem Verlangen nach Minderjährigen.

Gerade im Bereich der Sexualität ist es schwierig, Störung und Normalität voneinander abzugrenzen. Biologisch gesehen gibt es große Unterschiede in den sexuellen Bedürfnissen und im sexuellen Verhalten, und sozial gesehen gibt es ebenso große Unterschiede in den Normen und Wertvorstellungen. Die Gefahr besteht, daß etwas völlig normales als Störung empfunden und bezeichnet wird, nur weil es irgendwelchen willkürlichen Ge- oder Verboten nicht entspricht.

Resümee

Die oben beschriebenen psychischen Störungen sind in ihrer Gesamtheit die mit Abstand am häufigsten vorkommenden. Sie überlappen sich zu einem großen Teil, so daß man auch an mehreren Störungen gleichzeitig leiden kann, was *Komorbidität* genannt wird. Es gibt allerdings noch viele andere, schließlich ist das *Diagnostische und Statistische Manual* (DSM IV) fast tausend Seiten dick. Viele der Störungen sind eher selten, andere wie die sogenannten *Persönlichkeitsstörungen* sind nicht klar genug abgrenzbar (das gilt insbesondere für eine der bekanntesten, die *Borderline-Störung*), und wiederum andere wie die Schizophrenien sind für eine Darstellung im knappen Rahmen zu komplex.

Wenn man sich die Mannigfaltigkeit dieser Störungen anschaut und die Mannigfaltigkeit anderer Gründe betrachtet, die zum Aufsuchen von psychologischer Hilfe veranlassen können, wird vielleicht deutlicher, daß es auch eine entsprechende Mannigfaltigkeit verschiedener Therapien geben muß.

III Psychotherapeutische Verfahren

A Tiefenpsychologische Verfahren

1. Psychoanalyse

Wolfgang Mertens

Einführung

„In Analyse sein" oder „eine Analyse machen wollen" sind die häufigsten Charakterisierungen, die Patienten gebrauchen, um das therapeutische Geschehen zu charakterisieren, dem sie sich unterzogen haben oder unterziehen wollen. Dabei wird die Psychoanalyse, sofern man unter ihr das klassische Standardverfahren versteht, überwiegend nur noch zu Ausbildungszwecken praktiziert. Viel häufiger ist die sogenannte *analytische Psychotherapie* oder die *tiefenpsychologisch orientierte* Psychotherapie. Während die klassische Psychoanalyse mit vier bis fünf Wochenstunden durchgeführt wird, weist die von den Kassen bezahlte analytische Psychotherapie in der Regel lediglich eine zwei- bis dreistündige wöchentliche Frequenz auf, die tiefenpsychologisch orientierte Psychotherapie findet zumeist einmal in der Woche, seltener vierzehntägig statt. Auch der Umfang ist unterschiedlich: Bei der analytischen Psychotherapie werden bis zu 300 Stunden bewilligt; das bedeutet, daß der Patient bei einer dreistündigen wöchentlichen Frequenz etwa zweieinhalb Jahre die Gelegenheit hat, seine Schwierigkeiten zu bearbeiten. Bei der tiefenpsychologisch orientierten Psychotherapie kommt der Betreffende bei einem Gesamtumfang von einhundert Stunden und mit einer Therapiestunde pro Woche ebenfalls bis zu zweieinhalb Jahre in den Genuß der Kassenleistung. Bei dieser Therapieform ist es auch möglich, die Stundendauer auf 25 Minuten zu halbieren, so daß dann ein Zeitraum von nahezu fünf Jahren zur Verfügung steht. Sollte dann der Wunsch oder die Notwendigkeit bestehen, noch weiter Therapie zu machen, müssen die

Kosten vom Patienten selbst übernommen werden. Daneben existieren noch Kurz- und Fokaltherapien mit sehr viel geringerer Stundenanzahl und einem begrenzteren Therapieziel (s. Kap. A,2)

Die analytische Psychotherapie und auch die tiefenpsychologisch orientierte Psychotherapie (der Einfachheit halber werde ich mich im folgenden schwerpunktmäßig auf die analytische Psychotherapie beschränken und aus sprachlichen Gründen hin und wieder von *der* Psychoanalyse sprechen, ohne damit aber das klassische Standardverfahren zu meinen) lassen sich als sprechende Verfahren charakterisieren. D.h. es wird bei diesen Therapieformen auf die Macht der Rede und des Dialogs zwischen zwei Menschen gesetzt. Mißtrauische und ängstliche Menschen pflegen deshalb auch ihren mehr oder weniger starken Zweifel darüber zu äußern, ob das Sprechen allein überhaupt etwas bewirken kann. Dabei findet in einer Psychoanalyse ohnehin viel mehr statt, als nur über Konflikte und Nöte zu reden. Das Zuhören seitens des Psychoanalytikers, sein anderes Reagieren als ein Patient dies von alltäglichen Kontakten her gewohnt ist und all die Erkenntnisprozesse, die im Analytiker ablaufen und von denen ein Patient zumeist nichts mitbekommt, machen das vordergründig Geheimnisvolle des analytischen Therapievorgangs aus. Zugegeben: Für Außenstehende ist es manchmal nicht leicht zu begreifen, warum allein das Erzählen – ohne daß Medikamente oder handfeste Ratschläge verabreicht werden – noch dazu ohne einen vorgegebenen und regelhaften Ablauf – irgendetwas bewirken soll. Wer sich aber darauf einlassen kann, bemerkt bald, wie befreiend das Verzichtenkönnen auf konventionelle Gesprächsregeln ist, aber auch wie bedrohlich plötzlich bestimmte Gesprächsinhalte werden können, was man vorher nie vermutet hätte. In diesem Wechselspiel von freier Rede und dem Bemerken, daß es peinlich ist, Schuldgefühle oder Unlust erzeugen kann, seinen Worten freien Lauf zu lassen, ereignet sich der analytische Prozeß.

Ursprünge

Die Psychoanalyse geht auf ihren Begründer Sigmund Freud (1856–1939) zurück. Freud kombinierte anfänglich die Methoden von Charcot und Breuer bei der Behandlung von Psychoneurosen. Über verschiedene Etappen gelangte Freud dann zur Methode der freien Assoziation. Ein weiterer bedeutsamer Schritt war die Erkenntnis, daß die Traumatisierungen in der Kindheit, auf denen die spätere neurotische Entwicklung basiert, nicht nur auf tatsächliche Ereignisse zurückgehen, sondern viel mit den Phantasien eines Menschen zu tun haben. Damit wurde die innere Welt mit ihren Vorstellungen und Tagträumen ernst genommen. Die Entzifferung der bis dato als bedeutungslos eingeschätzten Träume stellte eine weitere wichtige Neuerung dar. Dennoch sind freie Assoziation, Traumdeutung und die Anerkennung der Bedeutsamkeit der psychischen Realität nicht die wesentlichen Bestandteile psychoanalytischer Therapie. Die Geburtsstunde der heutigen Psychoanalyse ist der Zeitpunkt, als Freud die Übertragung* entdeckte und systematisch zu berücksichtigen begann. Von nun an unterschied sich die psychoanalytische Vorgehensweise eindeutig von Hypnose und Suggestion. Die psychoanalytische Erforschung der Schwierigkeiten eines Patienten erforderte die Entwicklung, deutende Bearbeitung und Auflösung der Übertragung auf den Analytiker, gegen deren Bewußtwerden der Patient in aller Regel einen Widerstand* entwickelte. Die einige Jahre später entdeckte Bedeutsamkeit der Gegenübertragung* ermöglichte die Bearbeitung der Widerstände im Übertragungs- und Gegenübertragungs-Kontext. In dem ersten Jahrzehnt dieses Jahrhunderts waren die grundlegenden Züge der Psychoanalyse als Therapieverfahren somit bereits entwickelt.

In „Zur Geschichte der Psychoanalytischen Bewegung" (1914 a, S. 54) gab Freud die wohl kürzeste Definition der essentiellen Bestandteile der Psychoanalyse: „Man darf daher sagen, die psychoanalytische Theorie ist ein Versuch, zwei Erfahrungen verständlich zu machen, die sich in auffälliger und unerwarteter Weise bei dem Versuche ergeben, die Leidenssymptome eines Neurotikers auf ihre Quellen in seiner Lebensgeschichte zurückzuführen: die Tatsache der Übertragung und die des Widerstandes. Jede Forschungseinrichtung, welche diese beiden Tatsachen anerkennt und sie zum Ausgangspunkt ihrer Arbeit nimmt, darf sich Psychoanalyse heißen, auch wenn sie zu anderen Ergebnissen als den meinigen gelangt".

An dieser grundlegenden Bestimmung der Psychoanalyse hat sich auch im Lauf dieses Jahrhunderts so gut wie nichts geändert.

Geändert haben sich die Auffassungen, für welche Patienten eine psychoanalytische Therapie überhaupt in Frage kommt; geändert haben sich selbstverständlich auch die Vorstellungen über die psychodynamischen Hintergründe von Krankheitsbildern; und natürlich haben in der ersten und zweiten Generation nach Freud Psychoanalytiker auch andere Behandlungsphilosophien entwickelt, die sich vor allem aufgrund der Ablösung eines allzu einseitigen naturwissenschaftlichen Weltbildes ergeben. Eine der wichtigsten erkenntnistheoretischen Neuerungen ist die Erschütterung wissenschaftlicher Objektivität und entsprechend auch der Autorität des Therapeuten. Während Freud noch in der Logik des strengen naturwissenschaftlichen Experiments geschult und davon überzeugt war, daß auch der Psychoanalytiker im Erkenntnisprozeß wie ein unbeteiligter, objektiver Beobachter charakterisiert werden könne, geht die Mehrzahl heutiger Psychoanalytiker davon aus, daß Übertragung und Gegenübertragung nicht ohne den jeweiligen bewußten wie unbewußten Beziehungszusammenhang verstanden werden können. Weil nunmehr eine historische Wahrheit über die traumatisierenden Erlebnisse in der Kindheit eines Menschen nicht mehr bruchlos errungen werden kann, muß deshalb der konstruierende und mitgestaltende Einfluß des Analytikers sehr viel stärker als noch zu Freuds Zeiten berücksichtigt und erhellt werden. Das macht den analytischen Prozeß anstrengender, aber auch reizvoller und abwechslungsreicher. Der Therapeut muß sich nun selbst als einen (Mit-)Lernenden begreifen, und nicht mehr als therapeutische Autorität, die nur Wissen und Können anwendet.

Grundannahmen

Im Verlauf seines Heranwachsens wird ein Mensch nicht nur zu einem sozialen Mitglied seiner Kultur, sondern er wird auch mit ungelösten elterlichen Konflikten in seiner Herkunftsfamilie konfrontiert, die wiederum bei ihm zu charakterlichen Problemen, erheblichen Traumatisierungen* und unbewußten Konflikten führen können. Die elterlichen Konflikte sind hierbei nicht nur Ausdruck *individueller* Störungen, sondern sie sind letztlich auch immer durch die jeweiligen soziokulturellen Faktoren mitbestimmt, die zudem auch noch generationsübergreifend wirksam werden können. Psychoanalyse als Therapieverfahren zeichnet sich dadurch aus, daß sie einen ganzheitlichen Anspruch verfolgt: So wenig wie es ausreicht, lediglich das Symptom zu kurieren, so wenig ist damit geholfen, wenn nur das Bewußtsein durch aufklärerische, pädagogische oder verhaltensanleitende Maßnahmen angesprochen wird. Vielmehr muß die *unbewußte Erlebnisschicht* im Menschen erreicht werden. In dieser sind die Konflikte und Traumata gespeichert und ebenso ihre Auswirkungen auf das bewußte Erleben und Verhalten. Das Durcharbeiten und die Integration dieser für die unterschiedlichsten Symptome verantwortlichen Zusammenhänge ermöglichen in einem weiteren Schritt auch ein Verständnis für die familiendynamischen und soziokulturellen Hintergründe, die zu bestimmten Störungen innerhalb des Individuums und in seinen sozialen Beziehungen geführt haben. Eine Aneignung der geschichtlichen Entwicklung des Individuums und seiner Herkunftsfamilie wird somit möglich und ein umfassenderes Gewahrwerden des eigenen Gewordenseins unter spezifischen geschichtlichen und kulturellen Gegebenheiten reflektierbar.

Wie aber können die ursprünglichen, aus der Lebensgeschichte stammenden Erfahrungen dem Bewußtsein wieder zugänglich gemacht, durchgearbeitet und schließlich integriert oder aufgehoben werden? Mit gutem Zureden, Druckausübung, Ermahnungen hatte Freud keine allzu guten Erfahrungen gemacht. Nach und nach entdeckte er, daß die frühen Inhalte des Gedächtnisses offensichtlich nur dann erinnert werden können, wenn sie handlungsmäßig eine Neuauflage erfahren. Aber wie sollte dies möglich sein? Freud fand heraus, daß Patienten sich zwar an bestimmte Kindheitseindrücke nicht oder nur sehr ungenau erinnern können, daß sie aber in der Beziehung zu ihm bestimmte Konflikterfahrungen, die ihrem Bewußtsein nicht mehr zugänglich waren, agierten*. Sie erinnerten sich nicht, daß sie gegenüber ihrer Mutter immer das letzte Wort behalten wollten, sondern äußerten sich auf diese Weise Freud gegenüber; sie wußten nicht mehr, wie deprimierend der Tod einer geliebten Person im Kindesalter für sie gewesen war, aber sie hielten Freud vor, daß sein Verfahren nichts tauge, daß sie sich noch immer schlecht und deprimiert fühlen würden usf. Die Zusammensetzung der verschiedenen Beziehungseindrücke und die Kenntnis der gegenwärtigen Konflikte und Schwierigkeiten ermöglicht nach und nach ein Arbeitsmodell der bewußten und unbewußten Motive, Einstellungen und Handlungsintentionen des Patienten zu entwerfen. Auf diese Weise gelingt es, bislang unerkannte Sinnzusammenhänge zwischen unbewußten Phänomenen und neurotischen Symptomen oder Charakterhaltungen zu entdecken.

War die Psychoanalyse zu Beginn dieses Jahrhunderts noch eher mit triebmäßigen und affektiven Phänomenen befaßt und standen dementsprechend Triebdeutungen im Vordergrund der analytischen Arbeit (z. B.: „Sie sind immer noch von dem Wunsch durchdrungen, ihren Vater auf allen Gebieten überflügeln zu wollen“), so veränderte sich dies mit der allmählichen Erforschung kognitiver Ichleistungen, was auch zur genaueren Herausarbeitung bestimmter Abwehrmechanismen (wie z. B. Verdrängung, Verleugnung, Projektion) führte. Fortan galt es nun, sich zunächst einmal mit den verschiedenen Abwehroperationen eines Analysanden zu befassen, vor allem mit den Motiven für seine Abwehr (z. B.: „Es bereitet Ihnen jetzt großes Unbehagen, über die Herkunft Ihres Ehrgeizes weiter nachzudenken“). Die Beschäftigung mit der Abwehr führte zu der analytischen Technik der Widerstandsanalyse.

Neben der Berücksichtigung von Übertragungs und Gegenübertragungsprozessen richtet die gegenwärtige Psychoanalyse ihr Augenmerk betont auf die Beziehung zwischen Analytiker und Analysanden. Denn der psychoanalytische Therapeut achtet nicht nur darauf, was der Patient über gegenwärtige Konflikte, außeranalytische Themen usw. in seinen Äußerungen, Einfällen und Assoziationen sagt, sondern insbesondere versucht er, einfühlsam zu erfassen, wie sich allmählich zwischen ihm und dem Patienten ein Beziehungsfeld aufbaut; nahezu alle Themen, die Art und Weise, wie der Patient darüber spricht und worüber er nicht spricht, haben mit der Beziehung zum Analytiker zu tun (z. B.: „Es fällt Ihnen schwer, von Ihrem Ehrgeiz zu sprechen, insbesondere wenn dieser sich auf meine Person bezieht“). Die darin zum Ausdruck kommenden Beziehungsgefühle haben überwiegend mit denjenigen Beziehungserfahrungen zu tun, die einen Großteil der charakterlichen und neurotischen Schwierigkeiten des Patienten ausmachen und sich auch in seinem Alltagsverhalten äußern; aber auch die Person des Therapeuten, seine eigenen Schwierigkeiten und persönlichen Eigentümlichkeiten wirken sich auf die Beziehung, die beide miteinander unterhalten, aus (z. B.: „Könnte es sein, daß es bestimmte Einstellungen oder Merkmale meinerseits gibt, die es Ihnen schwermachen, von Ihrem Ehrgeiz zu sprechen, insbesondere wenn dieser sich auf meine Person bezieht?“).

Methoden

In der modernen Psychoanalyse geht es nicht mehr ausschließlich um die Gewinnung von Einsicht in längst vergangene, lebensgeschichtliche Konfliktzusammenhänge oder gar um die ausschließliche Beschäftigung mit lebensgeschichtlich weit Zurückliegendem, wie beliebte Karikaturen der Psychoanalyse behaupten. Zu einem Großteil geht es vielmehr um die Analyse des Beziehungsgeschehens im Hier und Jetzt der analytischen Sitzung, was die Psychoanalyse zu einem recht lebendigen Vorgang werden läßt. Allerdings müssen an dieser Stelle auch die Unterschiede zwischen *analytischer Psychotherapie* und *tiefenpsychologisch orientierter* Therapie erwähnt werden. Bei dem zuletzt genannten Verfahren steht die Klärung der Probleme und Konflikte *außerhalb* der Übertragungsbeziehung im Mittelpunkt. Zwar geschehen die Wahrnehmung und das Intervenieren des Therapeuten auch hier vor dem Hintergrund des Übertragungs-/Gegenübertragungsgeschehens, aber es wird in der Regel nicht explizit angesprochen. Hierin kann man auch ein Indikationskriterium für die tiefenpsychologisch orientierte Therapie erblicken: Patienten in dieser Therapieform tun sich zumeist schwer damit, die für eine psychoanalytische Beziehungsanalyse notwendige Kontaktdichte erleben zu können. Dies kann verschiedene Gründe haben, wie z. B. den Wunsch, den Therapeuten als Autorität verehren zu können, ihn in der Rolle eines über alle Kritik erhabenen Elternteils zu sehen, Angst vor der entstehenden Nähe, Schamgefühle wegen des gefühlsmäßigen intensiven Kontaktes, Angst vor dem Überwältigwerden von eigenen Sehnsüchten und Wünschen, aber auch vor einer möglichen erneuten Traumatisierung durch grenzenverletzende Eltern. Aber auch bei der analytischen Psychotherapie geht es selbstverständlich nicht um ein andauerndes Thematisieren des Beziehungsgeschehens. Manchmal kann der Inhalt einer ganzen Stunde ausschließlich von der sorgfältigen Analyse eines gegenwärtigen Konflikts handeln, ohne daß eine Parallele zum Hier und Jetzt angesprochen zu werden braucht. Das Thematisieren der Übertragungsbeziehung ist selbstverständlich auch kein Selbstzweck, sondern dient lediglich dazu, den gefühlsmäßig am meisten bewegenden Punkt aufzuspüren. Denn Veränderungsprozesse kommen immer dann am besten in Gang, wenn der Patient nicht rationalisierend über Geschehnisse im Alltag oder in seiner Vergangenheit spricht, sondern mehr oder weniger intensive Gefühle dabei erlebt. Natürlich liegt es im Können und in der Einfühlung des Therapeuten begründet, wann und an welchen Stellen eine Intensivierung des gefühlsmäßigen Erlebens sinnvoll und zumutbar ist, und selbstverständlich kann sich diese auch anhand außeranalytischer Erlebnisse ergeben.

Fallbeispiel

Es handelt sich um eine vierzigjährige, unverheiratete Patientin, die immer noch mit ihrer Mutter zusammenlebt und sich für ihre Mutter so stark engagiert, daß für eine partnerschaftliche Beziehung kaum mehr Raum bleibt, worunter die Patientin aber auch leidet und was auch der ursprüngliche Anlaß für sie war, um Therapie nachzufragen. Die Therapeutin konnte mit ihr in früheren Stunden klären, welcher Vermeidung die übermäßige Sorge um die Mutter dient, wie z. B. dem Ausweichen vor einer Partnerschaft mit einem Mann, dem Festhalten an einem unerreichbaren, weil nie abgetrauerten Vaterbild, daß ferner Ängste über die Beziehungsfähigkeit abgewehrt werden und die Patientin endlich ihre Mutter für sich hat – anders als in ihrer Kindheit, als sie diese mit drei Geschwistern teilen mußte.

Im Laufe vieler Stunden wird es möglich, diese schmerzhaften Einsichten zu erarbeiten und dennoch hat die Therapeutin den Eindruck, daß wesentliche Themen noch gar nicht berührt worden sind. Immer stärker drängt sich ihr die Vermutung auf, daß diese vordergründig gut mitarbeitende Patientin, die dennoch nicht die Beziehung zu ihrer Mutter gelockert hat, einen wesentlichen Entwicklungsschritt nicht gehen will und damit die weitere Therapie blockiert.

In einer Supervisionssitzung wird der Analytikerin deutlich, daß sie in der Übertragung längst zur Mutter der Patientin geworden ist, die mit dem Kind überfordert ist und dieses zur Selbständigkeit anhalten möchte. Die Patientin aber fühlt sich vorzeitig weggeschickt, sie will zudem die Einfühlung ihrer Mutter nicht den beiden jüngeren Geschwistern überlassen. Sie möchte die Liebe dieser Mutter erringen, sich ihr ganz nahe fühlen dürfen. Je fordernder sie aber in ihrem Liebesverlangen wird, desto mehr fühlt sich die Therapeutin bedrängt und auch wegen des mangelnden Fortschritts in puncto Selbständigkeit enttäuscht. Eine „Lösung" dieser Übertragungs-Gegenübertragungs-Konstellation kommt erst dann zustande, als es der Therapeutin gelingt, ihre eigenen Sehnsüchte nach einer verfügbaren und einfühlsamen Mutter, die Enttäuschungen über ihr eigenes Zu-kurz-gekommen-Sein und das frühzeitige Vernünftigsein-Müssen zu reflektieren. Erst jetzt, nachdem sie diese Gefühle in sich selbst bearbeitet hat, kann sie das Anliegen ihrer Patientin, das sie zuvor unzählige Male in Büchern oder Fallkonferenzen mit dem Kopf verstanden hatte, wirklich begreifen. Folgende Deutung wird ihr nunmehr möglich: „In den zurückliegenden Stunden haben wir uns immer wieder gefragt, womit es zusammenhängen könnte, daß es Ihnen nicht gelingt, Ihr Engagement für Ihre Mutter zu verringen. Ich habe aber mittlerweile verstanden, daß es für Sie entscheidend wichtig ist, wie *ich* mit Ihnen umgehe; ob Sie das Gefühl haben dürfen, daß ich für Sie da bin und daß Sie mir mit Ihrer Liebe nicht lästig fallen. Vielleicht hatten Sie bislang den Eindruck, ich wollte, daß sie ganz schnell selbständig werden und mir nicht mehr zur Last fallen."

Gegenwärtiger Stand

Indikation zur Psychoanalyse

Während in den Anfängen der Psychoanalyse die Indikation zur psychoanalytischen Behandlung auf Patienten mit hysterischen, zwangsneurotischen und phobischen Symptomen beschränkt war, hat sich dies in der Folgezeit verändert. Die Indikation wurde nach und nach auf Personen z. B. mit Charakterneurosen bzw. Persönlichkeitsstörungen erweitert (bei denen keine eindeutig definierbaren Symptome mehr im Vordergrund stehen, sondern charakterliche Fehlhaltungen, wie z. B. eine ständige Unzufriedenheit, Selbsthaß oder Rechthaberei), auf Psychosen (wie z. B. schizophrene Psychosen), auf psychosomatische Störungen (wie z. B. Magersucht, Ulcus, Asthma), auf schwere Beeinträchtigungen des Selbstwertgefühls (narzißtische Störungen) und auf BorderlineStörungen (schwere Beeinträchtigungen der Ich-Funktionen, was z. B. zu vielen projektiven Verkennungen der Realität führt), um nur die wichtigsten zu nennen. Heutzutage hat sich die Auffassung eingebürgert, daß für die Indikationsstellung nicht so sehr die diagnostischen Abgrenzungen wichtig sind (ein Patient mit einem neurotischen Symptom hat ohnedies häufig auch charakterstrukturelle Fehlhaltungen oder psychosomatische Symptome), sondern eher die Erfassung verschiedener Einstellungen des Patienten zu seinem konflikthaften Erleben zu berücksichtigen ist. Die bei vielen gutsituierten Mittel und Oberschichtangehörigen anzutreffende Einstellung „Wasch mich, aber mach mich nicht naß“, d.h. gib mir möglichst schnell einen Ratschlag, wie ich mein lästiges Symptom loswerde, aber erwarte nicht von mir, daß ich mich mit mir selbst auseinandersetze, grandiose und perfektionistische Erwartungen abtrauere usf., ist z.B. viel eher ein Grund dafür, keine Psychoanalyse mit dem Betreffenden durchzuführen, als die hochmütig klingende Mitteilung eines narzißtisch gestörten Menschen, er habe aufgrund seiner umfangreichen theoretischen Kenntnisse über Psychoanalyse zwar viel Skepsis gegenüber diesem Verfahren, aber für ihn sei die psychoanalytische Behandlung noch ein letzter Versuch, mit seinem unbefriedigenden Leben besser zu Rande zu kommen.

Eine analytische Psychotherapie ist immer dann angezeigt und verspricht gute Erfolgschancen, wenn ein Patient von sich aus stark motiviert ist, mit dem Psychoanalytiker zusammenzuarbeiten, um seine durch die neurotische Symptomatik bedingten Beeinträchtigungen seines Selbstgefühls und Beziehungserlebens, seine Hemmungen bestimmter vitaler Strebungen und Gefühlsäußerungen zu verändern. Dies wird vor allem dann gut gelingen, wenn ein Patient eine geringe Neigung zu Ersatzbefriedigungen hat, für seine psychische und (psychisch verursachte) körperliche Symptomatik die Verantwortung übernimmt und in nur geringem Umfang neurotische Ideologiebildungen und übertriebene Heilungsansprüche aufweist. Darüber hinaus ist es bei der psychoanalytischen Therapie wichtig, daß jemand Interesse für die Erforschung unbewußter und lebensgeschichtlicher Zusammenhänge hat, daß es ihm trotz der Mühen einer Therapie Freude bereitet, sich selbst in seinen vielfältigen Motivationen und Einstellungen mit Hilfe der therapeutischen Beziehung kennenzulernen. Wichtig für die Indikationsstellung und für die Prognose ist aber auch die Passung: d.h. beide, Patient und Psychoanalytiker, müssen das Gefühl haben, es gut miteinander zu können. Dieses Kriterium meint aber keine konfliktvermeidende Harmonie, sondern z.B. auch das Erleben einer Patientin, mit ihrer Analytikerin – anders als mit ihrer Mutter – streiten zu können, weil diese ihren Enttäuschungsärger wird aushalten können.

Forschungsergebnisse

Es existieren viele Fallberichte in der psychoanalytischen Literatur, in denen gelungene Therapieverläufe, aber auch Komplikationen, Krisen, Sackgassen und Abbrüche beschrieben worden sind. In jüngster Zeit wird nicht zuletzt aufgrund forschungspolitischer Notwendigkeiten gefordert, dieser Novellenkultur eine empirisch statistische Ergebnisforschung an die Seite zu stellen. Die bisherige psychoanalytische Kritik an dieser Art von Forschung lautete dahingehend, daß bislang verfügbare und bei der Evaluation anderer Therapieverfahren eingesetzte Meßverfahren, wie z. B. das Ankreuzen von Schätzskalen, eine zu geringe Aussagekraft für die tatsächlichen Veränderungsprozesse haben, die sich nach psychoanalytischer Auffassung nicht nur an der Verhaltens- und Erlebensoberfläche manifestieren und sich deshalb einer einfachen Selbsterfassung mittels solcher Skalen entziehen. Insbesondere längere Therapien können nur wenig zuverlässig und aussagekräftig mit den herkömmlichen quantitativen Verfahren untersucht werden. Aus diesem Grund werden derzeit neue methodische Herangehensweisen mit einer größeren Untersuchungstiefe und der Erfassung struktureller Veränderungen erprobt, um zu gültigeren Aussagen über die Wirksamkeit einer längeren psychoanalytischen Therapie kommen zu können.

So führt derzeit z. B. Gert Rudolf von der Psychosomatischen Universitätsklinik Heidelberg ein Therapieforschungsprojekt als multizentrische Studie durch. 60 psychoanalytische Langzeittherapien werden unter *naturalistischen* Praxisbedingungen begleitet, d. h. erfahrene Praktiker in verschiedenen Städten führen Therapien an typischen ambulanten Patienten mit echter Behandlungsbedürftigkeit durch. Darin unterscheidet sich die Studie von herkömmlichen Effizienzuntersuchungen, in denen man im Rahmen von Promotionsarbeiten oder universitären Forschungsprojekten häufig eine Gruppe von homogenen Patienten nach einem Manual behandelt, was dann mit einer Kontrollgruppe unbehandelter Patienten mit der gleichen Symptomatik, etwa einer Angststörung, verglichen wird.

Mit Hilfe dieser Studie wird neben der Beantwortung, welche psychoanalysespezifischen Umstrukturierungsprozesse zu positiven Behandlungsergebnissen führen und wie dauerhaft diese sind, auch eine Aussage darüber möglich sein, welche Ergebnisse sich bei dreistündigen Analysen und einstündigen tiefenpsychologisch orientierten Psychotherapien im Sitzen finden. Ferner wird Aufschluß über die differentielle Indikation erwartet, d. h. darüber, für welche Störungen welche der genannten psychoanalytischen Behandlungsverfahren am meisten angezeigt sind. Wem helfen einstündige Therapien? Aber auch: Welcher Patiententypus braucht eine höherfrequente, dreistündige Analyse?

Eine ähnliche Studie aber mit einem noch stärkeren Einsatz qualitativer Forschungsverfahren beginnt 1998 unter der Federführung von Marianne Leuzinger-Bohleber aus Kassel.

Verbreitung des Verfahrens

Die tiefenpsychologisch orientierte Psychotherapie gehört mit zu den häufigsten Verfahren der sogenannten Richtlinientherapie; im Jahr 1994 wurden ca. 125.000 Behandlungen vorgenommen, während analytische Psychotherapie etwa 30.000 mal bewilligt wurde. Bei der tiefenpsychologisch orientierten Psychotherapie rangierte die Kurzzeittherapie (ca. 86.000) eindeutig vor der Langzeitform (ca. 39.000), die ein Guterachterverfahren benötigt. Die hohe Zahl der Kurzzeitverfahren erklärt sich durch den Umstand, daß viele Ärzte mit dem Zusatztitel Psychotherapie das Kurzzeitverfahren favorisieren, während psychologische Psychoanalytiker eher zu längeren Therapien tendieren.

Aussichten für die Zukunft

Die Verabschiedung des Psychotherapeutengesetzes im Jahr 1998 hat die Tätigkeit des Psychologischen Psychotherapeuten erstmalig auf eine gesetzliche Grundlage gestellt. Hierbei wurden ausschließlich die psychoanalytischen und tiefenpsychologischen Verfahren und diejenigen der Verhaltenstherapie anerkannt. Diese gesetzliche Verankerung schafft die Sicherheit, daß die psychoanalytische Therapie auch in den kommenden Jahren als ein bewährtes Verfahren weiterhin existieren wird.

Kurze Zusammenfassung

Die Weiterentwicklung der Psychoanalyse in diesem Jahrhundert läßt sich am besten dadurch charakterisieren, daß sich bei dieser Therapieform das therapeutische Interesse von der „Störung" des Patienten auf das komplexe Wechselspiel der unbewußten Prozesse zwischen Analytiker und Patient gerichtet hat. Psychoanalytische Therapie ist ausdrücklich Beziehungsanalyse, und der Therapeut wird zu einem engagierten „Mitspieler" in diesem Geschehen. Vor allem die Beschwerden und Klagen, derentwegen Patienten heutzutage um analytische Psychotherapie nachfragen, wie z. B. Beziehungsprobleme, reduziertes Selbstwertgefühl, Initiativelosigkeit, Entscheidungsunfähigkeit, Mangel an sinnvollen Idealen, erfordern einen nicht-manipulierenden Umgang, der sich am besten verwirklichen läßt, wenn der Analytiker es versteht, die in ihm ausgelösten Gefühle immer wieder zum Wohle seines Patienten in sich selbst angemessen zu verarbeiten.

Diese Sichtweise gilt auch für die tiefenpsychologisch orientierte Psychotherapie, auch wenn in dieser die Übertragung des Patienten eingegrenzt wird, und der Schwerpunkt der Konfliktbearbeitung auf den außeranalytischen Themen liegt.

Empfohlene Literatur: König, K.: Praxis der psychoanalytischen Therapie. Göttingen: Vandenhoeck & Ruprecht, 1991. *Mertens, W.:* Einführung in die psychoanalytische Therapie, Bd. 1–3. Stuttgart: Kohlhammer, 1990/91. *Mertens, W.:* Grundlagen psychoanalytischer Psychotherapie. In: W. Senf, M. Broda (Hg.): Praxis der Psychotherapie. Ein integratives Lehrbuch für Psychoanalyse und Verhaltenstherapie. Stuttgart, New York: Thieme, 1996, S. 86–123. *Reimer, C.:* Tiefenpsychologisch orientierte Psychotherapie. In: C. Reimer, J. Eckert, M. Hautzinger, E. Wilke (Hg.): Psychotherapie. Ein Lehrbuch für Ärzte und Psychologen. Berlin, Heidelberg, New York: Springer, 1996, S. 10–77.

2. Tiefenpsychologische Kurztherapie und Beratung

Antoon Houben

Einführung

Jeder Mensch durchlebt von Zeit zu Zeit eine Krise. Einschneidende Fortentwicklungen in unserem Leben wie Einschulung, Pubertät, beruflicher Wechsel, Partnerverlust oder eine körperliche Behinderung nötigen uns, eine Umstellung zu vollziehen. Vertraute Ansichten, selbstverständliche Gefühle und bewährte Verhaltensmuster scheinen nicht länger angebracht oder brauchbar, und neue müssen gefunden und erprobt werden. Der Betroffene gerät in eine Krise. Für gewöhnlich kann er auf eigene seelische und geistige Ressourcen zurückgreifen, um sie zu bewältigen. Gelegentlich spitzt sich eine Krise so zu, daß jemand sich nicht mehr zu helfen weiß, gelähmt und ratlos ist. Er weiß, daß „es so nicht weitergehen kann,“ findet aber keinen Ausweg oder traut sich nicht zu, eine Alternative auszuloten. Eine Beratung könnte vielleicht weiterhelfen.

Neben den Klienten, die in einer seelischen Krise um Beratung bitten, gibt es andere, die Hilfe suchen, weil sie unter psychischen oder psychosomatischen Beschwerden leiden, die ihnen – ihrem subjektiven Erleben nach – wie ein Schicksal zugestoßen sind. Sie erleben sich eher als Patienten und wenden sich an einen Therapeuten, eine Klinik oder Beratungsstelle wegen eines Leidens, für das sie um eine Therapie nachsuchen.

Festgefahrene Krise und seelisch bedingte Krankheit mögen sich begrifflich deutlich unterscheiden und abgrenzen lassen, in der Realität des Lebens und des Erlebens gehen sie fließend ineinander über. Daher lassen Beratung und Kurztherapie sich zwar theoretisch unterscheiden, aber in der Praxis nicht eindeutig abgrenzen. Außerdem sind tiefenpsychologische Kurztherapie und Beratung methodisch nah verwandt. In beiden Verfahren wird mit dem Patienten oder Klienten daran gearbeitet, ihm eine Veränderung seiner Notsituation zu ermöglichen. Es wird nämlich davon ausgegangen, daß die jeweiligen Symptome, Beschwerden oder Verhaltensstörungen durch unbewußte innerseelische Vorgänge hervorgerufen werden. Auch in den tiefenpsychologischen Kurzverfahren arbeiten Patient und Therapeut gemeinsam daran, die dem Leiden oder der

Problematik zugrundeliegenden, unbewußten Prozesse aufzudecken und zu korrigieren.

Ursprünge

Schon sehr früh in der Geschichte der Psychoanalyse begann man, Methoden zu konzipieren und zu erforschen, die eine Abkürzung der zeitaufwendigen und dadurch kostspieligen psychoanalytischen Therapie ermöglichen sollten. Bereits zwischen 1909 und 1914 wurden in den psychoanalytischen Zeitschriften sieben Fallberichte von erfolgreichen Kurztherapien veröffentlicht. Methodische Ansätze der namhaften Psychoanalytiker O. Rank und S. Ferenzci sind aus heutiger Sicht beachtenswert, aber fanden zunächst kaum praktische Anwendung. Erst als F. Alexander nach ausgedehnten Forschungen am Chicago Institute of Psychanalysis 1946 zeigen konnte, daß für eine erfolgreiche psychoanalytische Therapie nicht unbedingt in allen Fällen eine Langzeitbehandlung erforderlich ist, entstand ein breiteres, allerdings auch sehr kritisches Interesse an Kurztherapie. Die Kritik richtete sich vor allem gegen die von Alexander für die Kurztherapie entwickelten spezifischen Verfahrensweisen. Weil sie bis heute praktiziert wird, sei hier die „korrigierende emotionale Neuerfahrung“ erwähnt. Dabei wird der Patient in der Therapie einer emotionalen Erfahrung ausgesetzt, die er seit der Kindheit mit einer neurotischen Strategie zu bewältigen versucht. Unter der günstigen Bedingung einer vertrauensvollen Beziehung zum Therapeuten werden ihm bessere Voraussetzungen und eventuell Anstöße für eine effektivere und mehr befriedigende Verarbeitung geboten. Dies soll zu einer Korrektur der bisherigen Fehlanstrengungen verhelfen. In den Jahren 1960 bis 1975 wurde Alexanders Konzept von verschiedenen Autoren aufgegriffen und weiterentwickelt. Sie stießen dabei auf scharfe Kritik und Entrüstung bei der Mehrzahl ihrer psychoanalytischen Kollegen. Diese betonten, daß eine verkürzte Psychoanalyse keine Heilung bringen könne, die Bestand hat. Die scheinbaren Erfolge würden, ihrer Meinung nach, durch eine Manipulation des Patienten bewirkt. Trotzdem sind Mitte der siebziger Jahre auch in Deutschland Konzepte einer tiefenpsychologischen bzw. psychoanalytischen Kurztherapie und Beratung entwickelt worden. Diese haben allmählich auch in psychoanalytischen Kreisen Anerkennung gefunden, weil gezeigt werden konnte, daß sie zu heilsamen Veränderungen und dauerhaften Erfolgen führen können.

Grundannahmen

In den tiefenpsychologischen Kurzverfahren orientiert sich der Therapeut in seiner Diagnosenstellung, seinem Hilfsangebot und seinem Vorgehen an den Hypothesen und dem Erfahrungsschatz der Psychoanalyse. In der klassischen Psychoanalyse geht man davon aus, daß die seelischen oder psychosomatischen Erkrankungen sowie stagnierende Lebenskrisen letztlich auf einer in der Kindheit entstandenen Fehlorganisation der Persönlichkeit beruhen. Zu heilen ist, streng genommen, kein vorrangiges Ziel der Psychoanalyse, sondern ihr Fernziel, das sich aus einer fortschreitenden Umorganisation der Persönlichkeitsstruktur ergibt. Es gibt zweifellos Leiden und Lebensprobleme, die in derart chronisch gewordenen seelischen Fehlentwicklungen verwurzelt und so verstrickt sind, daß eine Langzeit-Psychotherapie notwendig ist, um eine Heilung oder zumindest Besserung zu erreichen. Es gibt auch Personen, die ein sie belastendes Leiden zum Anlaß nehmen, um eine grundlegende psychische Neuorientierung mittels Psychoanalyse anzustreben.

In den tiefenpsychologischen Kurzverfahren wird davon ausgegangen, daß jemand zur Lösung bestimmter aktueller, innerer Konflikte und Probleme nach einem eingefahrenen, ihm unbewußten, automatisiert ablaufenden „Plan" verfährt. Dieser „Plan" mag auf frühkindliche Fehlentwicklungen zurückgehen, aber er kann in der aktuellen Lebenskrise des Klienten eine brisante Bedrohung bedeuten. Dies ruft auch eine Not und ein drängendes Bedürfnis hervor, etwas zu ändern. Weil der „Plan" ihm nicht bewußt ist, kann der Betreffende, auf sich gestellt, eine solche Veränderung nicht herbeiführen. Diesen „Plan" und vor allem seinen nur scheinbaren Nutzen in Zusammenarbeit mit dem Klienten aufzudecken, ist das nächste Ziel von tiefenpsychologischer Beratung und Kurztherapie. Neuerdings geht man methodisch unterschiedlich vor, um diese neue Einsicht für die Heilung des Patienten oder die Problemlösung des Klienten nutzbar zu machen. Im Abschnitt „Methoden" werden wir ein psychoanalytisches und ein tiefenpsychologisches Vorgehen unterscheiden und erläutern. Beide bezwecken eine Lockerung der unbewußten Konflikt-Dynamik, die für die Bewältigung einer aktuellen Problematik nützlich und hilfreich sein dürfte. Eine Umorganisation der Persönlichkeit ist nicht beabsichtigt und auf diesem kurzen Weg, in aller Regel, nicht erreichbar. Allerdings gerät auch in dieser Hinsicht nach einer Kurztherapie gelegentlich etwas in Bewegung. Wie die Erfahrung zeigt, streben Patienten, die feststellen, von einer Kurztherapie profitiert zu haben, nicht selten später eine Psychoanalyse an.

Aus dem Gesagten geht hervor, daß es in einem tiefenpsychologischen Kurzverfahren nicht Aufgabe des Therapeuten bzw. Beraters ist, Ratschläge oder Anweisungen zu geben, wie der Patient sich besser oder gar richtig verhalten sollte. Vielmehr sind Therapie und Beratung als ein Arbeitsbündnis beider Beteiligten zu verstehen. Damit ist eine Beziehung gemeint, die auf Seiten des Klienten vom Vertrauen und dem Gefühl, angenommen zu werden, geprägt ist und auf Seiten des Therapeuten vom Zutrauen zu den seelischen Potentialen und Eigenkräften des Patienten. Selbstverständlich entwickelt und entfaltet sich eine solche Beziehung erst im Laufe der Begegnungen. Zu ihr gehört ferner, daß beide Beteiligten ein Interesse an Themen entwikkeln, die über die beklagten Beschwerden oder Probleme hinausgehen und zu deren tieferen, d. h. unbewußten Gründen hinführen. Dabei wird der Therapeut sich bemühen, alles, was sich in den Mitteilungen, im Verhalten und im emotionalen Austausch zwischen dem Patienten und ihm abspielt, genau zu beachten und dabei auch darin enthaltene Signale aus dem unbewußten Erleben zu registrieren und den Patienten zu gegebener Zeit darauf aufmerksam zu machen. Der Beitrag des Patienten besteht darin, Interesse dafür zu entwickeln, sich auf die Hinweise des Therapeuten einzulassen und auszusprechen, was ihm dabei einfällt.

Methoden

Im Falle eines kurztherapeutischen Vorgehens verständigen die Beteiligten sich darauf, ein bestimmtes Ziel in etwa 10–20 Sitzungen anzustreben. Dies erfordert vom Therapeuten, daß er rasch zu einer Diagnose gelangt. Diese soll sich nicht bloß auf die manifeste Vorgeschichte der Krankheit bzw. der anstehenden Problematik beziehen. Bei tiefenpsychologischem Vorgehen wird der Therapeut vor allem darauf bedacht sein, in Erfahrung zu bringen und zu verstehen, welche unbewußten inneren Konflikte diesen Patienten durch seine Lebensgeschichte und Struktur in der gegebenen Situation versagen, bzw. erkranken ließen. Dazu gibt er den Patienten Raum, selbst je nach eigenem Gutdünken, gemäß seiner eigenen Sicht, eventuell ausführlich und mit Beispielen und unter emotionalen Beteiligung, zu erzählen. Der Berater oder Therapeut greift dabei so wenig möglich aktiv ein, insbesondere vermeidet er es den Patienten systematisch zu befragen, sondern überläßt ihm die Führung im Gespräch. Dadurch entfaltet sich zwischen beiden eine Kommunikation und eine Beziehung, die gewiß von beiden, aber doch überwiegend und spezifisch vom Patienten geprägt ist. Auch wenn zwei Patienten ähnliche Beschwerden haben, so wird doch jeder darüber auf einer eigenen Weise, mit eigenen Emotionen, in einem eigenen Stil reden. Er trägt seine eigenen Erklärungen vor, entweder zweifelnd oder bestimmt oder gar, indem er auf den Therapeuten einredet. Jeder Patient leidet unter seinen Symptomen auf eine eigene Art und bewertet sie nach seiner Philosophie. Die Variation des Sich-Darbietens im ersten Kontakt mit dem Therapeuten ist weit größer, als hier beschrieben werden kann. Durch seine Präsentation ruft der Patient im Therapeuten Reaktionen, Gefühle, Erinnerungen, Gedanken und Phantasien hervor. So entwickelt sich zwischen ihnen ein Gefühlsaustausch, und es entfaltet sich allmählich eine Beziehung. In den tiefenpsychologischen Verfahren gehen wir davon aus, daß sich daraus für den geschulten Therapeuten zusätzlich zu den verbalen Mitteilungen auch Signale aus dem Unbewußten über Hintergründe der Erkrankung bzw. Problematik ergeben.

Wenn Therapeut und/oder Patient ein Kurzverfahren erwägen, muß auch geklärt werden, ob die dafür erforderlichen Voraussetzungen gegeben sind. Dazu wird der Therapeut, wenn nötig, zu gegebener Zeit aktiver in den Gesprächsablauf eingreifen. Er wird etwa seinen Patienten bitten, sich an die Zeit zu erinnern, als die Beschwerden bzw. die Probleme angefangen haben. Er wird fragen nach den Entwicklungskrisen und nach belastenden Situationen in seinem Leben und ihn auf seiner Weise davon berichten lassen. Er wird ihn ansprechen auf Lükken in seinen Mitteilungen. Wenn der Patient nicht spontan davon geredet hat, wird der Thearpeut sich nach der Lebensgeschichte, insbesondere der Kindheit erkundigen.

Anhand all dieser erhaltenen Informationen muß der Therapeut, unter Einbeziehung seiner eigenen Gefühlsreaktionen, sich ein Bild davon machen, welchen Stellenwert die Symptome des Patienten bzw. die schwierige Lebenssituation des Klienten in seinem seelischen Haushalt und in seinen Beziehungen haben. Insbesondere ist zu klären, ob die aktuellen Beschwerden oder Schwierigkeiten relativ eng mit einem abgrenzbaren und, angesichts der seelischen Verfassung des Patienten, rasch deutbaren* unbewußten Konflikt zusammenhängen. Dies ist Voraussetzung dafür, daß durch selektive Arbeit an dessen aktueller Erscheinungsform in wenigen Sitzungen Selbstheilungstendenzen mobilisiert werden können. Sollte sich im Gegenteil herausstellen, daß dieser Konflikt weit verbreitet und tief in der Lebensführung des Patienten verfestigt ist, wird der Therapeut eher zu einer Psychoanalyse oder einer anderen Therapie raten. Besonders wichtig ist die Frage, ob der Patient unter Anleitung rasch ein Gespür für Signale aus seinem Unbewußten entwickeln kann und welche psychischen Reserven er verfügbar hat, um Erkanntes in Änderungen des Verhaltens umzusetzen.

Kommt es dann zur Einleitung einer Kurztherapie bzw. Beratung, werden manche Therapeuten – wenn möglich – eher eine psychoanalytische Form, andere ein tiefenpsychologisches Vorgehen vorziehen.

In der *psychoanalytischen* Beratung bzw. Fokaltherapie bearbeitet der Therapeut ausschließlich den unbewußten „Plan", der die Krankheit ausgelöst bzw. die Problematik für den Klienten unlösbar gemacht hat. Es wird davon ausgegangen, daß diese innere Konstellation sich in der sich entfaltenden Beziehung von Patient und Therapeut, d. h. in der Übertragung und Gegenübertragung manifestieren wird. Bereits in der ersten oder zweiten Sitzung bestimmt der Therapeut einen Fokus, d. h. einen abgrenzbaren unbewußten Konfliktbereich, der sich aus dem verbalen und averbalen Ablauf der bisherigen Begegnung ableiten läßt. Es wird eine Mini-Psychoanalyse mit Bearbeitung von Widerstand und Übertragung eingeleitet. Der Patient wird aufgefordert, frei zu assoziieren, d. h. absichtslos alles auszusprechen, was ihm einfällt. Bei der deutenden Bearbeitung dieser

Einfälle wählt der Therapeut aus. Er greift nur solche auf, die einen Bezug zum definierten Fokus haben dürften. Für den Therapeuten ist dies eine schwierige Aufgabe. Der Patient wird manche Frustration ertragen müssen, wenn sein Gesprächspartner auf ein Thema, das ihn sehr berührt, nicht eingeht.

Das anspruchsvolle Ziel dieses Verfahrens ist es, eine für die Krankheit oder Krise wichtige unbewußte Bedingung im Hier und Jetzt der Übertragungsbeziehung psychoanalytisch durchzuarbeiten. Der Therapeut hofft, so zu erreichen, daß der Patient fortan dem Automatismus seines unbewußten „Plans" nicht mehr ohnmächtig verfallen ist und jetzt flexibler mit seinen Problemen wird umgehen können.

Auch in der *tiefenpsychologischen* Kurztherapie oder Beratung wird der Klient aufgefordert, sich dem freien Spiel seiner Einfälle zu überlassen. Der Therapeut wird Anteil nehmend zuhören und sich bemühen, aus der gesamten sprachlichen und nichtsprachlichen Kommunikation des Patienten Anzeichen des unbewußten „Plans" herauszufiltern, der bei seinem Problem oder Symptom eine Rolle spielt. Er wird seinen Klienten einfühlsam mit diesem „Plan" konfrontieren. Allmählich kann er dazu übergehen, dem Patienten zu erläutern, welche für ihn subjektiv bedrohlichen Gefühle (z. B. Angst, Scham, Gewissensbisse) er damit zu bannen versucht. Indem der Therapeut anschließend seinem Patienten bzw. Klienten hilft, sich einsichtig und emotional vor Augen zu führen, welchen Preis an persönlichen und sozialen Verstrickungen er sich mit dem „Plan" einhandelt, können Einsichten, Motive und Mut für alternative Lösungen zur Sprache kommen.

In einer Kurztherapie kommt es darauf an herauszuarbeiten, wie und warum ein solches Muster von verfehlten Konfliktlösungen die aktuelle Problematik und Beschwerden des Patienten bedingt hat. So erhalten diese für den Patienten eine sinnvolle und wohltuende Erklärung, weil er sich verstanden fühlt. In aller Regel stellt die so entstehende „Verstehensbeziehung" für sehr viele an unbewältigten Konflikten leidende Personen bereits eine korrigierende Neuerfahrung dar. In ihrem Schutz und sofern der Patient über geeignete seelische Reserven wie Flexibilität, Angst-Toleranz und redliche Gewissenhaftigkeit verfügt, dürfte er dann in der Lage sein, zweckmäßige Verhaltensänderungen in

Angriff zu nehmen. Der Therapeut kann dabei, soweit erforderlich, durch bestimmte Ich-stärkende Interventionen oder auch Techniken behilflich sein.

Fallbeispiel

Anhand eines konkreten Beispiels will ich versuchen, die obigen Darlegungen zu erläutern. Es handelt sich um die Kurztherapie eines etwa 50jährigen Facharbeiters, der seit etwa drei Monaten an einer Lähmung des rechten Armes litt. Diese sei ihm ohne erkennbaren Anlaß, wie aus heiteren Himmel zugestoßen, sagte er bei der telefonischen Anmeldung. Eingehende Untersuchungen bei einem Orthopäden und einem Nervenarzt hätten nichts ergeben. Der letztere habe ihn an mich überwiesen. Ich bot ihm einen Termin noch in der laufenden Woche an, den er überrascht – „Diese Woche schon?“ – akzeptierte.

Zum vereinbarten Termin betritt ein Mann mein Behandlungszimmer, der mir seine linke Hand entgegenstreckt, während der rechter Arm kraftlos herunterhängt. Mir fällt ein Kontrast in seiner Erscheinung auf. Die linke Seite seiner Gestalt strahlt etwas Kraftvolles und Zupackendes aus, während er mit seiner rechten Körperhälfte auf mich passiv, scheu und fast leblos wirkt.

Noch während ich mich anschicke, seine Personalien aufzunehmen, sagt er: „Ich habe nicht erwartet, daß ich gleich dran komme. Sie haben wohl nicht viele Patienten. Nun ja, dann kann ich die nächste S-Bahn in 40 Minuten noch erwischen“. Ich überhörte die Abwertung und sage: „Ich habe heute 50 Minuten für Sie vorgesehen“. Auf meine einleitende Bemerkung, daß er mich telefonisch bereits informiert habe, daß er sich wegen seines gelähmten Armes an mich wende, antwortet er:

Pat.: „Nun ja, der Dr. X. hat mich an Sie verwiesen. Mir ist aber gestern plötzlich eingefallen, woher die Lähmung kommt: Auf dem Oktoberfest habe ich den „Lukas“ gehauen. Ich habe alles drangesetzt, um wenigstens so hoch zu kommen wie mein Sohn. Habe ich auch geschafft, aber dabei habe ich den Arm überstrapaziert. Das müssen Sie mir doch zugeben, Herr Dr., ein Seelenstündchen mit Ihnen kann da nicht helfen.“

Ther.: „Sie haben Ihren Sohn erwähnt: War er dabei auf dem Oktoberfest?„

Pat.: „Gewiß, wir waren alle da, meine Frau, Michael und Marianne. Das machen wir jedes Jahr, schon seit 20 Jahren. Wir, meine Frau und ich, wir zahlen für die Kinder, wie eh und je, einen Wies’n-Besuch mit allem, was dazu gehört. Sie können sich denken, das kostet einiges, aber wir, meine Frau und ich, wir sind am glücklichsten, weil die Kinder es so genießen und so strahlen.“

Ther. „Ich kann's Ihnen nachfühlen. Mir fällt dabei auf, daß dies ein Stück Ihres Lebens zu sein scheint, das Ihnen lieb und wichtig ist. Sie haben so begeistert davon erzählt!„

Der Pat. fährt fort, den Wies'n-Besuch zu schildern. Auf eine entsprechende Zwischenfrage erfahre ich, daß er bis zum Alter von etwa 12 Jahren mit der Mutter die Wies'n besucht habe. Sein Vater habe sich nie beteiligt. Später sei er mit Freunden gegangen, aber nicht unbedingt jedes Jahr. Meine Bemerkung, daß seine Wies'nfreude wohl die Freude der Kinderjahre sei, bestätigt der Pat. gerührt. Als ich frage, wie er es empfunden habe, daß sein Vater nicht mitgegangen sei zur Wies'n, beschreibt er diesen als einen tüchtigen Fachmann, der allgemein geachtet wurde, mit dem man sich allerdings besser nicht anlegen sollte. Er sei herzensgut gewesen, wenn man spurte. Auf meine frage, wer „man" ist, antwortet er: „Vor allem ich und meine Mutter." Ich greife daraufhin das Stichwort „Mutter" auf, und der Patient erzählt dann von den Verhältnissen in seiner Herkunftsfamilie. Er sei das jüngste von drei Kindern. Seine Schwester sei 5 Jahre und sein Bruder fast drei Jahre älter. Die beiden seien mit dem Vater stets gut zurechtgekommen. Seine Schwester habe es verstanden, ihm schöne Augen zu machen, und sein Bruder sei der Star vom Vater gewesen, weil „er sich von niemanden die Butter vom Brot essen" lasse. Er selbst sei Mutters Liebling gewesen. Er sei in der aus dem Rheinland stammenden Familie „Bübchen" gerufen worden. Das habe ihm heimlich gefallen. Es hieß ja soviel wie: Mutters Bübchen. Vater und Geschwister haben zwar gespöttelt, wenn Mutter ihm immer wieder „Extras" zusteckte oder ihn in Schutz nahm, aber sie meinten es meistens nicht böse. Sie sagten: „er ist nun mal Bübchen". Manchmal wollten sie ihn damit auch ärgern: dann habe er gesagt: „Stimmt ja, ich bin Bübchen." Der Patient erzählt noch eine Weile von dem vorwiegend friedlichen Zusammenleben in der Familie. Einmal habe er einen furchtbaren Schreck bekommen, da wäre er am liebsten weit weg gelaufen, aber das habe er sich auch nicht getraut. Das war, als der Vater seinen Bruder verhauen hat, weil Mutter in dessen Tasche Kondome gefunden habe. Der Vater sei außer sich gewesen. Nach weiteren Berichten über Erlebnisse mit den Geschwistern sagt er auf einmal überrascht: „jetzt mache ich doch ein Seelenstündchen mit Ihnen." Daraufhin habe ich den Patienten in mehreren Schritten damit konfrontiert, daß er die verbale Abwertung des „Seelenstündchens" vom Anfang der Sitzung durch sein Verhalten korrigiert habe. Das habe ihn selbst überrascht. Vor dem „Seelenstündchen", zu dem er nur gekommen sei, weil der Dr. X. ihn geschickt habe, sei ihm eine Erklärung für die Lähmung eingefallen, die von Männlichkeit und Rivalisieren mit seinem Sohn geprägt sei. Es habe sich angehört, als ob er – ohne es sich einzugestehen – fürchte, daß die Lähmung eine Strafe für den Kraftakt sei, mit dem er sich aus dem „Bübchen-Dasein" befreien wollte. Auf dem

Oktoberfest habe er ja mit seinem Sohn recht männlich rivalisiert. Ohne zu widersprechen, bleibt der Patient nachdenklich bis zum nahen Ende der Sitzung.

Ich hatte dank der sprachlichen und nicht-sprachlichen Mitteilungen des Patienten auf einen denkbaren unbewußten Konflikt hingewiesen, der möglicherweise mit der Lähmung zusammenhing. Zum weiteren Verlauf sei kurz so viel mitgeteilt: Es stellte sich heraus, daß er, wetteifernd mit seiner Frau, es sich zur Lebensaufgabe gemacht hatte, seinem Sohn alles zu bieten, was er für gut und förderlich hielt. Er war immer wieder mit Gedanken befaßt, wie er ihn vor Schwierigkeiten behüten, ihm Sorgen abnehmen und Probleme für ihn lösen könnte. Offenbar hatte der Patient, der unter einer ihm unbewußten Scham wegen seines „verwöhnten-Bübchen-Daseins" litt, in dieser fürsorglichen Zuwendung eine wirksame Abwehr gefunden. Indem er seine passive Rolle in der Beziehung zu seiner Mutter in die entsprechende aktive umwandelte und gleichzeitig die eigene Bübchen-Rolle dem Sohn aufbürdete, konnte er Scham bannen, gar sie in Stolz umwandeln. Die Lähmung hatte eingesetzt, als der Sohn sich weigerte in diesem Arrangement weiter mitzumachen. Er zog aus dem elterlichen Haus aus und fand Arbeit und Wohnsitz im Ausland, weil er sich so jeder Bevormundung entziehen wollte. Damit brach der über Jahre funktionierende unbewußte „Plan" des Patienten zusammen. Vielleicht nach dem Beispiel des Sohnes brach außerdem der verdrängte, verbotene Wunsch nach Männlichkeit und Rivalisieren mit Vater und Bruder durch. Das aber verdiente Strafe, siehe Lähmung.

Gegenwärtiger Stand

Dank neuerer Forschungen, die sich mit der Effektivität, mit der Vorgehensweise und mit der Indikation beschäftigen, hat das Interesse an tiefenpsychologischen Formen von Kurztherapie und Beratung zugenommen. Insbesondere Institutionen wie psychiatrische und psychotherapeutische Kliniken, psychosoziale Beratungsstellen und psychiatrische Dienste wenden sie regelmäßig an. Dabei machen sie sich moderne Forschungsergebnisse zunutze, die es ermöglichen, die Indikation zuverlässiger zu stellen und die Behandlungstechnik laufend zu verbessern. Für eine Übersicht zum Forschungsstand verweise ich den interessierten Leser auf die Bücher von H. Argelander (Hg.) und M. Leuzinger-Bohleber (Hg.)

Zum Thema der *Indikation** lassen sich anhand des obigen Fallbeispiels einige positive Kriterien nennen, die allgemeingültig sind. Die Erfolgsaussichten für eine tiefenpsychologische Kurztherapie im Fallbeispiel konnten aus folgenden Gründen als günstig eingestuft werden:

1. Der unbewußte Konflikt hatte die Lebensführung des Patienten bis vor kurzer Zeit nur gering beeinträchtigt. Das war ein Hinweis, daß er über beachtliche psychische Reserven (Ich-Stärke) verfügte.
2. Bereits in der ersten Sitzung zeigte sich eine positive Übertragung („Seelenstündchen"), die erfahrungsgemäß eine günstige Voraussetzung für Kurztherapie ist.
3. Der Patient konnte sich rasch auf eine erste Deutung seines unbewußten Konflikts einlassen.
4. Das männlich rivalisierende Agieren* auf dem Oktoberfest deutete an, daß der Konflikt nahe daran ist, vorbewußt zu werden.
5. Der Patient hatte durch das Symptom einen erheblichen Leidensdruck.

Für eine tiefenpsychologische Kurztherapie bzw. Beratung kann man sich sowohl an niedergelassene Psychotherapeuten und klinische Psychologen als auch an psychotherapeutische Kliniken und psychosoziale Beratungsstellen wenden. Allerdings arbeiten nicht alle nach der oben beschriebenen tiefenpsychologischen Methode. Diejenigen, die es tun, machen dies meistens kenntlich durch Bezeichnungen wie „Psychoanalyse" oder „tiefenpsychologisch".

Empfohlene Literatur: Argelander, H. (Hrsg.): Psychoanalytische Beratung. Göttingen: Verlag für medizinische Psychologie, 1985. *Leuzinger-Bohleber, M. (Hg.):* Psychoanalytische Kurztherapie. Opladen: Westdeutscher Verlag, 1985. *Klüwer, R.:* Versuch einer Standortbestimmung der Fokaltherapie als einer psychoanalytischen Kurztherapie. In: M. Leuzinger-Bohleber (Hg.): Psychoanalytische Kurztherapie. Opladen: Westdeutscher Verlag, 1985. *Strupp, H. H., Binder, J. L.:* Kurztherapie. Stuttgart: 1991. *Bellak, L., Small, L.:* Kurzpsychotherapie und Notfallpsychotherapie. Frankfurt/M: Suhrkamp Verlag, 1972.

3. Individuation als Therapie. Die Analytische Psychologie Carl Gustav Jungs

Dirk Evers

Einführung

Wenn ein Mensch sich mit mir als einem Jung'schen Analytiker auf ein Erstgespräch einläßt, dann gilt es, gemeinsam zu klären, ob dieser Mensch physisch, psychisch und lebensgeschichtlich in der Lage ist, sich auf eine langdauernde Klärung des eigenen Lebensschicksals einzulassen; ob er mich für geeignet hält, ihn auf diesem Weg zu sich selbst zu begleiten. Und auch für mich muß dieses Gespräch klären, ob auch ich mich auf diesen Menschen und einen lange Zeit dauernden gemeinsamen Weg einlassen kann und will.

Der Begründer der Analytischen Psychologie, der Schweizer Psychiater Carl Gustav Jung (1875–1961) gehört zu den bedeutendsten Denkern des 20. Jahrhunderts. Von ihm geprägte Begriffe wie Komplex, Archetyp, kollektives Unbewußtes, Extraversion und Introversion, Individuation, Persona, Schatten usw. haben Eingang in den täglichen Sprachgebrauch gefunden. „Das Selbst aber begreift unendlich viel mehr in sich als bloß ein Ich, wie die Symbolik seit alters her beweist: es ist ebenso der oder die anderen wie das Ich. Individuation schließt die Welt nicht aus, sondern ein." (C. G. Jung, GW VIII, S. 432)

Grundannahmen

Allem menschlichen individuellen Erleben ist eine archetypische, kollektive, angeborene und somit vorgegebene psychodynamische und psychoenergetische Struktur zugeordnet, die den Menschen in seiner leib-seelisch-geistigen Ganzheit spiegelt und ihn gleichzeitig zur existentiellen, konkreten Gestaltung des archetypisch Gegebenen in individueller Einzigartigkeit herausfordert. So wird der Mensch zum sozialen Individuum in der Art und Weise, wie er sich in seinem weltlichen Hier und Jetzt auf das immer schon vorgegebene Humanum und Numinosum erleidend und schöpferisch einläßt, ein strukturontologischer Werdeprozeß, der zwar auch linear-kausale Verläufe kennt, aber wesentlich geprägt ist von zyklisch verlaufenden, sinnvollen aber akausalen Koinzidenzen.Die polar aufeinander bezogenen Gegensätze vermischen sich nicht, sie sind aber auch nie voneinander getrennt. Mischung und Trennung sind defiziente Weisen des Prozesses, die als symbiotische oder isolierend-destruktive Erlebnisformen das Humanum schädigen und das Individuum in eine Krise stürzen. Diese Krise des einzelnen Menschen und die zugleich damit gegebene Gefährdung des Humanum im Ganzen sind Gegenstand des therapeutischen Bemühens im Prozeß der Analytischen Psychotherapie.

Methoden

In einer knappen, idealtypisch dargestellten Verlaufsform soll die therapeutische Methode kurz skizziert werden. Grundsätzlich geht es um die Erfahrung der eigenen Wirklichkeit in ihrer ganzen paradoxen Widersprüchlichkeit, es geht – entgegen aller direktiven Methodik – darum, psychisch geschehen zu lassen und die Erfahrung zu reflektieren hinsichtlich der körperlichen, seelischen, geistigen, individuellen und sozialen Konsequenzen. Zuerst wird es darum gehen, die typologische Orientierung eines Menschen zu erfassen und herauszufinden, ob das Erlernen der sozialen Eigenwirklichkeit (Archetyp der Persona) auf Anpassung an elterlich-soziale Erwartungshaltungen zurückgeht und zu sozialem Fehlverhalten führt, oder ob die individuelle Eigenart sich schöpferisch auf die notwendigen Gegebenheiten des Lebens einlassen kann und darf. Soziales Fehlverhalten führt in Berufs- und Partnerwahl zu Wiederholungen selbstschädigender Verhaltensmuster durch internalisierte Elternbilder („Über-Ich", selbstdestruktives Verhalten), die als Schattenkonfigurationen (Archetypus des Schattens*) bis zu blindem Gehorsam entsprechenden Schattenträgern gegenüber führt: Nazi-Deutschland, heutiger Terrorismus, individuelle Rücksichtslosigkeit als Wiederholung elterlich-autoritärer Erziehungsstile; wirtschaftspolitische Ausbeutung anstelle volkswirtschaftlichen Wachstums; individuelle und kollektive Entfremdung; Zwei-Klassen-Systeme; alle Formen patriarchal-autoritärer Hierarchien, deren grundsätzlich frauenfeindliche Ausrichtung sich hinter irrationalen Machtphantasien verbirgt, die zum Wohle der Menschheit angepriesen werden. Die Erarbeitung des

Schattens und damit die Veränderung der sozialen Rolle und die Veränderung im Verhalten dem jeweils anderen Geschlecht gegenüber bedarf einer subtilen Konfrontation, in deren Verlauf ein Mensch im Erkennen der eigenen mörderischen und der eigenen schöpferischen Qualitäten seine Mitte findet, aus der heraus ethische Entscheidungen im Falle von Pflichtenkollisionen erst möglich werden. Dazu gehört auch die Erkenntnis, daß die Sehnsucht nach inzestuöser Vereinigung oder Partnersymbiose am Symbol der Gegensatzvereinigung, die in seelischen und menschheitsgeschichtlichen Bildern sichtbar wird, vorbeigeht und, ausagiert, zu schwersten körperlich-seelischen und geistigen Verletzungen führt.

Der Prozeß der Gegensatzvereinigung ist ein intrapsychischer Prozeß: Die Bilder dieser Gegensatzvereinigung sind immer religiöse Bilder oder Bilder von hoher numinoser Energie, was anzeigt, daß sie nicht konkret ausagiert werden können, sondern der inneren Ganzheit dienen: der zweigeschlechtliche Anthropos, Shiva und Shakti als eine zweigeschlechtliche Figur. Der Archetypus des Paares läßt erkennen, daß erst im projektionsfreien Beziehungsprozeß das jeweilige Anderssein nicht als Bedrohung, sondern als köstliche Bereicherung und Lebensperspektive gelebt werden kann. Dann kann auch ein menschliches Paar eine Spiritualität entwickeln, die der Spiritualität klösterlich-spirituellen Lebens ebenbürtig ist: die Erfahrung des Selbst als verbindende Mitte und heilende Entgrenzung in einem. Seinem Wesen nach ist der Mensch religiös, weil er sich verbindlich einläßt auf eine Erfahrung, die ihn transzendiert und zu sich selbst bringt in einem scheinbar unauffälligen Leben als einzelner Mensch, als Paar, allein oder in einer Gruppe. Was zählt ist, ob ein Mensch auf Wesentliches ausgerichtet ist oder nicht.

Fallbeispiel

Eine etwa 40jährige Ordensschwester, Leiterin eines Belegspitals, träumt, daß sie auf ihrem Weg zur Kirche unten im Dorf an einen Graben kommt, den sie durchschreitet. An der anderen Seite wird sie erwartet von Arbeitern mit Schaufeln in den Händen, die um ihr Haus stehen: Es muß mitsamt dem Fundament erneuert und versetzt werden. Sie muß aber selbst mit Hand anlegen, damit ihr geholfen wird. Traurig geht sie zurück, da sie sich kraftlos fühlt und ja doch alles zusammenstürzen wird. Dieser Personatraum führt sie in die Analyse. Bald taucht eine entsprechende Schattensituation auf, die sich lange wiederholt. Immer wieder nimmt sie im Traum ein fünfjähriges Mädchen an der Hand, führt es über lange Gänge in den Operationssaal, wo sie das Kind mit einem Messer zerstückelt und die Leichenteile in eine Schublade schiebt. Das bewußte Erleiden dieser Bilder und das Erarbeiten der darunter liegenden selbstdestruktiven Strukturen läßt sie erkennen, wie sehr sie sich selbst mit der Leitungsaufgabe überfordert. Aber ihr patriarchales Gottesbild stellt einen sadistischen Zsammenhang her zwischen Leistung und liebendem Angenommensein. Im weiteren Verlauf träumt sie, daß sie, wie immer, in der Nacht am Schreibtisch sitzt und arbeitet. Da kommt ein junger Mann herein, der ihr ein Geschenk mitbringt, einen Baukasten. „Ich habe Ihnen ein Geschenk mitgebracht". „Sie sehen doch, daß ich arbeite, und außerdem ist da gar keine Gebrauchsanweisung dabei". Er lacht. „Sie brauchen keine Gebrauchsanweisung, Sie können einfach damit spielen". Nach einer Weile geht er. Sie hört zu arbeiten auf, schaut auf den Baukasten und denkt: „Ich könnte eine Brücke bauen oder ein Haus". Und wacht unter Tränen auf. Diese Begegnung mit dem schöpferischen Animusarchetyp löst viele Fragen aus. Wieder später kommt ein Traum mit der einzigen Frage: „Warum gibst du nicht dein ganzes Herz?" Und dann sieht sie sich in einem Traum einen toten jungen Mann auf einem Schubkarren den elterlichen Grabhügel hinaufkarren. Aber der Karren kippt um. Mühsam wuchtet sie den Toten wieder hinein und fährt ihn in ihr Haus. Ohne jede Hilfe schleppt sie ihn auf ihr Bett und macht Mundtoilette, da der Mund des Toten mit Erde vom Grabhügel gefüllt ist. Blut fließt aus dem Mund, und wie sie erschrocken aufsieht, öffnen sich die Augen des Toten, und er schaut sie mit einem Blick voller Güte und Vertrauen an. Er wird wieder reden können, denkt sie voller Freude. Was in den Eltern begraben war, beginnt wieder zu leben. Gütige Gestalten des Alten Weisen und der Weisen Frau helfen ihr, sich von der kleinen bigotten Leistungswelt der Eltern zu emanzipieren. Und dann träumt sie: „Frühmorgens stehe ich vom Schreibtisch auf, es ist hell draußen, und direkt vor der Fenstertüre, die ich öffne, ist eine Wiese mit vielen bunten Blumen. Ein kleines Mädchen pflückt einen bunten Strauß, springt auf mich zu und schenkt mir den Strauß. Voller Glück hebe ich die Kleine auf und drücke sie an mich". Das schöpferische Kind, ein Selbst-Symbol, das ihr Herz anspricht, das sie nun rückhaltlos gibt, bringt ihr den ganzen Reichtum der Gefühle zurück, die sie als nutzlos so viele Jahre unterdrückt hat. Und gegen Ende der gemeinsamen Arbeit steht sie in einem Traum in einem großen Saal voller Menschen neben einem Flügel, an dem ein junger Mann sitzt, der sie begleiten wird. Sie beginnt zu singen, schüchtern erst, doch dann mit wachsender Freude.

Die gemeinsame Arbeit am Verstehen dieser Bilder führt dazu, daß sie ihren Leitungsauftrag abgibt und in einer anderen Stadt in einem Spital ihren Dienst als Ordensschwester und Krankenschwester versieht. Unter den über hundert Bildern, die sie in den Zeiten zwischen Wachen und kärglichem Schlaf gemalt hat, war in vielen Variationen immer wieder das Bild zweier Kreise, die sich überschneiden und in der Mitte eine Mandorla, eine spezielle Form des Mandalas, bilden, das besonders der göttlichen Frau, der Jungfrau Königin, zugeordnet wird. Sicher spielt hier auch die lebendige Übertragung des Prozesses eine wesentliche Rolle, aber das Feld wandelt sich in das Eigen-sein-Können als Frau und Mensch mit der Erfahrung des archetypischen Bildes der Jungfrau Mutter. Ein wesentliches Bild ist das eines Christus am Kreuz, der eine weibliche Brust hat, Bluttropfen als Haare, und in geometrischer Form mit einem Kelch sein Blut aus der Seitenwunde auffängt. Über die ganze Seite des Bildes verläuft in der Mitte ein schwarzer Strich. Rechts unten ist eine vom Leidenden weggekrümmte Gestalt mit einem roten Herzen. Aus dem unter der Linie verdeckt gehaltenen Glied des Leidenden steigt nach links oben ein kräftiger goldener Strahl und ergießt sich in ein abgesondertes Quadrat, in dem auf einem grünen Hügel ein Baum mit goldenen Blättern steht. Das Bild ist auf kariertem A5-Papier gemalt. Das Bekenntnis zum ganzen Menschsein des Gekreuzigten erlöst sie aus dem elterlichen Grabhügel und läßt auf grünem Hügel für sie den Lebensbaum mit goldenen Blättern wachsen.

Gegenwärtiger Stand

Indikation und Gegenindikation ergeben sich klar aus dem gezeichneten Verlauf einer vierjährigen analytischen Langzeitpsychotherapie: Wer ad hoc ein klar umschriebenes Problem lösen will, wer eher einer Krisenintervention bedarf, soll nicht zu einer Langzeittherapie gedrängt werden. Hier geht es um ein gesamthaftes Nachreifen der emotionalen Lebensgestalt mit erheblichen Konsequenzen für den konkreten Lebensstil. Nur in solchen Fällen und bei aktiver Mitarbeit eines Menschen mittels regelmässig sich einstellenden Träumen, wachsender Fähigkeit zur reflektierten Introspektion, auch anhand von Aktiver Imagination, kann sich ein imaginales Bewußtsein herausbilden, das in den Bildern der Seele das eigene Schicksal erkennt und bereit ist, zu verändern, was verändert werden kann. Praxisstudien zu Analytischen Langzeittherapien, wie sie in den USA vorgenommen worden sind und im europäischen Raum vorgenommen werden, lassen bereits erkennen, daß langfristige emotionale Veränderungen früher Verletzungen der grundmenschlichen Bindungsfähigkeit, die sich auf das gesamte Lebensfeld eines

Menschen erstrecken, des behutsamen Begleitens bedürfen im Sinne des Jungschen „psychisch geschehen lassen können". Eine wesentliche Rolle spielt dabei der wechselseitige Übertragungsprozeß*, der immer wieder von seiten des Therapeuten der Supervision bzw. der Intervision bedarf und auch des erhellenden Aufdeckens innerhalb des analytischen Prozesses. Das Verfahren der Jungschen Analytischen Therapie verbreitet sich kontinuierlich. Je mehr der Mensch sich als sich selbst gegeben erkennt, desto mehr wird er sich auf das „Es gibt" verstehend einlassen wollen. Die begleitende Analyse ist in diesem Prozeß des Verstehens lediglich die Initiation in ein bewußt gelebtes Leben als Eigensein im Mitsein.

Zusammenfassung

Jeder Mensch hat das Recht auf volle Bindungsmöglichkeit in freier Wahl, individuell und sozial. Die therapeutischen Wege dahin sind zahllos, und doch müssen sie kritisch daraufhin hinterfragt werden, ob sie dem Geltungsbedürfnis einzelner Schulen dienen oder dem Wachstum des Menschen als Individuum und Mitglied der menschlichen Gemeinschaft. Dazu bedarf es des unablässigen interdisziplinären Gesprächs. Nicht der Therapeut heilt, es ist die Psyche, die heilt, wenn wir sie bewußt geschehen lassen.

Empfohlene Literatur: *Jaffé, A., Jung, C. G.:* Erinnerungen, Träume, Gedanken. Olten: Walter-Verlag, 1962. *Jung, C. G.:* Zwei Schriften über Analytische Psychologie. Gesammelte Werke 7. Olten: Walter-Verlag, 1967. *Jung, C. G.:* Theoretische Überlegungen zum Wesen des Psychischen. Gesammelte Werke 8 Bde. 1967. *Jung, C. G.:* Der Mensch und seine Symbole. Olten: Walter-Verlag, 1968. *Jung, C. G.:* Praxis der Psychotherapie. Gesammelte Werke 16. Olten: Walter-Verlag, 1958.

4. Individualpsychologische Therapie nach Alfred Adler

Karl Heinz Witte

Einführung

Die individualpsychologische Therapie arbeitet in Deutschland nach den Richtlinien der gesetzlichen Krankenkassen. Sie wird für Erwachsene sowie für Kinder und Jugendliche von hierfür ausgebildeten und zugelassenen Ärzten, Psychologen und analytischen Kinder- und Jugendlichen-Psychotherapeuten angeboten. Je nach Einzelfall kann sie als Kurzzeittherapie, als tiefenpsychologisch fundierte (problemorientierte) Therapie oder als analytische Langzeittherapie durchgeführt werden, und zwar entweder als Einzeltherapie oder in einer Gruppe.

Ursprünge

Alfred Adler (1875–1937) arbeitete in den Aufbaujahren der Psychoanalyse von 1902 bis 1911 im Kreis von Sigmund Freud mit. In dieser Zeit galt sein Forschungsschwerpunkt zunächst den angeborenen Ausgleichs- und Überwindungskräften („Kompensation"), welche Schädigungen oder Behinderungen im körperlichen und seelischen Aufbau der Person wettmachen können. Seit 1908 entwickelte er die Ansicht, daß eine einheitliche Kraft der Überwindung das Seelenleben lenke und gestalte. Aus ihr heraus bildeten sich die prägenden Charakterzüge, und sie benutze auch seelische Störungen, z. B. Ängste, Depressionen, Zwänge, Wahnvorstellungen, als Alarmsignale oder Notbremsen, um sozusagen auf einem Umweg und unter teilweise einschneidenden Opfern das Selbst und das Beziehungssystem doch noch funktionsfähig zu erhalten.

Mit diesen Ideen geriet Adler zunehmend in Konflikt mit der Psychoanalyse Sigmund Freuds, der die Verdrängung der Sexualität für die beherrschende Kraft des Seelenlebens hielt und seine Mitarbeiter auch auf diese Position einzuschwören versuchte. 1911 gründete Adler mit einigen Anhängern, die mit ihm die Wiener psychoanalytische Vereinigung verlassen hatten, eine eigene Gruppierung, die er zunächst „Verein für freie psychoanalytische Forschung", bald darauf „Verein für vergleichende Individualpsychologie" nannte.

Grundannahmen

In der Namengebung drückt sich aus, daß Adler seine Therapie im Bereich der psychoanalytischen Methode ansiedelte, d. h. in der Erforschung und Integration unbewußter Motive, daß er aber inhaltlich einen anderen Komplex von Motiven für ausschlaggebend hielt als Freud. Dieser zweite Schwerpunkt ist mit dem Namen „Individualpsychologie" angezeigt. Sie geht davon aus, daß wir uns die objektiven Einflüsse auf unseren Lebensweg und unsere seelische Gesundheit in einer unteilbaren ganzheitlichen Lebensbewegung aneignen. So ist in der Verarbeitung von seelischen Störungen immer ein individueller Gestaltungsfaktor wirksam. Diese individuelle Stellungnahme macht auch den Kern einer psychischen Erkrankung aus. Nur wenn dieser individuelle, nicht auf allgemeine Gesetze reduzierbare Kern des persönlichen Erlebens in der Selbsterfahrung verstanden und heilend belebt wird, ist die individualpsychologische Therapie an ihr Ziel gekommen.

Daraus ergibt sich das Selbstverständnis der individualpsychologischen Therapie. Sie teilt mit den allgemeinpsychologischen, tiefenpsychologischen und psychoanalytischen Therapierichtungen die allgemeinen, wissenschaftlich erforschbaren Annahmen über den Aufbau der Persönlichkeit und die Funktion seelischer Störungen. Sie geht aus von der Verwurzelung seelischer Störungen in Belastungen und problematischen Entwicklungen der Kindheit, die zu größtenteils unbewußten inneren Konflikten geführt haben. Insbesondere durch die Ergebnisse der modernen Säuglings- und Kleinkindforschung findet sich die Individualpsychologie in ihren Grundannahmen bestätigt und bereichert.

Maßgebliche Gesichtspunkte für eine gesunde seelische Entwicklung – und umgekehrt für die Ausbildung von seelischen Störungen – sind die Ausgestaltung eines gesunden Gefühls für den Reichtum des Selbst und die Integration der Schatten- und Mangelerfahrungen unseres Lebens. Darauf kann die Entwicklung eines stabilen Selbstwertgefühls in der Beziehung und Gemeinschaft mit den Mitmenschen aufbauen. Störungen der Selbstentfaltung und der Beziehungsfähigkeit in der Kindheit können zu psychischen Erkrankungen führen.

Methoden

Aus den Gegebenheiten des Einzelfalls leitet sich ab, welche therapeutische Methode am sinnvollsten ist.

In der *tiefenpsychologisch fundierten Psychotherapie* konzentriert sich die Arbeit auf ein aktuelles Problem. Zum Beispiel kann eine wiederholte Fehlreaktion in einer Prüfung, in einem Bewerbungsgespräch oder in einem Beziehungskonflikt aus einer Übertragung von Erlebnisreaktionen, die in der Familiensituation erworben wurden, entstehen. In der Therapie wird dann zu klären sein, in welcher Situation das „Versagen" ausgelöst wird (etwa beim Lernen, beim Warten, beim Schreiben oder im Gespräch) und welche inneren Reaktionen das „Versagen" bewirken (z. B. Grübeln, Zweifelsucht, „Ladehemmung," Wut, Stolz, Nichtverstehen, Kommunikationsstörung). In der Therapie werden dann die Situationen und die Reaktionen aufgespürt, die dieses Lebensmuster ursprünglich geprägt haben. Kindheitserinnerungen, Wiederholungsträume, Gewohnheiten, die bisher wenig beachtet wurden, enthüllen dabei oft ein Reaktionsmuster, das auch aktuell das „Versagen" bedingt. Indem solche Muster in vielen alltäglichen Situationen aufgespürt und durchgearbeitet werden, können Verhaltens- und Erlebensalternativen erkennbar werden. Diese werden im Dialog, oft auch in probehandelnder Phantasie, im Rollenspiel oder in der Nachbesprechung anhand von neu auftauchenden Spontanreaktionen verfügbar gemacht. Der Bezug zur Problemsituation (z. B. der Prüfung) bleibt im Hintergrund immer präsent. Durch die Einbettung der aktuellen Problematik in den lebensgeschichtlichen und sozialen Zusammenhang ist die Problemlösung ganzheitlicher, als würde man nur „am Symptom arbeiten". Die Umstellung der Lebensstil- und Beziehungsmuster bringt eine breitere Ermutigung mit sich und macht die Übertragung der Lösungsstrategien auf die aktuelle Problemsituation möglich.

In der *analytischen Psychotherapie* werden psychische Störungen und Probleme bearbeitet, die über einen aktuellen Anlaß hinaus eine länger währende Geschichte haben und schädlichen Einfluß auf das gesamte Lebensgefüge des Patienten ausüben. Beispiele hierfür sind die generalisierte Angststörung, Zwangserkrankungen, Depressionen, wiederholte und belastende Beziehungsstörungen, körperliche Beschwerden ohne organischen Befund, psychosomatische Erkrankungen, Borderline*-Syndrom und einige psychotische Erkrankungen. Die analytische Psychotherapie besteht in einem intensiven emotionalen Prozeß mit mindestens zwei Sitzungen pro Woche. Hier ist der entscheidend wirksame Faktor die Wiederbelebung der Emotionen, welche die störenden Reaktionen und Symptome ausgelöst haben. Diese Wiederbelebung geschieht in der therapeutischen Situation selbst. Sie löst im Patienten Gefühle aus, die dieser seinerzeit vielleicht einem Elternteil oder einem Geschwisterkind gegenüber hatte, oder noch allgemeiner: Gefühle oder Bewußtseinszustände, die sich in ihrer ursprünglichen Gestalt niemals voll ausdrücken und die niemals beruhigt abklingen konnten. In der analytischen Psychotherapie ist also Gelegenheit, Erlebnisse und Gefühle zu verarbeiten, die oft ein Leben lang unterdrückt oder verdrängt werden mußten oder die sich in störenden Symptomen, Charakterzügen oder sozialen Konflikten Luft machen.

Prinzipiell werden die gleichen Grundmethoden, nämlich Kurzzeit- und analytische Langzeittherapien in der *Kinder- und Jugendlichen-Psychotherapie* angewandt. Im freien Spiel des Kindes wird symbolisch dargestellt, was das Kind erlitten hat oder woran es leidet. Zusammen mit der Therapeutin werden die Wünsche und Enttäuschungen, Liebe, Haß, Angst und Mut in Szene gesetzt. Gefühle und Beziehungsmuster treten in Gestalt von wilden Tieren, allmächtigen Gewaltverbrechern, gequälten Feinden, siegreichen Befreiern und hilfreichen Freunden auf. Die „schöpferische Kraft" (Adler) der kindlichen Psyche erfindet im Spiel und in der Beziehung zur Therapeutin den Heilungsweg selbst, sammelt die Kraft und die Beweglichkeit, die sie braucht, um das Leben in seiner Realität, in Familie, Schule und Freundeskreis zu meistern.

Die individualpsychologische Kurzzeittherapie mit Kindern- und Jugendlichen wird auch in familientherapeutischen Sitzungen durchgeführt. In die analytischen Therapien mit Jugendlichen werden die Eltern meistens nicht einbezogen. Bei analytischen Therapien mit Kindern findet in der Regel eine „begleitende Therapie" der Eltern oder der anderen wesentlichen Bezugspersonen statt. Hierbei handelt es sich weniger um eine pädagogische Beratung der Eltern, etwa unter dem Aspekt, was sie falsch machen und wie sie dem Kind besser helfen könnten. Vielmehr wird den Eltern die Gelegenheit angeboten, ihre eigenen Vorstellungen von ihrem Kind zu erforschen und auszutauschen, ihre Hoffnungen und Enttäuschungen auszusprechen und ihre früheren und gegenwärtigen Reaktionen auf das Kind zu überdenken. Zusammen mit dem Veränderungsprozeß, der sich durch die Therapie des Kindes entwickelt, ändert und vertieft sich in der Regel auch die Beziehung der Eltern zu ihm.

Fallbeispiel

Schon der Anfang der Therapie gestaltete sich schwierig, da die depressiv-ängstliche Patientin auf Nachfragen oder Verständnislücken des Therapeuten bei der Schilderung der Symptomatik und der Biographie mit Panik reagierte und mit einer Tendenz, die Therapie abzubrechen, bevor sie noch begonnen hatte. Zusammen mit dem äußerlich geringfügig erscheinenden Anlaß der gegenwärtigen Krise und mehreren depressiven Episoden und Suizidtendenzen in der Vorgeschichte lag der Eindruck nahe, es mit einer besonders „schwierigen" Patientin zu tun zu haben, und damit im Zusammenhang schienen Vorsicht und Zurückhaltung angezeigt, bevor sie in eine analytische Therapie übernommen werden konnte. Ermutigend erschienen allerdings nach den ersten Stunden einige Träume. In einem von ihnen ging die Patientin an einem Bach entlang einen Berg aufwärts, an mehreren niederbrennenden Häusern vorbei und gelangte bei der Quelle zu einer Gruppe von clownhaft artistisch tanzenden Leuten.

Den Ausschlag zum Beginn der Therapie gaben nicht die skeptischen diagnostischen Erwägungen, sondern diese Träume, deren symbolische Bewegung einen Weg aufwärts zum Ursprung und die Integration in eine Gemeinschaft vitaler, freilich exzentrischer Lebensart zeigte. Obwohl die niederbrennenden Häuser flammende Konflikte und Verluste auf dem Entwicklungsweg signalisierten, berechtigte das Vertrauen in die „schöpferische Kraft," diesen Initialtraum als Hinweis auf einen guten Verlauf der Psychotherapie zu verstehen.

Auch wenn die fachgerechte klinisch-psychologische Diagnose unerläßlich ist, richten sich die Entscheidungen und Vorgehensweisen ganz am Einzelfall aus. Vorrang hat hierbei die spontane und kreative Begegnung zwischen Therapeut und Patient. Im geschilderten Fall erwiesen sich die Psychopathologie und der diagnostische Prozeß selbst als Äußerung eines Übertragungs- und Gegenübertragungsgeschehens. Das heißt: Die Weise, wie die Patientin sich am Beginn einer bedeutungsvollen Beziehung (zum Therapeuten) und eines Lebensabschnittes (der Therapie) gab, war emotional die Wiederholung einer traumatisch erlebten frühkindlichen Beziehungskrise: Das Kind hatte im ersten Lebensjahr weggegeben werden müssen und war, nachdem es wieder in die Familie aufgenommen worden war, immer als „schwierig" und störend behandelt worden. Ohne es verhindern zu können, ja zu ihrem größten Unglück gab sie sich auch in den Erstgesprächen als extrem schwierig, war es durch die zahlreichen Wiederholungen in ihrem Leben auch tatsächlich geworden und erzeugte dementsprechend im spontanen Gegenübertragungsgefühl des Therapeuten gerade die mißtrauische Zurückhaltung, die sie in der Familie krank gemacht hatte.

Der Vorgang ist ein Beispiel dafür, daß der Therapeut die Gefühle, die der Patient/die Patientin in ihm erzeugt, als Botschaft versteht, die nicht eine unmittelbare Reaktion verlangt, sondern einen verborgenen Therapiewunsch signalisiert, der erst verstanden werden will. In diesem Fall: „Stärke in mir die Zuversicht, daß Du auch mit meinen schwierigen und abstoßenden Seiten fertig wirst." Ferner wird hier deutlich, daß nicht allein die Symptome Gegenstand der Therapie sind, sondern auch und vor allem die Bedeutung, welche die Symptome im Lebensgefüge der Patienten gewonnen haben. In diesem Fall hatten die Zuschreibungen von seiten der Familie eine Verrücktheitsangst der Patientin erzeugt, die auch pseudopsychotische Symptome hervorrief. Die Patientin hatte eine negative Identität entwickelt: Als „verrücktes Huhn" und „schwarzes Schaf" konnte sie dazugehören und hatte auch für sich selbst eine Begründung dafür gefunden, daß sie nicht geliebt, sondern nur geduldet wurde. Verlassenheitsangst und Depression waren somit der Krankheitszoll, den sie entrichten mußte, um sich nicht völlig ausgestoßen zu fühlen.

Der oben geschilderte Traum, der durch zahlreiche nachfolgende Träume bestätigt und ausgearbeitet wurde, deutet eine Lösung an, die aus der schöpferischen Kraft der Patientin erwuchs. Sie fand eine neue Gemeinschaft, in der sie sich nicht wie zuvor als psychisch Kranke einem unduldsamen Familiensystem unterwerfen mußte, sondern ihr Anderssein kreativ und vital ausgestalten und als wertvollen Beitrag anerkannt finden konnte.

Gegenwärtiger Stand

In Deutschland bestehen derzeit sechs Ausbildungs- und Therapiezentren (Alfred-Adler-Institute) in Aachen/Köln, Berlin, Delmenhorst, Düsseldorf, Mainz und München. Informationen und Therapeutenlisten vermittelt die Bundesgeschäftsstelle der Deutschen Gesellschaft für Individualpsychologie – DGIP (Adresse s. Anhang).

Empfohlene Literatur: Adler, A.: Über den nervösen Charakter: Grundzüge einer vergleichenden Individualpsychologie und Psychotherapie. Kommentierte textkritische Ausgabe, hg. v. Karl Heinz Witte, Almuth Bruder-Bezzel und Rolf Kühn. Göttingen: Vandenhoek & Ruprecht, 1997 (ferner die Werke Alfred Adlers im Fischer Taschenbuchverlag). *Brunner, R., Titze, M.* (Hrsg.): Wörterbuch der Individualpsychologie. München/Basel: Ernst Reinhardt, 1995. *Lehmkuhl, U.* (Hrsg.): Heilen und Bilden – Behandeln und Beraten: Individualpsychologische Leitlinien heute. Beiträge zur Individualpsychologie 22. München/Basel: Ernst Reinhardt, 1996. *Schmidt, R.*: Kausalität, Finalität und Freiheit: Perspektiven der Individualpsychologie. München/Basel: Ernst Reinhardt, 1995. *Witte, K. H.* (Hrsg.): Praxis und Theorie der Individualpsychologie heute: Aus der analytischen Psychotherapie mit Kindern, Jugendlichen und Erwachsenen. München/Basel: Ernst Reinhardt, 1992.

5. Katathym-imaginative Psychotherapie (KiP)

Lothar Schon

Einführung

Die katathym-imaginative Psychotherapie (im folgenden KiP) ist ein imaginatives Verfahren, das heißt sie arbeitet mit bildhaften Vorstellungen oder „Tagträumen". Der altmodisch anmutende griechische Begriff „katathym" bedeutet etwa „der Seele gemäß" oder – etwas freier übersetzt – „von Herzen kommend". Früher wurde das Verfahren einfacher „Katathymes Bilderleben" (kurz KB) genannt. Durch die neue Bezeichnung wird nun unterschieden zwischen dem Gesamt einer Psychotherapie, in der mit diesem Verfahren gearbeitet wird, und dem einzelnen Bild oder Tagtraum in einer Sitzung (KB).

Während wir alle tagtäglich mehr oder weniger ungesteuerte innere Bilder und Phantasien erleben, wird in der KiP das imaginative Geschehen aktiv und gezielt induziert: Nach einer kurzen einführenden Entspannung wird der sitzende oder wahlweise auch liegende Patient bei geschlossenen Augen vom Therapeuten aufgefordert, sich ein bestimmtes Motiv vorzustellen (z. B. eine Wiese). Natürlich kann und will man den Patienten nicht *zwingen*, sich ein bestimmtes Motiv vorzustellen, und so kann natürlich vor dem inneren Auge des Patienten auch ein ganz anderes Bild entstehen (z. B. ein rasendes Auto). Dies ist jedoch eher selten und wäre dann bereits ein Hinweis auf ein spezifisches Übertragungs*- und Gegenübertragungsgeschehen.

In jedem Fall wird mit dem sich einstellenden inneren Bild des Patienten gemeinsam gearbeitet: Der Patient berichtet, was er sieht, und der Therapeut antwortet darauf, indem er entweder einfach nur signalisiert, daß er dem Bild des Patienten folgen kann, oder aber wahlweise auf verschiedene Weisen eingreift (z. B. konkret nachfragt oder dem Patienten Vorschläge macht und ihn aktiv zu etwas auffordert, vgl. dazu S. 96).

Patient und Therapeut erleben also gemeinsam eine Art „Film", der sich auf der „inneren Leinwand" des Patienten abspielt. Ein solches Katathymes Bilderleben (KB) kann etwa 20 oder auch 30 Minuten dauern – jedenfalls sollte es nicht die gesamte Sitzung in Anspruch nehmen. Nachdem das Bilderleben in gemeinsamem Einvernehmen abgeschlossen wurde, wird der Patient aufgefordert, die Entspannung „zurückzunehmen" (d. h. aus dem versunkenen Zustand wieder emporzutauchen) und die Augen zu öffnen. Im Anschluß daran besteht nun die Gelegenheit, die erlebte Bildabfolge zu bearbeiten, d. h. zu besprechen, wie der Patient sich gefühlt hat, welche Gedanken und Einfälle ihm zu dieser Imagination kommen usw. Dieses Bearbeiten des KBs kann – je nach Patient und Therapiephase – mehr oder weniger Raum in Anspruch nehmen. Mit manchen Patienten (oder auch in bestimmten Phasen einer Therapie) wird man fast jede Stunde ein neues KB machen, während man in anderen Fällen mehrere Sitzungen lang ein einziges KB bespricht. Dabei werden natürlich Verbindungen hergestellt zwischen dem imaginativen Geschehen und der Lebenssituation des Patienten, insbesondere zu den Problemen, mit denen er in die Therapie kommt.

In der Regel findet das KB Anwendung im Rahmen einer tiefenpsycholgisch fundierten Psychotherapie von 50 bis maximal 100 Sitzungen. Es kann jedoch ebenso in tiefenpsychologisch fundierten Kurztherapien und Kriseninterventionen oder im stationären Setting eingesetzt werden, und manche Psychoanalytiker nutzen das Verfahren auch im Rahmen „großer" psychoanalytischer Therapien. Genauere Angaben zu unterschiedlichen möglichen Settings finden sich bei Leuner (1994).

In der KiP gibt es eine ganze Anzahl von Standardmotiven, die von Leuner und seinen Nachfolgern gefunden wurden (vgl.

dazu Abschnitt 4.). Je nach Vertrautheit mit der Methode und dem Patienten ist es dem Therapeuten darüber hinaus freigestellt, auch individuellere, „maßgeschneiderte" Motive vorzuschlagen. Das Repertoire an möglichen Motiven wird auf diese Weise kontinuierlich erweitert (s. S. 99).

In zahlreichen Untersuchungen zur KiP hat sich herausgestellt, daß das „Bildern" an sich bereits eine erhebliche therapeutische Wirkung hat: Es entspannt und bietet dem Patienten einen sehr unmittelbaren Zugang zu seiner Innenwelt. Im Bild tauchen oft Ressourcen und Kraftquellen der Persönlichkeit auf, die angesichts quälender aktueller Konflikte gar nicht mehr zugänglich waren. Die Konflikte selbst können auf der Symbolebene nicht nur angstfreier erlebt, sondern häufig auch einer symbolischen Lösung zugeführt werden.

Dennoch sollte das „Durcharbeiten" der Bilder, vor allem in fortgeschritteneren Stadien der Therapie, nicht vernachlässigt werden. Es ermöglicht die Verbindung und Integration von Innen- und Außenwelt, Phantasie und Realität, Primär- und Sekundärvorgang. Unter Sekundärvorgang versteht man die rationalen, logischen und „vernünftigen" Kognitionen (s. Kap. B,3) des erwachsenen Bewußtseins, unter Primärvorgang das assoziative Phantasiegeschehen, das bei kleinen Kindern vorherrscht und sich bei Erwachsenen häufig nur noch in unbewußten Phänomenen und Träumen wiederfindet.

Ursprünge

Die KiP wurde von dem kürzlich verstorbenen Arzt und Psychoanalytiker Hanscarl Leuner in der Nachkriegszeit „entdeckt", als er bei tiefenpsychologischen Experimenten zur Traumsymbolik induzierte Tagträume anwendete. Dabei stellte er schnell fest, daß das imaginative Geschehen eine therapeutische Wirkung entfaltete. 1954 veröffentlichte er einen Artikel zur „Kontrolle der Symbolinterpretation im experimentellen Verfahren", und schon ein Jahr später stellte er in einem weiteren Artikel das „Katathyme Bilderleben" als neues psychotherapeutisches Verfahren in seinen Grundzügen vor (Leuner, 1955).

In den seither vergangenen mehr als vier Jahrzehnten hat sich die Methode rasch verbreitet, und die Technik wurde zunehmend erweitert und verfeinert. Das Verfahren ist vor allem im europäischen Raum bekannt und wird in zahlreichen Ländern an dortigen Ausbildungsinstituten gelehrt. Die Auszubildenden sind in aller Regel Diplom-Psychologen mit dem Schwerpunkt Klinische Psychologie und Ärzte mit dem Fachgebiet Psychotherapie bzw. Psychotherapeutische Medizin.

Die KiP wird bei einem breiten Spektrum an psychischen und psychosomatischen Störungen erfolgreich angewendet (vgl. dazu S. 99).

Grundannahmen

Die KiP basiert auf den Grundannahmen und der Krankheitslehre der Psychoanalyse. Es wird also davon ausgegangen, daß die Symptome psychisch und psychosomatisch erkrankter Menschen auf unbewußten Konflikten oder Beeinträchtigungen der Persönlichkeitsstruktur aufgrund früher Traumatisierungen beruhen. In der KiP sollen darum ebenso wie in der Psychoanalyse unbewußt gewordene Konflikte wieder dem Bewußtsein zugänglich gemacht und abgespaltene Selbstanteile schrittweise integriert werden. Die Besonderheit des Zugangs zu inneren Konflikten und bisher nicht ertragbaren Persönlichkeitsanteilen ist in der KiP die Imagination, die ähnlichen Gesetzen folgt wie der Nachttraum, insbesondere dem Prinzip der symbolischen Darstellung. Ebenso wie im Nachttraum werden in den auftauchenden Bildern die unbewußten Vorstellungen des Patienten von der eigenen Person und der Umwelt in symbolisch verdichteter Form dargestellt; häufig finden sich im KB auch Anspielungen auf das Übertragungs- und Gegenübertragungsgeschehen der aktuellen therapeutischen Beziehung.

Der therapeutische Effekt der Bilder selbst beruht zum einen auf der Entspannung und dem emotionalen Auftanken (insbesondere bei positiv getönten, konfliktfreieren, lustvollen inneren Bildern), zum anderen auf dem angstfreieren Zugang zu inneren Konflikten, die auf der imaginativen Ebene einer probeweisen Lösung zugeführt werden können. Die therapeutische Wirkung des Nachbearbeitens als zweitem Schritt besteht vor allem in der gemeinsamen Deutung und „Übersetzung“ der Symbole und bildhaften Szenen, was zunehmend auch eine Konfliktlösung auf der Verstandesebene und in alltagsnäheren Bezügen ermöglicht.

Methoden

Vor der ersten Imagination wird eine tiefenpsychologische Anamnese erhoben, die der diagnostischen Klärung dient. Als erstes KB bietet sich das Motiv der Blume an, das in der Regel als Abbild vorherrschender Züge der unbewußten Vorstellungen von der eigenen Person verstanden wird und somit weitere diagnostische Hinweise liefert.

Hinsichtlich der Behandlungstechnik unterscheidet Leuner zwischen einer Grund-, Mittel- und Oberstufe des Verfahrens (vgl. z. B. Leuner, 1994). In der Grundstufe verhält sich der Therapeut vor allem gewährend und unterstützend. Dies ist bei allen Patientengruppen in der Anfangsphase der Therapie zum Aufbau eines vertrauensvollen Arbeitsbündnisses wichtig und sinnvoll. Das Verfahren soll eingeübt und der Zugang zur inneren Bilderwelt eröffnet werden. Zudem soll der Patient mit eigenen inneren Ressourcen* in Kontakt kommen, auf die er in späteren, schwierigeren Therapiephasen zurückgreifen kann. Bei manchen Patientengruppen, insbesondere bei psychosomatischen Störungen, ist der unterstützende Stil der Grundstufe oft über längere Zeit nötig. Standardmotive der Grundstufe sind Wiese, Bach, Berg, Waldrand und Haus. Um die Beschäftigung mit den kreativen Imaginationen zu fördern, kann der Patient dazu angeregt werden, die Bildinhalte zu malen.

Zu den Techniken der Mittel- und Oberstufe zählen die sogenannte Symbolkonfrontation und das assoziative Vorgehen. Beide werden meist erst in fortgeschritteneren Therapiephasen eingesetzt. Bei der Symbolkonfrontation fordert der Therapeut den Patienten auf, einen Bildinhalt genauer zu betrachten, dem der Patient lieber ausweichen möchte. Oft handelt es sich dabei um Personen oder Tiere, die unliebsame Affekte (wie Angst oder heftige Aggression) auslösen. Beim assoziativen Vorgehen, das der Konfrontation diametral entgegengesetzt ist, wird der Patient dem freien Fluß seiner Bilderketten überlassen. Es können aber auch sogenannte „assoziative Schleifen" aktiv vom Therapeuten herbeigeführt werden, indem er den Patienten während des KB fragt, ob er das im Bild beschriebene Gefühl aus anderen Situationen kennt. Meist entsteht dann ein anderes, der biographischen Vergangenheit des Patienten entstammendes Bild, von dem aus später wieder zum ursprünglichen Bildinhalt zurückgekehrt werden kann. Die dabei beobachtbaren Veränderungen oder „Wandlungsphänomene" deuten darauf hin, daß sich bereits während des KB etwas gelöst hat oder ein Konfliktbestandteil besser zugänglich geworden ist.

Standardmotive der Mittelstufe sind die Begegnung mit einer Beziehungsperson, Rosenbusch und Kutschfahrt, Löwe und Ich-Ideal (Aufforderung, zu einem spontan einfallenden, gleichgeschlechtlichen Vornamen eine Person zu assoziieren). Ein spezielles Mittelstufen-Motiv, das sich besonders zur fortgeschrittenen Arbeit mit psychosomatischen Patienten eignet, ist die sogenannte Inspektion des Körperinneren, bei der der Patient aufgefordert wird, in der Imagination als kleines Wesen durch irgendeine Körperöffnung in das eigene Körperinnere zu gelangen, um dieses zu erkunden. Zu den Standardmotiven der Oberstufe zählen Höhle, Sumpfloch, Vulkan und Foliant.

Neben der therapeutischen Einzelarbeit läßt sich das KB auch in der Paartherapie, in der Familientherapie und in Gruppentherapien gewinnbringend einsetzen (vgl. dazu Wilke, 1996).

Fallbeispiel

Eine 46jährige Patientin mit chronischer Überlastung und Depression sowie psychosomatischer Symptomatik (Hörstürze, Ohrgeräusche) begibt sich nach dem Aufenthalt in einer psychosomatischen Klinik zu mir in eine tiefenpsychologisch fundierte Therapie. Sie wirkt verhärmt und ausgezehrt, spricht sehr leise und zeitweise in jammerndem Tonfall. Meine Gegenübertragung ist eine sehr typische in der Behandlung Depressiver: Ich fühle mich häufig latent aggresiv, was mir jedoch sofort ein schlechtes Gewissen bereitet. Über längere Zeit hinweg ist es mir nicht möglich, die Sitzungen pünktlich zu beenden. Ich habe noch Schuldgefühle, wenn ich die Patientin erst fünf Minuten nach regulärem Stundenende darauf hinweise, daß wir für heute aufhören müssen. Von Anfang an wird deutlich, was sich hier in einer entsprechenden Gegenübertragung abbildet: daß die Patientin selbst äußerste Schwierigkeiten hat, sich aggressiv durchzusetzen und ihre Grenzen gegenüber anderen zu wahren. Sie gibt stets mehr als sie hat und ist nicht in der Lage, sich selbst etwas Gutes zu tun oder gar von anderen etwas einzufordern. Erst wenn die Bedürfnisse ihres Mannes und der Kinder befriedigt sowie ihre sonstigen zahlreichen Aufgaben erfüllt sind, darf sie sich etwas nehmen. Doch dann ist sie immer schon so erschöpft, daß es dazu nicht mehr kommt. Auch in den KBs zeigt sich dieser Konflikt der Patientin, der sie daran hindert, das Angebot des emotionalen Auftankens in der Grundstufe zu nutzen. So zum Beispiel in einem der ersten Bilder, als ich ihr das Motiv der Wiese vorgebe:

Zunächst sieht sie eine Wiese aus ihrer Kindheit, die sie sehr liebte. Eine Wiese voller Blumen. Doch die verschwindet gleich wieder. Dann sieht sie die Wiese, die sie vom Küchenfenster ihrer heutigen Wohnung aus im Blick hat. Diese Wiese kann die Patientin nicht leiden, weil sie ständig gemäht wird und darum niemals Blumen dort wachsen. Als auch diese Wiese verschwindet, sieht sie wiederum eine Wiese aus der Kindheit, einen Ort, wo Kinder spielten. Das Bild ist relativ statisch und menschenleer. Sie selbst fühlt sich lediglich als Beobachterin. Es ist ein sonniger Sommernachmittag. Auf die Frage, wie sie sich dort fühle, sagt die Patientin: „Wenn ich mich darauf konzentriere, merke ich, daß es ungut ist". Ich frage nach, auf welche Weise ungut, und sie antwortet: „Ich habe eigentlich kein Recht, dort zu sein, denn es ist ein Platz zum Spielen." Sie wird dabei sehr traurig und beginnt zu weinen. Ich frage sie, ob sie noch einen Moment im Bild verweilen oder es beenden möchte. Sie beendet es mit den Worten: „Ich muß jetzt ein Taschentuch suchen".

In den ersten Stunden überwiegen solche Bilder der Kargheit und des von allem Schönen Ausgeschlossenseins. So imaginiert sie einmal einen Apfelbaum, der in vollem Laub steht, ohne jedoch auch nur eine einzige Frucht zu tragen. Meistens weint die Patientin im Anschluß an solche Bilder, was eine Lösung der zuvor eher lähmenden Depression hin zu lebendiger Traurigkeit bewirkt. Einige Stunden später, nachdem die biographischen Hintergründe ihrer Depression deutlicher werden und der zugrundeliegende Konflikt nicht nur zunehmend besser benannt werden, sondern auch in der therapeutischen Beziehung ausgetragen werden darf, gestattet sich die Patintin in den KBs allmählich auch lust- und freudvollere Bilder:

Ich gebe ihr das Motiv des Obstbaumes vor. Sie sieht einen Apfelbaum aus dem väterlichen Obstgarten. Dieser Baum war „nicht zum Anschauen", auch nicht schön gewachsen, aber er hatte viele Vorteile: Man konnte hervorragend darin klettern, er trug wunderbare Früchte, und zwar zwei verschiedene leckere Apfelsorten, und man konnte ganz leicht an die Äpfel herankommen. Der Baum war nicht eingezäunt, und jeder durfte sich von den Äpfeln nehmen, sozusagen im Vorübergehen. Sie sieht den Baum aus etwa 7–8 m Entfernung, von einem Platz aus, an dem viel gearbeitet wurde (Wäsche aufhängen, Holz hacken usw.). Später ist sie näher beim Baum – ich glaube fast, sie hat schon mit dem Klettern begonnen, doch meine Nachfrage bringt sie wieder weiter weg, so als hätte sie ein schlechtes Gewissen. Der Baum hatte viel Sonne, und auch die besten Früchte ganz weit oben waren zugänglich. Der Baum stand in einem Teil des Gartens, der sich hervorragend zum Spielen eignete.

Während die psychosomatische Symptomatik verschwindet und die

Patientin allmählich lebhafter wird, bearbeiten wir in den KBs zunehmend ihre Schwierigkeit, mit Aggression umzugehen. Dazu setze ich häufig das Mittelstufen-Motiv des Löwen ein. Die Behandlung ist derzeit noch nicht abgeschlossen.

Gegenwärtiger Stand

Eine gute Zusammenfassung der neueren Entwicklung der KiP und ihrer therapeutischen Ergebnisse findet sich bei Leuner (1994). Neben den Weiterentwicklungen im Bereich der angewandten Motive sowie der immer differenzierteren und mit Ausnahme der Psychosen auf alle psychischen und psychosomatischen Störungen ausgeweiteten Indikationsstellung liegen inzwischen vier Ergebnisbände im Bereich der Psychotherapieforschung in der KiP vor. In dem von Leuner et al. (1993) herausgegebenen Buch zum KB in der therapeutischen Praxis finden sich zahlreiche Artikel zur KiP bei ganz unterschiedlichen Krankheitsbildern. Auf längere Sicht gesehen wird in der BRD angestrebt, die KiP als wissenschaftlich anerkanntes Verfahren auch im Rahmen des Psychotherapeutengesetzes in der Gesundheitsversorgung noch stärker als bisher zu verankern.

Kurze Zusammenfassung

Die KiP ist ein imaginatives Psychotherapie-Verfahren, das in verschiedenen stationären und ambulanten Settings von der Kurztherapie und Krisenintervention bis hin zur psychoanalytischen Therapie Anwendung findet. Es wird in Einzel-, Paar-, Familien- und Gruppentherapien eingesetzt. Der therapeutische Stil ist variabel: stützende, übende und gewährende Techniken gehören ebenso zum Repertoire wie Konfrontation und assoziatives Vorgehen. Die KiP ist ein tiefenpsychologisch begründetes Verfahren und fußt auf den theoretischen Annahmen der modernen Psychoanalyse. Im europäischen Raum ist die KiP weit verbreitet und wird von einer Vielzahl von Psychologen und Ärzten in der therapeutischen Praxis angewandt. Insbesondere im Bereich der Psychotherapieforschung sind in den vergangenen Jahren etliche Publikationen zur KiP erschienen.

Schlußbemerkung: Dieser Artikel entstand mit tatkräftiger Unterstützung von Dr. Wilfried Dieter, Lehrtherapeut der AGKB.

Empfohlene Literatur: Leuner, H.: Katathymes Bilderleben, Grundstufe. Einführung in die Psychotherapie mit der Tagtraumtechnik. 4. Auflage. Stuttgart: Thieme, 1988. *Leuner, H.*: Lehrbuch der Katathym-imaginativen Psychotherapie. 3., korrigierte und erweiterte Auflage. Bern: Verlag Hans Huber, 1994. *Leuner, H., Hennig, H., Fikentscher, E.:* Katathymes Bilderleben in der therapeutischen Praxis. Stuttgart: Schattauer, 1993. *Wilke, E.:* Katathym-imaginative Psychotherapie – eine spezielle Form tiefenpsychologisch fundierter Psychotherapie. In: Eckert, J., Hautzinger, M., Reimer, C., Wilke, E. (Hrsg.): Psychotherapie. Berlin: Springer, 1996. *Wilke, E., Leuner, H.*: Das Katathyme Bilderleben in der Psychosomatischen Medizin. Bern: Huber, 1990.

B Verfahren zur gezielten Problemlösung

1. Verhaltenstherapeutische Techniken

a) Systematische Desensibilisierung

Christoph Kraiker

Grundlagen

Systematische Desensibilisierung (SD) ist ein verhaltenstherapeutisches Verfahren, daß in erster Linie zur Bewältigung von Angststörungen eingesetzt wird. Wie bei der Konfrontationstherapie (s.Kap. B,1,b) ist die aktive Kontaktaufnahme und Auseinandersetzung mit den angstmachenden Situationen oder Gegenständen zentraler Bestandteil des Vorgehens. Bei der SD findet diese Auseinandersetzung in *abgestuften* Schritten statt, begleitet von *angstreduzierenden* Maßnahmen (meist einer Entspannungstechnik), und zwar in der Vorstellung und/oder der Realität. Zu den Vorbedingungen für die Durchführung gehören unter anderem eine vertrauensvolle Beziehung zwischen Therapeut und Klient, eine gründliche Analyse der Gesamtsituation, um sicherzustellen, daß das Verfahren angemessen und nützlich ist, eine Information des Klienten über die vom Therapeuten zugrundegelegte Erklärung seiner Störung und darüber, was ihn bei dieser Therapie erwartet. Wie bei allen Therapien ist auch hier die fortdauernde aktive Mitarbeit des Klienten unerläßlich, was voraussetzt, daß er die Prinzipien der Therapie versteht und akzeptiert.

Ursprünge

Der amerikanische Psychoanayltiker Wolberg beschrieb 1948 mehrere Fälle der Behandlung von Ängsten durch eine Reihe von gezielten Vorstellungsübungen in hypnotischer Trance. Diese Ideen wurden von dem in Südafrika lebenden Analytiker Joseph Wolpe aufgegriffen und zu einer systematischen Strategie ausgebaut. Durch die Veröffentlichung dieser Therapie im Jahre 1958 wurde sie weltweit verbreitet und in zahlreichen Studien untersucht. Im Laufe der letzten vierzig Jahre entstanden zahlreiche Varianten, als letzte bedeutende die besonders bei traumatischen Störungen wirksame „Eye Movement Desensitization and Reprocessing" von Francine Shapiro, für die eine deutsche Bezeichnung noch nicht existiert.

Das Vorgehen

Wir betrachten zunächst das von J. Wolpe entwickelte Standardmodell und dann einige Varianten. Das Standardmodell läßt sich in vier Teile gliedern:

a) Analyse der Faktoren, die für das Auftreten von Angst verantwortlich sind,
b) Erstellung einer Hierarchie von angstauslösenden Situationen,
c) Entspannungstraining,
d) Imaginatives Durcharbeiten der Hierarchie in entspanntem Zustand.

Dazu folgende Anmerkungen:

Zu a: In jeder angstmachenden Situation gibt es verschiedene Elemente, die das Ausmaß der Angst bestimmen. Nehmen wir als Beispiel die (weit verbreitete) Angst, vor anderen Leuten zu sprechen, etwa eine Rede zu halten oder einen Bericht vorzutragen. Hier können mehrere Dimensionen das Angstniveau beeinflussen:

- Die Anzahl der Zuhörer (je mehr, desto unangenehmer)
- Vertrautheit mit den Zuhörern (je fremder, desto schlimmer)
- Freundlichkeit oder Feindseligkeit der Zuhörer

- Ob es sich um eine Autoritätsperson handelt oder nicht
- Grad der eigenen Vorbereitung – fühlt man sich sicher oder nicht – und so weiter.

Im Analyseteil der Systematischen Desensibilisierung (im folgenden mit SD abgekürzt) versucht man herauszubekommen, welche solcher Faktoren für die Ängste eines Klienten bedeutsam sind und auf welche Weise sie es sind.

Zu b: Die Erstellung einer Hierarchie bedeutet, daß sich der Klient zusammen mit dem Therapeuten eine Reihe von Situationen ausdenkt, die in unterschiedlichem Maße angsterregend sind. Diese Situationen werden in eine Reihenfolge gebracht, und zwar derart, daß man mit einer sehr einfachen Situation anfängt (in unserem Beispiel mit einem Bericht über den letzten Urlaub vor ein paar Freunden), dann immer schwierigere einführt und die Liste mit einer sehr bedrohlichen enden läßt (etwa vor allen Betriebsangehörigen eine Geburtstagsrede für den Chef zu halten). Alle diese Situationen – meist sind es zehn bis zwanzig – werden möglichst konkret beschrieben und schriftlich (z. B. auf Karteikarten) festgehalten.

Zu c: Schon in den ersten Sitzungen kann der Klient in eine der gängigen Entspannungstechniken eingeführt werden. Meist ist dies die sogenannte ‚Progressive Muskelentspannung', da diese am schnellsten zu erlernen ist; es lassen sich aber auch Autogenes Training (s. Kap. E), entspannende Selbstinstruktionen, Atemübungen und ähnliches einsetzen. Der Klient soll dadurch lernen, seine häufig vorhandene chronische Anspannung wahrzunehmen und sich zu Hause oder in bestimmten Situationen besser entspannen zu können; außerdem wird die Entspannung beim Durcharbeiten der Angsthierarchie eingesetzt.

Zu d: Dieses Durcharbeiten ist der zentrale Teil der SD. Die nach ihrem angsterregenden Charakter geordneten Situationsbeschreibungen liegen bereits vor. Der Klient, der in der Regel sitzt oder liegt, wird in einen entspannten Zustand versetzt und dann aufgefordert, sich die am wenigsten bedrohliche Situation möglichst genau vorzustellen. Dann erhält er weitere Entspannungsanweisungen, anschließend wird die Vorstellung wiederholt, bis sie keine Angst mehr auslöst. Nun wird die nächste Situation auf die gleiche Weise bearbeitet, und dieser Prozeß wird in mehreren Sitzungen fortgeführt, bis alle Situationen der Angsthierarchie ohne Erregung imaginiert werden können.

Varianten der Systematischen Desensibilisierung und zusätzliche Techniken

Konfrontation in vivo: Wenn irgend möglich versucht man, einige Übungen nicht nur in der Vorstellung, sondern auch in der Realität durchzuführen. Dies kann z. B. im Rollenspiel geschehen, wenn es um soziale oder auch um Ängste in der Alltagswelt geht. Höhenangst, Platzangst, Angst vor dem Fahren mit Aufzügen, Straßenbahnen, U-Bahnen können auf diese Weise systematisch desensibilisiert werden, wobei die Übungen oft zuerst in der Vorstellung, dann in der Realität durchgeführt werden. Durch die Begegnung mit der Realität wird die Fähigkeit, diese vorzustellen, natürlich verbessert, außerdem wird die Übertragung der Therapiefortschritte von der therapeutischen Sitzung in die Alltagswelt sichergestellt.

Einübung von Bewältigungsstrategien: Das Ziel einer Systematischen Desensibilisierung ist es nicht, die Klienten ganz angstfrei zu machen. Das wäre völlig unrealistisch. Angst ist ein Teil des Lebens und kann nicht vollständig abgeschafft werden. Wichtig sind eine Reduktion der Angst, so daß sie bewältigbar wird, und die Fähigkeit, Dinge zu tun, die man tun will, obwohl sie mit Angst verbunden sind. Diese Fähigkeit kann ebenfalls in der Therapie trainiert werden, indem man sich verschiedene Handlungsmöglichkeiten überlegt, die in Streßsituationen eingesetzt werden können, und diese in der Vorstellung und der Realität einübt. Ein Beispiel sind eher bedrohliche Auseinandersetzungen mit anderen Personen, denen ein Klient immer aus dem Weg geht. Hier können Handlungs- und Gesprächsstrategien erarbeitet und in verschiedenen Versionen durchprobiert werden.

Modellernen: Es ist eine Binsenweisheit, daß ein großer Teil des Lernens durch Imitation geschieht. Dies macht man sich in der Therapie dadurch zunutze, daß der Klient die Möglichkeit erhält, andere Personen im Umgang mit bestimmten Problemen zu beobachten, bevor er sich selbst mit ihnen auseinandersetzt. Das ‚Vorbild' wird Modell genannt, daher die Bezeichnung Modellernen. Häufig übernimmt der Therapeut die Rolle des Modells: Er zeigt z. B., wie man sich in bestimmten Situationen entspannen kann, er demonstriert, wie man eine Katze hält und streichelt (im fortgeschrittenen Stadium der Behandlung einer

Katzenphobie), er geht vor einem Patienten mit Höhenangst eine steile Treppe hoch. Wenn die Behandlung in einer Gruppe durchgeführt wird, können auch die Gruppenmitglieder für bestimmte Aufgaben als Modell eingesetzt werden.

Eye Movement Desensitization and Reprocessing: Francine Shapiro, die diese Variante entwickelt hat, beschreibt sie als eigenständige, in acht Phasen ablaufende Therapie (1997). Die wesentliche Neuerung besteht darin, daß die imaginativen Konfrontationen mit geöffneten Augen durchgeführt werden, wobei die Therapeutin etwa im Sekundentakt ihren Finger vor dem Gesicht des Klienten hin und her bewegt (Abstand etwa 50 cm) und ihn auffordert, diesen Bewegungen mit den Augen zu folgen und sich die angsterregende Situation dabei vorzustellen. Während einer Vorstellungsübung können etwa 15 bis 30 solcher Augenbewegungen ablaufen. Selbstverständlich bedarf auch dies der Einbettung in eine übergreifende Therapiestrategie und der entsprechenden Vorbereitung und Nachbearbeitung.

Fallbeispiel

Eine dreißigjährige Studentin, die bereits einmal in der Zwischenprüfung durchgefallen ist, muß in drei Monaten zum zweiten Mal antreten. Die Prüfung besteht aus einem mehrstündigen schriftlichen Teil und aus mündlichen Prüfungen mit Gruppen von in der Regel vier Personen. Für die mündlichen Prüfungen wurden als besonders angsterregend mögliche abfällige Äußerungen seitens der Professoren empfunden. Solche Äußerungen hatte sie selbst schon zu hören bekommen. Zusammen mit drei Kotherapeutinnen, die abwechselnd als Prüfer, Beisitzer und die anderen Kandidatinnen agierten, wurde im Rollenspiel eine abgestufte Serien von Konfrontationen *in vivo* durchgeführt. Die Übungen fanden in verschiedenen, büroähnlichen Räumen statt. Zuerst warteten sie draußen auf dem Gang und machten etwa 5 Minuten lang Entspannungsübungen. Dann wurden sie hineingerufen und vor den Schreibtisch der Prüfer gesetzt. Bei den ersten Übungen begann die Prüfung recht freundlich, später mit immer unangenehmeren Äußerungen. Die Klientin hatte vorher geübt, darauf mit tiefem, ruhigem Atmen, der Selbstinstruktion: „Bleib' ganz ruhig!" und nüchternen Antworten zu reagieren. Die schwierigste Situation, die mehrmals wiederholt wurde, verlief (mit Varianten) etwa folgendermaßen

Prüfer: Ach, Sie sind es schon wieder. Was wollen Sie überhaupt?

Studentin: Ich möchte die Prüfung in ... machen.

Prüfer: Wie oft wollen Sie eigentlich noch kommen. Das ist doch schon das dritte Mal.

Studentin: Es ist erst das zweite Mal.

Prüfer: Sie kosten nur das Geld des Steuerzahlers. Sie werden die Prüfung doch nicht bestehen.

Studentin: Ich denke doch, daß ich sie bestehen kann.

Prüfer: Außerdem sind Sie schon dreißig Jahre alt. In dem Alter kriegen Sie sowieso keinen Job mehr.

Studentin: Ich habe in diesem Bereich schon lange gearbeitet und glaube, daß ich einen Job kriegen kann.

Gegenwärtiger Stand

Als Bestandteil der Verhaltenstherapie gehört die SD wie die Psychoanalyse zu den „Richtlinienverfahren"* und wird unter den gesetzlich geregelten Bedingungen von den Krankenkassen bezahlt. Es gibt dazu wahrscheinlich mehr Untersuchungen als zu irgendeiner anderen Therapieform, und ihr Nutzen bei Angststörungen ist eindeutig belegt. Allerdings hat sich in vielen Fällen die Konfrontationstherapie, wie sie in diesem Buch von H. Reinecker (Kap. B,1,b) beschrieben wurde, als noch effektiver erwiesen. Dies gilt jedenfalls in den Fällen, bei denen es nur darauf ankommt, etwas auszuhalten (z. B. den Anblick eines Spinne, den Blick in die Tiefe, die Fahrt in einer vollgepackten U-Bahn). Wenn es darum geht, in einer angstmachenden Situation eigene Leistungen erbringen zu müssen, die durch die ängstliche Erregung beeinträchtigt werden können, scheint die SD die Methode der Wahl zu sein. Dies gilt z. B. für Prüfungssituationen, für die Aufgabe, eine öffentliche Rede zu halten oder ein Flugzeug selbst zu fliegen.

Die Dauer der SD ist unterschiedlich; sie kann etwa 10 bis 50 in der Länge variable Sitzungen umfassen.

Empfohlene Literatur: Fliegel, S., u. a.: Verhaltenstherapeutische Standardmethoden. 3. Aufl., Weinheim: Psychologie Verlags Union, 1994.

b) Konfrontationstherapie bei Angst- und Zwangsstörungen

Hans Reinecker

Einführung/Beschreibung

Konfrontationstherapie bedeutet, daß sich Patienten denjenigen Situationen intensiv und anhaltend aussetzen, die im Zentrum ihrer Ängste und Befürchtungen stehen. Man nennt dies auch *massierte Konfrontation*. Es sind in der Regel extrem phobisch besetzte Situationen (z. B. freie Plätze oder Menschenmengen bei Agoraphobikern), aber auch vorgestellte Situationen (z. B. eine Rede zu halten bei einem sozialen Phobiker) bzw. Wahrnehmung körperlicher Vorgänge bei Panikpatienten (z. B. Spüren des Herzschlages). Bei besonders gravierenden Ängsten und insbesondere bei Zwangsstörungen* kommt als zweite Komponente des Verfahrens die *Reaktionsverhinderung* hinzu: Das heißt das Unterbrechen (Verhindern) der beim Patienten fast automatisch eintretenden Flucht- oder Vermeidungsreaktionen (z. B. Flucht aus einem vollbesetzten Bus; Vermeidung, einkaufen zu gehen; Wasch- und Kontrollrituale bei Zwangspatienten).

Im Rahmen der Konfrontationstherapie erlebt der Patient zumeist massive Angst und Unruhe, die von ihm aber so lange ertragen werden sollen, bis es zu einer natürlichen Abnahme der Angst kommt. Das bisherige Vermeidungsverhalten hatte diese Reduktion der Angst – das konkrete Erleben der Ungefährlichkeit einer Situation – unmöglich gemacht.

Ursprünge

Die Anweisung, sich mit angstbesetzten Situationen wieder zu konfrontieren, gehört zum Alltagswissen: Nach einem Sturz vom Pferd oder Fahrrad werden wir angehalten, uns wieder damit zu beschäftigen, damit eine dauerhafte Vermeidung gar nicht Platz greifen kann. Auch Sigmund Freud (1925) wies explizit auf die Notwendigkeit direkter Konfrontation hin: Seiner Auffassung nach kann es nicht gelingen, den Phobiker zum Aufgeben seiner Angst zu bewegen, wenn er sich nicht mit der Situation auseinandersetzt. Zu den berühmten Beispielen der Selbstbehandlung durch massierte Konfrontation gehört

J. W. Goethe, der seine Höhenangst bewältigte, indem er auf Gerüste kletterte und dort verblieb, bis seine Angst schließlich verschwand. Er soll dies so erfolgreich geleistet haben, daß er schließlich beim Bau des Straßburger Münsters auf dem Balken des Gerüstes mit den Zimmerleuten um die Wette turnte.

Im Kontext der Verhaltenstherapie muß als Wurzel der Konfrontationstherapie auch das Verfahren der *Systematischen Desensibilisierung* (s. S. 100) angeführt werden; auch hier erfolgt eine abgestufte Konfrontation mit angstauslösenden Situationen, meist im Zustand der Entspannung. Viele Untersuchungen zeigten jedoch, dass die massierte Konfrontation ohne Entspannung zu einer zumindest ebenso erfolgreichen – und zumeist rascheren – Bewältigung von Angst führt. Diese späteren klinischen Strategien stützten sich neben der Systematischen Desensibilisierung vor allem auf die experimentelle Grundlagenforschung: Hat ein Versuchstier einmal in einem bestimmten Areal schmerzhafte Erfahrungen gemacht, vermeidet es dieses Areal, auch wenn dort gar keine schmerzhaften Reize mehr gegeben werden. Die einzige Möglichkeit zu lernen, daß in einer solchen Situation keine Gefahr mehr besteht, wurde durch die Versuchsleiter vermittelt: Die Versuchstiere wurden in die ursprünglich unangenehme Situation gebracht (= Konfrontation) und die Fluchtversuche wurde unterbunden (= Reaktionsverhinderung). Die Tiere zeigten anfänglich eine Reihe deutlich emotionaler Reaktionen, die ängstlichem Verhalten beim Menschen analog sind, nach relativ kurzer Zeit allerdings gewöhnten sich die Tiere an die Situation – sie hatten gelernt, daß ihnen in der ursprünglich traumatischen Situation keine Gefahr mehr drohte. Dies kann als experimentelle Geburtsstunde des hier besprochenen Verfahrens angesehen werden. In der Literatur wird zwar davor gewarnt, die Analogie zwischen experimentellen Situationen und dem Verhalten von Versuchstieren unkritisch auf komplexe menschliche Ängste und damit verbundene Flucht- und Vermeidungsrituale zu übertragen, die Kombination dieser lerntheoretisch-experimentellen Grundlagen mit dem angeführten Alltagswissen einerseits sowie praktisch-klinische Erfahrungen andererseits können jedoch als tragfähige Grundlage für das Verfahren angesehen werden.

Konkrete Durchführung

Wie alle verhaltenstherapeutischen Methoden ist auch die Strategie der Konfrontation und Reaktionsverhinderung in den *Prozeß* der therapeutischen Intervention eingebettet (siehe Kanfer, Reinecker & Schmelzer, 1996). Als unabdingbare Voraussetzungen für die Durchführung des Verfahrens bedürfen einige Aspekte am Beginn der Klärung, nämlich der Klärung der Rollen, der Erwartungen des Patienten, der Beziehungsgestaltung und insbesondere der Motivation des Patienten für eine Veränderung. Dazu kommen eine präzise Analyse des Verhaltens (auslösende und aufrechterhaltende Bedingungen auf unterschiedlichen Ebenen) und eine Klärung therapeutischer Zielvorstellungen. Wenn Therapeut und Klient die gemeinsame Entscheidung zur Durchführung von Konfrontation und Reaktionsverhinderung getroffen haben, so sind in der konkreten Umsetzung folgende Aspekte zu berücksichtigen:

- Vor der ersten Durchführung der Konfrontation soll der Patient über die zu erwartende Situation, aber auch über mögliche eigene Reaktionen (z. B. starke Angst) aufgeklärt werden. Eine fundierte *plausible Erklärung* erleichtert nicht nur die Akzeptanz des Verfahrens, sie hilft dem Patienten auch, unangenehme Aspekte der Situation zu ertragen.
- Die Anwendung des Verfahrens setzt entsprechende fachliche *Erfahrung* und *Fertigkeiten* auf Seiten des Therapeuten voraus. Damit verbunden ist die Notwendigkeit situationaler und zeitlicher Flexibilität und die Fähigkeit, mit komplexen realen Situationen umzugehen (s. u.). Es ist hier vielfach sinnvoll, auf die Unterstützung von Kollegen und Kolleginnen zurückzugreifen.
- Konfrontation erfordert die Auseinandersetzung des Patienten mit einer Situation, die in der Regel *außerhalb der therapeutischen Situation* (Therapiezimmer) liegt. Es ist Aufgabe des Therapeuten, einen Patienten zunächst in diese Situation zu begleiten und ihm zu helfen, die schwierige Situation erstmals zu bewältigen.
- Für die *Dauer* der Konfrontation läßt sich keine fixe Zeitangabe angeben; es erscheint in jedem Falle erforderlich, daß der Patient solange in der gefürchteten Situation verbleibt, bis es zu einer deutlichen Senkung von Angst und Unruhe ge-

kommen ist (siehe Abb. 1). Dies kann im natürlichen Setting durchaus mehrere Stunden in Anspruch nehmen.

- Die Entscheidung über die *Art der Darbietung* (z. B. nur vorstellungsmäßig oder real) oder hinsichtlich abgestufter oder massierter Konfrontation orientiert sich am Therapieplan (siehe therapeutische Ziele). Massierte Konfrontation (üblicherweise als „Flooding", „Überflutung" bezeichnet) ist für den Patienten zumeist stark belastend, führt aber in der Regel zu einer sehr raschen und drastischen Reduktion von Angst. Abgestuftes Vorgehen kommt den Erwartungen und Vorstellungen des Patienten oft sehr entgegen, birgt aber auch die Gefahr von subtilen Vermeidungsstrategien auf Seiten des Patienten.

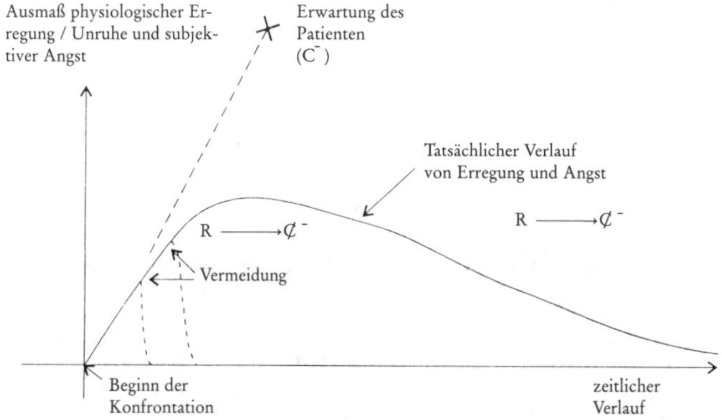

Abbildung 1: Skizze für den Ablauf von Angst/Unruhe bei der Konfrontation bzw. Vermeidung der Situation. Wenn kurz nach Anstieg der Angst die Situation vermieden wird, sinkt die Erregung ($\bar{R} \rightarrow \not{C}$). Gleichzeitig bleibt die Erwartung, daß die Angst unermeßlich ansteigen würde. Verläßt man die Situation nicht, sondern steht sie durch, sinkt die Erregung schließlich ebenfalls ($R \rightarrow \not{C}$) und die Erwartung ändert sich.

- Die Strategie der Reaktionsverhinderung bedarf *vor* der Durchführung genauer *Vereinbarung* mit dem Patienten. Reaktionsverhinderung geschieht zunächst meist in Anwesenheit des Therapeuten, der ein Signal für den Verbleib in der Situation sein sollte und evtl. für Ermutigung und Unterstützung sorgt. Reaktionsverhinderung darf in keinem Fall erzwungen werden (z. B. durch Drohungen, die Therapie zu beenden).

- Die Durchführung von Konfrontation und Reaktionsverhinderung sollte schrittweise und möglichst früh der *Eigenverantwortung* des Patienten übergeben werden. Dazu bieten sich kleine Aufgaben und Hausaufgaben in besonderer Weise an. Erfahrungen mit dem Erfolg selbst durchgeführter Konfrontation wie das Prinzip des Selbstmanagement sprechen für dieses Vorgehen.
- Die Durchführung von Konfrontation und Reaktionsverhinderung verlangt selbstverständlich die sensible Berücksichtigung des gesamten Lebenskontextes einer Person. Dazu gehören insbesondere die gezielte Planung und der Aufbau von *Alternativen* zum bisherigen, von Angst und Vermeidung geprägten Verhalten (z. B. in den Bereichen sozialen Verhaltens, des Genusses, der Arbeit etc.).

Gewissermaßen als Ergänzung bzw als flankierende Maßnahme kann auf unterschiedliche andere Strategien zur Bewältigung von Angst zurückgegriffen werden, z. B. auf solche der Kognitiven Therapie (s. Kap. B,3).

Fallbeispiel

Die 55jährige Frau A. hat ihren Verhaltensspielraum in den vergangenen Jahren immer stärker eingeschränkt: Sie war vorher im gemeinsam mit dem Mann betriebenen Bekleidungsgeschäft tätig gewesen, mußte diese Tätigkeit allerdings vor 6 Jahren aufgeben. In diese Zeit fällt der fast gleichzeitige Auszug der Kinder aus dem elterlichen Haushalt ebenso wie gravierende geschäftliche Belastungen. Bei geschäftlichen ebenso wie bei gesellschaftlichen Veranstaltungen befielen Frau A. mehrfach Übelkeit, Schwindelgefühle, Angst umzufallen, sterben zu müssen usw. Ein einzelnes, erinnerbares traumatisches Erlebnis (z. B. Ohnmacht) liegt offenbar nicht vor. Frau A. begann, verschiedene für sie schwierige Situationen zu vermeiden (z. B. Geschäftsreisen), sie entwickelte Angst vor Menschenmengen, vor überfüllten Räumen, vor Geschäften, vor Aufzügen, Bussen usw. Zum Zeitpunkt der Überweisung durch ihren Hausarzt an den Verhaltenstherapeuten verläßt sie die Wohnung über Tage hinweg nicht mehr; sie ist gerade noch in der Lage, den Briefkasten im Erdgeschoß zu leeren und unter größter Anstrengung gelegentlich die Straße zu überqueren, wo sie Medikamente aus der gegenüberliegenden Apotheke holt. Die agoraphobische Angst von Frau A. ist klar mit der damalig bedeutsamen und konflikthaften Situation verknüpft. Sie hat sich aber nunmehr verselbständigt und engt den Verhaltensspielraum massiv ein.

In einer detaillierten Verhaltens- und Zielanalyse zeigt die Patientin den expliziten Wunsch, „wieder so zu sein wie früher, aktiv, lebenslustig, frei!".

Zu den ersten Sitzungen wird die Patientin von ihrem Ehemann begleitet. Erste Schritte der Konfrontation bestanden darin, daß die Patientin zumindest die letzten Meter, später von einer Ecke des Gebäudes und schließlich von der letzten Kreuzung an selbst zur Therapie kommen sollte. Mit der Patientin wurde schließlich eine ganze Liste unterschiedlich schwieriger Ziele (abhängig von ihrer subjektiven Angst) erstellt: Ihr erstes Ziel, selbständig zur Therapie zu gehen (ca. 1 km), erreicht sie nach wenigen Sitzungen. Die anderen Schritte bedürfen der Konfrontation unter Anwesenheit und Anleitung des Therapeuten:

- Aufsuchen lange vermiedener Wege auf dem Weg zur Therapie (Therapeut holt die Patientin am vereinbarten Punkt ab),
- Aufsuchen eines kleinen, wenig belebten Geschäftes,
- Aufsuchen eines größeren, belebten Geschäftes, Einkaufen,
- Gang über den Marktplatz, belebt, Stimmengewirr, schrittweise Entfernung vom Therapeuten,
- Fahrt mit dem Bus bis zur Endstation, dort kleiner Spaziergang in Begleitung des Therapeuten,
- Fahrt mit dem Regionalzug, drei Stationen, dort Aufsuchen des Dorfes,
- Fahrt mit dem Intercity, ca. 2 Stunden, Patientin bleibt den Nachmittag über in der Großstadt, fährt allein zurück.

Die Durchführung war für die Patientin durchaus anstrengend und belastend, aber doch weit weniger unangenehm, als sie es sich in der Vorstellung ausgemalt hatte. Die Patientin erlebt bei den einzelnen Übungen eine deutliche Erleichterung und insbesondere das damit verbundene Gefühl, einen wichtigen Schritt in ihrer Entwicklung geleistet zu haben.

Verschiedene der beschriebenen Übungen wiederholt die Patientin selbständig *zwischen* den Sitzungen. Stichwortartige Notizen bringt sie vereinbarungsgemäß zur nächsten Sitzung mit. Hier werden ihre Erfahrungen besprochen und bewertet und die Vorgehensweisen entsprechend genau angepaßt.

Bei insgesamt 2 Sitzungen ist der Mann der Patientin anwesend, er wird über die Problematik und den Therapieverlauf aufgeklärt und unterstützt die Patientin fallweise bei gemeinsamen Übungen (Wochenendausflug). Auch der Wunsch der Patientin, wieder im Geschäft tätig zu werden, wird mit dem Mann abgesprochen.

Nach insgesamt 18 über ein Jahr verteilten Sitzungen (besser wäre es von „Gehungen" zu sprechen), zum Teil mit einer Dauer von 4–8 Stunden und vielen eigenständigen Übungen der Patientin selbst, hat sich die Lebenssituation der Patientin völlig verändert: Sie ist zwar nicht mehr „wie früher", sie ist jedoch in der Lage, die von ihr angestrebten Aktivitäten wieder selbständig auszuführen: Sie fühlt sich „frei" und formuliert in eigenen Worten: „Ich lebe ein bewußteres Leben als früher, weil ich um die Einschränkung weiß und jeden Tag der Freiheit genieße!" Die Erfassung der Veränderung ein Jahr nach der Therapie (durch unabhängige Beobachter und verschiedene Meßinstrumente) zeigen die Stabilität dieser Veränderung.

Anwendung und Indikation

Das Verfahren der Konfrontation und Reaktionsverhinderung war ursprünglich für die verhaltenstherapeutische Behandlung von Angstpatienten entwickelt worden. Hier galt die Strategien vor allem bei der Behandlung von objektbezogenen Ängsten (sogenannten Phobien) als sehr erfolgreich. In der Behandlung von Zwangsstörungen stellte die Einführung dieses Verfahrens geradezu einen Durchbruch dar. In der Zwischenzeit hat sich Konfrontationstherapie nicht nur bei Phobien und Zwängen, sondern innerhalb des gesamten Bereiches von Angststörungen bewährt. Dies gilt insbesondere für die Konfrontation mit internalen Stimuli bei Panikstörungen, für Posttraumatische Belastungsstörungen, für massive Trauerreaktionen und zum Teil auch für Generalisierte Angst.

Die Strategien der Konfrontationstherapie sind im besonderen Maße auch bei Störungen nützlich, bei denen der problematische Umgang mit einer komplexen Situation der Veränderung bedarf. Spezielle Anwendungsbereiche sind hier Alkoholmißbrauch und Alkoholabhängigkeit sowie der breite Bereich von Eßstörungen, insbesondere Bulimia Nervosa* . Konfrontation bedeutet hier für den Patienten, die genannte Situation (z. B. Kneipe, Minibar; oder auch Kühlschrank, Büffett bei einer Party etc.) nicht mehr zu vermeiden, sondern sie unter zunächst kontrollierten Bedingungen aufzusuchen und einen neuen Umgang mit dieser Versuchung einzuüben. Letztlich besteht das Ziel der Konfrontation in einem selbständigen Lernen und in einem eigenständigen Bewältigen derart schwieriger Situationen.

Forschungsbefunde

Im Spektrum psychotherapeutischer Verfahren gehören Strategien der Konfrontationstherapie zu den am gründlichsten untersuchten Methoden (zusammenfassend bei Grawe, Donati & Bernauer, 1994, S. 309 ff.). Zum Verfahren gab es bis Anfang der 80er Jahre insgesamt 62 Studien mit 1.878 Patienten. Inzwischen ist eine große Anzahl von Studien dazugekommen, die ähnlich positive Ergebnisse erbracht haben (siehe Fiegenbaum & Tuschen 1996). Abgestufte Konfrontation zeigt in rund 90% der Behandlungsgruppen eine bedeutsame Besserung der Symptome. Massierte Konfrontation zeigt in vielen Fällen noch deutlich bessere Effekte, vor allem bei Nachuntersuchungen (Fiegenbaum, 1988). In Vergleichsstudien mit Behandlungsalternativen ist und war Konfrontation und Reaktionsverhinderung immer überlegen, so daß die Frage der differentiellen Indikation zumindest in diesem Bereich der Forschung geklärt erscheint.

Angesichts dieser hohen Effektivitätsquoten stehen im Kontext der *Versorgung* folgende Fragen im Mittelpunkt:

Wie lassen sich die Verfahren, die eine so hohe Effektivität aufweisen, auch im Kontext der Versorgung entsprechend verbreiten (Aspekt der Akzeptanz durch Therapeuten in der Aus- und Weiterbildung)?

Wie können Patienten stärker über das Verfahren informiert und dazu ermutigt werden, sich auf die Behandlung einzulassen (Akzeptanz durch Patienten und Motivation zur Therapie)?

Grawe et al. (1994) sprechen in diesem Zusammenhang geradezu von einem Kunstfehler und von einem ethischen Problem, wenn Patienten ein wirksames Verfahren vorenthalten wird, weil sich damit in jedem Falle das Leiden der Person verlängert. Die Gründe für die durchaus noch problematische Versorgungssituation sind zumindest hier nicht in einem Mangel an Wissen oder in einem Mangel an ausgearbeiteten Technologien zu sehen, sondern vielmehr in den Eigentümlichkeiten und der speziellen Eigendynamik eines problematischen Versorgungssystems.

Die gegenwärtige Situation und wohl auch die Entwicklung in nächster Zukunft ist darin zu sehen, daß Strategien der Konfrontation und Reaktionsverhinderung vermehrt in die Eigenverantwortung der Betroffenen übergeben werden. Marks

(1991) hat gezeigt, daß Konfrontation und Reaktionsverhinderung – zum Teil unter minimaler Therapeutenanleitung – durchaus auch im Sinne von *Selbsthilfe* durchgeführt werden kann. Damit ließe sich die angesprochene Problematik im Versorgungssystem umgehen, zumindest aber abmildern. Ein besonderer Vorzug wäre auch darin zu sehen, dass Patienten generell zu Selbstkontrolle, Selbstmanagement und Eigensteuerung befähigt werden (vgl. Kap B,1,d).

Zusammenfassung

Konfrontationstherapie ist ein therapeutischer Ansatz, der innerhalb der Verhaltenstherapie entwickelt und erforscht wurde. Ihre Prinzipien sind eng mit der Psychologie – insbesondere mit Lerntheorien und kognitionspsychologischen Modellen verknüpft. Konfrontationstherapie bedeutet, daß Patienten sich mit denjenigen Situationen auseinandersetzen, die im Zentrum ihrer Ängste und Befürchtungen stehen.

Die Durchführung des Verfahrens erfolgt innerhalb des Prozeßmodells der Verhaltenstherapie: Auf der Vorstufe nehmen Aspekte der Rollenstrukturierung, der Beziehungsgestaltung und der Motivationsklärung besonderen Raum ein. Die Umsetzung von Konfrontation kann auch in der Vorstellung erfolgen, als besonders wirkungsvoll erweist sich jedoch die Umsetzung in der Realität, zumeist im natürlichen Lebenskontext. In der Regel erfordert dies das Verlassen des therapeutischen Settings und die zumindest anfängliche Begleitung durch den Therapeuten (zum Teil auch zur Sicherstellung von Reaktionsverhinderung und des Unterbrechens von Vermeidungsreaktionen). Konfrontationstherapie ist für den Patienten häufig belastend, er wird mit den zentralen Inhalten seiner Angst konfrontiert und erlebt eine Reduktion der Angst („Löschung") durch lange andauernde Konfrontation.

Konfrontation und Reaktionsverhinderung werden zumeist bei unterschiedlichen Angststörungen (Phobien, Panik, Zwangsstörungen) angewendet, aber auch bei Abhängigkeiten und Eßstörungen. Die Effektivität des Verfahrens kann aufgrund umfangreicher Studien als äußerst hoch und befriedigend beurteilt werden. Für Gegenwart und Zukunft – vor allem für Aspekte der Versorgung – sollte auf die eigenständige Umsetzung durch den Patienten (Selbstmanagement) größtes Augenmerk gelegt werden.

Empfohlene Literatur: Reinecker, H. S.: Phobien. Göttingen: Hogrefe, 1998. *Reinecker, H. S.:* Zwänge: Diagnose, Theorien und Behandlung. Bern: Hans Huber, 1994.

c) Selbstsicherheitstraining

Dieter Hellauer

Einführung

Kaum eine andere Therapieform ist ähnlichen Mißverständnissen ausgesetzt wie das Selbstsicherheitstraining. An der Bezeichnung kann es nicht liegen. Jedermann kann verstehen, was das Ziel eines solchen Training ist: die Beseitigung von Unsicherheit, Selbstzweifel und Angst, etwas falsch zu machen. Oder, positiv ausgedrückt, sicheres Auftreten in allen wichtigen Situationen des täglichen Lebens – im Einklang mit eigenen Gefühlen, Ansichten und Bedürfnissen.

Echte Selbstsicherheit ist insoweit ein erstrebenswertes und zu Recht bewundertes Verhalten. Einen guten Eindruck davon, was mit „echter Selbstsicherheit" gemeint ist, erhält man etwa beim Durchblättern des privaten Adressbuchs. Am Bild von Bekannten, Angehörigen und Freunden wird schnell klar, wer als selbstsicher einzustufen ist und wer nicht. Selbstsicheres Auftreten hat nichts mit Windmacherei, mit Selbstherrlichkeit oder Präpotenz zu tun. Selbstsicherheit erkennt man nicht an Lautstärke oder Gehabe, eher an Klarheit und Stimmigkeit individueller Ausdrucksmittel, sowie innerer und äußerer Festigkeit.

Die meisten Leute, sofern sie sich nur ein wenig mit dem Thema beschäftigt haben, stimmen in dieser Bewertung überein. Bezweifelt wird allerdings, daß dieses Wunschbild mit Psychotraining auch nur annähernd zu erreichen wäre. Selbstsicherheit gilt mehr als angeborene Charaktersache als eine durch Erziehung formbare Eigenschaft.

Höchstens gewaltigen Schicksalsschlägen traut man zu, solche „Läuterungen," wie diese Veränderungen dann heißen, zu bewirken. Training, so die häufig geäußerte Meinung, poliere nur die Oberfläche und führe bestenfalls zu Hochnäsigkeit und

Arroganz. Da spuckt uns ganz offensichtlich ein Menschenbild in die therapeutische Suppe, das die Entwicklungen der modernen Verhaltensforschung verschlafen hat.

Auch Klienten sind häufig von solchen Vorurteilen geprägt. Da diese Einstellung jedoch den Therapieerfolg in Frage stellen kann, besteht ein erster, grundlegender Therapieschritt des Selbstsicherheitstrainings darin, Fehlerwartungen über Bord zu werfen und den Kurs für angestrebte Veränderungen richtig zu stecken.

Fallbeispiele

Natürlich darf dabei nicht verkannt werden, daß es für jeden Klienten Ziele gibt, die im Rahmen einer Verhaltenstherapie erreichbar erscheinen, und solche, die aufgrund individueller lebensgeschichtlicher und situativer Voraussetzungen besser nicht angestrebt werden sollten.

Thomas zum Beispiel, ein Computerfachmann, hat seine Schulausbildung mit hervorragenden Ergebnissen abgeschlossen. Seine schriftlichen Arbeiten waren fehlerlos, sozusagen druckreif. Um alles bemühte er sich, aber vor allem darum, seine Eltern und Lehrer nicht zu enttäuschen. Auch wenn er keinen wirklichen Freund hatte, so genoß er doch rundum Anerkennung. Er trat sicher auf, wenn es darum ging, Sachfragen zu beantworten oder etwas richtigzustellen. In der Bank, wo er jetzt arbeitet, wird seine unbedingte Präzision geschätzt.

Von einer langwierigen Erkältungskrankheit im vorigen Jahr ist eine Atemstörung zurückgeblieben, die der Lungenfacharzt als „Asthma bronchiale“ diagnostizierte. Neben Medikamenten zur Erweiterung der Bronchien hat er ihm eine psychologische Untersuchung vorgeschlagen. Schon in der ersten Sitzung wird deutlich, was Thomas anstrebt: Er will noch perfekter werden.

Ein „Fall“ für das Selbstsicherheitstraining? Ein unterstützenswertes Ziel? Auch bei Susanne, die – seit sie sich erinnert – mit ihrem Gewicht zu kämpfen hat, ist es sinnvoll, zuerst in die Entwicklung von Therapiezielen zu investieren. Nach unzähligen Diäten kommt sie zur Behandlung, um endlich dauerhaft abzunehmen und ihr Wunschgewicht zu erreichen. Aber würde eine Unterstützung darin nicht nur die Zahl der mißlungenen Versuche vermehren, im Kampf gegen die eigene Konstitution einen Sieg davonzutragen?

Das Formulieren von realisierbaren Therapiezielen verlangt vom Therapeuten eine umfassende Kenntnis jener Bedingungen, die zur Entwicklung einer Störung geführt haben und diese, trotz aller eigenen Bemühungen, unbeeinflußbar erscheinen lassen. Daneben muß er nicht nur feststellen, wie groß die Bereitschaft ist, Veränderungen bei sich selbst vorzunehmen, sondern auch einschätzen können, welche Fähigkeiten vorhanden sind, das gesteckte Ziel auch tatsächlich zu erreichen. Dazu gehört die Erkundung der zu erwartenden inneren und äußeren Widerstände, die sich dem Therapieprojekt in den Weg stellen könnten.

Weshalb ist Thomas und Susanne nicht dadurch zu helfen, daß man sie beim Erreichen ihrer vordringlichsten Ziele unterstützt? Was würde dann geschehen?

Thomas würde voraussichtlich wenig von Techniken profitieren, die seine ohnehin überschießende Selbstkontrolle verbessern. Er würde noch aufmerksamer und atemloser versuchen, mögliche Fehler zu vermeiden und – vor allem – sein Asthma verschlimmern. (Asthmatische Atemstörungen beruhen ja auf einer krampfartigen Verengung der Bronchien, die auch psychisch, etwa von „verkrampften" Anstrengungen ausgelöst werden können.)

Susanne würde vermutlich von einer Verbesserung ihrer Eßkontrolle anfangs mehr profitieren, allerdings ihrem eigentlichen Ziel, einem dauerhaften und vor allem mühelos stabilisierten Schlanksein, kaum näherkommen. Spätestens nach Ende der Behandlung ist mit einem Wiederanstieg der Gewichtskurve zu rechnen, wenn mit der Therapie vorschnell, also ohne ausreichende Bedingungsanalyse begonnen wurde.

Therapieziele

Immer häufiger jedoch kommen Klienten, gut vorbereitet durch Bücher oder Artikel in Zeitschriften und wohlinformiert durch Bekannte mit positiven Therapie-Erfahrungen, mit handfesten und realisierbaren Zielvorstellungen zum Erstgespräch. Dann kommt die Kursbestimmung im Dialog schnell voran. Testverfahren und Lebenslaufanalysen erweitern und sichern die therapeutische Einschätzung und ermöglichen ein therapeutisches Bündnis, das zur Grundlage der Zusammenarbeit in den folgenden Monaten werden kann.

Wenn Selbsteinschätzung und therapeutische Beurteilung jedoch weit auseinanderklaffen, fordert die Auseinandersetzung um realisierbare Ziele mehr Zeit und Engagement – beginnt doch das Selbstsicherheitstraining mit einer kurzzeitigen Verunsicherung durch die Aufgabe eigener Zielvorstellungen.

Wie fruchtbar die geleistete Vorarbeit, die sogenannte „kognitive Umstrukturierung," war, zeigt sich im Vertrauen des Klienten, der die Überzeugung gewonnen hat, mit Hilfe der therapeutischen Unterstützung eine entscheidende erste Hürde genommen zu haben.

Die gemeinsam erreichte Umformulierung persönlicher Veränderungswünsche findet ihren Ausdruck in einer Liste von Verhaltensweisen, die einerseits verlernt, andererseits gelernt werden sollen und wollen.

Dazu beispielhaft die Lernliste eines Klienten, der die in einer Sitzung begonnene Niederschrift selbst fortführte.

Ich will lernen	*Ich will verlernen*
meiner Leistung zu vertrauen	Angst vor Versagen zu haben
mich Neuem zu stellen	neuen Aufgaben auszuweichen
loszulassen	negativen Gedanken nachzuhängen
mit mir zufrieden zu sein	mich schlecht zu machen
Unzulänglichkeiten zu ertragen	immer ungeduldig zu sein
Konflikten standzuhalten	aus Angst vor Ablehnung nachzugeben
bewußter ja zu sagen	lieb zu sein, statt nein zu sagen
meine Meinung zu vertreten	mich abhängig zu machen
beharrlicher zu sein	immer auszuweichen
selbstverantwortlich zu sein	auf Hilfe von anderen zu hoffen

Neben Verhaltensweisen, deren Veränderung schon „mit ein bißchen gutem Willen“ erreichbar sein dürfte wie: „Ich will lernen, meine Meinung zu vertreten,“ enthält die Liste auch Gefühle, etwa Ängste, die sich äußerlichem Zugriff zu entziehen scheinen. Lassen sich, so werden Verhaltenstherapeuten immer wieder gefragt, auch Gefühle lernen oder gar verlernen?

Wenn man Emotionen als Verhalten betrachtet, dann kann man auch die Bedingungen ihres Entstehens und Vergehens erforschen und verstehen. Meist sind es sinnvolle Anpassungsreaktionen. So lernt ein Neugeborenes auf der Intensivstation schon nach dem ersten Stich mit der Injektionsnadel, was Schmerz bedeutet und entwickelt Angst davor – es schreit und wendet sich ab, wenn sich der Arzt mit der Spritze nur nähert.

Es können aber auch sinnlose Ängste erworben werden. Daß sich solche Ängste auch wieder verlernen lassen, wissen etwa jene Fahrschüler, die mit zunehmender Übung auch schwierige Verkehrssituationen meistern, ohne daß ihnen der Angstschweiß ausbricht.

Techniken

Die Gegenüberstellung von positiven und negativen Veränderungszielen erlaubt ein Eingreifen auf beiden Seiten und bietet der Person des Klienten eine Auswahl, wo sie mit ihrer Veränderungsarbeit ansetzen kann. So könnte sie ihre Angst, Fehler zu machen, direkt dadurch bekämpfen, daß sie zuerst an harmlosen, von der Gesellschaft tolerierten Normübertretungen übt. Dabei würde sie feststellen, daß etwa das laute Fragen nach der Toilette im vornehmen Speiselokal kaum bemerkt wird und insofern ihre Angst, Aufsehen zu erregen, unbegründet ist.

Andererseits könnte sie sich ihrem Ziel, in Konfliktsituationen beharrlicher zu sein, auch dadurch nähern, daß sie an Haltung und Bewegung – vielleicht vor der Videokamera – feilt.

Erstrebte Änderungen werden vor allem dann dauerhaft in das Verhaltens-Repertoire eingebaut, wenn sich an beiden Polen Fortschritte erzielen lassen. Wenn, wie beim oft mißverstandenen „Positiven Denken" nur Erwünschtes auf das Verhaltenssystem eines Klienten aufgesattelt wird, ist davon keine langfristige Wirkung zu erwarten.

Diese Erfahrung belegt, daß bestimmte Verhaltensweisen nicht isoliert betrachtet werden können, sondern nur als verknüpfte Glieder eines lebendigen Systems. Dabei ist es das übergreifende Ziel des Selbstsicherheitstrainings, das Repertoire der verfügbaren Verhaltensweisen zu erweitern und flexibel an Situationen wie auch den eigenen Zustand anzupassen.

Einer der Grundpfeiler, auf denen die Therapieform des Selbstsicherheitstrainings ruht, läßt sich mit dem Oberbegriff *Selbstmanagement* charakterisieren. Damit ist die Fähigkeit gemeint, sich selbst im Alltag, aber vor allem in Belastungssituationen so zu steuern, daß eigene Wünsche und Bedürfnisse ebenso erfüllt werden wie angemessene Fremderwartungen. Klassisches Beispiel dafür ist ein Examen. Der Prüfling sollte sich in eine leistungsfreudige Stimmung versetzen können, in der er sein Wissen – angepaßt an die Prüfungsbedingungen – selbstsicher unter Beweis stellen kann.

Kognitive Umstrukturierung

Als wirksame Methode, sich diesem Ziel zu nähern, hat sich die bereits erwähnte *kognitive Umstrukturierung* bewährt, die vor allem dann eingesetzt wird, wenn unrealistische, meist zu hohe Erwartungen des Klienten das Selbstbild verzerren. Solche Fehleinschätzungen und ihre Folgen kennen wir alle: Erwarten wir eine zu leichte Prüfung, könnte das vermeintliche Besserwissen zu Flüchtigkeitsfehlern führen, vermuten wir ungerechtfertigt, zuwenig vorbereitet zu sein, könnte diese Unsicherheit die volle Leistungsentfaltung verhindern.

Die kognitive Umstrukturierung fördert eine realistische Selbsteinschätzung und baut „hausgemachten" Streß ab. Damit leistet sie einen wesentlichen Beitrag zur Heilung von psychosomatischen Störungen, mit denen sich – vereinfacht ausgedrückt – der Organismus gegen Überforderung zur Wehr setzt.

Das Beispiel von Thomas, der auf ständige Anspannung und Perfektionserwartung mit Asthma reagiert, macht die dramatischen Folgen von Fehlhaltungen deutlich. Weil die asthmatischen Krankheitssymptome seine Leistungsfähigkeit drastisch einschränken, ist er gezwungen, die überhöhten Ansprüche an sich selbst zu reduzieren und das Bestreben, es allen recht zu machen, abzublasen. Die Krankheit läßt ihm keine Wahl, er muß kürzer treten. Gelingt es ihm jedoch nicht, die Selbsterwartungen erheblich zurückzuschrauben, wird der Streß umso mehr wachsen, je stärker die Krankheitssymptome seine Leistungsfähigkeit einschränken. Mit Hilfe des Selbstmanagements könnte er den Teufelskreis durchbrechen und sich mit dem Erreichbaren zufriedengeben, was wiederum die Symptomatik reduzieren würde.

Andere Verfahren zur Verbesserung des Selbstmanagements betreffen die Beeinflussung von Zwangsgedanken, wieder andere die Steuerung von Gefühlsreaktionen. Auch der Abbau negativer Selbstbewertung, die sich von gelegentlich unangemessener Selbstkritik bis zur vernichtenden Selbstablehnung steigern kann, ist Thema des Verhaltenstrainings.

Therapeutisches Rollenspiel

Trotz ihrer wachsenden Bedeutung in den letzten Jahren sind es nicht nur die kognitiven Verfahren, die uns einfallen, wenn wir über das Selbstsicherheitstraining sprechen. Das therapeutische Rollenspiel, die Inszenierung von Spielsituationen zur Erprobung unterschiedlichster Verhaltensweisen, hat eine wesentlich längere Erfolgsgeschichte. Rollenspiele werden heute in vielen Bereichen, etwa der Verkäufer- oder Rednerschulung genützt. Das therapeutische Rollenspiel beschränkt sich jedoch nicht nur auf das Nachspielen von ausgewählten Szenen, wie sie meist vom Videoband vorgegeben werden, sondern eröffnet einen kreativen Gestaltungsraum, in dem Fehlverhalten ebenso unmittelbar spürbar wird wie dessen Änderungsmöglichkeiten. Dabei kommt der Entwicklung von Fähigkeiten, sich in eine Situation hineinzudenken und einzufühlen, große Bedeutung zu. Angst soll in der Verhaltensprobe wirklich erlebt werden, ebenso – und darin besteht ja der therapeutische Effekt – wie ihre Überwindung durch selbstsicheres Verhalten. Wenn etwa Konflikte im Rollenspiel nicht als solche quälend erfahren werden, so besteht auch kein echtes Bedürfnis, sie zu lösen. Ohne Identifikation mit einer Rolle gibt es keine neuen Erfahrungen.

Übertragung in den Alltag

Um neu gelernte Verhaltensweisen dauerhaft in das Verhaltensrepertoire zu integrieren, genügt das Rollenspiel allein jedoch nicht. Den dritten – und in anderen Therapieformen oft vernachlässigten – Grundpfeiler des Selbstsicherheitstrainings stellt die *Übertragung der gewonnenen Erfahrungen in den Alltag* dar. Hausaufgaben verlangen die Realitätsprüfung in schwierigen, bisher vermiedenen oder nicht gemeisterten Situationen des täglichen Lebens. Erst Verhaltensweisen, die diese Prüfung bestehen, also erfolgreich sind, werden Teil der Verhaltensmöglichkeiten des Klienten und stehen künftig unmittelbar zur Verfügung.

Resümee

Einem erfahrenen Verhaltenstherapeuten wird es aufgrund der Analyse der auslösenden Bedingungen leichtfallen, Übungssituationen so zu konstruieren, daß sie genau jene Lernerfahrung vermitteln, die zur Überwindung von bestimmten Störungen erforderlich ist. Mit systematisch in kleinen Schritten aufgebauten, umfassenden Trainingskonzepten wie dem von R. Ullrich und R.de Muynck entwickelten ATP (Assertiveness Training Programm) lassen die neuen Verhaltensweisen sicherer und dauerhafter verankern. Man beginnt dabei mit Situationen, die kaum Angst auslösen. Schrittweise und dem Tempo des Patienten angemessen werden diese Situationen so erweitert, daß neue Erfahrungen möglich werden, ohne die Person zu überfordern.

So lernt der Patient über die Bewältigungsübungen eine grundlegende Angstbewältigung. Akuten Ängsten ist damit ebenso der Boden entzogen wie ihrer Tendenz, sich auf neue Situationen auszubreiten.

Teilweise findet das Selbstsicherheitstraining in Gruppen statt, die vielfältigere Übungsmöglichkeiten und Rückmeldungen nicht nur des ohnehin wohlmeinenden Therapeuten erlauben. Damit sind Gruppenerfahrungen alltagsnäher und zum Aufbau selbstsicheren Verhaltens besser nutzbar.

Empfohlene Literatur: Ullrich, R.., De Muynck, R.: Das Assertiveness Training Programm ATP, Einübung von Selbstvertrauen und sozialer Kompetenz, Band 1–3. München: Pfeiffer Verlag, 1998. *Hellauer, D.:* Videoeinsatz in der Psychotherapie. In: S. Sulz (Hrsg.): Das Therapiebuch. München: CIP-Medien, 1994. *Ullrich, R.., De Muynck, R.., Hellauer, D.:* Das Assertiveness Training Programm ATP, Übungsmaterial auf Videobändern 1–7. Münchner Therapiefilme 1981–98.

d) Selbstveränderung

Frank Ziesing

Befreie dich selbst durch dich selbst,
demütige dich selbst nicht durch dich selbst.
Du bist dein Freund.
Du bist dein Feind.
Hast Du dich selbst besiegt, bist du dein Freund,
sonst bist du dir in ungünstigen Umständen wie ein Feind.
(Bhagavad-Gita 6;5+6)

Einführung

Die klassische Perspektive im psychotherapeutischen Beruf ist: „Was tue ich als Therapeut, damit demjenigen geholfen wird, der zu mir mit psychischen Problemen kommt,?" In diesem Kapitel ändern wir die Perspektive. Das ergibt vorerst: „Was kann ich selbst tun, wenn ich derartige Probleme spüre, um mir zu helfen?" Diese Frage hört sich aber wegen des Wortes psychische Probleme unnötig negativ an. Lösungsorientiert ist es zu fragen: „Was kann ich selbst tun, wenn ich den Wunsch verspüre, anders zu handeln, zu empfinden, zu erleben, also: wenn ich den Wunsch habe, meine Persönlichkeit in einem bestimmten Bereich zu verändern? Gibt es erprobte Methoden, solche Wünsche zur Selbstveränderung zu verwirklichen?"

Vielleicht denken Sie als skeptischer Leser: Mit normalem Alltagsverständnis lassen sich solche Wünsche eher nicht verwirklichen. Statt „Do it yourself" sollte man doch lieber einem Experten die Aufgabe überlassen. Einer dieser Experten, M. J. Mahoney (1977, S. 310), sagt jedoch: „Wir sollten ... Therapie als ein Wissen ansehen, in dem Menschen zu Wissenschaftlern für die eigene Person ausgebildet werden."

Werden Sie also ihr eigener Experte! Der Therapeut ist nur ihr Ausbilder.

Ursprünge

In den 60er Jahren entstand als Anwendung von Prinzipien der Verhaltensforschung die Verhaltenstherapie, und ein neuer Enthusiasmus kam auf: Wenn die Wissenschaft erkannt hat, nach welchen Prinzipien sich Lebewesen verhalten, dann müßte es doch möglich sein, durch Anwendung dieser Prinzipien auch eine Selbstveränderung nach eigenen Wünschen zu bewirken. Diese Aussicht führte dazu, daß sich viele Forscher der Idee zuwandten. In den 50er Jahren hatte der bekannte Verhaltenstheoretiker B. F. Skinner bereits eine brauchbare Theorie formuliert, die beschrieb, was bei Selbstkontrolle prinzipiell abläuft. Der Weg vom abstrakten Prinzip zur praktischen Anwendung war aber weiter als man dachte. Die ersten Trainingsprogramme mit dem Ziel, die Theorie umzusetzen und dadurch Selbstveränderung zu erreichen, waren hoffnungsvoll, aber mein eigenes Urteil bei späterem Mitmachen war: künstlich, zuviel Nachdruck auf äußere Belohnung, insgesamt interessant aber unwirksam.

In den 60er Jahren gab es jedoch auch einen Aufschwung bei der Erforschung von menschlichen Denk- und Problemlösungsprozessen. Man spricht heute von der sog. kognitiven Wende in der Psychologie. Die Ansätze der älteren deutschen Denkpsychologie, z. B. Dunckers „Psychologie des produktiven Denkens“ von 1935, wurden wieder aufgegriffen. D'Zurilla und Goldfried entwickelten daraus ein Problemlösungstraining, das sie 1971 vorstellten. Dies bahnte den Weg für die neue Erkenntnis: Selbstveränderung ist ein Problemlösungsprozeß, und zwar ein ziemlich komplexer. Erst wenn man Wissen über Denkprozesse und Wissen über Verhalten anwendet, gibt es gute Erfolgschancen.

Therapiemethoden, die sich auf diese beiden Quellen stützen, bezeichnet man inzwischen als kognitive Verhaltenstherapie (s. Kap. B,1,d). Derartige Anwendungen, speziell auf Selbstveränderungsbemühungen zugeschnitten, wurden seitdem ständig verbessert und können inzwischen beachtliche Erfolge aufweisen. Viele Forscher haben diese Entwicklung vorangetrieben, unter teilweise verschiedenen Bezeichnungen, aber keinem einzelnen gebührt die Ehre, die Methode entdeckt zu haben.

Grundannahmen

Was ist Verhalten? Anfangs beachteten Verhaltensforscher nur äußeres sichtbares Verhalten. Durch die kognitive Wende änderte sich das jedoch gründlich. Der Begriff Verhalten wurde auch auf unsichtbare geistige Prozesse ausgedehnt, so daß man jetzt üblicherweise von vier Verhaltensebenen spricht:

1. Kognitionen (Gedanken, Vorstellungen, Erinnerungen, Erwartungen usw.)
2. Emotionen (Gefühle, Affekte)
3. Physiologische Reaktionen (d. h. unwillkürliche körperliche Reaktionen)
4. äußeres, sichtbares Verhalten

Menschliches Verhalten kann man als Wechselwirkung dieser vier Ebenen beschreiben. Ein Beispiel: Ernst macht seine Führerscheinprüfung. Sein Gedanke: „Hoffentlich falle ich nicht durch, sowas hab ich noch nie beim ersten Mal geschafft". Seine Emotion: Angst. Seine physiologische Reaktion: Schweißausbruch. Sein äußeres Verhalten: stockender Fahrstil.

Was steuert Verhalten? Die verhaltenstherapeutische Grundannahme ist: Lebewesen versuchen, sich so zu verhalten, daß angenehme Konsequenzen folgen und unangenehme vermieden werden. Diese Konsequenzen können auch subjektiv und gedanklich vermittelt sein. Ein Beispiel: Ernst geht jeden Tag zur Arbeit, weil er dafür (objektiv) Geld und (subjektiv) berufliche Selbstbestätigung erhält. Würde er das nicht erhalten, würde er nicht hingehen. Konsequenzen steuern so im Prinzip unser Verhalten.

Was ist Selbstkontrolle? Unser Verhalten hat in der Regel nicht eine einzige Konsequenz, sondern viele verschiedene. Dabei wirken die kurzfristigen Konsequenzen am stärksten. Ernst hat z. B. immer riesigen Hunger, wenn er von der Arbeit kommt, und räumt dann regelmäßig den ganzen Kühlschrank leer. Das ist zwar kurzfristig angenehm (und deshalb handlungssteuernd), langfristig aber unangenehm, da Ernsts Silhouette sich zunehmend von seiner Idealfigur entfernt. Schließlich ärgert er sich so darüber, daß er, wenn er von der Arbeit kommt, eine sog. kontrollierende Handlung unternimmt: Er sagt sich: „Keine Angst, keiner will dir was wegessen. Was könntest Du sonst noch Schönes im Moment machen?" und stellt die Waage vor den Kühlschrank. Die handlungssteuernden Konsequenzen werden dadurch neu gewichtet. Das kurzfristig angenehme Vielessen verliert an Anziehungskraft. Alternativhandlungen erscheinen schon kurzfristig lohnender. Ernst läßt den Kühlschankinhalt unberührt, ißt nur ein Paar Früchte und verabredet sich mit

Freunden im Fitnessklub. Dieses selbsttätige Anwenden einer kontrollierenden Handlung, um die bisherigen handlungssteuernden Konsequenzen eines Verhaltens unwirksam zu machen, nennt Skinner Selbstkontrolle. Selbstkontrolle ist ein Prinzip, noch keine konkrete Technik. Durch Selbstkontrolle wird unerwünschtem Verhalten sozusagen Anziehungskraft entzogen und erwünschtem Verhalten zusätzlicher Wert gegeben. Inzwischen gibt es eine Anzahl von konkreten Selbstkontroll-Techniken, die auf unterschiedliche Verhaltensebenen einwirken. Viele der in diesem Buch beschriebenen Verfahren können so eingesetzt werden, etwa Verhaltensübungen (in der Realität und in der Vorstellung), Konfrontation, Selbstanweisungen, Entspannungstechniken usw.

Methoden

Wenn ich jetzt aber einen richtig komplexen oder diffusen Änderungswunsch habe, der nicht in dieses einfache Schema paßt, was dann? Der erste Schritt ist immer, eine lösungsorientierte Einstellung zu erlangen, d. h. das Problem ähnlich wie die Herausforderung einer logischen Denksportaufgabe zu betrachten und sich zu fragen: Wie ist meine Ausgangsposition? Wie soll das Ziel beschaffen sein? Wo ist die Diskrepanz zwischen beiden? Wie kann ich die Aufgabe in Teilaufgaben zerlegen?

Diese Fragen lassen sich am besten mit speziell dafür entwikkelten Anleitungen angehen. Eine Anleitung zur Bestimmung der Ausgangsposition ist z. B. die *Plananalyse*. Sie ist eine graphische Darstellung, wo oben die eigenen grundlegenden Lebenspläne und -ideale stehen und darunter die Verbindung zu abgeleiteten Plänen und typischen Handlungsmustern, bis hin zu den Verhaltensbereichen, die man problematisch findet. Die Plananalyse verdeutlicht Zusammenhänge und innere Konflikte.

Schließlich macht man das Problem an einem konkreten Verhalten fest. Die Ausgangsposition wird dann als sog. IST-Ablauf dargestellt, d. h. als Wechselwirkung der vier Verhaltensebenen und der Konsequenzen in der typischen Problemsituation. Danach versuche ich, mein Ziel ebenso genau als einen SOLL-Ablauf zu beschreiben. Die Gegenüberstellung von IST- und SOLL-Ablauf zeigt dann, in welchen Bereichen ich etwas ändern muß, um zum Ziel zu gelangen. Im Laufe der Therapie können für verschiedene Bereiche IST- und SOLL-Abläufe dargestellt werden.

Der zweite Hauptschritt, die Intervention, erfolgt danach ganz natürlich: Nachdem ich zuvor die verschiedenen Selbstkontrolltechniken (zumindest ansatzweise) kennengelernt habe und verstehe, für welche Bereiche sie geeignet sind, kann ich für meinen persönlichen Fall den geeigneten Mix zusammenstellen und ihn anwenden. Durch Selbstbeobachtung erkenne ich, ob die Techniken wirken, und nehme bei Bedarf Verbesserungen vor. Oft kann man mit der Intervention schon vor der völligen Klärung des SOLL-Ablaufs beginnen, da sich Details des SOLL-Ablaufs meist erst im Verlauf der Intervention ergeben.

Fallbeispiel (stark gekürztes Protokoll eines Selbstveränderungsprojekts)

... die Aufzeichnungen aus meinem Verhaltenstagebuch ergaben für mich, daß ich ... trotz vielem Reden kaum Nähe zu Menschen bekomme. ... Meine Plananalyse zeigte ein großes Unabhängigkeitsbedürfnis, welches mit meiner Angst vor Ablehnung und meiner Sehnsucht nach Nähe in Konflikt gerät. Damit hängt wohl auch mein großes Mitteilungsbedürfnis zusammen. Ich rede ja sehr viel, aber über andere, statt direkt mit ihnen ...

Ich habe beschlossen, aus meiner Wunschliste zuerst mein Redeverhalten zu ändern.

... zur Darstellung des IST-Ablaufs fragte ich mich, woher mein Redebedürfnis stammen könnte und kam zu folgenden Schlüssen: Solange ich rede, können andere, insbesondere meine Eltern, mir nicht dauernd ihre Probleme erzählen oder aufhalsen. Wenn ich Angst habe, meine Grenzen zu ziehen oder meine Ansprüche geltend zu machen, und statt dessen viel rede, aber nicht über das eigentlich anstehende, vermeide ich das Angehen von Konflikten. Dabei wird das Lästern über andere zur Pseudolösung, zum Weglaufen vor Unterlegenheitsgefühlen. Ich komme zudem aus einer Familie, in der Probleme eher zerredet, statt angegangen werden. Je mehr ich rede, desto weniger empfinde ich auch das Bedürfnis, eine Situation zu ändern.

Meine versteckten Gedanken scheinen zu sein: Wenn ich nicht nett bin, bin ich schlecht ... Daher meine Emotionen: Bedürfnis nach Bestätigung, Angst vor Widerspruch, Ausgeschlossensein ... Physiologische Reaktion: Spannung. Äußeres Verhalten: Reden, Reden, Reden. Konsequenzen: Kontrollgefühl über die Situation ... und dadurch Spannungsabnahme.

Ziel meiner Intervention ist es, besser zuhören zu lernen und mehr zu handeln statt zu reden.

Ich begann, ... Gedanke für Gedanke durchzugehen und mir günstigere Neubewertungen zu überlegen (REVT-Methode nach A. Ellis, s. Kap. C,d). Anschließend habe ich diese auf Karteikarten geschrieben, sie auf meinen Schreibtisch plaziert und seitdem oft durchgelesen.

Beim Einüben von Entspannung glaube ich ein Gefühl dafür bekommen zu haben, wie ich es schaffen kann, auch in unangenehmen Situationen entspannt zu bleiben ...

... dann begann ich, mir zu überlegen, was ich mir in schwierigen Situationen sagen könnte. Beim Trainieren vor dem Spiegel mußte ich vor mich hin grinsen, ... ich merkte daran, daß es mir auch gut tut, ein wenig über mich selbst lachen zu können ...

Als Verhaltensvorsätze legte ich fest: Das Gemeinte direkt ansprechen ohne langatmige Erklärungen. Bitten abschlagen, ohne mich auf Diskussionen einzulassen. Anderen Fragen stellen, die signalisieren, daß ich an ihnen interessiert bin ...

Dann kam die Detaillierung des SOLL-Ablaufs: Bevor ich mit anderen zusammentreffe, will ich kurz denken: „Meine Zufriedenheit hängt nicht von der Bewertung anderer ab!" Wenn ich dann den Impuls verspüre, zu reden wie ein Wasserfall, soll folgender Ablaufplan aktiviert werden: Ich konzentriere mich auf meine Atmung und versuche, gleichmäßig zu atmen, um mich zu entspannen. Wenn das nicht reicht, denke ich an das Zauberwort *„Sonnenblume"* und versuche alle Muskeln zu lockern. Wenn es sich um eine sachliche Auseinandersetzung handelt, sage ich mir selbst: „Ich bleibe sachlich und kurz. Ich muß Angriffe nicht parieren". Könnte es ein nettes Gespräch werden, sage ich mir selbst: „Ich habe Zeit. Ich möchte wissen, wie es dem anderen geht, was er denkt".

Auf der Ebene des äußeren Verhaltens achte ich auf Blickkontakt, eine dem anderen zugewandte Haltung, und gelegentliche unterstützende Hmhms ...

Diesen SOLL-Ablauf habe ich mit allen seinen Variationen so lange in der Vorstellung durchgespielt, bis er für mich stimmig war. Seitdem führe ich die Vorstellungsübung immer noch morgens vor dem Aufstehen durch. Gleichzeitig habe ich mich entschlossen, ihn in die Tat umzusetzen ... In einer Abmachung mit mir selbst habe ich mir versprochen, mir einen neuen Bikini zu kaufen, wenn es mir gelingt, den Ablaufplan zwei Wochen lang mindestens einmal täglich anzuwenden.

Ich habe mein Verhalten in schriftlichen Aufzeichnungen für mich festgehalten. Ich habe niemanden um Hilfe gebeten, weil ich die Gesprächssituationen nicht unnötig künstlich gestalten wollte. So war es möglich, ohne große Vorankündigung zu genießen, daß andere mir nun viel mehr interessante Dinge erzählten, mehr wunderschöne Nähe entstand als vorher, sie mir aber auch sehr verständnisvolle Fragen stellten, weil ich ihnen nicht mit irgendwelchen unerträglichen Vorträgen zuvorkam. Ich habe mir meinen Bikini gekauft.

Gegenwärtiger Stand

1994 veröffentlichten Grawe und Mitarbeiterinnen die bisher umfassendste Therapievergleichsstudie. Anleitung zur Selbstveränderung wird dort geführt als Problemlösungstraining, welches das Arsenal verhaltenstherapeutischer Einzeltechniken benutzt. Derartige Trainings erwiesen sich für sehr verschiedene Problembereiche als geeignet. Im Effektivitätsvergleich waren sie, vor allem längerfristig, oft besser oder zumindest gleich gut wie andere Therapien. Die guten Wirkungen kamen meist aber erst in der zweiten Therapiehälfte, nachdem die erlernten Problemlösungsfähigkeiten wirksam wurden. Für die Besserung sexueller Probleme war jedoch gezielte Sexualtherapie effektiver.

Wo lernt man das Verfahren? Eine Anleitung zur Selbstveränderung oder zumindest zur Selbstkontrolle ist oft Teil einer verhaltenstherapeutischen Behandlung. Die nötige Wissensvermittlung kann dabei manchmal auch per Buch oder Video und anschließender Besprechung beim Therapeuten geschehen.

Zusammenfassung

Selbstveränderung bezeichnet ein Vorgehen, bei dem der Klient im Prinzip seine Therapie selbständig durchführt. Strukturiert wird das Vorgehen durch Problemlösungsmethoden. Aus der Vielfalt kognitiv-verhaltenstherapeutischer Techniken lernt der Klient, eine individuell passende Mischung zusammenzustellen, die er selbständig anwendet und deren Erfolg er durch Selbstbeobachtung überprüft. Die Rolle des Therapeuten ist die des Ausbilders (und damit Trainers, Ideen- und Informationslieferanten) und Supervisors.

Empfohlene Literatur: Ziesing, F.; Pfingsten, U.: Selbstveränderung. Verhaltenstherapie selbst erfahren (2. Auflage). Tübingen: DGVT-Verlag, 1998.

2. Therapie von sexuellen Störungen

Stephan Hoyndorf

Einführung

Sexualität ist meist erst leidenschaftlich, dann kommt der sexuelle Alltag und damit stellen sich oft auch Probleme ein. Wird ein Problem chronisch, ist eine behandlungsbedürftige Störung entstanden. Teilweise bestehen Störungen schon zu Beginn der sexuellen Entwicklung und lösen sich auch nicht wie erhofft mit der Zeit auf.

Die Störungen im einzelnen sind:

- mangelnde bzw. stark verminderte sexuelle Lust
- sexuelle Aversion
- Störungen der physiologischen sexuellen Erregung
- Orgasmusstörungen bei Mann und Frau
- vorzeitiger Samenerguß
- nicht medizinisch bedingter Vaginismus (Verengung des Scheideneingangs durch muskuläre Verkrampfung bzw. Verspannung)
- nicht medizinisch bedingte Schmerzen beim Geschlechtsverkehr

Die Störungen werden dahingehend unterschieden, ob sie erworben oder lebenslang sind, ausgedehnt sind oder nur in bestimmten Situationen auftreten, seelisch bedingt oder psychisch überlagert. Als psychisch überlagert gelten Störungen, bei denen der medizinische Befund die Beeinträchtigung der Sexualität nicht hinreichend zu erklären vermag.

Besteht eine Partnerschaft, so wird die Beziehung massiv belastet (sofern nicht diese Belastung schon vorher bestand). Da also beide Partner betroffen sind, ist die Therapie der Wahl meist eine Paartherapie. In deren Verlauf machen die Partner zu Hause Übungen, die gezielt auf die sexuelle Problematik eingehen. Dies ist die „klassische" Sexualtherapie. Ein Synonym ist der Begriff Paarsexualtherapie. Auch Einzeltherapie, die gezielt eine sexuelle Störung behandelt, wird als Sexualtherapie bezeichnet. Sie findet Anwendung, wenn der Betroffene keinen festen Partner hat oder sich der Partner nicht einbeziehen läßt. Um begrifflich zu verdeutlichen, daß jede psychologisch fundierte Sexualtherapie eine Psychotherapie ist, verwenden manche Fachleute den Begriff Psychosexualtherapie, insbesondere im Rahmen der Einzeltherapie.

Ursprünge

Von Sexualtherapie im heutigen Verständnis wird seit den Arbeiten von Masters und Johnson (1970) gesprochen. Sie lösten sich von der Vorstellung, daß eine unspezifische Stärkung des Selbstbewußtseins, die Herstellung einer erotischen Atmosphäre oder der versierte Umgang mit erogenen Zonen erfolgsversprechende Behandlungen seien. Eine herausragende Bedeutung für die Entstehung und Aufrechterhaltung sexueller Störungen ist die Angst zu versagen bzw. die Angst, Erwartungen nicht zu genügen. Weitere wesentliche aufrechterhaltende Bedingungen betreffen ebenfalls beide Partner: Die in der Sexualität übliche Dominanz des Mannes und die zwanghafte Fixierung auf den Orgasmus. Als geeignete Therapie wurde ein rein paartherapeutisches Behandlungskonzept beschrieben.

In der weiteren Entwicklung setzten verschiedene Arbeitsgruppen gemäß ihrer Grundorientierung unterschiedliche Akzente. Von verhaltenstherapeutischer Seite wurde die systematische Diagnostik und der daraus abgeleitete Therapieplan betont, von psychodynamischer Seite wurde der Aspekt des individuellen Lusterlebens unterstrichen. Wegweisend für die Paarsexualtherapie in Deutschland waren Hamburger Forschungsarbeiten (vgl. Arentewicz u. Schmidt 1993).

Für die Einzel- bzw. Gruppentherapie machte Barbach (1982) mit einem als Selbsthilfe-Manual veröffentlichten Konzept für Frauen Furore, in dem Übungen zur körperlichen Selbsterfahrung und zur Masturbation beschrieben wurden. Zilbergeld (1994) stellte ein Pendant für die männliche Sexualität vor und betonte die Bedeutung unausgesprochener sexueller Vorstellungen. Weitere Untersuchungen dokumentierten den Nutzen einer vorgeschalteten Kommunikationstherapie für die Partner, Erfolge mit hypnotherapeutischem Vorgehen und therapeutische Angebote für Patienten ohne Partner (Hoyndorf et al. 1995).

Wie sexuelle Störungen entstehen und aufrechterhalten werden

Sexualstörungen können nicht durch eine einzige Ursache erklärt werden. Gerade bei der Chronifizierung von Problemen wirken meist verschiedene, nicht störungsspezifische Faktoren zusammen. Die wichtigsten Faktoren, die dann Gegenstand der Behandlung sind, werden im folgenden skizziert.

Eine ungünstige sexuelle Entwicklung

Die Eltern sind Modell für Geschlechtsrollenverhalten, Zärtlichkeit und Sexualität. Eine Tabuisierung der Sexualität ist häufig die Ursache für primäre Sexualängste. Elterliche Botschaften nach dem Motto „Sexualität ist schmutzig, schlecht ....“ beeinflussen die Emotionen um so stärker, je unbewußter sie wirksam werden, und äußern sich teilweise in diffuser Scham oder Vermeidung von Sexualität und sexuellen Informationen. Dies kann dazu führen, daß Sexualängste mit unzureichendem sexuellen Wissen einhergehen, wobei die Wissenslücken die Sexualängste noch verstärken. Wer allgemein zu Unsicherheit und abwartender Passivität erzogen wurde, wird dazu wahrscheinlich auch später mit dem Partner neigen. Eine derart ungünstige Entwicklung im Kindes- und Jugendalter führt zu einer größeren Anfälligkeit für sexuelle Störungen später im Leben.

Nach sexuellem Mißbrauch bzw. sexuellen Gewalterfahrungen wird Sex oft vermieden, aus Angst vor belastenden Erinnerungen ausgeblendet oder innerlich abgespalten. Die weitere sexuelle Entwicklung ist in starkem Maße davon abhängig, inwieweit der/die Betroffene eine stabile und emotional-sichere Beziehung hat.

Die Angst, Erwartungen nicht zu erfüllen

In der Sexualität gibt es eine Vielzahl von Erwartungen: Von Lust, Leidenschaft und Intensität, von Intimität und Nähe. Hinzu kommen Erwartungen an sexuelles Verhalten. Obwohl meist unausgesprochen, sind diese Erwartungen so verbreitet, daß fast jeder sie kennt und sich bewußt oder unbewußt an ihnen orientiert. Ein Teil dieser Erwartungen beschreibt mehr Wunsch denn Wirklichkeit, weshalb auch von sexuellen Mythen bzw. sexuellen Stereotypen gesprochen wird.

Häufige sexuelle Erwartungen bzw. Stereotype sind:

- Wer den anderen richtig liebt, will häufig Sex mit ihm/ihr
- mein Partner sollte ebenso viel/ebenso oft Lust haben wie ich
- normale Paare haben zwei- bis dreimal in der Woche Sex
- der Mann übernimmt die Führung beim Sex
- Sex heißt Koitus
- das Ziel sexueller Aktivität ist der Orgasmus
- Sex sollte natürlich und spontan sein
- Frauen kommen durch den Penis in der Scheide zum Höhepunkt

Ungünstige Bedingungen in der Partnerschaft

Oft beschränkt sich die sexuelle Kommunikation auf Andeutungen. Auch nonverbale Kommunikation (z.B. Handführen) fällt vielen schwer oder wird aus Sorge vor der Reaktion des Partners vermieden. Oft besteht ein Teufelskreis: unbefriedigende sexuelle Erfahrung – geringes Vertrauen – mangelnde sexuelle Kommunikation. Lehnt der Partner sexuelle Wünsche ab, entstehen teilweise Mißtrauen und Selbstzweifel (z. B. „Liebt er/sie mich nicht genug?"). Angst, auch mal „nein" zu sagen, entsteht aus Furcht vor den Folgen für die Atmosphäre in der Beziehung (z.B. gereizte Stimmung).

Negative Selbstwahrnehmung

Wer Erfahrung mit sexuellen Störungen hat, erwartet oder befürchtet ein „Versagen," das mit negativen physiologischen Rückkopplungsprozessen einhergeht. Je chronifizierter die Störung, desto stärker die negative Erwartung, so daß die Sexualphysiologie nicht von Lust, sondern von Angst gesteuert wird. Damit besteht ein Teufelskreis im Sinne einer sich selbst erfüllenden Prophezeiung, und die Störung wird funktionell autonom. Hinzu kommt in vielen Fällen eine Vermeidung der aversiv erlebten Sexualität (Barlow 1986).

Was hilft? – Methoden

Diagnostische Abklärung und Indikationsstellung.

Besteht eine funktionelle sexuelle Störung, sollten beide Partner (sofern ein kooperativer Partner vorhanden) zum Erstgespräch bzw. zur diagnostischen Abklärung kommen. Der kompetente Behandler wird im Erstgespräch bzw. bei den ersten 2–3 Terminen zu einer Einschätzung der Problematik gelangen und diese mit den Patienten besprechen. Dazu dienen u. a. folgende Fragen:

- Besteht die Störung von Anfang an, oder ist sie erst im Verlauf der Beziehung entstanden?
- Tritt die Störung immer auf oder nur unter bestimmten Bedingungen bzw. in bestimmten Situationen?
- Von welchen Gedanken und Gefühlen wird sexuelle Aktivität begleitet?
- Was wurde schon versucht, um die Störung zu überwinden?
- Welches sind die individuellen Voraussetzungen für sexuelle Lust?
- Kommt es trotz Beziehungsproblemen zu sexueller Aktivität; wenn ja, wie und warum?
- Was kann dazu führen, daß Lust vergeht oder sexuelle Aktivität vermieden wird?
- Wie ist die non-sexuelle Stimmung (in der Beziehung und individuell)?
- Welchen Einfluß haben nicht-partnerschaftliche Faktoren auf die Beziehung und die Sexualität?
- Welche individuellen Probleme bestehen?

Durch die Abklärung kann beurteilt werden, ob eine Paartherapie sexueller Störungen die Therapie der Wahl ist oder ob vorher eine allgemeine Paartherapie oder eine Einzeltherapie zur Behandlung eines vorrangigen nicht-sexuellen Problems vorzuschalten ist. Im folgenden werden Behandlungsmöglichkeiten bei funktionellen Sexualstörungen aufgezeigt (zur Therapie von Paraphilien* und Sexsucht s. Hoyndorf et al. 1995).

Möglichkeiten und Grenzen der Sexualberatung

Manche Probleme können rasch (1–3 Kontakte) überwunden werden, indem der Therapeut ein angemessenes Problemverständnis vermittelt, gezielt auf die Störung eingeht und konkrete Vorschläge macht. Die Indikation zur Therapie beginnt, wo Beratung unzureichend ist.

Beispiele für Sexualberatung:
„Erlaubnis" zu
- Homosexualität/Bisexualität
- Selbstbefriedigung in der Beziehung

Information zu
- Sexualphysiologie
- posttraumatischen sexuellen Störungen

Vorschläge
- zu sexueller Kommunikation
- zum Umgang mit individuellen sexuellen Vorlieben

Paartherapie sexueller Störungen

Den Kern der Paartherapie sexueller Störungen bilden Streichel- und Stimulationsübungen, die auch als „Sensate Focus" bezeichnet werden. Dieser Interventionsphase geht die diagnostische Abklärung und deren Besprechung mit dem Paar voraus.

Dauer und Verlauf einer Paartherapie variieren je nach Störung, aufrechterhaltenden Faktoren, Motivation und partnerschaftlicher Verbundenheit. Manche Behandlungen erstrecken sich über 10 bis 15 Termine, manchmal sind aber 25 bis 30 Termine erforderlich, insbesondere wenn eine Paartherapie nicht-sexueller Probleme der Behandlung der sexuellen Störung vorgeschaltet werden muß.

Am Anfang der Therapie steht ein Koitus(Geschlechtsverkehr)verbot, um Verhaltensmuster zu unterbinden, die das Problem aufrechterhalten, und um von Leistungsdruck zu entlasten. Die Partnerübungen dienen dazu, dysfunktionale Gefühle und Verhaltensmuster schrittweise zu überwinden, indem alternative Verhaltensweisen gefördert werden.

Die Schritte im einzelnen sind:

- Sensate Focus I: Streicheln des Körpers, Brüste und Genitalien sind tabu
- Sensate Focus II: Streicheln des Körpers mit erkundendem Streicheln der Genitalien
- Sensate Focus III: Streicheln des Körpers mit genitaler Stimulation
- Einführen des Penis
- Koitus mit erkundenden und stimulierenden Bewegungen

Mit den Übungen wird zunächst das Streicheln und Gestreichelt-Werden für sich gefördert, so daß es nicht von der Erwartung eines nachfolgenden Koitus überschattet wird. Das Erleben und nicht die Art des Streichelns steht im Mittelpunkt der Übungen. Gefühle, die ansonsten kaum wahrgenommen werden, können so erstmalig bewußt und damit zum Gegenstand der Therapie werden. Dies gilt etwa für Probleme mit der aktiven bzw. passiven Rolle in der Sexualität oder bei Problemen der sexuellen Lust. Als Zeitvorgabe für jede Übung gelten 30–60 Minuten.

Für nicht wenige Paare ist nicht-zielorientiertes Streicheln Neuland. Viele Paare, auch in langjährigen Beziehungen, berichten, daß sie bei den Übungen sich und den Partner besser kennenlernen und daß die Zeitvorgabe in angenehmer Weise dazu führt, sich Zeit füreinander zu nehmen. Die Mehrzahl der Patienten erlebt Gefühle der Nähe und Intimität bei den Übungen. Die abgesprochenen Begrenzungen sind für den Symptomträger meist entlastend und beruhigend, für den Partner teilweise eine schwierige Einschränkung.

Der Übergang von einer Übung zur nächsten hängt von den Erfahrungen des Paares ab. Treten keine klinisch auffälligen Empfindungen oder Probleme auf, kann zur nächsten Übung übergegangen werden. Je nach Problem stehen im Einzelfall unterschiedliche Aspekte im Vordergrund. Die Übungen bieten einen idealen Rahmen, um Entspannung bei sexueller Aktivität zu fördern, was vor allem bei Vaginismus und schnellem Samenerguß von Bedeutung ist. Wer bisher das sexuelle Geschehen dominiert hat, macht Erfahrungen mit dem Abgeben von Kontrolle, wer sich schwer tut, seine Lust zu bremsen und sich Zeit für das „Vorspiel“ zu lassen, wird damit vertraut, in Ruhe zu nehmen und zu geben. Bei Angst zu versagen, entlastet Sensate

Focus vom Druck zu funktionieren. Bei weiblichen Orgasmusstörungen kommt es im Rahmen der Übungen zum expliziten Zeigen erwünschter Stimulation statt wortlosem Versuch und Irrtum-Verhalten. Bei Erektionsstörungen steht das Verlieren und Wiedergewinnen der Erektion im Vordergrund. Bei der Behandlung posttraumatischer sexueller Probleme ist es wesentlich, behutsam Erfahrungen mit Verletzlichkeit und dem Abgeben von Kontrolle zu machen.

In der Schlußphase der Behandlung werden die Übungen schrittweise ausgeblendet, und die Partner erproben ihre Fortschritte. Ist der sich selbst verstärkende Zirkel von Versagensangst und Nicht-Funktionieren erst einmal überwunden, ist die Neugestaltung oft nicht schwer. Häufig reicht dann ein Sich-Mehr-Zeit-Lassen, das Eingehen auf die inzwischen besser bekannten Wünsche des Partners und das Achten auf die eigenen Bedingungen. In Einzelfällen kommt es dabei zu einer Desillusionierung, etwa wenn die erhoffte Leidenschaft trotz Überwindung der Störung ausbleibt. Die Therapiesitzungen in dieser Schlußphase dienen dazu, das in der Therapie Erreichte zu stabilisieren und etwaige Rückschläge aufzufangen.

Was wird in den Therapiesitzungen gemacht?

In den Therapiesitzungen werden unter Anleitung und Moderation des Therapeuten die Übungserfahrungen besprochen. Die Aufgabe des Therapeuten besteht darin:
- die Kommunikation der Partner untereinander zu fördern
- Hilfe zur Klärung schwieriger Gedanken, Gefühle und Wünsche anzubieten
- das Verständnis der Partner zu erleichtern
- die Motivation beider Partner zu fördern
- Vorschläge zur Überwindung aufgetretener Schwierigkeiten zu machen.

Typischerweise treten während der Übungen auch ungünstige Gedanken automatisch auf, die den Charakter einer negativen Autosuggestion bzw. einer negativen sich selbst erfüllenden Prophezeiung haben. Der Therapeut unterstützt durch seine Gesprächsführung bei der Wahrnehmung dieser negativen Gedanken und hilft, günstige Gedanken zur konstruktiven Selbstbeeinflussung zu entwickeln.

Bei der Erarbeitung eines Verständnismodells der Störung wird manchen Partnern deutlich, daß ihr eigenes Verhalten die Störung mitverursacht hat. Es ist dann die Aufgabe des Therapeuten, Schuldzuschreibungen zu vermeiden und beide Partner zu unterstützen.

Übungen zur Selbststimulation

Übungen zur Selbststimulation sind sinnvoll, wenn positive Erfahrungen damit fehlen. Dies betrifft vor allem Frauen mit primären Erregungs- oder Orgasmusproblemen. Zu Beginn der Behandlung werden mögliche Vorbehalte überdacht, dann folgen Anregungen zur allgemeinen wie auch spezifischen körperlichen Selbsterkundung, da die betroffenen Frauen ihren Körper oft schlecht kennen. Erst danach werden Übungen zum Erlangen des Orgasmus vorgeschlagen. In der Therapiestunde werden die Übungserfahrungen reflektiert, ungünstige Gefühle (z. B. Leistungsdruck) bearbeitet und Anregungen für günstige Bedingungen (z. B. aktives Phantasieren) gegeben.

Selbststimulationsübungen werden auch bei generalisierten Erektionsstörungen verwandt, um ein gewisses Maß des Vertrauens in die Erektionsfähigkeit wiederzuerlangen, bevor mit den entsprechenden Partnerübungen begonnen wird. Bei Vaginismus wie auch bei vorzeitigem Samenerguß ist die hohe muskuläre Anspannung ein wichtiger Teil der Störung, dementsprechend dienen die Übungen zur Selbststimulation dazu, Erfahrungen mit sexueller Entspannung zu machen.

Imaginative und hypnotherapeutische Behandlung

Sexuelle Erregung wird von mentalen Prozessen begleitet und gesteuert. Dazu gehören sexuelle Einstellungen, individuelle sexuelle Vorlieben, die Gedanken während sexueller Aktivität und gegebenenfalls begleitende sexuelle Phantasien. Wer Sexualität als schmutzig erlebt, Leistungsängste hat oder lustabträgliche Vorstellungen und Bilder mit Sexualität verbindet, benötigt Hilfe, um günstigere Kognitionen zu entwickeln. Diese Hilfe kann durch imaginative bzw. hypnotherapeutische Verfahren erfolgen. Indiziert sind diese Verfahren vor allem für Patienten, die keinen (kooperativen) Partner oder starke Vorbehalte hinsichtlich der paartherapeutischen Übungen haben.

Geeignet zur Überwindung von sexuellen Ängsten und negativer Selbstsuggestion ist das *Mentale Training* . Es verbindet verhaltenstherapeutische Prinzipien und hypnotherapeutisches Vorgehen. Der Patient erhält nach der diagnostischen Phase ein Erklärungsmodell für seine Problematik, aus dem Bewältigungsstrategien abgeleitet werden. Diese werden in mentalen Übungen angewandt, die formal in die Phasen Entspannung (Trance-Induktion), Konfrontation, Bewältigung und Erfolgssuggestion unterteilt werden können. Durch die Vorstellung der kritischen Situation werden problembezogene Emotionen ausgelöst, die dann auch durch therapeutische Anleitung in der Vorstellung überwunden werden. Dort wird je nach Bedarf auf das im Einzelfall Wesentliche eingegangen: auf das Körpergefühl, das eigene Verhalten, die innere Bewältigung von auftauchenden Ängsten. Nicht das Symptom muß zwangsläufig der unmittelbare Ansatzpunkt der Therapie sein, sondern vielleicht auch ein das Problem bedingendes Verhalten oder die Beziehung der Partner.

Spielen fehlende sexuelle Phantasien eine Rolle, sind Interventionen zu deren Förderung in Ergänzung oder als Alternative zur paartherapeutischen Behandlung hilfreich. Zur Förderung und Entwicklung sexueller Phantasietätigkeit kann auf erotische Literatur wie auch auf passende Videos verwiesen werden. In der Therapiestunde können hypnotherapeutische Sitzungen helfen, sexuelle Vorstellungsbilder und angenehme Körperempfindungen zu verknüpfen.

Hilfe für den Beginn einer sexuellen Beziehung

Wer an sexuellen Störungen leidet, muß befürchten, daß diese auch in einer neuen Beziehung auftreten. Diese Gefahr wird geringer, wenn die Betroffenen lernen, besser auf deren Auftretensbedingungen zu achten. Oft ist es günstig, sich mit dem Koitus etwas Zeit zu lassen und besser miteinander vertraut zu werden. Wichtig ist das Gespräch mit dem Partner über das sexuelle Problem und die Angst davor, daß es zu Komplikationen kommen könnte. Eine angemessene Selbstöffnung vermag Leistungsdruck abzubauen und gibt dem Partner die Möglichkeit, sich auf Probleme einzustellen. In der Therapie können solche schwierigen Gespräche vorbereitet werden (imaginativ und/oder im Rollenspiel), was die Angst davor verringert. Zusätzlich ist auch eine Vorbereitung möglich, die auf kritische Punkte des Sexualverhaltens eingeht (z. B. Einführen des Penis). Dies kann durch Mentales Training erfolgen. Vorbereitende Therapie bietet keine Gewähr dafür, daß keine Störungen auftreten. Vielmehr ist ein nicht wunschgemäßes Funktionieren am Anfang wahrscheinlich. Zur Bewältigung dieses „Versagens" sind sowohl die innere Bewertung als auch der Austausch im Gespräch mit dem Partner maßgeblich. Auch dieses kann antizipatorisch geübt werden.

Hilfe in Gruppen und Kursen

Gruppen und Kurse vermögen aufzuklären, machen Mut und geben Anregungen. Für Paare ohne chronifizierte Sexualstörung kann die Teilnehme an einem Kurs zur Förderung der sexuellen Zufriedenheit der Entstehung einer sexuellen Problematik vorbeugen. Elemente eines solchen Programms sind Reflexion sexueller Einstellungen und Übungen zur Sensitivität, Stimulation und sexueller Kommunikation. Workshops für Jugendliche und junge Erwachsene vermögen sexuelles Wissen zu vermitteln und sind ein wertvoller Beitrag zur Gesundheitserziehung. Geschlechtsgleiche Therapiegruppen erleichtern eine vertrauensvolle Atmosphäre. Frauen nutzen dann eher die Gelegenheit, auch Erfahrungen mit sexueller Gewalt einzubringen.

Wo steht die Sexualtherapie heute?

Die Erfolgsrate der Paarsexualtherapie in der ambulanten Regelversorgung liegt bei 60 bis 80 Prozent. Prognostisch günstige Faktoren sind ein relativ junges Alter (unter 40) und ein hohes Maß an Liebe und Verbundenheit. Manchmal zeigt sich, daß fehlende sexuelle Lust und Erregung vermutlich keine Störung sind, sondern eher Ausdruck mangelnder sexueller Attraktion und mangelnder Liebe. Bis zu 30% der Paare brechen die Therapie ab, vor allem wenn sich im Verlauf der ersten Termine zeigt, daß einer oder beide Partner an Trennung denken. Die Behandlung mit Mentalem Training und anderen individualtherapeutischen Verfahren ist ganz wesentlich von der Qualität der bestehenden bzw. zukünftigen sexuellen Beziehung abhängig. Allgemeine Aussagen sind daher kaum möglich.

In vielen Fällen liegen zwischen Auftreten einer Störung bzw. der Suche nach Hilfe bei sexuellen Problemen und dem Angebot einer geeigneten Behandlung einige Jahre. In der Zwischenzeit sind die Probleme chronifiziert, haben Sekundärprobleme (Sucht, Depression) nach sich gezogen oder zur Gefährdung der Partnerbeziehung geführt. Die oft lange Zeit zwischen dem Auftreten der Störung und einer adäquaten Behandlung liegt zumindest teilweise am Mangel qualifizierter Behandler.

In Beratungsstellen (z. B. Pro Familia) kann Sexual*beratung* erfolgen, die Kompetenz zur *Behandlung* sexueller Störungen ist aber eher die Ausnahme denn die Regel. Ärztliche und psychologische Psychotherapeuten haben aufgrund unzureichender Ausbildung ebenfalls meist wenig sexualtherapeutische Kompetenzen. So konnte sich die fachgerechte Behandlung bisher nicht allgemein durchsetzen, sondern erfolgt in erster Linie bei der kleinen Zahl ausgewiesener Spezialisten.

Empfohlene Literatur: Arentewicz, G., Schmidt, G.: Sexuell gestörte Beziehungen. Konzept und Technik der Paartherapie. 3., neu bearbeitete Auflage. Stuttgart: Enke, 1993. *Hoyndorf, S., Reinhold, M., Christmann, F.:* Behandlung sexueller Störungen: Ätiologie, Diagnostik, Therapie: sexuelle Dysfunktionen, Mißbrauch, Delinquenz. Weinheim: PsychologieVerlagsUnion, 1995.
Für betroffene Frauen: *Barbach, L. G.:* For Yourself. Die Erfüllung weiblicher Sexualität. Berlin: Ullstein, 1982.
Für betroffene Männer: *Zilbergeld, B.:* Die neue Sexualität des Mannes. Was Sie schon immer über Männer, Sex und Lust wissen wollten. Tübingen: DGVT-Verlag, 1994.

3. Kognitive Psychotherapie

Martin Hautzinger

Grundlagen

Die kognitive Psychotherapie nimmt an, daß viel von unserem Verhalten, unseren positiven und negativen Stimmungen sowie unseren angenehmen und unangenehmen Gefühlen abhängig ist von der Art und Weise, wie wir das, was uns begegnet, begegnete oder möglicherweise begegnen wird, wahrnehmen, speichern, erinnern, interpretieren, beurteilen oder sonstwie psychisch verarbeiten. Solche Verarbeitungsprozesse sind ein Teil von dem, was hier unter Kognitionen verstanden werden soll. Solche Kognitionen spielen nicht nur eine wichtige Rolle für unser Alltagsleben, sondern sind auch verantwortlich für jene Beeinträchtigungen unseres Verhaltens und Erlebens, die psychische Störungen genannt werden. Die klinisch-psychologische Grundlagenforschung hat herausgefunden, daß unterschiedliche kognitive Fehler typisch sind für unterschiedliche Formen von psychischen Störungen. Dieser Ansatz erwies sich als besonders hilfreich für das Verständnis der *Depression.*

In dem Modell von Martin Seligman (Abramson, Seligman & Teasdale 1978; Hautzinger 1991) wird Depression aufgefaßt als eine Art *gelernter Hilflosigkeit,* ein auch in Tierexperimenten untersuchter Zustand, bei dem die Erfahrung ständiger Mißerfolge und mangelnder Einflußmöglichkeiten auf wichtige Lebensumstände zu Resignation, Rückzug, Verlangsamung und Interesselosigkeit führt. Das reicht für eine Depression jedoch noch nicht aus. Hinzukommen muß, daß man sich selbst für diese Mißerfolge verantwortlich macht und daß man sie auf übergreifende und dauerhafte Defekte der eigenen Person zurückführt. Man spricht in diesem Fall von *internaler, globaler und stabiler Mißerfolgsattribution.* Ein Beispiel soll dies erläutern. Wenn jemand in der Prüfung durchfällt und dies seiner Dummheit zuschreibt, dann *attributiert* er internal (er ist selbst dran schuld), global (Dummheit ist eine umgreifende Beeinträchtigung) und stabil (Dummheit dauert das ganze Leben). Schreibt er dies der Bösartigkeit des Prüfers zu, attribuiert er nicht internal, sondern external (jemand anderes ist dran schuld), macht er Übermüdung dafür verantwortlich, attribuiert er zwar auch internal, aber nicht stabil, sondern variabel (Müdigkeit kommt und geht), wirft er sich mangelnde Begabung in Mathematik vor, attribuiert er nicht global, sondern spezifisch, da Schwächen in Mathematik keineswegs bedeuten, daß man völlig unfähig ist. Internale, globale und stabile Mißerfolgsattributionen zu ändern ist dementsprechend ein zentraler Bestandteil der Therapie von Depressionen.

Erweitert und ergänzt werden diese Annahmen durch die kognitive Theorie der Depression von Aaron Beck (Beck, Rush, Shaw & Emery 1996; Hautzinger 1991). Er beschreibt eine Reihe von *Denkfehlern*, welche die Gefahr einer depressiven Entwicklung erhöhen. Dazu gehören *Übergeneralisierung* (z. B. wenn ich einmal versagt habe, werde ich immer versagen), *selektive Abstraktion* (man sieht z. B. nur das Negative, nicht das Positive), *dichotomes Denken* (alles ist entweder gut oder böse, Erfolg oder Mißerfolg, Freund oder Feind), *Personalisierung* (von mir selbst hängt alles Wohl und Wehe ab), *Tyrannei des Sollens* (man verlangt ständig etwas von sich, was man dann doch nicht vollständig verwirklichen kann) und so weiter. Zusammengeballt kann dies zu der sogenannten *depressiven Triade* führen, eine abwertende Sicht der eigenen Person, eine negative Sicht der Umwelt und der eigenen Erfahrungen sowie eine negative Sicht der Zukunft und ihrer Möglichkeiten.

Jede psychische Störung zeichnet sich durch bestimmte kognitive Muster aus (Beck 1976). Bei der Depression steht die Abwertung der eigenen Person und die Entwertung von Erfahrungen im Mittelpunkt. Bei Ängsten herrscht die Wahrnehmung von Gefahr, die Erwartung von Bedrohung und die negative Einschätzung der eigenen Bewältigungsmöglichkeiten vor. Bei Phobien wird die Wahrnehmung von Gefahr und Bedrohung mit einer spezifischen Situation (z. B. eine Rede halten) oder einem spezifischen Objekt (z. B. einer Spinne) verbunden. Ärger geht auf die Deutung eines Verhaltens anderer Personen als Regelverstoß und als Verletzung von eigenen Rechten zurück. Bei Euphorie dagegen erwartet man Gewinn, Spaß, Freude, Vergnügen und wertet die eigene Person auf. Hypomanie geht mit einer unrealistischen Überschätzung der eigenen Fähigkeiten und der eigenen Person einher. Bei paranoiden Zuständen interpretiert man bestimmte Erfahrungen als ungerechtfertigtes Eindringen in die persönliche Sphäre. Bei Zwängen führen Zweifel und Unsicherheit über die Richtigkeit bzw. den Erfolg bestimmter Verhaltensweisen zu sich ständig wiederholenden Handlungen. Psychische Störungen sind demnach die Folge von fehlerhaften und beeinträchtigenden Kognitionen, die Blockaden hervorrufen und sich auf die Gefühle, die Stimmungen, das Verhalten und den Körper auswirken.

Kognitive Psychotherapie

Kognitive Therapie zielt darauf, die fehlerhaften, verzerrten und nicht realitätsangemessenen Gedanken, Bewertungen, Schlußfolgerungen, Ursachenzuschreibungen und Überzeugungen zu erkennen, beobachten zu lassen, ihren Wahrheitsgehalt zu testen und letztlich zu verändern. Diese Therapie ist daher immer problemorientiert, konkret und spezifisch. Dem Patienten wird niemals etwas ausgeredet und er wird auch nicht eines Besseren belehrt, sondern es geht darum, in Kooperation zwischen Patient und Therapeut Probleme zu identifizieren, die individuellen Blockaden zu erkennen, Alternativen zusammenzutragen, zu prüfen und auszuprobieren. Neben der besonderen Beachtung kognitiver Prozesse gehören verhaltenstherapeutische Elemente wie Aktivierung, Kompetenzerweiterung, Problemlösen, Übungen in Alltag und Aufbau von Bewältigungsfertigkeiten zum Repertoire dieser Therapeuten. Alle im folgenden dargestellten Punkte sind ausführlicher mit Beispielen bei Hautzinger (1997) und Hautzinger (1998) dargestellt.

Grundfertigkeiten des kognitiven Therapeuten

Mag kognitive Therapie auf den ersten Blick wie eine Ansammlung von Techniken erscheinen, die in einem stark strukturierten Rahmen das Vorgehen bestimmen, so darf nicht übersehen werden, daß dieser kognitive, problemzentrierte Ansatz nur vor dem Hintergrund der Verwirklichung grundlegender therapeutischer Verhaltensweisen zur Wirkung kommen kann. Grundlegend für einen kognitiven Therapeuten sind Echtheit und Aufrichtigkeit, Empathie* und Verständnis, Akzeptanz und Wärme sowie fachliche Kompetenz und professionell-entspanntes Verhalten. Therapeut und Patient arbeiten zusammen an der Lösung bestimmter Probleme. Dazu strukturiert der Therapeut den therapeutischen Rahmen und den Inhalt der Sitzungszeit. Wiederholt faßt er zusammen, lenkt das Gespräch auf zentrale Aspekte und Probleme, gibt Rückmeldungen und achtet darauf, daß Übungen, Hausaufgaben und konkrete Schritte in der Realität die Sitzung bzw. ein Thema beschließen. Beim Arbeiten an kognitiven Mustern verwirklicht der Therapeut den sogenannten „sokratischen Fragestil“, eine Interaktionsform, die aus gelenkten, offenen Fragen besteht, um den Patienten selbst dazu zu bringen, widersprüchliche Gedanken und den Überzeugungen zuwiderlaufende Erfahrungen zu erkennen, zu berichten und zuzulassen. Patienten werden so dazu gebracht, selbständig alternative Sichtweisen und Lösungswege zu überlegen und für eine nachfolgende Prüfung und Einübung bereit zu haben.

Zu den Grundfertigkeiten eines Psychotherapeuten im Umgang mit depressiven Patienten gehört es auch, die aktuelle Lage, die Leistungs- und Belastungsfähigkeit eines Patienten einschätzen zu können und alle therapeutischen Schritte darauf abzustimmen. Zu Beginn der therapeutischen Arbeit, aber auch in Krisen und verstärkt depressiven Phasen während der Therapie haben „beruhigende Versicherungen" und aktuelle Entlastung und kurzfristige Vorgaben durch den Therapeuten ihre Gültigkeit (siehe Hautzinger 1997).

Verhaltenstherapeutische Elemente

Im Rahmen einer kognitiven Therapie der Depression und auch von Angststörungen kommen verschiedene verhaltenstherapeutische Verfahren zum Einsatz, durch die eine direkte Verhaltensbeeinflussung, unmittelbare Hilfe, rasche Veränderungen und Erleichterungen, vermehrte positive Erfahrungen und die Behebung von Verhaltensdefiziten erreicht werden sollen. Ziele, die damit verfolgt werden, sind:

1. Durchbrechen des Teufelskreises von Inaktivität, Passivität, Rückzug und depressiven Symptomen
2. Unterbrechung und Ablenkung von Grübeleien und Gedankenkreisen
3. Erwerb von neuen Fertigkeiten und Bewältigungsressourcen, um depressives Verhalten und Rückfälle weniger wahrscheinlich zu machen
4. Rollenspiele, Aktivitätsaufbau und verhaltensorientierte Aufgaben liefern in Form von „Experimenten" und „Realitätsprüfungen" wichtige Informationen für die kognitiven Interventionen

Aktivitätsaufbau

Zu den ersten therapeutischen Maßnahmen bei depressiven Patienten gehört es, auf der konkreten Handlungsebene erste Versuche der Aktivierung zu starten, um damit früh positive Erfahrungen und Verstärkung* durch die Therapie zu erreichen. Beim Aktivitätsaufbau geht es einerseits um die Steigerung bzw. den Wiederaufbau positiver Erfahrungen und Aktivitäten, andererseits um die Reduktion eines Übermaßes an negativen, belastenden Erfahrungen. Wichtigstes Instrument dabei ist der *Wochen- und Tagesplan*. Wird der Patient in einer Anfangsphase gebeten, in Form einer täglichen Selbstbeobachtung der Aktivitäten und Ereignisse dieses Protokoll auszufüllen, so dient es später auch dazu, die Tage zu strukturieren und Aktivitäten zu planen. Eine Liste persönlicher Verstärker und angenehmer Aktivitäten hilft in dieser Phase, um genügend Ideen und Anregungen für diese allmähliche Steigerung der Aktivitäten verfügbar zu haben. Der Wochenplan soll den Patienten ermöglichen, Zusammenhänge von Stimmung, Verhalten und Denken zu erkennen, Auslöser und belastende Erfahrungen genau einzugrenzen und damit erst die Voraussetzung für eine kognitive Bearbeitung zu schaffen.

Einige Patienten sind aktiv, haben jedoch wenig Spaß dabei. Häufig ist es dann hilfreich, den Patienten das Konzept von „Erfolg“ und „Vergnügen“ zu erklären. Erfolg bezieht sich dabei auf die Vollendung bzw. Durchführung einer Aufgabe, während Vergnügen sich auf Gefühle von Freude, Belustigung oder Spaß bei einer Tätigkeit bezieht. Erfolg und Vergnügen können völlig unabhängig voneinander sein. Die Patienten werden darin unterstützt, einen Erfolg als einen Schritt nach vorn zu betrachten, auch wenn sie dabei kein Vergnügen empfinden. Da es Depressiven schwer fällt, ja fast unmöglich ist, Vergnügen zu empfinden, darf dies nicht dazu führen, all die Erfolge dadurch kaputt zu machen. Patienten werden angehalten in den Wochenplan „E“ und „V“ getrennt einzutragen, um daran zu erkennen, wieviel trotz noch fehlendem Vergnügen gemeistert und geschafft wird.

Soziale Fertigkeiten und Kommunikationsfähigkeit

Die sozialen Beziehungen sind bei depressiven Patienten häufig belastet. Soziale Kontakte sind verkümmert, soziales Verhalten ist gehemmt und eingeschränkt. Bei vielen Patienten reicht allein die Behebung der Depression nicht aus, um dieses Brachliegen der sozialen Interaktionen und Interaktionsfähigkeiten zu überwinden. Der Aufbau und die Verbesserung von sozialer Sicherheit, Kontaktverhalten, Kommunikationsfertigkeiten und partnerschaftlichen Problembewältigungsfertigkeiten gehört daher auch zu einer erfolgversprechenden Kognitiven Therapie. Die wesentlichen Mittel dabei sind das Rollenspiel und die Verhaltensübung, die Einbeziehung des Partners und der Familie. Auch dabei wird an individuumbezogenen, konkreten Problemen der Begegnungsfähigkeit, der Selbstbehauptung und der Selbstsicherheit gearbeitet, etwa in folgenden Bereichen: Bedürfnisse äußern, eigene Wünsche richtig vorbringen, Anerkennung ausdrücken, Lob annehmen, Selbstloben können, Kritik äußern usw. Es ist sinnvoll und hilfreich, all dies in einer Gruppe durchzuführen, sofern dies möglich ist.

Kognitive Methoden

Vorbereitend hierfür ist eine verständliche und an den persönlichen Erfahrungen des Patienten anknüpfende Information und Erklärung dessen, was Kognitionen sind, welche Rolle sie spielen und welche Auswirkungen sie für das emotionale Erleben und Verhalten haben. Die geschickteste Art, dies zu tun, ist über den Weg der Selbstbeobachtung durch den Patienten (z. B. anhand des Wochenplans als Hausaufgabe). Grundsätzlich falsch ist es, dem Patienten unterstellen zu wollen, daß er falsch oder irrational denkt. Stattdessen wird versucht, die Art und Weise des Denkens in ganz konkreten Zusammenhängen zu erkennen, die Verbindung des Denkens zu den Gefühlen und körperlichen Symptomen herauszufinden und immer wieder zu hinterfragen und zu überprüfen, ob dieses Denken angemessen und realistisch ist.

Der erste Schritt zur Bearbeitung kognitiver Prozesse ist daher die Entdeckung, das Beobachten und Protokollieren von automatisch auftretenden Gedanken in wichtigen und zentralen Problembereichen. Ausgangspunkt dabei sind die Empfindungen, Gefühle, Stimmungen und auch Beschwerden, die in einer bestimmten Situation oder bei einer bestimmten inneren Wahrnehmung auftreten, also durch äußere oder innere Auslöser hervorgerufen werden. Der Patient soll sich die auslösende Sache nochmals genau vorstellen und seine Gefühle zurückerinnern. Während dies geschieht, bittet der Therapeut die Patienten, alles zu äußern, was ihnen zu dieser Vorstellung einfällt, durch den Kopf geht oder bildhaft erscheint. Bevorzugt benutzt der Therapeut für das Festhalten dieser Kognitionen das „Protokoll negativer Gedanken," das aus fünf Spalten besteht:

- auslösender Reiz, Situation
- Gefühle, Empfindungen
- automatische, unangemessene Gedanken
- alternative, angemessene Gedanken
- erneutes Gefühlsurteil aufgrund der alternativen, angemessenen Gedanken

Das anfängliche Beobachten und Protokollieren automatischer Gedanken füllt die ersten drei Spalten dieses Arbeitsblattes. Patient und Therapeut lernen auf diese Weise zu erkennen und zu benennen, welche automatischen Gedanken, welche kognitiven Fehler und immer wiederkehrenden Themen im Zusammenhang mit bestimmten Auslösern auftreten.

Eine Vielzahl von kognitiven Techniken ist vorgeschlagen worden, um die so zutage tretenden automatischen Gedanken und Themen, später auch die Grundüberzeugungen zu beeinflussen. Grundlage all dieser Strategien ist immer das gelenkte Fragen des sokratischen Interaktionsstils. Diese Form der Interaktion befähigt die Patienten, die Willkürlichkeit bestimmter Gedanken und Selbsteinschätzungen sowie deren mangelhafte Übereinstimmung mit der Realität zu erkennen.

Wesentliche Methoden für die Änderung kognitiver Muster sind dabei: Überprüfung und Realitätstesten, Experimentieren, korrektes Attributieren, Umbenennen, Alternativen finden, Rollentausch, Kriterien prüfen, Was-ist-wenn-Technik, Übertreiben, Entkatastrophisieren, Vorteile-Nachteile benennen usw. Der Prozeß der Änderung kognitiver Muster ist meist ein langsamer, mit vielen Rückschlägen. Die alten, gewohnten Denkmuster setzen sich vor allem in belastenden, kritischen Situationen schnell wieder durch und beeinflussen das emotionale Erleben. Die neuen Einstellungen und Denkweisen müssen geübt und wiederholt angewandt werden, bevor daraus neue automatische Gedanken bzw. Grundüberzeugungen werden.

Zur Wirksamkeit Kognitiver Psychotherapie

Inzwischen liegen zahlreiche empirische Untersuchungen zur Wirksamkeit der hier skizzierten Kognitiven Psychotherapie bei depressiven Erkrankungen vor. Die Resultate dieser Untersuchungen demonstrieren überzeugend, daß mit der kognitiven Therapie eine psychotherapeutische Behandlung unipolarer Depressionen (Depressiven Episoden, Dysthymien) vorliegt, die kurzfristig der traditionellen Behandlung mit trizyklischen antidepressiven Medikamenten gleichwertig, langfristig der medikamentösen Behandlung überlegen ist. Ähnliche positive Effekte sind für zahlreiche andere Störungsbilder (z. B. Ängste, Zwänge, Alkoholabhängigkeit, soziale Unsicherheiten, Persönlichkeitsstörungen usw.) kurz- und langfristig gezeigt worden.

Empfohlene Literatur: Hautzinger, M.: Kognitive Verhaltenstherapie bei Depressionen. 4. Aufl. Weinheim: Psychologie Verlags Union, 1997. *Hautzinger, M.*: Kognitive Verhaltenstherapie bei psychischen Störungen. 2. Aufl. Weinheim: Psychologie Verlags Union, 1998

4. Hypnotherapie

Burkhard Peter

Hypnotherapie ist die älteste Psychotherapieform. Hypnotische Rituale zu Heilzwecken lassen sich bis weit in die Frühgeschichte der Menschheit zurückverfolgen. Was wir heute in den deutschsprachigen Ländern unter Hypnotherapie verstehen, hat in den 70er Jahren wieder neu begonnen: Damals wurde die Psychotherapie Milton H. Ericksons bekannt und führte bald zu einer nachhaltigen Renaissance der Hypnose zunächst in Deutschland, in der Schweiz und dann auch in Österreich. Zuvor spielte Hypnose in der Psychotherapie des 20. Jahrhunderts kaum eine Rolle. Manche Ärzte bezeichneten das von ihnen durchgeführte *Autogene Training* als ärztliche Hypnose, und manche Heilpraktiker boten *Positives Denken* als Hypnose an. Beides geht auf die Suggestionstheorie der sog. ersten und zweiten Schule von Nancy um die Wende vom 19. zum 20. Jahrhundert zurück. Diese Suggestionstheorie der Hypnose prägt manchmal auch heute noch das laienhafte Bild: Durch spezielle Suggestionen versetze man jemanden in einen hypnotischen oder Trancezustand. In diesem Zustand ist die Suggestibilität erhöht, so daß man mit therapeutischen Suggestionen direkt Einfluß nehmen könne auf die Gedanken, das Erleben und Verhalten. Mit anderen Worten, im Zustand der hypnotischen Trance könne man jemandem leichter etwas ein- oder ausreden.

Ende des 19. Jahrhunderts, als es die heutigen Psychotherapieformen noch nicht gab, war man von dieser Art psychotherapeutischer Einflußnahme ganz begeistert, bis man merkte, daß man mit Hilfe von Hypnose und Suggestion Menschen doch nicht so manipulieren kann, wie man es gehofft hatte. Die Psychoanalyse beispielsweise ist das direkte Ergebnis der Enttäuschung, welche ihr Begründer, Sigmund Freud, mit der Hypnose erlebte.

Man hatte damals vergessen oder wollte nicht mehr zur Kenntnis nehmen, daß es vor dieser Suggestionstheorie Ende des 18. und Anfang des 19. Jahrhunderts schon Theorien der Hypnose gegeben hatte, denen ein anderes therapeutisches Prinzip zu eigen war. Auf dieses therapeutische Prinzip soll im Folgenden näher eingegangen werden, und es soll seine Entwicklung über die Jahrhunderte hinweg hin zur modernen Hypnotherapie Ericksonscher Prägung verfolgt werden. Es ist dies das therapeutische Tertium, das „therapeutische Dritte".

Das therapeutische Tertium

Menschen haben von jeher geglaubt, sie hätten keine Kontrolle über ihre psychischen oder psychosomatischen Symptome. Das hat damit zu tun, daß sie diese als unwillkürlich, unbeeinflußbar, manchmal wie von außen kommend erleben. Es ist daher nicht ungewöhnlich, daß sie auch das heilende Prinzip nicht bei sich selbst, sondern außerhalb ihrer selbst suchten und diesem eine transpersonale Eigenschaft zuschrieben. Sie wandten sich an einen Arzt, Therapeuten oder Heiler, von dem sie annahmen, daß er die besondere Fähigkeit oder entsprechende Fertigkeiten besitze, sich mit diesem heilenden Prinzip, dem therapeutischen Tertium (lat. der/das Dritte, neben Patient und Arzt), in Verbindung zu setzen und es für sie nutzbar zu machen.

Genau dieser uralte, magische Heilungsgedanke findet sich schon bei Franz Anton Mesmer, dem „Urgroßvater" moderner Hypno- und Psychotherapie. Er verstand sich lediglich als Vermittler einer *transpersonalen* Kraft, nämlich des animalischen Magnetismus. Es war also nicht Mesmer selbst, der heilte, sondern die Kraft dieses animalischen Magnetismus, die durch ihn im magnetischen Rapport übertragen wurde.

Kurz vor der Wende vom 19. zum 20. Jahrhundert, als Hypnose in Form der Suggestionstheorie der ersten Schule von Nancy ihre therapeutischen Triumphe feierte, war dieses therapeutische Tertium jedoch verschwunden. Die Suggestionstheorie besagt ja, daß der Arzt durch seine therapeutischen Suggestionen heilt, direkt und unmittelbar, nicht mehr über den Umweg eines wie auch immer gedachten Tertiums.

Dieses fehlende therapeutische Tertium oder die anmaßende Meinung, daß man seelische Krankheiten direkt heilen könne, bekam der Hypnose offenbar schlecht. In der Folgezeit, zwischen 1900 und 1975, war sie buchstäblich von der therapeutischen Bühne verschwunden, von den oben genannten Randerscheinungen des Autogenen Trainings und Positiven Denkens abgesehen. Von der Psychoanalyse und Tiefenpsychologie, die die beiden ersten Drittel des 20. Jahrhunderts dominierten, wurde Hypnose gar als zudeckendes oder übendes Verfahren angesehen – für die traditionelle Suggestivhypnose und das Positive Denken eine durchaus nachvollziehbare Qualifikation.

Das therapeutische Tertium ist in unserem Zusammenhang auch deshalb so interessant, weil seine jüngste Wiedereinführung in die Hypnose zeitlich genau mit der Renaissance der Hypnose in ihrer modernen Form um 1975 zusammenfällt: Der amerikanische Vater der heutigen Hypnotherapie, Milton H. Erickson, führte als zeitgemäße, *intrapersonale* Form dieses Tertiums das Unbewußte ein, verstanden als weise, kluge, wissende und wohlwollende Instanz innerhalb der Person, die zuweilen auch deren vermeintliche Fähigkeiten und Möglichkeiten überschreitet.

Nun taucht manchmal die Frage auf, ob es denn dieses Unbewußte wirklich gebe. Es sollte klar geworden sein, daß es sich in dieser Konzeption um eine gedachte Figur handelt, um ein Konstrukt also, das in der therapeutischen Situation kreïert wird, um mit dem mißlichen Umstand fertigzuwerden, daß man auf unwillkürliche neurotische oder psychosomatische Symptome nun einmal keine direkte, willkürliche Kontrolle ausüben kann, es auf geheimnisvolle Weise dann aber doch immer wieder schafft. Alle menschlichen Konstrukte – gedankliche Hilfsfiguren also – haben aber die Eigenschaft, daß sie für die Beteiligten dann wirklich werden, wenn sie sie benützen und damit umgehen. In der Therapie hat es deshalb durchaus den Anschein, als ob Therapeut und Patient vom Unbewußten als von etwas Wirklichem sprechen, wie von einer Person oder einer Instanz. Und wenn man in der modernen Hypnotherapie sensu Erickson vom Unbewußten als dem Träger der Ressourcen eines Menschen spricht, so ist damit tatsächlich etwas durchaus Faktisches gemeint, nämlich die in Form von neuronalen Erinnerungsspuren niedergelegten psychischen und physischen Fähigkeiten eines Menschen, die es gilt, zur aktuellen Problembewältigung zu reaktivieren.

Hypnotische Rituale (Techniken und Phänomene)

Um das Unbewußte, sei es nun eine soziale Konstruktion oder etwas ontologisch Reales, Wirklichkeit werden zu lassen, führt man in der Regel spezielle Rituale durch. Rituale sind traditionell vorgegebene Handlungssequenzen, die in komplexen, uneindeutigen oder mehrdeutigen sozialen Situationen eine handlungsleitende und stabilisierende Funktion haben. Die passenden Rituale zur Konstruktion des therapeutischen Tertiums sind traditionellerweise die klassischen hypnotischen Techniken und die sich hieraus entwickelnden Phänomene.

Die Fixationstechnik soll die Phänomene *Lidschluß* und *Augenkatalepsie* hervorrufen. Sie ist ein heute immer noch geübtes klassisches Ritual, das schon in vorchristlicher Zeit im sog. Papyrus Eber geschildert wird. Der schottische Arzt James Braid (1843) benutzte sie als hauptsächliches Induktionsverfahren, weil er fälschlicherweise glaubte, Hypnose sei ein damit induzierbarer „neurologischer Schlaf". Das Vorgehen besteht darin, daß der Patient oder die Patientin einen bestimmten Punkt so lange fixieren, bis die Lider schwer und die Augen müde werden und sich unwillkürlich schließen. Die Rückmeldungen des Therapeuten „Ihre Augenlider werden schwer, immer schwerer ... die Augen werden müde, immer müder ... etc." verstärken im Sinne eines Biofeedback die eintretenden Reaktionen und wirken als Suggestionen. In der Regel stellt sich ein ausgeglichener Muskeltonus ein, eine ruhige, gespannte Aufmerksamkeit, ein nach innen gerichteter Fokus der Wahrnehmung und eine erhöhte Achtsamkeit den Worten des Therapeuten gegenüber – alles Zeichen einer leichten Trance. Manchmal können nach diesem Lidschluß wegen einer spontan eintretenden oder suggerierten Augenkatalepsie die Lider nicht mehr willkürlich geöffnet werden, was – einen guten therapeutischen Rapport vorausgesetzt – häufig die Trance vertieft.

Zur weiteren Fokussierung auf unwillkürliche und „unbewußte" Prozesse können dann sog. *ideomotorische Signale* eingeübt werden, beispielsweise Levitationen (unwillkürliches Heben) der Hände oder Arme, welche auch als „Antworten des Unbewußten" auf bestimmte Fragen genutzt werden können. Ideomotorisches Signalisieren ist eines der hypnotischen Rituale, um mit dem Unbewußten Kontakt aufzunehmen, mit ihm zu „kommunizieren", und es dadurch überhaupt erst Wirklichkeit werden zu lassen.

Neben diesen motorischen Phänomenen, von denen nur einige wenige genannt wurden und die alle mehr oder weniger eine Veränderung des Körperschemas zum Ziel bzw. zur Folge haben, kennt man die sog. sensorischen Phänomene, *positive* oder *negative Halluzinationen*, d. h. Veränderungen in der Wahrnehmung. Eine wirksame Analgesie (Schmerzunempfindlichkeit) beispielsweise ist eine negative kinästhetische Halluzination. Eine Person auf dem Stuhl beispielsweise, die mit offenen Augen „gesehen" wird, ohne daß sie wirklich anwesend ist, ist eine positive visuelle Halluzination; die laut und deutlich „gehörte" Stimme der längst verstorbenen Mutter eine positive auditive Halluzination; das Nicht-Hören von tatsächlichen Geräuschen oder anderen Stimmen außer der des Therapeuten eine negative auditive Halluzination usw. Es leuchtet vielleicht ein, daß diese sensorischen Phänomene nicht immer, nicht von allen Menschen gleich gut und vor allem nicht in jeder Situation gezeigt werden können. Es leuchtet vielleicht auch ein, daß gerade diese Phänomene gewissermaßen die „Werkzeuge" darstellen, komplexere hypnotische Wirklichkeiten erstehen zu lassen, um in ihnen alternatives Handeln auszuprobieren, neue Sichtweisen kennenzulernen oder bestimmte Gefühle zu verändern.

Schließlich seien noch die sog. kognitiven Phänomene erwähnt, die eine Veränderung komplexerer kognitiver Prozesse zum Ziel haben: Altersregression, Amnesie und posthypnotische Suggestion. Mit *Altersregression* ist das Wiedererleben von Situationen aus dem Leben eines Menschen gemeint. Gewöhnlich unterscheidet man hierbei die Beobachterperspektive von der Erlebensperspektive. Bei traumatischen Inhalten beispielsweise ist die Erlebensperspektive häufig problematisch, denn das bloße Wiedererleben eines Traumas kann auch dessen Verschlimmerung und eine Verstärkung der Abwehr zur Folge haben; in solchen Fällen wäre eine gut geleitete Dissoziation (Abspaltung) des Affektes nötig, um aus der Beobachterperspektive zunächst einen visuellen und akustischen Überblick über das Ereignis zu erhalten und dann entscheiden zu können, in welcher Weise der dazugehörige Affekt moduliert oder kontrolliert werden kann.

Um die Phänomene *Amnesie* und *posthypnotische* Suggestion ranken sich die meisten Märchen bezüglich Hypnose, auf sie beziehen sich auch die schlimmsten Befürchtungen hinsichtlich Macht und Mißbrauch der Hypnose. Glücklicherweise gehören diese beiden Phänomene zu den am besten untersuchten, und das Ergebnis dieser Untersuchungen bestätigt die enttäuschenden Erfahrungen mit der Hypnose Ende des 19. Jahrhunderts: Man kann mit diesen beiden Phänomenen allein keine Therapie durchführen. Es geschieht einfach zu selten und dann auch nur sehr unzuverlässig, daß Patienten nach der Trance scheinbar automatenhaft einem posthypnotischen Befehl Folge leisten und (quellen-) amnestisch dafür sind, also vergessen haben, wann und von wem sie diesen Befehl erhalten haben. Man kann den Patienten also nicht einfach in Trance suggerieren, daß sie keine Angst mehr zu haben brauchen, daß sie das Rauchen oder Trinken aufhören oder eine bessere Ehe führen sollen, und zusätzlich noch, daß sie diese Suggestionen nun gleich wieder vergessen müssen, um den Effekt sich selbst zuschreiben zu können. Mit Amnesie und posthypnotischer Suggestion in diesem naiven Sinne läßt sich also keine Therapie durchführen, auch wenn einige wenige hochhypnotisierbare Menschen auf der

Bühne bei Showhypnosen so ähnlich zu reagieren scheinen: der Effekt ist viel zu kurzfristig, viel zu oberflächlich und zu sehr im Sinne eines gutwilligen Rollenspiels, als daß mit diesen Phänomenen hartnäckige neurotische oder psychosomatische Symptome sinnvoll und effektiv behandelt werden könnten. Wäre dies der Fall, so gäbe es heute keine Psychoanalyse, keine Verhaltenstherapie und auch nicht die vielen anderen Psychotherapieformen, die u. a. wegen der Mißerfolge mit einer derart falsch verstandenen Hypnose im Laufe des 20. Jahrhunderts entstanden sind.

Suggestibilität, Hypnotisierbarkeit, Trancetiefe und hypnotischer Rapport

Suggestibilität und Hypnotisierbarkeit – eigentlich zwei unterschiedliche Konstrukte, die gewöhnlich aber äquivalent gebraucht werden – gehören ebenfalls zu den am besten untersuchten Themen der Hypnose. Wie andere Persönlichkeitseigenschaften sind sie in der Bevölkerung annähernd gleich verteilt, d. h. es gibt nur sehr wenige hoch und nur sehr wenige kaum hypnotisierbare und den großen Bereich der mehr oder weniger hypnotisierbaren Menschen. Daß hochsuggestible Menschen willensschwach und deshalb leicht beeinflußbar seien, gehört in das Reich der Fabel. Zwischen Hypnotisierbarkeit und anderen Persönlichkeitseigenschaften sind nur wenige Zusammenhänge gefunden worden. Gesichert sind heute folgende: Je besser ein Mensch sich in eine Sache vertiefen kann (Absorbtionsfähigkeit), je lebhafter er oder sie sich Dinge vorstellen kann (Imaginationsfähigkeit) und je umfassender andere, nicht zum gegenwärtigen Erlebnisinhalt gehörende Eindrücke ausgeblendet werden können (Dissoziationsfähigkeit), umso höher ist gewöhnlich auch die Fähigkeit, hypnotische Wirklichkeiten entstehen zu lassen.

Hypnotisierbarkeit ist für den Erfolg einer Hypnotherapie nur eines von mehreren Kriterien, also nicht von ausschlaggebender Bedeutung. Allerdings sollte man in der Therapie auch den Kosten/Nutzen-Aspekt im Auge behalten und deshalb mit kaum hypnotisierbaren Patienten nicht hypnotisch, sondern auf eine andere Art therapeutisch arbeiten.

Mit *Rapport* war zu Zeiten des Mesmerismus und in der

Romantik die physische Kontaktaufnahme zum Zwecke der Übertragung des animalischen Magnetismus gemeint. Heute bezeichnet man damit die hypnotherapeutische Beziehung. Diese ist verständlicherweise ein ganz wesentlicher Faktor für die Hypnotisierbarkeit einer Person. Es sind Aspekte des persönlichen Vertrauens und der beruflichen Kompetenz beteiligt, welche zu einem guten Rapport beitragen und so Einfluß auf die Hypnotisierbarkeit nehmen und ebenso auf die Tiefe der Trance.

Tiefe der Trance ist ein subjektives Kriterium, das beschreibt, wie „tief" jemand sich in eine hypnotische Situation einläßt bzw. wie wirklichkeitsnah er diese erfährt. Je echter und lebendiger das hypnotische Erleben erscheint, um so „tiefer" wird die Trance erlebt. Hierbei spielen die Kriterien der Unwillkürlichkeit und Evidenz eine ganz entscheidende Rolle: Je mehr ich die Ereignisse in der Trance als von mir „willkürlich gemacht" und „bloß vorgestellt" erlebe, um so „leichter" bzw. „unhypnotischer" werde ich die Trance empfinden und umgekehrt.

Aus der Sicht des psychophysiologischen Forschers bedeutet Hypnotisierbarkeit eine erhöhte psychophysiologische Flexibilität. Eine größere Flexibilität im Denken, Fühlen und Wahrnehmen ist auch eines der Merkmale von Menschen in hypnotischer Trance. Sowohl die Fähigkeit zur Hypnose als auch der hypnotische Zustand selbst – in unserem Sprachgebrauch die Fähigkeit und Bereitschaft, sich auf das hypnotische Ritual einzulassen – sind also erleichternde Bedingungen für eine erfolgreiche Hypnotherapie.

Aspekte der Hypnotherapie

Hypnotherapie kann man definieren als die Anwendung hypnotischer Trance und hypnotischer Phänomene in der Psychotherapie. Hierbei ist es zunächst gleichgültig, um welche Therapie es sich im einzelnen handelt. Hypnose ist in der Psychoanalyse angewandt worden („Hypnoanalyse"; vgl. Amler, 1992; Fromm & Nash, 1996) oder in der Verhaltenstherapie (vgl. Peter, Kraiker & Revenstorf, 1991), aber auch in anderen therapeutischen Verfahren. In diesem Sinne sprach man von Hypnose als einem sog. „zusätzlichen" Verfahren. Es wird berichtet, daß dadurch der therapeutische Prozeß intensiviert und die Dauer der Therapie verkürzt wird.

Aufbauend auf der Arbeit Milton H. Ericksons (1995–98) hat sich in Deutschland seit ca. 1980 eine Form der Hypnotherapie entwickelt, die sich zunehmend als eigenständiges Verfahren begreift (z. B. Bongartz & Bongartz, 1998). Einige Aspekte derselben sollen kurz beschrieben und z. T. mit Beispielen illustriert werden.

Hypnotherapie ist erlebnisorientiert

Man unterscheidet heute verschiedene Ebenen des Gedächtnisses und der kognitiven Verarbeitung: Mit der semantischen Ebene ist die sprachliche Verarbeitung bzw. unser lexikalisches Gedächtnis gemeint. Mit der episodischen oder prozeduralen Ebene ist die erlebnismäßige Verarbeitung und Erinnerung gemeint. Viele Probleme, mit denen Menschen in Therapie kommen, siedeln auf letzterer Ebene. Deshalb sollte eine Therapie auch in der Lage sein, diese Ebene anzusprechen. Das rationale Verstehen der Entstehungsbedingungen und der aufrechterhaltenden Funktionen eines Problems erleichtert zwar manchmal, hat aber nicht immer auch heilsame Folgen.

Aus der obigen Beschreibung der hypnotischen Phänomene ist vielleicht deutlich geworden, daß in der Hypnotherapie hauptsächlich diese episodische und prozedurale Ebene interessiert und daß Veränderungen auf dieser Ebene angestrebt werden. Das schließt bedeutungsgebendes Verstehen in keiner Weise aus, weist ihm nur einen nachgeordneten Plaz zu. Die Leichtigkeit und Flexibilität, mit der im Zustand der Trance, im Vergleich zum sog. Wachzustand, die erlebnismäßige Wirklichkeit verändert werden kann, ist hierbei von Vorteil.

Hypnotherapie ist handlungsorientiert

Patienten, die ausdrücklich Hypnose wünschen, müssen sich manchmal von ihren Therapeuten die Frage gefallen lassen, was sie speziell damit zu vermeiden suchen. Gemeint ist die Konfrontation mit bestimmten Gegebenheiten des täglichen Lebens oder manche Tätigkeiten und Handlungen, die unlust- oder angstbesetzt sind. In keiner Therapie, auch nicht in der Hypnotherapie, werden Fortschritte erzielt, wenn der Therapeut zu lange ein solches Vermeidungsverhalten toleriert. Milton

Erickson war nicht nur dafür berühmt, daß er Hypnose sehr effektiv einzusetzen verstand; er war insbesondere auch dafür berüchtigt, daß er seinen Patienten und Patientinnen z. T. haarsträubende Verhaltens- und Hausaufgaben auftrug (vgl. z. B. Haley, 1978), ähnlich wie später auch Verhaltenstherapeuten. Hypnotherapie Ericksonscher Prägung kann also nicht verstanden werden als rein imaginatives Verfahren, sondern fordert von vielen Patienten, daß sie auch ganz konkrete Dinge tun, die sie bislang erfolgreich, mit oder ohne „Hilfe" ihrer Symptomatik, vermieden haben.

Eine bestimmte Handlungskompetenz ist in manchen Fällen überhaupt erst die Voraussetzung dafür, daß sich auf der Ebene des Erlebens etwas verändern kann, insbesondere dann, wenn es sich um starke Affekte handelt.

Hypnotherapie ist ressourcen- und lösungsorientiert

Lange bevor der Begriff der Ressourcenorientierung Eingang fand in die moderne Psychotherapie, wurde er in der Hypnotherapie Ericksonscher Prägung schon propagiert. Er bezeichnet die Grundeinstellung des Therapeuten, den Fokus der Behandlung eher auf die Fähigkeiten und Stärken des Patienten zu richten als auf dessen Defizite und Schwächen. Dies ist nicht unerheblich unter suggestionstheoretischen Gesichtspunkten: Je mehr ich einem Patienten vor Augen führe, wie gestört er ist, um so mehr suggeriere ich ihm u. U. die Hoffnungslosigkeit der therapeutischen Bemühungen. Und umgekehrt, je mehr ich auch beim „gestörtesten" Patienten aktiv nach Möglichkeiten zur Problembewältigung suche, je mehr ich seine Aufmerksamkeit auf eine mögliche Lösung hin orientiere, um so mehr suggeriere ich ihm, daß auch er seine Probleme bewältigen kann.

Dies hat natürlich Grenzen, beispielsweise darin, daß auch in der Hypnotherapie der Therapeut die Probleme und Schwierigkeiten seines Patienten so genau wie möglich kennenlernen muß oder daß manche Patienten sich überhaupt nicht ernst genommen fühlen, wenn man zu früh und zu pointiert auch ihre Stärken herausfinden will.

Hypnotherapie ist strategisch

Es ist nicht selten von Vorteil, ein Problem in kleine Portionen einzuteilen und dann mit einem scheinbar marginalen Teil zu beginnen. Die Lösung eines oder mehrerer scheinbar kleiner, aber lösbarer Probleme hat motivationale Auswirkungen und stärkt die Problemlösungsfähigkeiten eines Menschen. Das Prinzip der Indirektheit Ericksonscher Therapie bezieht sich im wesentlichen auf diesen Aspekt und nicht auf bestimmte Formulierungen in der Trance-Induktion. In diesen Zusammenhang gehören auch die Versuche, ein Problem zunächst auf eine andere zeitliche oder symbolische Ebene zu heben und dort Lösungsmöglichkeiten zu suchen.

Auch die Symptomverschiebung, d. h. die Ersetzung eines Originalsymptoms durch ein anderes, das weniger schmerzhaft oder beeinträchtigend ist, ist ein Ansatz aus diesem Bereich.

Fallbeispiel

Die 45jährige Patientin leidet seit 10 Jahren mehrmals pro Woche unter rechtsseitigen Migräneattacken. Sie ist eine attraktive und sehr selbstsicher auftretende Frau. Ihre Migräneanfälle haben angefangen, nachdem sie mit ihrem Mann aus einer Großstadt aufs Land gezogen war. In dieser Großstadt hatte sie sich beruflich und privat ein zufriedenstellendes Leben aufgebaut, welches nun abrupt unterbrochen worden war; den Umzug, bedingt durch eine berufliche Veränderung ihres Mannes, verteidigte sie vehement; er sei gut besprochen, durchdacht und von ihr voll akzeptiert worden; auch in ihr neues Umfeld habe sie sich ohne größere Schwierigkeiten integriert, wieder neue Freunde und Arbeit gefunden. Beeinträchtigt sei sie nur durch die seitdem bestehende Migräne.

Über mehrere Stunden hinweg versuchte ich, die genauen Zusammenhänge herauszufinden und verschiedene verhaltenstherapeutische Techniken anzuwenden, alles vergeblich: Die sonst so intelligente und sensible Frau war in diesem Zusammenhang sehr einfallslos, und ihre Migräneattacken blieben bestehen. Eine später verwertbare Information brachte diese zeitintensive Verhaltensanalyse dann allerdings doch: Den Migräneattacken ging meistens ein bestimmtes Spannungsgefühl in ihrer rechten Wange voraus, das sich manchmal nach oben in die Schläfe ausbreitete. Mein Auftrag, in den kommenden Wochen auf dieses Spannungsgefühl zu achten und darauf mit Muskelentspannung zu reagieren, wurde von ihr etwas mißmutig, aber definitiv so beantwortet, daß dies unmöglich sei. Sie habe anderes zu tun als ständig auf ihre Wangen zu achten. So blieb mir nur noch der Versuch, nach einem geeigneten Substitut für diese Migränereaktion zu suchen. Ich bat sie deshalb, in Trance zu gehen, diesmal aber sehr langsam, sorgsam und gründlich; je tiefer und gründlicher, um so höher werde sich die rechte Hand heben. Dies geschah tatsächlich sehr langsam; um einerseits diese lange Zeit zu überbrücken und andererseits Ideen zu säen und das Reaktionspotential für die geplante Substitution zu erhöhen, erzählte ich anhand von Beispielen, wie Symptome sich verwandeln können und wie sie manchmal durch andere Empfindungen gänzlich ersetzt werden können. Als ihre Hand die rechte Wange erreicht hatte, meinte ich, nun sei es an der Zeit, nach einem vollgültigen Ersatz für ihre Migräne zu suchen. Da jedoch weder sie noch ich alle dazu nötigen Informationen besäßen, müßten wir diese Aufgabe wohl oder übel ihrem Unbewußten oder besser dem „Bewußtsein ihres Körpers“ überlassen, und wir könnten danach nur beurteilen, ob der gefundene Ersatz in jeder Hinsicht und für alle Beteiligten zufriedenstellend sei. In dem Maße wie ihr Arm nun wieder sinken würde, würden alle inneren Ressourcen mobilisiert, um diese Aufgabe zu erledigen. Ich war nun still, und der Arm senkte sich tatsächlich ebenso langsam, wie er sich vorher gehoben hatte. Zunächst war auch die Patientin ganz still, so als würde sie sich sehr nach innen konzentrieren. Erst als sich der Arm der Armlehne näherte, kam Bewegung in ihre Mimik, und ihre Augen hinter den geschlossenen Lidern begannen sich zu bewegen. Schließlich lag der Arm auf der Lehne, sie öffnete langsam die Augen, schaute nach rechts unten auf diesen Arm und meinte dann, es sei merkwürdig: Sie habe ein ganz komisches, nicht näher beschreibbares Gefühl in ihrem rechten Ellbogen; es sei so etwas wie Druck oder Spannung, innen vom Ellbogen ausgehend, täte nicht weh, sei aber ausgesprochen merkwürdig und fremd.

Natürlich dachte ich daran, die symbolische Bedeutung dieser Empfindung zu diskutieren. Statt dessen bat ich sie, nochmals in Trance zu gehen und diesmal zunächst die Migräne oder auch nur die Spannung in der Wangenmuskulatur deutlicher spürbar werden zu lassen, denn wenn diese Empfindung im Arm ein vollgültiger Ersatz für eine Attacke sei, dann müßte die Migräne bzw. die Muskelspannung zurückgehen und statt ihrer nun das merkwürdige Gefühl im Ellbogen stärker werden. Das Bewußtsein ihres Körpers könne nun lernen, immer dann schon mit dem Ellbogen zu reagieren, wenn – auch noch außerhalb ihres bewußten Gewahrseins – ihre Wangenmuskulatur sich anzuspannen begänne.

Die Patientin ging nun wieder in Trance; äußerlich sichtbar geschah nichts weiter, und nach einer Weile sagte sie mit leiser Stimme: Ja, das geht. Mit der Bemerkung, daß nun ja klar sei, was nötig und hilfreich ist, entließ ich sie und bestellte sie auf einen neuen Termin einige Wochen später. Hier berichtete sie, daß seitdem keine Migräneattacke mehr aufgetreten sei, sondern des öfteren diese Parästhesie im rechten Ellbogen. Drei Jahre später traf ich sie wieder und fragte nach ihrer Migräne: Diese sei seit damals verschwunden; sie machte auch sonst einen sehr zufriedenen und gelösten Eindruck.

Hypnotherapie ist konstruktiv

Die Suche nach Lösungen auf einer anderen zeitlichen oder auch symbolischen Ebene ergibt sich aus dem konstruktiven und ressourcenorientierten Charakter von Hypnotherapie. Das Ziel ist, für den Patienten eine alternative Wirklichkeit lebendig werden zu lassen, in der seine Symptome abgeschwächt sind, eine positive Bedeutung bekommen oder völlig verschwinden. Diese alternative Wirklichkeit kann in der Vergangenheit liegen, bevor die Symptome aufgetreten waren, oder in der Zukunft, gewissermaßen in einer Zeit, nachdem sie gelöst sein werden; sie kann aber auch in der Fiktion (von lat. fingere = formen, bilden) eines symbolischen Handlungsrahmens konstruiert werden.

Altersregression wird also nicht allein zum Auffinden von Zusammenhängen benutzt, welche die Entstehung einer Symptomatik verständlich machen, sondern insbesondere auch, um die Erfahrung von früheren Lebenszeiten zu ermöglichen, in welchen es noch keine Symptome gab.

Ähnliche Zwecke erfüllt die sog. Zukunftsprojektion, das imaginative Vorwegnehmen eines psychischen Zustandes, in welchem die Probleme gelöst sein werden, um von dort aus gewissermaßen nach rückwärts zu schauen und die einzelnen Schritte der Lösung zu „erinnern".

Unter symbolischem Durcharbeiten ist eine ganze Reihe von symbolischen Handlungen und Szenen gemeint, die in der imaginativen Wirklichkeit der Trance oder auch in Form ritualisierter Handlungen (vgl. Kruse & Dreesen, 1995) im wirklichen Leben durchgeführt werden. Von anderen Therapieformen, die ähnliches anbieten, unterscheidet sich Hypnotherapie darin, daß man den Patienten bittet, keinen willentlichen Einfluß auf das Geschehen auszuüben, sondern in Trance das Geschehen dem Unbewußten (dem „therapeutischen Tertium") zu überlassen.

Fallbeispiel

Als Beispiel will ich die *symbolische* Veränderung von Schmerzen bei einer Patientin mit kleinzelligem Lungenkrebs erwähnen, die nach der massiven Strahlenbehandlung erhebliche Schmerzen im Brustbereich hatte, welche vermutlich von dem durch die Bestrahlung erzeugten Narbengewebe herrührten. Diese Patientin, die auf übliche hypnotische Interventionen nicht ansprach, bat ich, sich auf eine der katathymen Psychotherapie (s.Kap. A,5) entlehnte, geführte Imagination einzulassen. Sie sollte sich vorstellen, sie befände sich inmitten einer blühenden Frühlingswiese und könne dort die Gräser und Blumen nicht nur sehen und spüren, sondern auch schmecken und riechen, wenn sie sich ihnen nur genug näherte; daneben könne sie die Vögel und Insekten hören, die mit ihrem Gezwitscher und Summen die Stille erfüllten. Wenn sie sich dann sattgesehen habe und bevor es ihr allmählich langweilig werde, möge sie sich doch erinnern, daß sie „im normalen Leben" jene Schmerzen in ihrer Brust habe. Eben jene Schmerzen solle sie nun in das Gefäß betten, das sie vor sich auf dem Boden sehe; dabei solle sie sehr achtsam sein, daß sie wirklich jeden Zipfel und jeden Aspekt ihrer Brustschmerzen erwische und sehr sorgfältig in dieses Gefäß lege, so daß – wenn sie dieses Gefäß hochnehme und unter die Arme oder auf ihre Schultern nehme – wirklich alle ihre Brustschmerzen in diesem Gefäß eingeschlossen seien.

Mit dem Gefäß im Arm oder auf den Schultern solle sie dann auf den nahen Wald zugehen, immer tiefer und tiefer hineingehen, bis sie an eine Quelle komme. Dort könne sie sich eine Weile niederlassen, sich erfrischen, ihre Hände, Füße und ihr Gesicht benetzen, auch etwas von dem kühlen und erfrischenden Naß trinken und dann weitergehen, immer tiefer und tiefer in den Wald hinein. Schließlich komme sie an eine Höhle, in die sie wie selbstverständlich hineingehe, immer noch das Gefäß mit ihren Schmerzen im Arm. Nach einer Weile vergrößere sich die Höhle zu einem angenehmen und lichten Raum, in welchem sie eine uralte, weise Frau sieht. Ganz selbstverständlich tritt sie vor diese Frau hin, hält ihr das Gefäß mit ihren Schmerzen entgegen und fragt sie, was man am besten damit machen kann.

Die alte Frau blickt ganz lange zuerst sie und dann das Gefäß an, und fragt schließlich, wie schwer ihr denn eigentlich das Gefäß jetzt vorkomme. Voller Erstaunen bemerkt die Patientin, daß das Gewicht des Gefäßes sich merklich verändert hat; war es die ganze Zeit noch recht schwer und umständlich zu tragen, so daß sie es manchmal rechts und dann links schultern mußte, so war es im Augenblick so klein und leicht geworden, daß sie es gut in einer Hand halten konnte. Damit war sie fürs erste zufrieden. Sie bedankte sich bei der alten Frau und ging aus der Höhle heraus und den ganzen Weg zurück zu ihrer Wiese, und das Gefäß behielt seine kleine Größe bei, etwa ein Viertel der ursprünglichen Gestalt.

Als sie aus der Trance, in welche sie im Verlauf der Imagination ganz von alleine eingetaucht war, zurückgekommen war und nachdem wir eine Weile über Belangloses geredet hatten, sagte sie auf Nachfragen, daß ihre Schmerzen in der Brust sich wesentlich verringert hätten, auf weniger als die Hälfte. In einigen der folgenden Stunden wiederholten wir diese Imagination, und die alte Frau in der Höhle veränderte noch weitere Aspekte des Schmerzes, bis die Patientin eines Tages einfach nicht mehr davon sprach. Diese völlige Schmerzlosigkeit mag allerdings auch damit zusammengehangen haben, daß der Heilungsprozeß in ihrer Lunge schon weiter fortgeschritten war. Ein katamnestischer Anruf 10 Monate nach Ende der Behandlung bestätigte die andauernde Schmerzlosigkeit. Der Zustand dieser Patientin grenzt im übrigen auch sonst an eine Art Wunder, denn heute, mehr als sechs Jahre nach der Erstdiagnose, lebt sie entgegen aller Prognosen.

Ein ganz wesentlicher Aspekt dieses konstruktiven Prinzips der Hypnotherapie wird deutlich, wenn man die Möglichkeit der „Neukonstruktion der Vergangenheit" betrachtet, die bei manchen – nicht bei allen – Patienten und Patientinnen möglich ist. Es handelt sich dabei um einen nachträglichen Erwerb von Wissen und Einsichten, eine nachträgliche Korrektur oder Modulation von Affekten, oder ein nachträgliches Handeln, das in der damaligen Situation nicht möglich gewesen war – aber so, als würde es tatsächlich in der Originalsituation stattfinden. Bildhaft gesprochen geht der Patient oder die Patientin mit dem Therapeuten in einer hypnotischen Altersregression zurück in eine oder verschiedene Lebenssituationen, exploriert die Gegebenheiten, sucht nach Ressourcen und bemüht sich, eine Lösung zu finden, wo damals keine war. Rational gesprochen handelt es sich um eine Veränderung der heutigen Repräsentationen der Vergangenheit. Subjektiv bedeutet dies oft eine dramatische Veränderung der konkreten Wirklichkeit eines Menschen, denn die wirklichkeitsschaffenden und überzeugenden Qualitäten der hypnotischen Trance, die bei der Suche nach der historischen Wahrheit behindern, sind hier geradezu erwünscht.

Fallbeispiel

Als Beispiel für eine solche „Neukonstruktion der Vergangenheit" soll die Behandlung einer 35jährige Frau dienen, welche wegen Fettsucht in

Behandlung kam. Die Exploration erbrachte erst nach und nach, daß sie sich seit Jahren ausschließlich von Schokolade, Kuchen, Torten und anderen Süßigkeiten ernährte. Zudem war sie extrem sparsam, ohne dies jedoch so zu empfinden; sie hatte sich z. B. abgewöhnt, ihr Zimmer im Winter zu heizen. Wenn sie von der Arbeit nach Hause kam, legte sie sich ins Bett, las Bücher und aß nebenher Süßigkeiten. Ihre sozialen Kontakte waren auf ein Minimum beschränkt, und obwohl sie sich danach sehnte, war sie noch nie mit einem Mann längere Zeit befreundet gewesen.

Nach einer Trance-Induktion fragte ich sie nach dem wirklichen Grund ihrer ungewöhnlichen Eß- und Lebensgewohnheiten. In einer spontanen Altersregression antwortete sie mir mit der Stimme eines kleinen Mädchens, sie sei mit einem großen Stück Kuchen in ihrem Zimmer eingesperrt. Genaueres Nachfragen ergab, daß ihre Eltern tagsüber voll beschäftigt waren und sie immer in die Obhut eines Kindermädchens gegeben hatten. Dieses ließ jedoch öfters ihren Freund kommen oder vernachlässigte auch sonst ihre Pflichten. Die einfachste Möglichkeit, vor ihr, der Kleinen, Ruhe zu haben, war offensichtlich, sie einzusperren und mit Süßigkeiten ruhig zu stellen.

Die nun folgenden 35 Stunden der Behandlung verliefen alle nach dem gleichen Muster: Sie kam, und wir wechselten ein paar alltägliche Sätze über das Wetter, aktuelle Ereignisse oder andere Belanglosigkeiten. Auf meine beiläufige Bemerkung hin, sie solle es sich doch bequem machen, ging sie spontan in Trance und regredierte in ein Alter von ca. vier bis sechs Jahren. Am Ende der Stunde weckte ich sie auf, indem ich den Gesprächsfaden des Stundenanfangs wieder aufnahm, und wir machten noch ein wenig Konversation. In der Altersregression war ich für sie nicht mehr Therapeut, sondern eine nicht näher definierte Person, mit der sie sich freundschaftlich unterhalten konnte. So überlegten und beratschlagten wir, was sie in ihrer mißlichen Lage des Eingesperrtseins am besten tun könne. Viele Vorschläge ihrerseits wurden diskutiert und viele Möglichkeiten erwogen, als nutzlos erkannt und wieder verworfen, bis sie schließlich das Bedürfnis hatte, das Kindermädchen zu bestrafen. So diskutierten wir mehrere Möglichkeiten einer effektiven Strafe: sie bei den Eltern verpetzen, trotzig sein, ihr gegen das Schienbein treten, laut schreien etc. Dies alles wurde als wenig erfolgversprechend verworfen. Schließlich kam uns die Idee, sie könnte das Kindermädchen in ihr Zimmer locken und es zum Süßigkeitenessen animieren. Gesagt, getan. Als das Kindermädchen jedoch satt war und wieder gehen wollte, wurde es eingesperrt mit der Ankündigung, daß es nicht eher rausgelassen werde als bis es den ganzen Kuchen, die ganze Torte und alle Schokolade aufgegessen hätte. Diese Prozedur wurde solange wiederholt, bis das Kindermädchen richtig dick und fett war. Erst jetzt schien das Rachebedürfnis des kleinen Mädchens gestillt, und es konnte natürliches Mitgefühl entwickeln, als es sah, wie das Kindermädchen wegen seiner Unförmigkeit unglücklich war, darunter litt, daß sein Freund weggelaufen war und wie die anderen es verächtlich anschauten. Dem kleinen Mädchen wurde klar: Das Kindermädchen mußte dringend abnehmen und normale Sachen essen, um wieder einen Freund zu bekommen und von anderen geachtet zu werden. Aber wie? Ich glaube, wir haben alle Möglichkeiten besprochen, die die Verhaltenstherapie für Fettsüchtige anzubieten hat – natürlich in einer Form, wie es ein etwa 5jähriges Mädchen versteht. Das Kindermädchen entwickelte nämlich all die Widerstände, die üblich sind, wenn jemand gewohnt ist, gern viel und vor allem Süßes zu essen. Aber das kleine Mädchen hatte auch eine sehr große Motivation aus seinem Mitgefühl heraus und vermutlich auch wegen seines schlechten Gewissens. Etwa zwei Drittel der 35 Behandlungsstunden beschäftigten wir uns damit, das Kindermädchen effektiv zu behandeln, und fanden trotzdem leider keine Möglichkeit, es abzuspecken, ohne daß es tatsächlich bestimmte Dinge tun mußte, wie z. B. weniger und vor allem normal essen.

So schwierig die Behandlung des Kindermädchens war, so einfach lief sie bei der 35jährigen Frau: Ohne daß wir je direkt darüber gesprochen haben, war sie normalgewichtig geworden, heizte ihr Zimmer, aß in Gaststätten oder kochte sich selbst etwas, lud Bekannte zum Essen ein und ließ sich einladen. Ein halbes Jahr später bekam ich von ihr einen Brief aus Griechenland, wo sie mit ihrem Freund Urlaub machte, den sie nach Ende der Therapie kennengelernt hatte.

Kontraindikationen für die Anwendung von Hypnose

Hypnotisierbarkeit könnte man auch als die Bereitschaft eines Menschen definieren, seine „normale" neurotische/psychosomatische Wahrnehmung und Konstruktion von Wirklichkeit „verstören," d. h. ernsthaft in Frage stellen zu lassen. Nun gibt es Patienten, deren Problem besteht speziell in einer hochgradig instabilen Wirklichkeitskonstruktion. Deshalb wird man beispielsweise mit prä-psychotischen und psychotischen Patienten in der Regel nicht hypnotisch arbeiten. Eine instabile Wirklichkeitswahrnehmung allein wäre allerdings noch nicht so sehr das Problem, wenn solche Patienten sich leiten ließen, ihre Wirklichkeitswahrnehmung zu stabilisieren. Voraussetzung dafür ist eine klare und eindeutige Kommunikation, ohne Mißverständnisse und Verzerrungen. Das aber wiederum ist das Grundproblem mancher Menschen, hauptsächlich das von Borderline*-Patienten und -Patientinnen. Gerade weil Hypnose ein hochgradig konstruktiver therapeutischer Prozeß ist, ist es nötig, zu einer klaren Verständigung zwischen Patient und Therapeut zu kommen und in der objektiven Realität vorgegebene Grenzen zu beachten.

In diesem Kontext lassen sich auch die Probleme mancher Menschen erklären, die an einer Bühnenhypnose teilgenommen haben: Dem Showhypnotiseur ist in der Regel daran gelegen, mit seinen Versuchspersonen auf der Bühne nur so lange in Kontakt zu bleiben, wie es seiner Darbietung dienlich ist; danach bricht er den Kontakt und die Kommunikation ab. Das ist dann unproblematisch, wenn alle Versuchspersonen aus ihrer hypnotischen Wirklichkeit wieder „zurückgekehrt" sind. Manche bleiben jedoch, beispielsweise nach Altersregressionen, in traumatischen Erlebnissen gewissermaßen „stecken" und benötigten noch längere Zeit der Kommunikation und v. a. eines spezifischen therapeutischen Kontaktes, was ein Showhypnotiseur seiner Ausbildung und Absicht nach nicht leisten kann.

Das konstruktive Element der Hypnose macht es auch prinzipiell unmöglich, innerhalb des hypnotischen Rahmens zwischen „objektiver, historischer" Realität und „subjektiver" Wirklichkeit zu unterscheiden. In Hypnose „wiedergefundene Erinnerungen" – an einen Mißbrauch beispielsweise – können durchaus historisch wahr sein, also der Realität entsprechen, sie können aber auch konfabuliert sein und erhalten gerade durch Hypnose den Charakter realer Gegebenheiten. Hypnose erhöht per definitionem den Wirklichkeitscharakter des Erlebten und stärkt so die subjektive Überzeugung desselben, sie ist also kein Mittel zur Wahrheitsfindung.

Natürlich ist Hypnotherapie immer dann kontraindiziert, wenn Patientinnen und Patienten mit unrealistischen Überzeugungen in die Therapie kommen. Hierzu gehört eine sog. passiv-rezeptive Grundhaltung, d. h. die Meinung, daß die Probleme ohne eigenes Zutun in Hypnose quasi wie im Schlaf gelöst würden. Das kann auch der Wunsch sein, lang und exzessiv betriebener Suchtmittel-Abusus möge „wie von selbst" verschwinden; das tut er vielleicht ja auch, aber die massiven Entzugserscheinungen müssen trotzdem ertragen und können mit Hypnose bestenfalls abgeschwächt werden. Und schließlich gehört hierzu die Hoffnung, daß durch Hypnose körperliche Krankheiten geheilt werden können, die die Medizin zu heilen nicht imstande ist – das mag in Ausnahmefällen vielleicht auch so sein, aber man weiß im Vorhinein nie, ob es sich dabei tatsächlich um die in diesem Sinne „richtige" Krankheit handelt.

Dauer der Behandlung und Suche nach einer geeigneten Hypnotherapie

Wegen ihrer Lösungs- und Ressourcenorientierung ist Hypnotherapie grundsätzlich ein kurzzeittherapeutisches Verfahren. Wenn eine hypnotherapeutische Behandlung angezeigt ist, wird sie sich in einem zeitlichen Rahmen von 20 bis 40 Stunden bewegen. Bei der Suche nach einem geeigneten Hypnotherapeuten bzw. einer Hypnotherapeutin erscheinen die Kriterien der Milton Erickson Gesellschaft für Klinische Hypnose (M. E. G.) sinnvoll: Studium der Psychologie oder Medizin, therapeutische Grundausbildung und anschließend Zusatzausbildung in klinischer Hypnose. Bedenken Sie bitte, daß Sie der Therapeutin bzw. dem Therapeuten nicht die Art der Behandlung vorschreiben können (manche Patienten begründen sehr ausführlich, daß sie ausgerechnet eine Hypnose wollen, noch bevor sie sagen, *warum* sie dies überhaupt wollen, d. h. was eigentlich ihr Problem ist). Oben sind nur einige der Kontraindikationen dargestellt worden, die es u. U. verbieten können, hypnotische Trance und hypnotische Phänomene anzuwenden.

Wissenschaftlich belegter Therapieerfolg

Hypnose gehört mit zu den therapeutischen Verfahren, deren Effektivität in wissenschaftlichen Untersuchungen gut nachgewiesen ist. Nach Grawe, Donati und Bernauer (1994, S. 634) handelt es sich „bei der Hypnosetherapie nicht nur um eine der ältesten Formen der seelischen Krankenbehandlung, sondern um eine durchaus seriöse und relativ gut untersuchte Therapieform." Bei den von den Autoren beurteilten 19 Studien mit insgesamt 1068 Patienten konnte „eine gute Wirksamkeit" in Bezug auf bestimmte Symptome festgestellt werden. Revenstorf und Prudlo (1994) kommen in einer ähnlichen Übersicht über wissenschaftliche Studien zur Hypnose und Hypnotherapie zu einem noch günstigeren Ergebnis.

Interessant mag in diesem Zusammenhang auch folgende

Metaanalyse von Kirsch, Montgomery und Sapirstein (1995) sein: Hypnose plus kognitiv-verhaltenstherapeutische Behandlungen zeigte eine doppelte Effektstärke im Vergleich zu kognitiv-verhaltenstherapeutischen Behandlungen allein. Ähnliches gilt auch für sog. psychodynamische Behandlungen (Kirsch, 1996). Das heißt wenn man Hypnose einer Behandlung „hinzufügt," verdoppelt sich im Schnitt der Behandlungseffekt.

Empfohlene Literatur: Bongartz, B., Bongartz, W.: Hypnose: Wie sie wirkt und wem sie hilft. Reinbek: Rowohlt, 1992. *Peter, B., Kraiker, C., Revensdorf, D. (Hrsg.):* Hypnose und Verhaltenstherapie. Bern: Huber, 1991.

C Humanistische Psychotherapieformen

1. Klientenzentrierte Gesprächspsychotherapie

Wilhelm Gerl

Einführung

Die klientenzentrierte Gesprächspsychotherapie basiert auf den Ergebnissen der Arbeiten von Carl Rogers (1902–1987). Dieser lehrte als Professor für Psychologie und wurde mehrfach international für seine Beiträge zu einer wissenschaftlich fundierten Psychotherapie ausgezeichnet. Seine Erkenntnisse trugen entscheidend zur Entwicklung der Humanistischen Psychologie bei und wurden wesentlicher Bestand des psychotherapeutischen Denkens und Handelns überhaupt.

Die klientenzentrierte Gesprächspsychotherapie (GPT) ist ein wissenschaftlich fundiertes heilkundliches Verfahren. Im Zentrum ihrer Theorie und Praxis steht die jeweils einzigartige Person und die Art, wie sie die Welt und sich selbst erlebt. Die Betonung der Person und ihres Erlebens im zwischenmenschlichen Rahmen der therapeutischen Beziehung führt zu Heilungsprozessen. Weitergehende konstruktive Erfahrungen setzen sich im Klienten auch nach Abschluß der Therapie im Sinne von persönlichem Wachstum fort. Im Kontakt mit sich selbst und anderen verwirklicht er in realistischer Weise seine Werte.

Der Gesprächspsychotherapeut begegnet dem Klienten (ich beschränke mich in beiden Fällen auf die männliche Form) als reale Person: als der Mensch, der er ist. Er setzt sein Expertenwissen nicht zur Kontrolle der Beziehung ein, sondern betont die Ebenbürtigkeit seines Gesprächspartners. Die gleichberechtigte Beziehung ermöglicht die Kooperation, die für eine Psychotherapie erforderlich ist. Beim Klienten führt sie zur Präzisierung seiner Wahrnehmung und zu einem erweiterten, eigenverantwortlichen Handeln.

Die in Deutschland gängige Bezeichnung „Gesprächspsychotherapie" geht auf Reinhard Tausch zurück, der den klientenzentrierten Ansatz in Deutschland einführte. Der Begriff spezifiziert nicht ausreichend das, was die klientenzentrierte GPT von „Gesprächstherapien" anderer Provenienz unterscheidet. Wenn sich jemand als „Gesprächstherapeut" bezeichnet, bedeutet das noch nicht, daß er tatsächlich die methodische Ausrichtung und die fachliche Qualifikation eines „Gesprächs*psycho*therapeuten (GwG)" hat. Der Zusatz verweist auf seine Zertifikation, in Deutschland durch die *Gesellschaft für wissenschaftliche Gesprächspsychotherapie* (GwG).

Der Begriff „Klient" gilt im angloamerikanischen Sprachraum auch für Personen, die bei uns als „Patienten" bezeichnet werden. Wenn sich jemand in einer Weise erlebt und verhält, die von ihm oder von anderen als problematisch erlebt wird, kann er bei uns häufig erst dann Hilfe in Anspruch nehmen, wenn er sich als „krank" bezeichnet und sich als Patient definieren läßt. Einerseits erlaubt diese Etikettierung, für sich sorgen zu lassen; andererseits bedeutet sie de facto fast eine Entmündigung. Klientenzentrierte Therapeuten gehen davon aus, daß der Wunsch einer leidenden Person nach professioneller Hilfestellung an sich bereits legitim ist. Es sollte keiner Verschreibung der Patientenrolle (und der damit nicht selten verbundenen zusätzlichen Kränkung) bedürfen, um fachkundige Unterstützung zu erhalten.

Ursprünge

In seiner Tätigkeit als Leiter des Rochester Child Guidance Center erkannte Carl Rogers die Bedeutsamkeit der persönlich-authentischen Beziehung gerade auch in der Therapie. Klienten entwickeln ein freieres und persönlich stimmigeres Verhalten, wenn der Therapeut nicht lenkt und nicht wertet, sondern Raum gibt und sie durch einfühlendes Verstehen ermutigt, sich umfassender auszudrücken. Ihre Problemlösefähigkeit verbessert sich gerade dadurch, daß sie nicht von einer anderen Person bevormundet und nach deren Gutdünken gelenkt werden. „Der Klient ist in der Lage, seine eigenen Entdeckungen zu machen, eigene Schlüsse zu ziehen.," bemerkte Rogers. Der klientenzentrierte Therapeut achtet darauf, daß die Person ihre eigene Richtung und ein eigenes Verständnis ihrer Symptome entwickelt. Die Betonung der persönlichen, subjektiven Wahrnehmung als Schlüssel zum Individuum und zur Lösung seines Problems resultiert aus der wahrnehmungspsychologischen Persönlichkeitsforschung. Danach kann das Erleben und Handeln einer Person am besten über ihre individuelle Weltsicht und ihr Bild von sich selbst verstanden werden. Die Vergangenheit ist insofern wichtig, als sie das Erleben beeinflußt und seine gefühlshaften Bedeutungen mitbestimmt. Das Aufdecken der frühen Kindheit als Suche nach der historischen Wahrheit (die sowieso nie objektiv erlebt, sondern nur subjektiv erinnert werden kann) wird kritisch hinterfragt. Es darf zu keinem Ausweichen aus der Verbindlichkeit der gegenwärtigen zwischenmenschlichen Situation führen. Hingegen ist dem sich vergewissernden Reflektieren früherer Erfahrungen, die im Bewußtsein nur ungenügend oder verzerrt präsentiert sind, ausreichend Platz zu geben.

Die Tatsache, daß die subjektive Wirklichkeit des Klienten im aktuellen Erleben erfaßbar ist, wurde richtungsweisend für die Veränderungsarbeit. Letztlich leidet der Klient darunter, wie er die Dinge *jetzt* erlebt; und weil dieses aktuelle Erleben (nicht aber die historische Tatsache) geändert werden kann, kann Psychotherapie helfen. Der Therapeut unterstützt den Klienten insbesondere, sich seiner Emotionen und Strebungen im unmittelbaren Erleben bewußt zu werden. Diese werden in ihrer Existenz, Kraft und Richtung bestätigt und damit als Aspekte seiner Persönlichkeit integrierbar.

In diesen Ideen ist der Einfluß des Psychoanalytikers Otto Rank erkennbar, der nach seiner Ablösung von Freud eine eigenständige theoretische Position entwickelt hatte. Auch Carl Rogers Begegnung mit dem Philosophen Martin Buber und dessen „dialogischem Prinzip" wirkte sich auf seine Theorie aus. Wurde anfangs die Aufgabe des Therapeuten vor allem darin gesehen, dem Klienten einen sicheren Rahmen für sein Selbsterleben und den Gefühlsausdruck zu geben, so kam nun verstärkt die *Interaktion* beider Gesprächspartner, also das komplexe *Beziehungsgeschehen* in den Blickpunkt. Denn Selbstverwirklichung geschieht im Dialog, in der Öffnung zum anderen und im Austausch mit ihm.

Grundannahmen der klientenzentrierten Psychotherapie

Zur grundlegenden Orientierung des Organismus und zur Natur des Menschen

Bedürfnisse entspringen der grundlegenden Tendenz des Organismus, sich selbst zu erhalten und weiterzuentwickeln. Diese *Aktualisierungstendenz* gilt sowohl für biologische Prozesse als auch für intellektuelle Funktionen und ist gegenwartsorientiert: Die aktuellen Bedürfnisse, wie sie in der Situation erlebt werden, bestimmen das Verhalten. Früher gemachte Erfahrungen sind insofern wirksam, als sie die Bedeutung beeinflussen, die dem jetzigen Erleben zugeschrieben wird. Durch seine Erfahrungen in der Psychotherapie kam Rogers zu der Überzeugung, daß der Mensch mit Qualitäten ausgestattet ist, „die oft mit Begriffen wie positiv, sich weiter entwickelnd, konstruktiv, realistisch oder vertrauenswürdig beschrieben werden können. Wenn es einem gelingt, dem Inneren eines Menschen nahezukommen, wird man dort immer ein vertrauensvolles, positives Zentrum berühren" (Rogers, 1987, S. 301). Diese im Wesen des Menschen begründete positive Veranlagung widerspricht der christlichen Denktradition, wonach wir sündhaft geboren und von Natur aus böse sind. „In der klientenzentrierten Therapie können die KlientInnen jeden nur denkbaren Weg einschlagen, tatsächlich entscheiden sie sich aber immer für solche, die positiv und konstruktiv sind" (Rogers, 1987). Er erklärt das mit der dem Menschen innewohnenden, richtungsweisenden Kraft, sich zu entwickeln und seine Potentiale möglichst auszuschöpfen.

Zur Wirklichkeit, Wahrnehmung und Erleben

Für die Orientierung des Menschen im Leben hat die Wahrnehmung, sein subjektives Erleben zentrale Bedeutung: Jeder lebt in einer ständig sich verändernden Welt der Erfahrung und erlebt sich als deren Mittelpunkt. Unter Erfahrung ist all das zu verstehen, was im Organismus vor sich geht, also auch die Wahrnehmung der Außenwelt. Bewußt ist jene Erfahrung, die symbolisiert ist. Unter *Symbolisierung* wird der Prozeß verstanden, in dem Wahrnehmungen begrifflich erfaßt dem sprachlichen Denken zugänglich werden. Die aktuellen Wahrnehmungen und der Erfahrungshintergrund bilden die subjektive Wirklichkeit des einzelnen. Diese ist sein Bezugsrahmen und erscheint ihm als „objektive" Realität. Jedoch kann jeder nur auf das reagieren, was er subjektiv erlebt bzw. selektiv für wahr nimmt. Dies ist die einzige Wirklichkeit, über die er sinnvolle, überprüfbare Aussagen zu machen in der Lage ist. Um das Verhalten eines Menschen zu verstehen, muß man sein inneres Bezugssystem (Weltbild) kennen und die Weisen der Wahr-nehmung und Informationsverarbeitung, welche die persönliche Sicht bestimmen. Diese sind erkennbar in der „Sprache des Klienten". Für den Wandel von Bedeutungen, die auf früher gemachten Erfahrungen beruhen, kommt dem aktuellen Erleben Priorität zu. Der Erlebensprozeß hat Vorrang vor den Erfahrungen.

Zur Funktion der therapeutischen Beziehung und zum Selbstkonzept

Im wachstumsfördernden Klima der personzentrierten Beziehung erlebt der Klient „die Konzentration auf die Wahrnehmung des eigenen Selbst," was zur Folge hat, „daß zunächst ein differenziertes Bild des Selbst gewonnen werden kann, was schließlich zu dessen Veränderung führt" (Rogers, 1947, S. 368). Dieses *Selbstkonzept* konnte wissenschaftlich erfaßt werden, so daß sich die bewirkten Veränderungen detailliert nachweisen ließen: „Es gelang uns zu belegen, daß bei den KlientInnen im Verlauf der Therapie ganz bestimmte charakteristische Veränderungen der Selbstwahrnehmung vor sich gegangen waren. Sie wurden sicherer, gewannen mehr Selbstvertrauen, wurden sich ihres eigenen Erlebens bewußter. Außerdem vergrößerte sich ihre Fähigkeit, Liebe geben und annehmen zu können“ (Rogers, 1987, S. 307). Im Kontakt mit einem authentischen, selbstkongruenten Therapeuten wird die Fähigkeit des Klienten zur Begegnung auch mit sich selbst weiterentwickelt. Im Raum einer solchen Beziehung entfaltet sich seine Anlage zur Selbstverwirklichung.

Die Art und Weise, wie eine Person sich selbst wahrzunehmen gelernt hat, beeinflußt die Bedeutung von allem, was sie gegenwärtig erlebt und wirkt sich dadurch auf ihr Verhalten aus. Dieses Selbstkonzept beginnt sich in der frühen Kindheit zu entwickeln. Wenn das Kind lernt, einen Teil seines Erlebnisfeldes als *ich selber, mich, mein* vom übrigen Erleben zu sondern, entwickelt es ein Bewußtsein von sich selbst. Durch Erfahrungen im Kontakt mit der Umwelt, insbesondere mit wichtigen Bezugspersonen, wird dieses Selbstbewußtsein spezifisch geprägt. Es ist nicht immer bewußt, beeinflußt aber durchgehend die Weise der Selbstwahrnehmung, die gefühlshafte Bewertung der eigenen Person und die Art, wie die Person versucht, neues und ungewohntes Eigenerleben mit sich in Einklang zu bringen.

Zur Entwicklung von Störungen

Es gibt Störungen des Befindens und des Verhaltens als Reaktionen auf belastende Lebensereignisse oder biologische Umstellungen, die noch nicht bewältigt sind. Psychotherapie im engeren Sinn beschäftigt sich aber mehr mit Problemzyklen, in denen die Person bestimmte Erlebens- und Verhaltensweisen wiederholt. Diese Muster sind in der Regel Auswirkungen von beeinträchtigenden Beziehungserfahrungen, die innerlich wiederbelebt werden. Insbesondere die früh gemachten Erfahrungen mit wichtigen Bezugspersonen bestimmen, ob ein Mensch sich so akzeptiert, wie er ist, oder ob sein Selbstbild durch die Wertungen und Konzepte anderer überfremdet ist. Solche Fremdwertungen stimmen nicht überein mit den eigenen, ständig im Organismus ablaufenden Bewertungen, und sie behindern die Reaktionen, die seiner Natur und Eigenart gemäß wären.

Die resultierende *Inkongruenz* oder Nicht-Übereinstimmung zwischen dem, was als Organismus erlebt wird (Erfahrung) und dem, wie darüber gedacht wird (Selbstkonzept), kann unterschiedlich ausgeprägt sein. Sie führt zu Einschränkungen und spezifischen Taktiken im Kontakt mit der Welt und mit sich selbst. Da die Person wichtige Sinneserfahrungen ausklammert oder sich nur in verzerrter Weise bewußt machen kann, ist sie, zumindest im kritischen Erlebnisbereich, sich ihrer selbst nicht sicher. Ihre Inkongruenz macht sie bedrohbar und verletzlich. Sie bevorzugt auch in neuen Situationen ihre gewohnten Sicht- und Verhaltensweisen, mit denen sie versucht, Schuldgefühle, Angst und Nachteile zu vermeiden. Wenn diese defensive Strategie zur Bewältigung von Lebenssituationen zunehmend versagt, kommt es zur Ausprägung einer Symptomatik und damit zu einer weiteren Einengung im Erleben und Handeln. Und je eingeengter und rigider die Person wird, umso häufiger erlebt sie Situationen, die sie nicht oder nur notdürftig bewältigt, wobei sie wieder Erfahrungen abwehren muß. In diesem Aufschaukelungsprozeß wird die grundlegende Inkongruenz weiter verschärft. Die Person ist dann ihre eigene Angstquelle und bedroht mit dem, was sie zur Bewältigung ihres Problems tut, ihre Zukunft.

Zur Therapie

Im Mittelpunkt steht die Person und ihre Begegnung mit sich selbst. Der Therapeut stellt einen unterstützenden Beziehungsrahmen sicher, in dem der Klient alle seine Persönlichkeitsanteile bestätigt findet. Dies ermutigt ihn, sich selbst genauer kennenzulernen und zu verstehen. In der Konfliktbearbeitung werden bislang ungeliebte und wenig zugängliche Bereiche seines Erlebens erkundet und für die persönliche Entwicklung fruchtbar gemacht. Die therapeutische Begegnung ist für den Klienten ein Modell auch für andere Beziehungen: So beginnt er, auch in Bezug auf sich selbst und gegenüber dritten, klarer, akzeptierender und wertschätzender zu werden. Er wird fähiger, sich einzufühlen und präziser zu verstehen. Damit wird er kontakt- und konfliktfähiger. Seine krankheitsverursachende Inkongruenz zwischen Erfahrung und Selbstkonzept wird abgebaut; die inkongruenz-bedingte Symptomatik löst sich auf. Seiner selbst sicherer kann er nun besser entscheiden, bedürfnisgerechter handeln und sich in konstruktiver Weise weiterentwickeln.

Zur Methodik der klientenzentrierten Psychotherapie

Ausgangssituation einer Therapie ist das erkundende und abklärende Gespräch. Dieses wird immer mehr zu einem engagierten Dialog, der sich weg vom Erzählen und Darüberreden, hin zur konkreten Situation und zu den Gefühlen und Bedeutungen verlagert, die mit dem Gesagten verbunden sind. Bei dieser Hinwendung zur inneren Wirklichkeit und Wahrheit werden das Denken, Handeln und Fühlen gleichermaßen beachtet und aufeinander bezogen. Der Klient kommt dadurch in Kontakt mit Erlebnisaspekten, die er bisher zu wenig beachtete oder unzutreffend wahrnahm. Die Therapiesituation wird so gestaltet, daß der Klient die Diskrepanz zwischen seiner Selbststruktur und seiner tatsächlichen Erfahrung verringert. Dafür wichtig ist das Fehlen jeglicher Bedrohung (Belehrung, Beschämung), so daß die Abwehr von Erfahrung unnötig wird. Früher verleugnete oder verzerrte Wahrnehmungen können dann genau symbolisiert und in das Selbstkonzept eingegliedert werden. Starre Werthaltungen werden dabei relativiert, die organismische Eigenwertung und die Akzeptierung der eigenen Person hingegen vermehrt. Es kommt zu notwendigen Abgrenzungen und Erweiterung in inneren und in zwischenmenschlichen Beziehungen sowie zu einer Reorganisierung der Selbststruktur und Neubalancierung der vitalen Bedürfnisse, sodaß Kompensationen durch Symptome überflüssig werden.

Eine Bedingung hierfür ist, daß der Klient die Zuwendung des Therapeuten als ein Akzeptiert- und Gemochtwerden durch einen ihm wichtigen Menschen erlebt, der selber kongruent und damit zuverlässig und ehrlich – ist. Sein Akzeptieren beweist der Therapeut durch das beständige Bemühen, die Erlebnis- und Handlungsweisen des Klienten von dessen inneren Bezugsrahmen her zu verstehen. Dies erfordert ein präzises Wahrnehmen und Einfühlen (Empathie). Das einfühlend Verstandene stellt der Therapeut dem Klienten zu seiner Selbstorientierung wieder zur Verfügung. Er formuliert es in dessen Eigensprache und bestätigt es damit als ein gültiges subjektives Erleben.

Wenn der Klient dann beginnt, auch solche Aspekte anzusprechen, die bisher abgedrängt in der Grauzone am Rande seines Bewußtseins (unvollständig oder verzerrt repräsentiert) waren, kommt der Prozeß der *Selbstexploration* in Gang. Er umfaßt auch diese problematischen Gefühle und noch unvertrauten Strebungen. Sie werden erkundet und dabei vollständiger und zutreffender wahrgenommen. Sie verändern dadurch ihre Bedeutungen und können in die Selbststruktur eingegliedert werden, die sich dabei erweitert und verändert: Aus einem positiv idealisierten oder sehr eingeengten Selbstbild wird ein reales Bild, in dem natürliche Begrenzungen akzeptiert werden, aber keine künstlichen Grenzen gezogen sind. Neue Erkenntnisse und Wachstumsschritte stellen sich ein. Geschehnisse in der Innen- und Außenwelt werden aus einer veränderten Perspektive betrachtet. Neue Einschätzungen, Kräfte und Handlungsmöglichkeiten tauchen spontan auf oder entwickeln sich allmählich.

Die GPT kann in dieser Phase der „Arbeit am Erleben" vielleicht am wirkungsvollsten durch das Focusing (nach Eugene Gendlin) praktiziert werden. Dieses hat auch die klientenzentrierte Bearbeitung von *Träumen* befruchtet und stellt für den Kontakt mit dem intuitiven Wissen eine sehr hilfreiche Methode dar. (Lesen Sie deshalb bitte das Therapiebeispiel unter dem Aspekt, daß hier eine GPT erfolgte, in der Focusing-Prozesse eine wesentliche Rolle spielten.)

Die therapeutische Selbsterkundung und Selbstfindung erfolgt letztlich aus eigenem Antrieb, bedarf aber der sorgfältigen Beobachtung und zuverlässigen Begleitung. Eine weitere Wirkkraft ist die Herausforderung, die in einer echten Begegnung zu finden ist. Früher oder später kommt es dazu, daß vom Klienten persönliches Feedback gewünscht oder spontan gegeben wird. Hilfreich klärende Konfrontationen finden statt und lassen die Begegnung noch authentischer werden. Das präzisere Verstehen der eigenen Beweggründe und Ziele und die realistischere Selbsteinschätzung ermuntern den Klienten, eigene Wünsche und Vorschläge in die Therapie einzubringen. Er nimmt seine Interessen deutlich wahr und kann sie dann auch draußen klarer und flexibler vertreten. Nachdem ihm zugehört wurde, kann er auch anderen besser zuhören.

Um das Sichverständlichmachen und Verstandenwerden bei Bezugspersonen direkt zu fördern, können diese zeitweilig hinzugezogen werden. Falls angezeigt, werden die Möglichkeiten einer therapeutischen Gruppe genutzt. Mit der *basic encounter group* entwickelte Rogers einen wesentlichen Beitrag zur Gruppentherapie und für Selbsthilfegruppen (Rogers, 1974).

Empathie, Akzeptanz und *Kongruenz* sind als Hauptmerkmale therapeutischen Verhaltens jenen Bedingungen entgegengesetzt, unter deren Einfluß die Person fremde Werthaltungen übernommen hat und zu einer eingeengten und verzerrten Wahrnehmung gelangt ist. „Empathie bedeutet, die private Wahrnehmungswelt des anderen zu betreten und in ihr heimisch zu werden“ sowie „Bedeutungen zu erahnen, deren er sich selbst kaum gewahr ist. Sie beinhaltet, in jedem Augenblick ein Gespür zu haben für die sich ändernden Bedeutungen in dieser anderen Person, für Furcht, Wut, Zärtlichkeit, Verwirrung oder was auch immer sie empfindet“ (Rogers 1981, S. 142). Besonders wichtig ist die Bereitschaft des Therapeuten, zu seinen eigenen Gefühlen zu stehen, also „die Kongruenz bzw. die Echtheit oder Authentizität, die von den TherapeutInnen verlangt, sie selbst zu sein. Das heißt, nicht nur bemüht zu sein, den Klienten zu verstehen, sondern auch, seine eigenen, selbst negativen Gefühle mitzuteilen, wenn sie sich anhaltend bemerkbar machen oder sonst bedeutsam sind“ (Rogers 1987, S. 305). Die vielfältigen Interventionen erfahrener Gesprächspsychotherapeuten benutzen diese Hauptmerkmale immer als Grundlage. Somit ist gewährleistet, daß einzelne angewandte Techniken konsistent sind mit dem personzentrierten Beziehungsgeschehen als dem wesentlichem Medium der Therapie.

Eine Vertiefung und Erweiterung erfährt die Therapie, wenn Therapeut und Klient, ihrem intuitiven Selbst nahe, in Berührung kommen mit dem impliziten Wissen, das jeder in sich trägt. Rogers benennt in seinem Spätwerk diese *Intuition* als ein weiteres Merkmal der heilenden Beziehung und beschreibt, wie bei diesem Geschehen tiefreichende Energien, Wachstums- und Heilungskräfte zum Tragen kommen (1986, S. 188). Hierfür ist es hilfreich, in einen leicht veränderten Bewußtseinszustand zu gehen. Dieser vertiefte Rapport kann sich spontan entwickeln; er kann nicht „gemacht“, aber gefördert werden. Eine dafür geeignete Methode ist das *Focusing* nach Eugene Gendlin. Es ermöglicht gezielt die Entfaltung intuitiv erlebter, gefühlter Bedeutungen.

Fallbeispiel (Transkript aus einem Erstgespräch; aus Gerl, 1982, gekürzt)

Eine 33jährige Lehrerin (verheiratet, ohne Kinder) wurde vom Hausarzt überwiesen wegen einer Störung des Geschmackssinnes ohne organischen Befund und wegen des Verdachts auf eine depressive Gemütsstörung. In den ersten 25 Minuten werden Erwartungen abgeklärt und die Klientin spricht auf verschiedene Weise über ihr Symptom und ihre Lebensumstände, ohne sich auf etwas weiter einzulassen. Der Therapeut macht sich nun bewußt, daß das Gespräch begonnen hat, für ihn, und möglicherweise auch für die Klientin, „fade" zu werden. Diese Wahrnehmung macht ihn sensibel für einen bei der Klientin beobachtbaren Ausdruck: Während sie bemüht ist, neue Facetten ihrer Geschichte zu schildern, lassen Gesichtsausdruck und Bewegungen des Mundes erkennen, daß ihr das alles „nicht schmeckt".

Th: ... das alles, das schmeckt Ihnen gar nicht mehr (?)

Kl: Hmmh (nickt) – aber es ist schon eigenartig – ich meine das mit dem bitteren Geschmack im Mund; den habe ich jetzt schon seit Wochen. Wie wenn irgendetwas mit meinen Geschmacksnerven nicht stimmt.

Th: ... und ‚bitter' das trifft die Sache am besten (?)

Kl: Ja, ja ist doch komisch (?)

Th: – daß Sie da im Augenblick einfach nichts mit anzufangen wissen (?) (Kl: genau!)

Th: Wollen Sie sich vielleicht 'mal ein bißchen Zeit geben und bei sich nachschauen geh'n: Wo in meiner ganzen Situation ist etwas bitter für mich, jetzt? – Wo ist mein Leben bitter geworden?

Kl: Hmmh (Pause) Ich bin jetzt schon die ganze Zeit einfach nicht mehr in der Lage ... schon rein körperlich wird mir alles zuviel und ich kann meinen ganzen Verpflichtungen nicht mehr nachkommen, so wie ich das von mir gewohnt bin.

Th: Sie fühlen sich da ... kraftlos (?)

Kl: Ja, ich habe nicht mehr die Energie (wiegt den Kopf hin und her; Mundbewegungen, als würde sie etwas abschmecken).

Th: ... aber da ist noch was (?)

Kl: Ja, da ist noch was. (Pause) Ich habe das früher nie so gekannt bei mir aber Dr. N. hat ja auch gemeint, ich könnte eine Depression haben. (blickt Th fragend an)

Th: ...eine Depression haben – das ist es jetzt, was Sie beunruhigt (?)

Kl: Ja, es ist halt so die ganze Sache, wie ich mir mein Leben, meine Zeit und alles eingeteilt habe. Irgendwie geht's schon, aber manchmal ... da wird's zu eng und ich kriege Angst, das geht nicht auf.

Th: Sie fürchten, etwas zu versäumen, was für Sie persönlich wichtig ist(?) (Kl: hmm-ja)

Th: Sie brauchen es mir nicht unbedingt zu sagen, was es ist (?) – Wenn Sie aber wissen, um was es Ihnen da geht, können wir damit fortfahren.

Kl: Ich kann Ihnen das schon sagen (Räuspern). Wissen Sie, mit meinem Mann – also irgendwie kommt's mir immer, daß es vielleicht doch etwas mit meiner Beziehung zu meinem Mann zu tun hat. Aber ich kann's nicht genau sagen.

Th: Sie haben da so eine Ahnung ... es ist eher vage; Sie spüren es bloß: Da, in dieser Richtung ist was. (Kl: Ja, da ist was.)

Th: ... und wissen noch nicht, was es ist, aber können spüren, wie es da ist. (Kl: Ja.)

Th: Ja, vielleicht können Sie spüren, wie es sich um die Körpermitte herum anfühlt (?)

Kl: (prompt:) angespannt!

Th: Angespannt – das ist gleich da; das übertönt alles (?) (Kl. nickt) Vielleicht ist da noch etwas – darunter... dahinter... oder daneben – etwas, das nur ein bißchen mehr Zeit und Ruhe braucht, damit es sich zeigen kann. (Pause) Manchmal, wenn man die Augen zu hat, kann es ganz von alleine deutlicher werden. (Kl schließt nach einigen Sekunden die Augen.)

Und nehmen Sie sich ruhig die Zeit ... einfach hier sitzen und offen sein dafür, wie es sich körperlich anfühlt – angesichts dieser ganzen Sache: ‚Meine Beziehung zu meinem Mann' – und einfach warten, eine Minute oder so, und beachten, was von diesem Gefühl in der Mitte her auftauchen mag ... etwas, das sich melden mag, vielleicht in einem Wort ... oder Sie spüren eine Bewegung und Veränderung in diesem Erlebnisbild ... (Pause von 25 Sek.)

Kl: (zeigt Veränderung von Atemmuster und Gesichtsausdruck)

Th: Da ist etwas (?)

Kl: Ja (nickt, öffnet die Augen) so was wie ‚zurückziehen' ...

Th: Hmmh, *zurückziehen* ... Können Sie damit in Kontakt bleiben vielleicht ein bißchen betasten, wie es sich innen anfühlt (?)

Kl: (schließt wieder die Augen) – Nach ca. 10 Sekunden: Es ist eher, daß sich da was zusammenzieht ...

Th: Oh ja, *zusammenzieht* – irgendwas zieht sich da zusammen.

Kl: Hmmh – wie so'ne ... eine Faust! Wie eine Hand, die sich zusammenzieht zur Faust.

Th: Richtig, zusammenzieht zu einer Faust. (Kl nickt)

Th: Schauen Sie sich das ruhig 'mal an, was immer sich da zeigen mag ...

Kl: Im Augenblick sehe ich nur die Faust.

Th: Gut. Verweilen Sie ruhig bei diesem Zusammenziehen, bei dieser Faust und wie es sich anfühlt, um die Körpermitte herum ... vielleicht ausprobieren: Wie paßt das zueinander? (Pause 20 Sek.) Manchmal verändert es sich noch oder es taucht ein anderes Wort oder Bild auf ...

Kl: Ja, *hart machen* – Th: Ja, hart machen (Kl beißt auf Unterlippe)

Th: Und da ist noch etwas. (Kl nickt, zögert)

Th: Schauen Sie sich das ruhig selbst erst an. Sie brauchen es mir nicht schon zu sagen ... vielleicht braucht es noch etwas mehr Raum. (Kl nickt) Und schauen Sie, wo Sie ihm einen guten Platz geben können. (Kl nickt, zeigt tiefere Rührung)

Th: (nach 10 Sek.) ... und Sie können hier einfach sitzen und es spüren – was immer es Ihnen zeigen mag ... (Pause 25 Sek.)

Kl: (nickt mehrmals, atmet tiefer ein und aus, mit dem Ausatmen geht ein Loslassen durch den ganzen Körper. Sie öffnet die Augen und nimmt Blickkontakt auf): Das war jetzt ganz eigenartig. (Th: Ja) Da ist plötzlich ‚Laß' mich nicht allein!' dagewesen – wie so ein Aufschrei! (Th: Ja, richtig!) Und ich war froh, daß Sie mir da Zeit gelassen haben ...

Th: Hmmh, dieses ‚Laß mich nicht allein!', das braucht Raum.

Kl: Ja und irgendwie kam dann alles zusammen: Ich hab es irgendwie schon gewußt, aber ich wollte es nicht sehen, vielleicht wegen der Konsequenzen ... (Th: Ja?) ... diese Ahnung, daß ich mit meinem Mann zu keinem Kind komme. Ich hab' immer wieder klein beigegeben. Zu Beginn war ja ganz klar, daß wir Kinder haben wollten. Aber dann, im Laufe der Jahre, da hatte er immer so gute Argumente, daß wir's uns besser jetzt noch nicht leisten sollten. Und jetzt heißt es plötzlich: Über Dreißig wird das Kinderkriegen immer riskanter ... und wir schlafen auch kaum noch miteinander.

Th: Und das klingt bitter.

Kl: Das ist bitter ... mein Gott! (Pause ca. 10 Sek.)

Th: Sie sind bestürzt darüber (?)

Kl: Ja, schon – aber eigentlich auch nicht ... So deutlich habe ich's halt noch nicht gesehen, aber es ist schon so.

Th Ich erlebe es so, als würden Sie sich jetzt mit diesem Gedanken, mit dieser Möglichkeit erst richtig vertraut machen (?)

Kl: Ja, stimmt – und ich sehe mich da gar nicht hinaus, was ich jetzt tun soll. Aber es ist gut, daß ich das jetzt so klar sehe.

In siebzehn Therapiesitzungen arbeitet die Klientin an der Lösung ihres inneren Konfliktes zwischen den Strebungen nach Sicherheit/Geborgenheit und nach Selbstausdruck und Weiterentwicklung. Sie kommt zunehmend in die Lage, dem Ehemann gegenüber ihre Bedürfnisse klarer zu äußern und zu ihren Gefühlen zu stehen. Hierfür erweisen sich auch Rollenspiele als dienlich, bei denen der Therapeut stellvertretend für den Ehemann als Ansprechpartner fungiert. Die Klientin nimmt dann an einer Therapiegruppe teil, die sich an zwei Wochenenden und acht Abenden trifft. Beim Nachgespräch vier Monate später berichtet sie von einem Urlaub mit ihrem Mann, bei dem sie es genießen konnte, ganz ohne Programm „einfach nur zu faulenzen". Die Kontakte zu Ihrem Mann seien lustvoller geworden. Sie denkt daran, die Pille abzusetzen, auch wenn ihr Mann davon nicht gerade begeistert sei. Die Geschmacksstörung, der Anlaß für ihr Kommen, sei mittlerweile „irgendwie weggegangen".

Zur Indikation, Therapiedauer und Therapeutenwahl

Im Laufe der Jahre wurde die GPT bei vielen klinischen Störungsbildern erprobt. Sie wird als Methode der Wahl betrachtet, wenn der individuellen Problematik ein innerer Konflikt zugrundeliegt, der von der Person zumindest ansatzweise als solcher erfahren wird. Wenn Unruhe, Spannung, Unzufriedenheit und Angst auftreten, weil die Person eigene Gefühle wie unerwünschte Gäste oder Störenfriede behandelt, eigene Gedanken und Strebungen verleugnet, unterdrückt oder verzerrt, ist eine GPT angezeigt. Hierzu gehören die meisten neurotischen Störungen (soziale Ängste, Versagensängste, Vermeidung von Situationen und Objekten, Angstattacken, neurotische Depression und Leistungsstörungen). Jugendliche oder Erwachsene, die aufgrund eines Konfliktes den Übergang zu einem neuen Lebensabschnitt (Beruf/Studium, Partnerschaft, Elternschaft, Ablösung von den Kindern) noch nicht bewältigt haben, können von einer GPT oder klientenzentrierten Beratung wirksame Hilfe erwarten. Das in Konflikthaftigkeit begründete Leiden an der eigenen Person und am andern kann sich auch in Partnerproblemen, Erziehungsschwierigkeiten und Familienkrisen äußern. Auch vielen Verhaltensproblemen, die mit Unsicherheit einhergehen, liegen innere Konflikte zugrunde, für die eine GPT angezeigt ist.

Neuere Ergebnisse belegen eine gute Wirksamkeit der GPT bei tiefgreifenden frühen Störungen, insbesondere dann, wenn dem einfühlenden Verstehen eine zentrale Bedeutung zukommt (Meyer et al., 1988). Ferner liegen beeindruckende Therapieergebnisse vor bei besonders schwer beeinträchtigten psychiatrischen Patienten, schizophrenen Störungen, depressiven Störungen, Borderline-Störungen, Angsterkrankungen (Eckert, 1994; Greenberg et al. 1994; Teusch und Böhme, 1991; Teusch et al., 1994). Für psychosomatisch Erkrankte, die keinen oder nur geringen Zugang zur eigenen Emotionalität haben und damit ungünstige Voraussetzungen für eine Psychotherapie mitbringen, wurden klienten- und körperzentrierte Ansätze entwickelt, mit denen ebenfalls gute Ergebnisse erzielt werden (Finke und Teusch, 1991; Reisch, 1994; Sachse, 1995).

Zur Prognose und damit auch zum voraussichtlichen Zeitbedarf kann generell gesagt werden: Einer Person, die bereits zu Beginn einer Psychotherapie ein höheres Maß an Selbsteinfühlung und Selbstakzeptanz aufweist, ist es leichter und schneller möglich, das Therapieangebot umzusetzen. Sie erreicht schneller ihr Ziel und macht in der gleichen Zeit deutlichere Fortschritte als jemand, der sich zu Beginn noch ablehnt und seine Gefühle bekämpft oder verleugnet. Selbsteinfühlung ist ein Indikator für die Fähigkeit des Klienten, konstruktiv Beziehung zu sich und zum Therapeuten aufzunehmen. Eine Dauer von 25–60 Sitzungen, meist im wöchentlichen Abstand, scheint für erfolgreiche Therapien typisch zu sein.

Die Teilnahme an einer klientenzentrierten Encountergruppe (Selbsterfahrungs- und Therapiegruppe) ist vor allem dann angezeigt, wenn konkrete Erfahrungen mit anderen benötigt werden, sowie Rückmeldungen über solche Verhaltensweisen und Wirkungen, die sich in der Einzeltherapie nicht ergeben. Die „Sandkastensituation“ der Gruppe ermöglicht es auszuprobieren, was in der Einzelarbeit angelegt wurde und fördert den Verhaltenstransfer in die Alltagssituation. Es erweist sich mitunter als sinnvoll, eine Bezugsperson (Partner, Familienangehörige) des Klienten zeitweilig hinzuzuziehen oder von der Einzelarbeit zur Paar- oder Familientherapie überzugehen.

Das Stundenhonorar ist bei freier privater Abrechnung Bestandteil des therapeutischen Vertrages und vom Therapeuten festzulegen. Der Betrag bewegt sich in dem für Psychotherapie üblichen Rahmen. Eine Kostenübernahme durch die Krankenversicherung ist im jeweiligen Fall mit dem Therapeuten und mit der Versicherung zu klären.

Daß es zu einer ausreichenden Übereinstimmung und guten Zusammenarbeit in der Therapie kommt, liegt nicht am Therapeuten allein. Er kann sein therapeutisches Angebot machen; ob es der Klient für sich geeignet findet und darauf eingeht, ist dessen Sache. Auch wenn der Therapeut von seiner Person her die Bedingungen dafür schafft, daß „die Therapiestunde die Stunde des Klienten ist“ (Rogers), ist es erforderlich, daß der Klient sich auf die persönliche Art und die Rahmenbedingungen des Therapeuten einstellt. Als eine Wachstumsbeziehung erfordert der therapeutische Dialog, daß sich beide beständig aneinander orientieren. Sonst würden sie sich aus den Augen verlieren und nichts gemeinsam erreichen.

Um Adressen von gut ausgebildeten Gesprächspsychotherapeuten zu bekommen, können Sie Therapeutenlisten von den anerkannten Gesellschaften anfordern. Deren Zertifikatsinhaber absolvierten eine umfangreiche Therapie-Weiterbildung (mit Eigentherapie) auf der Grundlage eines qualifizierenden Studiums (meist Psychologie oder Medizin). Ihr Zertifikat, z. B. „GesprächspsychotherapeutIn (GwG)," ist nicht nur an den erfolgreichen Abschluß der Ausbildung gebunden, sondern verpflichtet die Therapeuten zu einer ständigen Qualitätssicherung durch Fortbildung und, während des gesamten Berufslebens, zur Qualitätskontrolle durch fachliche Supervision.

Zusammenfassung

Die klientenzentrierte Gesprächspsychotherapie ist ein wissenschaftlich fundiertes Verfahren, dessen Wirksamkeit durch zahlreiche empirische Studien hervorragend belegt ist. In ihrem Zentrum steht die jeweils einzigartige Person und ihre Art, wie sie die Welt und sich selbst erlebt. Die zwischenmenschliche Beziehung der Therapie und die Autonomie der Person sind die Basis, auf der sich Wachstumschritte ergeben, die über die Auflösung innerer Konflikte und Wahrnehmungsbarrieren zu persönlicher Stimmigkeit und Symptomfreiheit führen. Die konstruktiven Erfahrungen setzen sich im Klienten auch nach Abschluß der Therapie fort. Im Kontakt mit der Welt verwirklicht er in realistischer Weise seine Werte.

Empfohlene Literatur: Biermann-Ratjen, E.-M., Eckert, J., Schwartz, H.-J.: Gesprächspsychotherapie. Stuttgart: Kohlhammer, 1995. *Finke, J.:* Empathie und Interaktion. Stuttgart: Thieme, 1994. *Rogers, C. R.:* Therapeut und Klient. Frankfurt/M.: Fischer, 1993.

2. Focusing

Wilhelm Gerl

Einführung

Focusing (Verlaufsform von *to focus*) ist eine am persönlichen Erleben orientierte Methode, um gezielt den ganzheitlichen Erlebensprozeß (*experiencing process*) zu fördern. Dieser ist das Kernstück des Wandels, der in allen Psychotherapierichtungen angestrebt wird. Er ist verbunden mit körperlich spürbaren Empfindungen. Wenn die Person dieses innere Geschehen in Bezug auf ihr Thema (Frage, Aufgabe, Problem) unmittelbar erlebt, macht sie bedeutsame Erfahrungen in einer sinnhaften Weise. Die Stimmigkeit und die Evidenz der auftauchenden Bilder, Worte oder Bewegungen geben ihr die Gewißheit, die „eigentliche" Bedeutung ihrer Frage oder Schwierigkeit gefunden zu haben. Diese persönliche Bedeutung kann sich dann voller entfalten und verändert den bisher eingeengten oder problematischen Bezug zu dem betreffenden Thema. Der kreative Lernprozeß setzt sich aus eigenem Antrieb und in einer Weise fort, die einer naturgemäßen inneren Ordnung entspricht.

Focusing ist eine eigenständige Weiterentwicklung der klientenzentrierten Psychotherapie. Sie ist eine tiefenpsychologische Methode, die gezielt mit unter- und unbewußtem Wissen arbeitet. Mit ihr ist es möglich, das implizite Wissen des ganzen Organismus in die Therapie einzubeziehen. Focusing wird deshalb auch als „klientenzentrierte Körpertherapie" bezeichnet. Mit Körper meint Gendlin die organismische Ganzheit vor der begrifflichen Unterscheidung in Soma, Psyche und Geist. Focusing weist theoretische und methodische Gemeinsamkeiten mit der modernen Hypnosetherapie nach Milton H. Erickson auf. Die spezifisch fokussierte Aufmerksamkeit führt zu physiologischen Veränderungen und zu einem erweiterten Bewußtsein. Sie oszilliert zwischen dem Tagbewußtsein und tieferen Bewußtseinsschichten und ähnelt phasenweise der leichten bis mitteltiefen Trance, die psychotherapeutisch wirksame Hypnosen kennzeichnet. Mit Focusing können daher, auch in offiziell nicht-hypnotischen Beratungs- und Therapiesituationen, heilsame Prozesse induziert werden, die mit jenen der Hypnosetherapie vergleichbar sind.

Ursprünge

Focusing wurde von dem Psychologen und Philosophen Eugene T. Gendlin entwickelt. Er erforschte, was geschieht, wenn Erkenntnis, Umstrukturierung und Integration tatsächlich und spürbar erfolgen. Der Focusing-Prozeß ist identisch mit diesem kreativen Wandel, der Problemlösungen kennzeichnet. Gendlin hat ihn so präzise beschrieben, daß es möglich wurde, ihn systematisch einzuleiten und so zu begleiten, daß sowohl der Bezug zum Erleben und zum Körper als auch zum gewählten Thema erhalten bleibt.

„Die meisten Psychotherapien", beklagte Gendlin 1979, „bestehen, ohne Focusing, in einem Darüber-Reden, das nicht hinabreicht und das berührt, was in uns Veränderung braucht." Focusing jedoch „nimmt direkt Berührung auf mit der konkreten Ebene in uns, wo unsere Probleme tatsächlich sind. Die Ebene in uns, wo diese Faßbarkeit ist, ist unterhalb des Denkens und der Gefühle. Das Erlebnis des Focusing läßt dich, wenn du es einmal gehabt hast, dein eigenes inneres Dasein spüren. Mit Focusing weiß man, wenn man sich ändert; es ist eine konkrete organismische Erfahrung. Der Organismus, innerlich angefühlt, ist ein ganzes Stück weiser als das Denken. Der Organismus speichert und integriert die Millionen von Details, die du so gar nicht denken kannst, außer eines nach dem andern." (persönliche Mitteilung)

Umfangreiche Studien Gendlins (an der University of Chicago, wo er nach langjähriger Zusammenarbeit mit Carl Rogers dessen Nachfolger wurde) kamen zu dem überraschenden Ergebnis: Erfolgreiche Patienten, die während und nach ihrer Therapie deutlich konstruktive Änderungen zeigten, waren bereits in den ersten Sitzungen zu erkennen an der Art, wie sie mit sich und ihrem Erleben umgingen. Für den Unterschied zu jenen Personen, die keine oder nur geringe Verbesserungen erzielten, waren nicht die Techniken der Therapeuten ausschlaggebend, auch nicht die vom Patienten angesprochenen Inhalte oder die bearbeiteten Themen. Es kam auf die Art an, wie die Person sprach, wenn sie etwas von sich und ihren Gefühlen mitteilte. Diese Art weist darauf hin, wie eine Person innerlich zu sich steht und mit sich umgeht. Und genau dieser Selbstbezug, dieses Mit-sich-in-Kontakt-Sein, gab den erfolgreichen Patienten bessere Möglichkeiten, das Therapieangebot für sich zu nutzen. Gendlin und seine Mitarbeiter erfaßten nun, was solche Menschen spontan richtig tun, und entwickelten ein Modell, das dies in seinen einzelnen Schritten beschreibt. Die Schritte wurden an einer großen Personenzahl erprobt und in ihrer universellen Gültigkeit bestätigt.

Grundannahmen

Für das Focusing gelten die gleichen anthropologischen Grundannahmen wie für den klientenzentrierten Ansatz (siehe Gesprächspsychotherapie). Die Selbstaktualisierungstendenz und die zwischenmenschliche Beziehung sind ausschlaggebend für die Entwicklung der Persönlichkeit. Beim Focusing wird die Aktualisierungstendenz im Prozeß des Erlebens unmittelbar auffindbar. Indem das ganzheitliche Erleben wieder in Gang kommt, erfolgt die Selbstaktualisierung in einer für die Person stimmigen Weise. Dem körperlichen und imaginativen Erleben und dem nichtsprachlichen Ausdruck kommt dabei eine wichtige Funktion zu. Das Erleben ist der Motor dieses integrativen Lernprozesses. Der Therapeut schafft günstige Bedingungen für ihn und begleitet ihn. Was im Erleben von selbst auftaucht (neue Worte, innere Bilder und Bewegungen), muß nicht gedeutet werden – weder vom Klienten noch vom Therapeuten. Es kann seine Bedeutung von selbst entfalten. Lästige oder bedrohliche, durch strukturgebundenes Denken aufrechterhaltene Fragen, Konflikte, Gefühle und Symptome werden durch unmittelbares Erleben (experiencing) und körperorientiertes Bedeutungsfinden (focusing) annehmbar, neu verstanden und beginnen, sich zu wandeln.

Methodik

Wenngleich es sich beim Focusing-Prozeß um etwas äußerst Komplexes handelt, meint Gendlin, Focusing selbst sei einfach; es sei nur schwierig, es einer Person so zu beschreiben, daß sie es selbst finden könne. Focusing ist etwas ganz Natürliches, das dem Menschen und seiner Ausstattung zutiefst entspricht und bei der Lösung einer Aufgabe, die Kreativität erfordert, spontan abläuft. Das Focusing-Modell beschreibt diesen Prozeß des

Problemlösens und gibt eine Anleitung zu ihm. Anders als beim intellektuellen Suchen von Einzelaspekten und Zusammenhängen werden beim Focusing ganze Sinngestalten und Bedeutungen gefunden. Focusing läßt sich in sieben Schritte untergliedern:

1. *Raum* schaffen
2. *Thema* wählen und gedanklich fokussieren
3. auf den *felt sense* (die körperlich spürbare Bedeutung) achten und bei ihm verweilen
4. *symbolisieren*; aus dem felt sense Worte, Bilder, Bewegungen kommen lassen
5. *überprüfen*; die zutreffendste Symbolisierung durch den felt sense bestätigen lassen
6. *Bedeutungsentfaltung*; hierzu evtl. offenlassende Fragen an den felt sense stellen
7. *erweiterte Bezugnahme* und Abrundung

Ein Focusing-Prozeß kann *indirekt*, durch empathische Fragen des Therapeuten angeregt werden; er kann auch *direkt* eingeleitet werden: Die Person wählt dabei ein Thema, sorgt für eine gute Befindlichkeit und klärt ihren inneren Raum von anderen Denkinhalten. Sie richtet ihre Aufmerksamkeit zuerst auf die Körpermitte, sodann auf das Thema und verweilt schließlich in einer achtsam-gelassenen Weise bei der Resonanz, die das Thema im zentralen Körperbereich auslöst. Die Bedeutung, die das fokussierte Thema für die Person als ein Ganzes hat, ist zunächst noch unklar. Sie ist im *felt sense*, einer meist erst vage gefühlten Anmutung, impliziert. Dieses intuitive Wissen kann nun über sprachliche und bildhafte Symbolisierungen bewußt werden und zur Entfaltung gelangen. Die Bedeutungsfindung erfolgt entweder spontan, wenn in einer achtsam offenlassenden Haltung verweilt wird. Sie kann auch angeregt werden, indem der *felt sense* als die spürbare Repräsentanz der Bedeutung mit offenen Fragen, mit Worten und Bildern, die zu ihm passen könnten, sanft „betastet" wird.

Das Erleben wird also nicht „in den Griff genommen" durch das *strukturgebundene Denken* über dieses Thema. Auch kommt es nicht zum wertlosen und problemstabilisierenden *emotional engineering* (Gendlin), das häufig zu beobachten ist, wenn *über* Gefühle geredet wird. Statt dessen können nun vom Körpererleben her neue Worte, Bilder oder Bewegungen auftauchen und die Bedeutung entfalten helfen. Diese ideodynamischen Reaktionen (plötzlich auftauchende Ideen, neue Sichtweisen, veränderte Gefühlszustände) werden als evident und nicht-willkürlich erlebt. Der gefühlte Wandel wird als *felt shift* bezeichnet.

Fallbeispiel

Lesen Sie hierzu bitte das Transkript im Kapitel Gesprächspsychotherapie, S. 178-180

Gegenwärtiger Stand, Indikation

Focusing kann in jeder Psychotherapie Platz finden und zu einer vertiefenden Erweiterung führen. Es kommt auch als eigenständige Focusing-Therapie zur Anwendung. Focusing ist nicht indiziert, wenn die Person sich selbst nicht geheuer ist und erst lernen muß, bedeutsame Gefühle und Strebungen als zu ihr gehörig zu erkennen. Wenn Probleme der Abgrenzung von Ich und Nicht-Ich vorliegen (Borderline-Syndrom, Psychose), sollte Focusing nicht oder nur von sehr kundigen Psychotherapeuten eingesetzt werden. Hingegen ist Focusing die Methode der Wahl für die *Integration* von Wissen und Emotionen, wenn ein befriedigenderes Erleben, ausgewogene Entscheidungen und ein stimmiges, stabiles Handeln angestrebt werden.

Die Einbeziehung der Weisheit des Organismus kommt auch der Selbsthilfe zugute. Das Focusing mit seiner rationalen Struktur gewährleistet, wie moderne Formen der Selbsthypnose, der Person ein hohes Maß an Prozeßsicherheit und Schutz. Es ist relativ leicht zu erlernen und bietet als Eigen- oder partnerschaftliches Focusing eine erstaunliche Effizienz. Eine selbstakzeptierende und empathische Beziehung zu sich selbst erleichtert das Focusing, muß aber nicht vorausgesetzt werden (was bei der psychischen Situation der Hilfesuchenden auch überzogen wäre). Mittels der gut nachvollziehbaren Focusingschritte kann der Erlebensprozeß wieder in Gang kommen und die Person gleichzeitig in eine therapeutische Beziehung zu sich selbst gelangen.

Focusing wird immer mehr auch für die Bearbeitung von Träumen eingesetzt. Jeder Traum, auch wenn er nur vage erinnert wird, hinterläßt bereits einen felt sense. Gendlins Traumtheorie befindet sich, wie das Focusing, im Einklang mit der Selbstorganisationstheorie des Gehirns, die den aktuellen Stand der Forschung repräsentiert (Gendlin, 1987).

Neuropsychologische Studien (Don, 1978) ergaben: Wenn ein felt shift erlebt wird, geht das einher mit charakteristischen Veränderungen im EEG. Unmittelbar bevor die Person ein „Aha-Erlebnis“ oder eine Eingebung hat, verändern sich der Alpha- und der Thetarhythmus im Hirnstromwellenbild. Die daraufhin zu beobachtende kortikale Aktivität bezieht beide Hirnhälften ein, und es kommt zu einer Reorganisation auf einem höheren Integrationsniveau. Wie bei der Hypnosetherapie nach Milton Erickson und bei der Meditation kann der entscheidende umstrukturierende Akt mit einem veränderten Zusammenwirken der beiden Hirnhälften erklärt werden (Peter und Gerl, 1988).

Das ist folgendermaßen zu verstehen: Nachdem das Thema begrifflich bestimmt wurde, findet, wie bei der Induktion einer hypnotischen Trance, eine Beruhigung des üblichen Denkens statt, sowie die Konzentration auf sinnliche Wahrnehmungen und sinnhafte Erlebnisbilder. Mit der Aufmerksamkeit wird auch der Schwerpunkt der kortikalen Aktivität verlagert – von der dominanten „sprachlichen“ Hirnhälfte in die sogenannte subdominante Hemisphäre. Deren Stärke liegt im Bildhaften und im Umgang mit Neuem und Mehrdeutigem. In ihr bildet sich der felt sense als gefühlshafte „Bedeutungsaura“ des Themas. Die innere Verarbeitung kann im Focusing nun über beide Seiten verfügen und diese abwechselnd und gleichzeitig arbeiten lassen. Dabei leistet die sprachlich-analytische Hemisphäre zur Bedeutungsfindung den kognitiven Anteil, während die andere, bildhaft arbeitende Seite den ganzen Erfahrungshintergrund und unbewußtes situatives Wissen in die Synthese einbringt. Sie sorgt dafür, daß die neue Bedeutung in einer für die Person stimmigen Gestalt (Symbolisierung, Metapher) erscheint, die eine Vielfalt neuer Möglichkeiten eröffnet.

Das Focusing hat im deutschsprachigen Raum breite Anerkennung auch bei solchen Psychotherapeuten gefunden, die sich früher auf das Gespräch konzentrierten. Schließlich hat Carl Rogers selbst in seinen späten Jahren auf die Erlebnisdimension hingewiesen, die im Focusing besonders beachtet wird und in der Hypnosetherapie als „Trance“ gilt (Rogers, 1987). Es ist für den Praktiker hilfreich, für den Klienten gewinnbringend und ideengeschichtlich äußerst interessant, daß damit eine teilweise Integration von klientenzentrierten Methoden einerseits und der Hypnosetherapie andererseits möglich wurde zwei Ansätze, von denen bis vor einiger Zeit geglaubt wurde, sie würden sich gegenseitig ausschließen.

Zusammenfassung

Focusing ist eine ganzheitliche, körper- und erlebensorientierte Psychotherapie- und Selbsthilfemethode. Sie fördert in gezielter Weise jenes zentrale Geschehen, das abläuft, wenn innerer Wandel tatsächlich und spürbar erfolgt. In schöpferischer interaktiver Selbsterkundung werden Sprache, Körper, Imagination und Handeln im Fluß des aktuellen Erlebens aufeinander bezogen. Dabei wird in einer achtsamen Weise Bezug genommen auf ein körperlich spürbares Bedeutungsempfinden (felt sense) im Bereich der Körpermitte. In ihm ist das ganzheitliche Wissen des Organismus zu dem gewählten Thema präsent. Focusing kann spontan auftreten oder durch geeignete offene Fragen ausgelöst werden. Mittels des felt sense kommt es dann zu einer Interaktion des impliziten, im Körper präsenten Wissens mit der Ebene der sprachlichen Symbole und zur Entfaltung der Bedeutung des Themas. Dies geschieht in einem oder in mehreren Schritten und mit innerer Folgerichtigkeit. Als eine integrative Methode findet Focusing in der Psychotherapie und Psychosomatik, in der Kreativitätsförderung, sowie für Selbsterfahrung und Eigenhilfe Verwendung. Focusing hat seine Wurzeln im klinisch-psychologischen Bereich. Aufbauend auf der klientenzentrierten Psychotherapie wurde es von Eugene Gendlin entwickelt. Es beschreibt und fördert den Prozeß der Selbstaktualisierung im unmittelbaren Erleben.

Empfohlene Literatur: Bergermann, W.: Focusing: Selbsthilfe durch Körpererfahrung. München: Humboldt, 1995. *Gendlin, E. T.:* Focusing: Technik der Selbsthilfe bei der Lösung persönlicher Probleme. Salzburg: Müller, 1981. *Gendlin, E. T.:* Dein Körper Dein Traumdeuter. Salzburg: Müller, 1987. *Weiser-Cornell, A.:* Focusing Der Stimme des Körpers folgen. Reinbek: Rowohlt, 1997.

3. Logotherapie

Elisabeth Lukas

Ursprünge

Am 2. September 1997 starb der österreichische Psychiater und Neurologe Viktor E. Frankl in Wien im Alter von 92 Jahren. Sein Tod löste international ein starkes Echo in der Fachwelt aus. War er doch einer der letzten großen Gründerväter psychotherapeutischer Denkrichtungen, nämlich der Logotherapie und Existenzanalyse, und eine weltweit berühmte Persönlichkeit: Überlebender von vier Konzentrationslagern, Würdenträger hoher medizinischer Ehrungen, darunter 28 Ehrendoktorate. Mit ihm ging eine Ära zu Ende, die, was die Disziplinen der Psychotherapie und Psychiatrie betrifft, mit Genialität, Menschenkenntnis, Intuition und Weisheit zu tun hatte und weniger mit Verfahrenstechnik, künstlichem Setting und statistischer Effizienzkontrolle. So hat zum Beispiel Frankls Buch „Man's Search for Meaning," das in den USA in Millionenauflage erschienen ist, mehr Menschen in seelischen Nöten geholfen, als er während seiner 25 Dienstjahre als Chef der Neurologischen Abteilung der Poliklinik in Wien in seinen Sprechstunden behandeln hat können. Gemäß einer Umfrage der „New York Times" vom November 1991 über „The book that made the most difference in people's lives," an der Tausende Leser teilgenommen hatten, wurde Frankls Buch unter den ersten zehn der hilfreichsten und einflußreichsten Bücher genannt, und zwar an neunter Stelle. An erster Stelle stand die Bibel.

Grundannahmen

Will man das Wesen des logotherapeutischen Gedankengutes kurz darstellen, muß man eine Auswahl treffen, denn es hat viele Facetten. Eine „Ursprungsfacette" ist sicherlich der *Widerspruch* zu reduzierenden und einengenden Interpretationen des Menschseins. Frankl ist schon als junger Arzt gegen die Thesen seines frühen Mentors Sigmund Freud aufgestanden, wonach traumatisch durchlebte Kindheiten oder unterdrückte Triebimpulse den Menschen ein Leben lang steuern würden. Ebenso meldete er Bedenken gegen die Thesen Alfred Adlers an, wonach der stärkste Motor menschlichen Handelns im Bemühen um die Kompensation tiefsitzender Minderwertigkeitsgefühle zu sehen wäre. Nach der Trennung von Adler entwickelte Frankl seine eigene *Anthropologie*, deren Kernaussage lautet: Dem Menschen eignet eine existentielle (= spezifisch humane) Dimension, die ihn von den anderen Lebewesen unterscheidet und in die die Befunde aus dem biopsychischen Raum nicht übertragbar sind. Frankl nannte sie die geistige oder „noetische" Dimension (vom griechischen Wort Nous = Geist). Fortan konzentrierten sich seine Forschungen auf die Fruchtbarmachung dieser geistigen Dimension des Menschen zur Linderung und Überwindung seelischer Störungen.

Bald zeigte sich, daß allein das Herantragen seiner anthropologischen Konzepte an die Patienten bereits heilsam wirkte. Wir Menschen leben in Bildern, die wir uns von uns selbst, von unseren Mitmenschen, von der Welt und gegebenenfalls von Gott konstruieren. Das bedeutet allerdings nicht, daß es hinter unseren Konstrukten keine wahren Sachverhalte gäbe! Sind unsere Bilder mit negativen Erwartungen, Entwertungen und Verzerrungen besetzt, geht es uns nicht gut. Wir mögen uns und andere nicht, wir fürchten „Gott und die Welt", und wir empfinden das Leben als kontinuierliche Last. Sind die Bilder im Gegensatz dazu optimistisch und daseinsbejahend, freuen wir uns öfter, und es fällt uns leichter, über manch alltäglichen Kummer hinwegzukommen.

Frankl entwarf in seinen Vorträgen und Schriften das Bild des freien Menschen, der sich zu allen Umständen und Gegebenheiten noch innerlich einstellen oder verhalten kann auf eine von ihm gewählte Weise – selbst zu seinen genetischen Veranlagungen und zu seinen milieubedingten Prägungen. Der, ausgestattet mit einer „Trotzmacht des Geistes," seinen Triebimpulsen, Minderwertigkeitsgefühlen, Frustrationen etc. nicht unterliegen muß, weil er sich geistig darüberzustellen vermag. Den Aspekt der menschlichen Freiheit verband Frankl jedoch mit der Kehrseite desselben Aspekts, nämlich mit der menschlichen Verantwortlichkeit. Verantwortung wofür? Nun, für die jeweils sinnvollste Wahl unter den gegebenen Umständen, für den personalen „Beitrag zum Gelingen des Ganzen".

Hier wird die Anthropologie Frankls mit *psychologischen Gesichtspunkten* angereichert. Ihnen zufolge ist der Mensch ein sinnorientiertes Wesen, dem ein unauslöschlicher „Wille zum Sinn“ innewohnt. Dieser Wille bricht in der Pubertät – mit dem vollen Erwachen der menschlichen Geisteskraft – als vehemente Sinn- und Identitätssuche durch und begleitet den erwachsenen Menschen als primäre Handlungsmotivation auf all seinen Wegen. Er veranlaßt ihn, sich mit Engagement und notfalls Opferbereitschaft wichtigen Aufgaben zu widmen, geliebten Mitmenschen zu dienen, Werke seiner Zuneigung zu schaffen und sich auf Gebieten seines Interesses zu betätigen. Der im Innersten des Menschen verankerte „Wille zum Sinn“ verblaßt auch nicht im Alter, sondern stimuliert bis zuletzt zur Ausschau nach zwar schrumpfenden, doch immer noch verbleibenden Restmöglichkeiten, Schönes zu erleben, Gutes zu tun und Nützliches einzubringen. Soweit die Skizze der gesunden und mündigen Persönlichkeit. Sie erntet als (unbeabsichtigten) Nebeneffekt mit hoher Wahrscheinlichkeit glückliche Stunden, vorzeigbaren Erfolg, ein stabiles Selbstbewußtsein und insgesamt die Zufriedenheit mit einem erfüllten Leben.

Dazu konträr wird in der Logotherapie der „Modus der neurotischen Existenz“ definiert, womit wir zur Facette der *Lehre von den Krankheitsursachen in der Seelenheilkunde* überwechseln. Der psychisch – nicht psychotisch! – Kranke verfehlt seine Sinnorientierung. Entweder strebt er direkt und krampfhaft nach Lust, Macht, Anerkennung, Zuwendung und sonstigen Eigenvorteilen, was ihn alsbald scheitern läßt, oder er flüchtet panikartig vor Unlust, Versagen, Beschämung und anderen belastenden Unannehmlichkeiten, was ihn isoliert und schwächt. Der neurotisch verfangene, ängstliche Patient kreist mit seinen Gedanken und Gefühlen um sich selbst und seine Befindlichkeit, statt sich mutig und selbstvergessen zur Welt zu öffnen und sein Bestes in sie hineinzuverströmen. Er will sich schützen, statt Werte aufzubauen, er zittert ums Geliebtwerden statt sich liebend zu verschenken. Seine Egozentrik ist die Falle, in die er hineintappt. Und sein verlorenes Urvertrauen, auf Grund dessen er ständig um sich selbst besorgt ist, läßt sie endgültig zuschnappen.

Frankl hat sich nicht mit Spekulationen aufgehalten, was solch seelisch Kranken das Urvertrauen geraubt haben mag. Er war sich bewußt, wie eng die konstitutionellen Faktoren mit den sozialen Faktoren beim Werdegang eines Menschen vernetzt sind, und betonte immer wieder, daß noch ein dritter Faktor mitspielt: die Selbstgestaltungskraft des Menschen. Keiner wird nur „gemacht", jeder macht auch etwas aus sich. Von vorrangiger Bedeutung für ihn waren vielmehr die Methoden zur Rückgewinnung des Urvertrauens und das therapeutische Geleit zu einem sinnorientierten Lebensstil.

Methoden

Mit dem Thema „Methoden" gelangen wir ins eigentliche *psychotherapeutische Einsatzgebiet* der Logotherapie. Da gibt es den genialen Methodenkomplex der *„Paradoxen Intention"*, die ein besonderes Charakteristikum hat: Sie mobilisiert Selbstdistanzierungskräfte im Menschen wie Humor, Mut, Phantasie und spielerische Einwilligung in die gewaltigste „Trumpfkarte der Angst," indem der Patient angeleitet wird, sich auf übertriebene Weise gerade dasjenige innigst zu wünschen, was er am meisten fürchtet. Der „lächerliche" Wunsch, z. B. von den Kollegen derart schallend ausgelacht zu werden, daß die Wände des Büros vor lauter Schallwellen wackeln, hebt die „lächerliche" Angst vor einer Blamage aus ihren Angeln. Die Methode ist vielfach variabel und hochgradig erfolgreich, insbesondere bei Angst- und Zwangssyndromen. Letztere, die bekanntlich äußerst schwierig zu heilen sind, weil sie auf ein grundsätzlich perfektionistisches Streben zurückgehen, das verbissen verteidigt wird, sind fast nur über die Einübung von extrem gegenläufigen – eben paradoxen – Intentionen zu sprengen. Der Ordnungsfanatiker etwa, der es wagt, spaßhalber mit dem absoluten Chaos Freundschaft zu schließen, und demgemäß zum Beweis seiner Freundschaft die Utensilien auf seinem Schreibtisch wild durcheinanderrührt, hat seine Krankheit schon fast besiegt.

Ferner gibt es den Methodenkomplex der *„Dereflexion"*, der auf den ersten Blick in seiner Bedeutung leicht unterschätzt wird. Da jedoch zahlreiche moderne seelische Störungsformen mit extremen Hyperreflexionen (Frankl), also mit einem permanenten gedanklichen Kreisen um das eigene Wohlbefinden, einhergehen, wenn nicht gar auf sie zurückgehen, ist die „Dereflexion" ihr angemessenes Gegengewicht schlechthin. Sie fördert die Fähigkeit des Patienten zur Selbsttranszendenz, d. h. in einer interessiert-liebenden Zuwendung zu Wertobjekten/subjekten seiner Umwelt über sich selbst hinauszufühlen und hinauszudenken, und zieht dadurch seine krankmachende Aufmerksamkeit von der eigenen Befindlichkeit ab, die sich – unbeachtet – erholt. Die Problemgruppen blockierter oder abnormer Sexualität, gestörter Bewegungsabläufe, gestörter Schlafrhythmen und allgemein psychogener und psychosomatischer Erkrankungen bis hin zum gestörten Selbstwertgefühl bedürfen dringend solch dereflektorischer Aufmerksamkeitskorrekturen, da sie geradezu aufblühen, solange sie im Brennpunkt der Konzentration eines Patienten festgehalten werden. Er strampelt dann wie der Tausendfüßler in der Fabel, der sich aussichtslos verheddert, solange er den Gehvorgang seiner vielen Beinchen reflexiv überwachen will. Ebenso sind seelisches Wohlbefinden und biologische Rhythmen vorrangig Beiprodukte sinnvoller Lebensführung und nicht per se willentlich erzielbar.

Der umfassendste Methodenkomplex der Logotherapie aber besteht in einer Palette von größtenteils philosophischen Hilfen zur „*Einstellungsmodulation*". Logotherapie ist ein zutiefst *philosophisches Gedankengut*. Bei der „Einstellungsmodulation" wird nun von der alten Weisheit profitiert, daß weniger die äußeren Bedingungen über die Qualität unseres Lebens entscheiden, als vielmehr unsere Einstellungen zu diesen Bedingungen (s. Kap. C,6). Wer sagt: „Der Autounfall hat mein Leben ruiniert, weil ich meinen rechten Arm verloren habe und nie mehr so schön zeichnen und malen werde wie früher", dessen Lebensfreude und Leidbewältigung ist erheblich geringer als die eines anderen, der sagt: „Bei meinem Autounfall habe ich enormes Glück gehabt, denn ich hätte sterben können. Ich habe zwar meinen rechten Arm eingebüßt, aber inzwischen kann ich mit der Prothese schon wieder erstaunlich gut schreiben."

Die verschiedenen einstellungsmodulierenden Argumentationsweisen der Logotherapie, allen voran der von Frankl favorisierte „Sokratische Dialog", helfen Patienten, die Sichtweisen zu wechseln, aus denen heraus sie Ereignisse oder Sachverhalte deuten. Helfen, sie so zu wechseln, daß die betrachteten Inhalte in sinnvolleres und zustimmungswürdigeres Licht getaucht sind. Dabei bleibt die Zusammengehörigkeit von Sinn und Wahrheit streng gewahrt. Es geht nicht um beschönigende Sinndeutungen oder gar Sinnsurrogate, sondern um echte Sinnfindung in der jeweiligen Situation. Wie aber gelingt Sinnfindung? Überlegen wir, wie „Findung“ überhaupt gelingt. Wie findet jemand eine Stecknadel am Teppichboden seines Wohnzimmers? Die Antwort ist einfach:

1. *Indem er sucht.* Ohne Suche kommt es kaum zu einer „Findung“. Seelisch kranke Menschen haben oft die Suche aufgegeben oder suchen das Falsche, z. B. Betäubung im Alkohol statt sinnvolle Lösungen ihrer Probleme, weshalb die Sinnsuche bei ihnen neu entfacht werden muß.
2. *Indem er, wenn nötig, die Suchlandschaft erweitert.* Im Gleichnis gesprochen, die Stecknadel nicht bloß unter dem Tisch, sondern auch unter den Sesseln sucht. Seelisch kranke Menschen suchen oft bloß im Alteingeschliffenen und Ausgeschöpften statt ihren Aktionsradius auszudehnen, weshalb sie inspiriert werden müssen, die Sinnsuche mit dem Wagnis des Unbekannten zu paaren.
3. *Indem die Stecknadel tatsächlich im Wohnzimmer vorhanden ist.* Ohne ihr „Dasein“ würde ja die emsigste Suche nichts nützen. Seelisch kranke Menschen zweifeln oft am Sinn einer Suche nach Sinn und suchen folglich „auf Sparflamme“, ohne Einsatz ihrer gesamten Potentiale. Ihnen muß glaubhaft verdeutlicht werden, daß es keine noch so düster erscheinende Lebenssituation gibt, die nicht doch eine Sinnmöglichkeit böte.

Zum dritten und in der Vermittlung kompliziertesten Punkt hat Frankl ein *weltanschauliches Gebäude* entworfen, das in seiner brillanten „*Metaklinischen Pathodizee*“ (= Abhandlung der Frage nach dem Sinn des Leidens) gipfelt. Ein paar erläuternde Worte dazu:

Sinn spiegelt sich im evidenten, unhinterfragten Empfinden von uns Menschen als Affirmation von Sein (Frankl: als „Schrittmacher von Sein“) wider. Wenn etwas unserer Beurteilung nach Sinn hat, dann ist es gut, schön, prima …, daß es da ist. Wenn etwas unserer Meinung nach Sinn hätte, dann sollte es geschehen; dann wäre es wert, verwirklicht zu werden. Die Kennzeichnung „sinnvoll“ besagt, daß es nicht gleichgültig ist, ob das damit Gekennzeichnete besteht oder nicht, sondern daß sein Bestehen seinem Nichtbestehen ausdrücklich vorzuziehen ist.

Nun enthält die Schöpfung aber eine unbestreitbar tragische Komponente, wie sie in den alten Mythen als „Abfall der Engel“,

„Vertreibung aus dem Paradies," „Zerbrechen der Ureins" etc. symbolisiert wurde. Sie zeigt sich im aggressiven Naturprinzip des Fressens und Gefressenwerdens, im „Schatten"* des Menschen (C. G. Jung), in der Sterblichkeit (Frankl: „... daß menschliches Sein zutiefst und zuletzt Passion ist – daß es das Wesen des Menschen ist, ein leidender zu sein: Homo patiens"). Sich mit dieser tragischen Komponente einfach abzufinden ist für uns schlichtweg undenkbar. Das bedeutet, daß sich ein möglicher Sinn jener tragischen Komponente menschlichem Begreifen entzieht.

Hier hakt Frankl ein, indem er die Sinnsuche angesichts der „tragischen Trias von Leid, Schuld und Tod" umdirigiert – die Stecknadel befindet sich gleichsam in einer Sondernische des Wohnzimmers, nämlich im Raum unserer eigenen Antworten auf die uns widerfahrenden Tragödien. Wohl gibt es keine (willkürliche) Sinn-Gebung, aber es gibt eine Sinnvolle-Antwort-Gebung durch den Betroffenen selbst. Auch und gerade auf das Sinnwidrige und scheinbar Sinnlose in unserer Welt können und sollen wir uns die sinnvollsten Antworten abringen, deren wir fähig sind, damit die Tragik wenigstens zum Anlaß für Positives, Hoffnungsvolles und Heilendes wird, was sie rückwirkend mit Sinn durchflutet.

Ein großartiges Beispiel dafür ist der in den Selbsthilfegruppen verwaister Eltern diskutierte und stets einleuchtende Gedanke, daß die toten Kinder nicht zum Anlaß elterlicher Katastrophen degradiert werden dürfen, sondern Quellen elterlicher Freude bleiben mögen, und daß die verwaisten Eltern daher die Aufgabe haben, ihre verlorenen Kinder in lieber Erinnerung zu behalten, aber dennoch ihr eigenes Leben aufrecht und engagiert weiterzuführen. Analog kann begangene Schuld sinnvollerweise zum Anlaß für innere Wandlung werden, oder schwere Krankheit zum Impuls, Wesentliches von Unwesentlichem zu unterscheiden bzw. sich dem Wesentlichen zu widmen. In der verzweifeltsten Situation ist noch Standhaftigkeit möglich, wie Frankl in seiner „Rolle" als ehemaliger KZ-Häftling bezeugt hat.

Weil nun eine tragische Komponente die Schöpfung durchdringt, sind sämtliche sinnvolle Antworten darauf, die kranken und seelisch notleidenden Menschen nahegelegt werden können, auf Überwindung durch Befriedung ausgerichtet. In der Logotherapie geht es nicht um die Befriedigung von Bedürfnissen, sondern um diesen Frieden mit sich, mit der Vergangenheit, mit den Mitmenschen, gegebenenfalls mit Gott. In unserer Metapher: Das Finden der Stecknadel ist sozusagen immer ein Stück Entschärfung ihrer Spitze: Die Liebe hebt sie vom Boden auf, um potentiell Schmerzen in der Welt zu reduzieren. Jeder Sinn, der erfüllt wird, macht unsere Welt menschenwürdiger und lebbarer für alle. Um beim Beispiel der verwaisten Eltern zu bleiben: jener Ingenieur, der einst das Notrufsäulennetz an deutschen Autobahnen entwarf, war ein trauernder Vater. Sein Sohn war bei einem Verkehrsunfall verblutet, weil nicht rasch genug ärztliche Hilfe zur Stelle gewesen war. Der Vater holte aus seiner Trauer die Kraft und Initiative heraus, sein technisches Wissen zur Verhütung ähnlicher Schicksalsschläge einzusetzen. Dadurch hat er nicht nur zahllose ihm unbekannte Menschenleben gerettet, er hat auch sich selbst vor einem Erstarren im Trauma gerettet.

Fallbeispiel

Friede ist nur zu haben über eine „Transformation des Leides in eine menschliche Leistung“ (Frankl), nie aber über ein bloßes Ausagieren des Schmerzes oder gar über einen (auto-) aggressiven Rundumschlag, der die Sinnwidrigkeit des ganzen Geschehens noch vergrößert. Zu dieser Thematik enthält die Logotherapie eine Reihe von konstruktiven Frustrationsbewältigungseinsichten, die sich genausogut zu *krisenpräventiven Zwecken* anwenden lassen. Eine Fallgeschichte möge das Gesagte verdeutlichen.

Eine 39jährige Patientin suchte logotherapeutische Hilfe wegen ihrer Angst vor Ohnmachtsanfällen unter Streß. Sie wurde zwar selten ohnmächtig, kaum einmal im Jahr, aber die Angst davor überfiel sie häufig, vor allem im Geschäft, wo sie als leitende Verkäuferin tätig war, und drückte ihr die Brust ab. Medizinisch war nie eine Ursache ihrer Ohnmachtsanfälle entdeckt worden. Es hatte jedoch eine schwerwiegende auslösende Erfahrung in ihrer Kindheit gegeben. Sie hatte einen Lieblingsonkel gehabt, in dessen Sommerhaus sie ihre Ferienzeiten verbringen durfte, was sie mit äußerst glücklichen Erinnerungen verband. Als sie zehn Jahre alt war, teilte man ihr schonend mit, daß der Onkel gestorben war, ohne daß man ihr sagte, *wie* er gestorben war. Als sie in den Ferien darauf wieder mit den Kindern aus dem Dorf ihres Onkels spielte, wiesen diese – ahnungslos von ihrer Unaufgeklärtheit – auf den Ast eines hohen Baumes vor dem Sommerhaus und erklärten ihr, daran habe der Onkel gehangen. Sie fiel in Ohnmacht. Seither bestand die belastende Verknüpfung von Streßfaktoren und labilem Vegetativum bei der Patientin und jagte ihre Erwartungsängste in die Höhe.

Logotherapeutisch wurde die Patientin zunächst mit mehreren Einstellungsmodulationen gestützt. Sie gewann folgende „tragbare" Einstellung

a) zum Lieblingsonkel: „Er war gut zu mir, und ich verdanke ihm wunderbare Zeiten. Der Arme muß am Ende seines Lebens sehr verzweifelt oder depressiv gewesen sein, aber das löscht keine von unseren herrlichen gemeinsamen Stunden aus. Im Gegenteil, seine liebevolle Beschäftigung mit mir, seiner kleinen Nichte, ist unter diesen Umständen besonders hoch einzuschätzen. Was er mir geschenkt hat, bleibt in der Schatztruhe meines Lebens für immer geborgen; es möge bei weitem das überwiegen, was vielleicht an seinen Vorhaben mißlungen ist ..."

b) zu den Dorfkindern: „Sie waren Kinder und wußten nicht, welchen Schock sie mir bereiteten. Sie wollten mir nichts Böses antun, sondern waren wahrscheinlich selber von der Tragödie bewegt, weshalb es sie drängte, darüber zu sprechen. Ich kann daraus etwas Wichtiges für meinen Beruf lernen. Wie schnell ist unwillentlich und unwissentlich falsch gehandelt! Es braucht Behutsamkeit im Kontakt mit Menschen, und Einfühlungsvermögen. Ich werde dies für mich persönlich beherzigen und künftig noch sorgfältiger als bisher darauf achten, wie ich mit meinen Mitmenschen kommuniziere."

Nach diesem inneren Akt des „Friedensschlusses" wurde die Patientin instruiert, ihre Ohnmachtsanfälle paradox zu intendieren, indem sie sich täglich augenzwinkernd ein „ausgedehntes, kleines Ohnmachtsschläfchen am Arbeitsplatz" wünschte, um sich „mitten im Verkaufsstreß elegant aus der Affäre zu ziehen". Es trat keine Ohnmacht mehr auf, und ihre Lebensangst verwandelte sich alsbald in gelassene, ruhige Lebenszufriedenheit.

Die Logotherapie Viktor E. Frankls kann relativ kurzfristig und dennoch langanhaltend helfen, was sie für die Nöte der kommenden Generationen, die mit knapper werdenden Ressourcen und blasser werdenden Orientierungsmaßstäben werden rechnen müssen, außerordentlich interessant macht.

Empfohlene Literatur: Frankl, Viktor E.: Das Leiden am sinnlosen Leben. Psychotherapie für heute. Freiburg: Herder, 7. Aufl. 1996. *Frankl, Viktor E.:* Zeiten der Entscheidung. Freiburg: Herder, 2. Aufl., 1996. *Lukas, Elisabeth:* Lehrbuch der Logotherapie. Menschenbild und

Methoden. München: Profil, 1997. *Lukas, Elisabeth*: Weisheit als Medizin. Viktor E. Frankls Beitrag zur Psychotherapie. Stuttgart: Quell, 1997. *Lukas, Elisabeth:* Spirituelle Psychologie. Quellen sinnvollen Lebens. München: Kösel, 1998

4. Gestalttherapie

Dirk Revenstorf

Die Gestalttherapie wurde durch Fritz Perls (1893–1970) begründet. Sie ist eine humanistische Therapieform, jedoch durch bestimmte Merkmale charakterisiert, die sie von anderen humanistischen Therapieformen unterscheidet.

Prinzipien der Gestalttherapie

Erleben

Gestalttherapie untersucht das aktuelle Verhalten und seine Blockaden. In der Therapie werden zwar Verhaltensmuster behandelt, deren Ursprung in der Vergangenheit liegt, im Vordergrund steht jedoch nicht die Erkenntnis des Zusammenhanges mit früheren Erlebnissen, sondern die Erfahrung neuer Reaktionsmuster. Ein Klient hat seit Jahren nicht geweint, weil er damit das Eingeständnis der Schwäche und die Gefahr der Kritik vermeidet. Wenn es ihm in der Therapiestunde gelingt, Trauer nicht nur zu empfinden, sondern auch auszudrücken, dann hat er eine neue Erfahrung gemacht. Die Erfahrung, daß es keine negativen Folgen haben muß, wenn er derartige Gefühlsregungen zuläßt, erleichtert ihn subjektiv und ist geeignet, eine Veränderung im Selbstbild und im Verhalten des Betreffenden einzuleiten.

Wahrnehmung

Die Gestalttherapie fördert die Wahrnehmung der inneren und äußeren Realität. Der neurotische Mensch leidet u. a. daran, daß er vermeintlich kritische Ereignisse und Regungen vermeidet. Er blendet Teile seiner Wahrnehmung aus und vermeidet es, Gedanken oder Handlungen zu Ende zu führen. Das bringt mit sich, daß er den Kontakt zur Umwelt und auch zu sich selbst verliert; sein Erleben verarmt, das Verhalten wird oft richtungslos – mehr durch Vermeidung als durch Zielsetzung bestimmt. Die Furcht vor dem Unglücklichsein führt dazu, daß wir den Kontakt einschränken: ein Handeln, das wir mit Langeweile und Unzufriedenheit bezahlen. Die *Kontaktfähigkeit* wiederherzustellen ist ein wesentliches Ziel der Gestalttherapie.

Ein Klient hat Kopfschmerzen. Er wird aufgefordert, die Schmerzen genauer zu beschreiben. Er fühlt sie hauptsächlich in den Augen und beschreibt das als Ermüdung. Bei genauer Nachfrage zeigt sich, daß die Ermüdung verknüpft ist mit der Anstrengung, aufmerksam zu sein – und zwar aufmerksam, um einen dummen Eindruck zu vermeiden. Dazu gedrängt, einen dummen Eindruck zu machen und zu überprüfen, wie er das empfindet, nennt der Klient den Therapeuten einen albernen Kerl, ist belustigt und die Kopfschmerzen sind verschwunden. Dieses Beispiel einer durch Verkrampfung bedingten Kopfschmerzreaktion zeigt, wie die anfängliche Wahrnehmung im nebulösen Eindruck einer Ermüdung endet. Bei genauem Hinsehen spürt der Klient jedoch, wie damit seine Anspruchshaltung zusammenhängt, die er als Anstrengung erlebt, aber aufrechterhält, um einen anderen Zustand zu vermeiden, nämlich den, als dumm dazustehen. Die genaue Wahrnehmung führt in diesem Beispiel zur sofortigen Auflösung des Symptoms – und damit zu einer positiven Erfahrung, daß Kontakt mit den Bedürfnissen und Empfindungen Erleichterung verschafft und eine positive Beziehung zum Gegenüber ermöglicht.

Selbstunterstützung

Ein drittes Prinzip der Gestalttherapie ist es, das Individuum aus seiner bequemen Haltung der vermeintlichen Abhängigkeit von anderen zu lösen. Symptome sind bequem, weil sie entlasten. Der Klient leidet unter einem Schuldkomplex, unter einer Wahnvorstellung, einer Perversion wie unter einem fremden, bösen Einfluß. In Wirklichkeit litt er vielleicht einmal unter einem traumatischen Einfluß oder einer fehlinterpretierten Erfahrung. Zum Zeitpunkt der Behandlung leidet der Patient vermutlich jedoch an sich selbst. Perls, der Begründer der Gestalttherapie, nimmt hier einen individuumzentrierten Standpunkt ein, indem er gesellschaftliche Mißstände und Systemzwänge als Begründung psychischer Verformungen nicht gelten läßt. Einschränkungen faßt er als Herausforderungen auf; er sagt: „Es ist die Idee, den Menschen unserer Zeit zum Leben zu erwecken und ihn zu lehren, wie er seine inneren Kräfte nutzen kann, um ein Führer zu sein, ohne ein Rebell zu werden, eine Mitte zu haben und nicht Hals über Kopf zu leben ..." (1973, S. 173). Der gesunde Mensch übernimmt nach Auffassung der Gestalttherapie für das, was er tut und ausdrückt, die Verantwortung. Das entspricht der existentialistischen Auffassung, daß es für den Menschen als Individuum letztendlich keine externe Norm gibt, sondern er immer für sich selbst entscheiden muß. In diesem Sinne wird der Ängstliche in der Therapie dazu gebracht, die Kritik, die er von außen befürchtet, selbst gegen sich zu formulieren und sie zu überwinden. Der Schuldbeladene wird dazu gebracht, den Ärger, den er auf sich zu ziehen glaubt, selbst zu äußern, die Erniedrigung, die der Schamgequälte spürt, selbst auszusprechen. Der Neurotiker wird also angehalten, für die affektiven Beeinträchtigungen, die er der Umwelt anlastet, selbst die Verantwortung zu übernehmen und sich gegen die Einschränkungen zu entscheiden, die er sich selbst auferlegt. Im Prinzip kann das folgenden Verlauf nehmen, hier am fiktiven Beispiel einer Prüfungsangst skizziert:

Stufe 1: zum Therapeuten: „Ich habe Angst zu versagen."
Stufe 2: zu sich selbst: „Du kannst nichts!"
Stufe 3: Aktivierung der Gegenposition: „Ich habe genug getan."
Stufe 4: Überprüfung der Gegenposition: „Kann ich dazu stehen?"
Stufe 5: Neuentscheidung: „Ich werde nur dieses und nicht mehr tun."
Stufe 6: Umsetzung ins alltägliche Handeln.

Der angedeutete Verlauf wurde hier in vieler Hinsicht abstrahiert. Dadurch wird nicht klar, welche Widerstände entstehen können, bis die Person bereit ist, die Gegenposition (3) zu übernehmen und erkennt, daß die Angst einem internalisierten, aber eigentlich der Person fremden Anspruch entspringt, der von anderen übernommen wurde (2). Dazu müssen häufig die elterlichen Erziehungseinflüsse wachgerufen werden. Um die Gegenposition (3) zu verstärken, kann der kindliche Trotz aktiviert werden. Die Überprüfung der Gegenposition (4) entspricht der Übernahme der Verantwortung. Die Entscheidung (5) kann revisionsbedürftig sein und die Umsetzung ins alltägliche Handeln (6) ist oft ein langwieriger Prozeß.

Das Vorgehen der Gestalttherapeuten

Frustration

Die Gestalttherapie gilt als konfrontativ. Das trifft insofern zu, als der Therapeut sich nicht schützend vor den Klienten stellt, um ihn von seinen Problemen und der feindlichen Umwelt abzuschirmen. Der Gestalttherapeut bietet dem Klienten keine Beziehung an, um Übertragungen* vorzunehmen; er läßt ihn nicht in erster Linie sich aufgehoben fühlen, wie in der Gesprächstherapie, und er berät ihn nicht wie der Verhaltenstherapeut. Vielmehr hält der Gestalttherapeut den Klienten an, sich negative und positive Regungen zuzugestehen und sie zu durchleben. Dieser Prozeß kann schmerzhaft sein, aber auch bewegend. Im allgemeinen läßt es den Klienten sein Verhalten in einem neuen Licht sehen. Der Therapeut geht davon aus, daß der Klient eine starke Tendenz hat, problematische Inhalte und Gefühle zu vermeiden. Auf diese Weise erhält er seine Neurose aufrecht. Die Vermeidung war früher vielleicht einmal Notwehr des Organismus, ist heute jedoch überflüssig und beschränkt unnötig dessen Handlungsfreiheit. Daher zeigt der Gestalttherapeut dem Klienten, wo und wie er Gefühle und Inhalte vermeidet und läßt ihn in sogenannten Experimenten erleben, was passiert, wenn er die Vermeidung überwindet. Das ist oftmals frustrierend. Die Frustration ist jedoch für Perls der Weg zur Heilung. Seine Ergänzung zur lerntheoretischen Auffassung der Entwicklung der Persönlichkeit kann in der Annahme gesehen weden, daß der Mensch nicht nur durch positive Erlebnisse, sondern gerade auch durch negative Erfahrungen lernt. Allerdings nur, wenn er die Frustration erträgt und die Trauer, Angst oder Aggression zu erleben wagt. Dazu braucht der Klient einen Anstoß, den ihm der Therapeut dadurch geben kann, daß er ihn genau beobachtet und Lücken und Inkongruenzen im verbalen oder nichtverbalen Ausdruck aufgreift. Der Therapeut ist Resonanzkörper für das Erleben des Klienten und bringt Dinge zum Ausdruck, die andernfalls unterschwellig bleiben. Er motiviert den Klienten, diese Inhalte auszuloten. Er führt ihn zur Konfrontation mit dem negativen Affekt und zu dessen Überwindung.

Regeln und Experimente

Um die Selbstverantwortlichkeit und die Bewußtheit zu fördern, werden eine Reihe therapeutischer Techniken verwendet. Sie orientieren sich an praktischen Grundsätzen, die als Regeln zusammengefaßt werden (Levitzky & Perls, 1970).

Die wichtigsten Regeln sind folgende:

1. *Hier und Jetzt*: Alle Probleme soll der Klient im Hinblick auf seine augenblicklichen Gefühle und Einstellungen behandeln. Nicht was er zu einem bestimmten Zeitpunkt in der Vergangenheit seiner Mutter oder anderen Konfliktpartnern gegenüber empfunden hat, ist hilfreich, sondern was jetzt in ihm vorgeht, wenn er daran denkt.
2. *Interaktion*: Der Klient soll nicht über eine Person oder Sache reden, sondern sich mit ihr in der Gegenwart (siehe Regel 1) auseinandersetzen. Dies geschieht in Dialogen, Darstellungen und Rollenspielen.
3. *Ich-Sätze statt Fragen*: Der Klient wird angehalten, Dinge über sich auszusagen. Weder allgemeine Formulierungen („es gibt ..:", „man kann ..." usw.) noch Fragen werden zugelassen. In beiden Fällen verlegt der Klient die Verantwortung nach außen: Im ersten Fall umgeht er es, deutlich zu machen, daß es sich um seine Meinung handelt, im zweiten Fall sucht er Unterstützung beim Therapeuten.
4. *„Wie" statt „Warum":* Der Therapeut stellt Fragen. Er fragt aber nicht nach den Gründen. Vielmehr läßt er sich beschreiben, was in dem Klienten vorgeht. Er ist am Prozeß interessiert, denn darin spiegelt sich die Struktur einer Fehlhaltung wider, ebenso wie sich darin auch der Ansatzpunkt zur Veränderung findet.
5. *Bewußtheit*: Der Therapeut fragt häufig nach, wie sich der Klient fühlt, wenn er dieses oder jenes sagt oder tut. Was er empfindet, was er sieht, was er denkt, was er sich wünscht, was ihm fehlt und ähnliche Fragen dienen dazu, den Klienten

überprüfen zu lassen, welche persönliche Bedeutung die Dinge für ihn haben, ihn wahrnehmen zu lassen, welche Bedürfnisse bei ihm vorhanden sind.

6. *Nichts erzwingen*: Der Therapeut soll den Klienten weder ausfragen noch zu Handlungen oder Einverständnissen drängen. Er kann beim Offensichtlichen bleiben: wenn sich im verbal geäußerten eine Lücke abzeichnet, dann hilft die Betrachtung des nonverbalen Ausdrucks weiter. Wenn der Klient zur Zeit bestimmte Dinge nicht tun oder ansprechen kann, dann kann der Therapeut untersuchen, was ihn daran hindert, wie er sich selbst daran hindert. Dadurch wird das Problem des ‚Widerstandes' unterlaufen.

Reizüberflutung

Es ist eine allgemein anerkannte Tatsache, daß sich neurotisches Verhalten in der Vermeidung bestimmter Inhalte und Verhaltensweisen äußert. Der Gestalttherapeut versucht den Klienten dahin zu bringen, diese Vermeidung aufzugeben. Der Klient soll sich Regungen gestatten, die ihm unerträglich erscheinen, wie z. B. den eigenen Eltern gegenüber aggressiv zu sein, in Depressionen zu versinken oder auch seine Angst einfach zur Schau zu stellen. Er durchlebt dann das Unsagbare und stellt fest, daß es eventuell unangenehm ist, aber nicht unerträglich. Dadurch wird die Erwartungsangst, nämlich die Angst vor der Angst, verhindert. Häufig sieht der Klient im Augenblick des Durchlebens einer starken Erregung außerdem den Zusammenhang mit früheren, unabgeschlossenen Erlebnissen. Der folgende Fall einer depressiven Patientin mag hierfür ein Beispiel geben:

Fallbeispiel

Die Klientin berichtet mit schwächer werdender Stimme, wie hilflos und nichtig sie sich fühlt, wenn ihr Mann sie kritisiert. Der Therapeut bittet sie, die Hilflosigkeit zu beschreiben und ihr nicht auszuweichen. Sie äußert:

Kl: Ich bin klein – nichts wert.
Th: Was brauchen Sie?
Kl: Hilfe, Schutz.
Th: Wer kann Ihnen das geben?
Kl: Mein Mann.

Th. Sagen Sie es ihm. (Sie tut es in einer Phantasieübung.) Wie fühlen Sie sich dabei?
Kl: Sicher (weint).
Th: Was macht Sie traurig?
Kl: Es erinnert mich an meinen Onkel, der mir das geben konnte, für den ich aber unwichtig war.
Th: Was haben Sie bei Ihrem Onkel gesucht?
Kl: Sicherheit, die ich bei meinem Vater nicht hatte, weil er brutal war und ich ihn verachtet habe.

Die Klientin befindet sich in einer depressiven Stimmung, die zunächst in unerklärlicher Weise durch das Verhalten des Mannes ausgelöst wurde. Indem der Therapeut sie bittet, die Depression ganz zu erleben und auszuleuchten, stellt sie fest, daß dahinter ein unerfülltes Sicherheitsbedürfnis steht. Sicherheit, die sie als Kind von ihrem Vater nicht erhalten und bei ihrem Onkel gesucht hat. Sie erfährt, daß diese Reaktion nicht ursprünglich mit ihrem Mann zusammenhängt; daß sie bei ihm etwas vermißt, was sie wohl kaum in der Form bei ihm finden wird. Sie erlebt daher die Depression nicht mehr als unerklärlich, sie steht ihr nicht mehr hilflos gegenüber.

Phantasie-Übungen und Rollenspiele

Wenn der Klient sich bereitgefunden hat, den Schritt zu wagen, die widerstreitenden Positionen, die sich in der Schwebe halten und ihn handlungsunfähig machen, zu artikulieren, oder wenn er den blockierten Gefühlen Ausdruck verleiht, stößt er häufig auf unabgeschlossene Konflikte mit Bezugspersonen wie Eltern, Geschwistern oder anderen Personen in der näheren Umgebung. Der Gestalttherapeut analysiert nun nicht mit dem Klienten zusammen, warum eine Beziehung in der Vergangenheit zu ungelösten Konflikten führte, sondern läßt den Klienten die Beziehung neu durchleben. Er inszeniert eine Auseinandersetzung mit der nicht anwesenden, möglicherweise schon längst verstorbenen Bezugsperson.

Rüdiger ist ein angenehmer, bescheidener junger Mann. Er wirkt zurückhaltend, ist vorsichtig in der Wortwahl und abwägend in seinem Urteil. In einer Arbeitsgruppe hatte er sich von anderen Teilnehmern die Führung aus der Hand nehmen lassen – ohne zu protestieren.

Fallbeispiel

Kl.: Ich habe es einfach laufen lassen.
Th: Wie empfindest du das?
Kl: Unter Gleichberechtigten steht es mir nicht zu, mich über die anderen zu stellen.
Th: Was sagst du zu dir selbst?
Kl: Das darfst du nicht.
Th: Sag den Satz zu Ende.
Kl: Dazu bist du zu dumm.
Th: Sag das noch einmal.
Kl: Dazu bist du zu dumm.
Th: Wer sagt das zu dir?
Kl: Mein Vater hat das immer zu mir gesagt.
Th: Was kannst du ihm entgegnen?
Kl: Ich habe ihm schon so viel gesagt. Er hört nicht zu. Es ist wie gegen eine Wand geredet.
Th: Antworte jetzt.
Kl: (Schweigt.)
Th: Was denkst du?
Kl: Daß es keinen Zweck hat.
Th: Was fühlst du dabei?
Kl: Ich bin traurig.
Th: Sag es ihm.
Kl: (Schluckt und schweigt.)
Th: Sag ihm etwas in der Art wie: „Es ist schade, daß du nicht kapierst, was ich will. Aber ich werde auch ohne dich zu meinem Ziel kommen."
Kl: Es ist traurig, daß du mich nicht verstehst. Aber ich werde auch ohne dich das erreichen, was ich mir vorgenommen habe.
Th: Was antwortet er?
Kl: Er lacht und wendet sich ab.
Th: Was empfindest du?
Kl: (Weint leise.)
Th: (Setzt sich still zu ihm und legt ihm die Hand auf die Schulter. Nach einer Weile): Wie geht es dir?
Kl: Besser. Ich weiß jetzt, daß ich ihn nicht ändern kann und will ohne seine Wertschätzung auskommen.

In diesem Dialog setzt sich der Klient mit seinem Vater auseinander und kommt dabei zu dem Punkt, an dem er sich die Trauer über die mangelnde Anerkennung durch ihn eingesteht. Diese Situation ist im Prinzip nicht neu für ihn, aber sie wird nicht wie sonst vom Klienten abgewürgt. Der Klient sieht einen

Zusammenhang zwischen seinem geringen Leistungsanspruch und der mangelnden Anerkennung, die er von seinem Vater erhält, und erlebt sowohl durch den Therapeuten wie auch durch die Gruppe in diesem Falle auf andere Weise Anerkennung: Er gesteht sich seine Trauer ein und wird so von den Anwesenden akzeptiert.

Theoretischer Hintergrund

Lebensphilosophie

Gestalttherapie ist eine neuere Therapieform, die sich aus verschiedenen Quellen herleitet: Sie will nicht nur eine Technik zur Behebung von Neurosen und Persönlichkeitsstörungen sein, sondern auch eine Lebensphilosophie. Laura Perls formulierte das sehr deutlich: „Die Gestalttherapie ist weder eine spezielle Technik noch eine Ansammlung von speziellen Techniken ... Die Grundkonzepte der Gestaltherapie sind nicht technischer, sondern philosophischer und ästhetischer Natur" (1992, S. 51). Dabei vertritt sie eine existentialistische Position: Es gibt für das Individuum keine verbindliche Norm; es kann sich zur Rechtfertigung seines Denkens und Handelns auf nichts berufen als auf sich selbst. Diese Verantwortung ist schwer zu ertragen, wenn das Individuum an seinem Selbstwert zweifelt – wie es der Neurotiker tut. Er sucht dann Unterstützung außerhalb. Um dies zu erreichen, manipuliert er die Mitmenschen, um sie dazu zu bringen, ihm die gewünschte Unterstützung zu geben. Die Gestalttherapie erzieht den Menschen wieder zur Selbstverantwortung – die er nur auf sich nimmt, wenn er sich selbst akzeptiert. Daher ist die Grundlage der Gestalttherapie das vielzitierte sogenannte Paradox: „Akzeptiere dich, wie du bist, und du wirst dich ändern."

Erst wenn der Mensch seine negativ bewerteten Regungen und Gefühle gelten lassen kann, hat er die Kraft, sich neu zu entscheiden und sein Verhalten zu ändern. Die negative Bewertung der Person ist jedoch selbstinduziert. In der Therapie wird gezeigt, daß diese Bewertung überflüssig ist. Hier kommt die *humanistische Grundhaltung* zum Ausdruck, daß im Menschen die positiven Regungen überwiegen. Es bedarf nur eines Anstoßes, um die *Selbstregulation* zur Genesung in Gang zu setzen.

Persönlichkeitstheorie

Zur neurotischen Verformung des Menschen kommt es durch Mechanismen, die der psychoanalytischen Theorie der Abwehr entlehnt sind. In der Gestalttherapie heißen sie: *Introjektion*, *Projektion*, *Konfluenz*, *Retroflektion*, *Deflektion* und *Desensitivierung*. Im Lernprozeß muß ein Mensch ständig neue Inhalte aufnehmen und verdauen. Übernimmt er sie unverdaut, dann bleiben sie Fremdkörper, gegen die sich der Organismus wehrt (*Introjektion*) und die so seine Energie aufzehren.

„Ich muß dies und das schaffen!" ist der introjizierte Leistungsanspruch, unter dem ein Mensch u. U. leidet. „Sonst verachtet man mich" ist die nach außen verlegte Selbstverachtung, die in Wirklichkeit das eigene Urteil darstellt (*Projektion*). In beiden Fällen versucht die Person sich Unterstützung von außen zu sichern; durch Übernahme einer akzeptierten Rolle, z. B. des Braven (Introjektion), und als Entlastung durch die eigene Abwertung (Projektion). Das erstere kommt in dem Wörtchen ‚muß', das zweite im Wörtchen ‚man' zum Ausdruck.

Der neurotische Konflikt kann auch als Kontaktproblem gesehen werden. Der Mensch macht einen ständigen Wechsel von Abgrenzung und Annäherung den anderen gegenüber durch. Die Abgrenzung bringt eventuell den Verlust der Nähe mit sich, die Annäherung eventuell den Verlust der Identität. Der Organismus wechselt daher zwischen beiden Interaktionsformen. Der überzogene Kontakt (*Konfluenz*), nämlich die Unfähigkeit, sich zu lösen, ist eine Form der Kontaktschwäche. Die andere Form der Kontaktschwäche kommt in der übertriebenen Abgrenzung zum Ausdruck: Die Person tut sich das an, was sie anderen antun möchte (*Retroflektion*), – z. B. sich selbst bestrafen – oder was sie von anderen erhalten möchte – z. B. Zärtlichkeit, Zustimmung; oder sie erkennt ihre eigenen Regungen nicht (*Deflektion*) bzw. nimmt nicht wahr, was die Umwelt von ihr möchte (*Desensitivierung*).

Der neurotische Mensch sucht daher geregelten Kontakt und Unterstützung in den sozialen Interaktionen. Dies wird z. B. durch Rituale garantiert. Eine derartige Lebensform, die am wenigsten spontan ist, nennt Perls das klischeehafte Leben; es äußert sich in Transaktionen wie „Guten Tag, wie geht es Ihnen, grüßen Sie Ihre Frau." (*Klischeephase*). Auch in der Übernahme bestimmter Rollen kann der Identitäts-/Nähekonflikt und das Unterstützungsproblem geregelt werden (*Rollenphase*). Verzichtet der Mensch auf die Rolle, dann macht er sich möglicherweise ein eigenes Programm für sein Leben; er investiert dabei viel Energie in diesen Plan, der ihn weitgehend festlegt (*implosive Phase*). Alle drei Lebensformen entsprechen dem, was Fromm (1945) „die Flucht vor der Freiheit" genannt hat. Der Mensch muß sich mangels einer animalischen Instinktleitung ständig für sein Leben entscheiden, was sehr belastend sein kann. Verzichtet er auf eine derartige eigene Reglementierung, so ist er häufig hilflos in der Wahl zwischen den Möglichkeiten gefangen: Ohne Außenlenkung und Innenlenkung ist er blokkiert (*Engpaß*). Wenn er jedoch seine Bedürfnisse stets erkennt und sein Leben nach ihnen einrichtet, indem er nicht nur mit seinem Inneren, sondern auch mit den Gegebenheiten der Umwelt in Kontakt bleibt, dann lebt er spontan, frei und ohne Zwang (*explosive Phase*). Das ist das Lebensideal, welchem die Gestalttherapie den Menschen näherbringen möchte. Sie will ihn dazu bringen, seine Bedürfnisse prägnant wahrzunehmen. Damit wird an eine These der Gestaltpsychologie angeknüpft, wonach dem Menschen eine Tendenz zur prägnanten Wahrnehmung angeboren ist. Der Mensch lebt gesund, wenn er Bedürfnisse „gestaltend" schließen kann oder sie zumindest nicht aus dem Auge verliert. Andernfalls drängen sie als unabgeschlossene Aufgaben auf Beendigung und beschäftigen das Individuum unbewußt. Eine große Anzahl unabgeschlossener Aufgaben stellt eine Belastung dar, die nur noch wenig Aufmerksamkeit und Energie für die aktuelle Lebensbewältigung läßt.

Empfohlene Literatur: Perls, F. S.: Grundlagen der Gestalttherapie. München: Pfeiffer, 1973. *Polster,E., Polster, M.:* Gestalttherapie München: Kindler, 1973.

5. Psychodrama

Wolfram Bender und Joachim Gneist

Einführung

Das Psychodrama zählt zu den humanistischen und erlebnisorientierten Psychotherapien und geht auf J. L. Moreno (1890–1974) zurück. Im Rahmen des Psychodramas können mit Hilfe des heute zur Verfügung stehenden umfangreichen Methodeninventars analytisch-tiefenpsychologische, verhaltenstherapeutische oder sozialtherapeutische Akzente gesetzt werden. Dies ermöglicht einen großen Anwendungsspielraum des Psychodramas und läßt seinen Einsatz für sehr unterschiedliche Aufgaben und Personenkreise zu. Über die verschiedenen Psychodramatechniken besteht Verwandtschaft zu Verfahren wie Gestalttherapie (s. Kap. C,4), katathyme Psychotherapie (s. Kap. A,5 – gemeinsamer Nenner ist die Imagination) und den körperorientierten Verfahren (s. Kap. C,7) Die entscheidende Eigenart des Psychodramas besteht darin, daß Erlebnismaterial, z. B. Konflikte und Problemsituationen, aber auch Wünsche und Hoffnungen, mit Hilfe und Unterstützung des Therapeuten und der anderen Gruppenmitglieder in Handlungsszenen umgesetzt, durchgespielt und nachbesprochen werden. Eine besondere Begabung, etwa in Richtung schauspielerischer Fähigkeiten, ist für Psychodrama nicht erforderlich, bisweilen sogar eher hinderlich.

Ursprünge

Moreno hat das Psychodrama aus den spontanen Rollen- und Stegreifspielen von Kindern abgeleitet, außerdem hat er messende Verfahren zur Diagnostik und Beschreibung von Gruppenstrukturen (Soziometrie) entwickelt, die auch in den Therapiegruppen des Psychodramas angewandt werden können. Psychodrama ist in erster Linie eine Gruppentherapie, kann jedoch auch in der Einzeltherapie (Monodrama) eingesetzt werden.

Grundannahmen

Das Psychodrama ist eine interpersonal orientierte Psychotherapie, die Beziehungen zwischen Menschen darstellt und analysiert, wobei verbale und nonverbale Kommunikation gleichermaßen einbezogen ist. Störungen drücken sich aus in gestörten zwischenmenschlichen Beziehungen und in Störungen des Rollenkonzeptes wie z. B. Rollenmangel, Rollenfixierungen, Rollenblockierung, fehlende Organisation oder Integration von Rollen, Rollenkonflikten.

Psychodrama führt

- zur Klärung problematischer zwischenmenschlicher Beziehungen
- zur Aufdeckung verdrängter Konflikte und emotionalen Neuerfahrung
- zum kathartischen Wiedererleben und szenischem Verstehen früherer Situationen
- zur Motivierung und Befähigung, neues Verhalten zu erproben und alte Verhaltensmuster zu überprüfen

Methoden

Eine typische Sitzung einer Psychodramagruppe verläuft in drei Phasen: Die *Erwärmungsphase* (15–20 Minuten) hat diagnostisch-anamnestische Zielsetzung; hier soll zunächst jenes Erlebnis- und Konfliktmaterial erinnert und gesammelt werden, das die Grundlage für die psychodramatische Arbeit in der *Spielphase* bildet. Diese Spielphase (45–90 Minuten) hat psychokathartische Zielsetzung, das heißt durch Wiederholen im Rollenspiel sollen emotionale Erfahrungen gewonnen werden. Die abschließenden *Integrationsphase* (30–40 Minuten) hat analytisch-kommunikative Zielsetzung: die Vermittlung rationaler Einsichten. Im folgenden sollen diese drei Phasen näher beschrieben werden.

Erwärmungsphase

Nach Eröffnung der Gruppensitzung soll es in dieser Psychodramaphase zu einer Aktivierung und einem Sich-Öffnen der Gruppenmitglieder kommen, Erwartungsängste sollen abgebaut werden, und der Gruppenprozeß in der Begegnung miteinander soll beim einzelnen oder bei der Gruppe als ganzer das Konflikt- und Erlebnismaterial aufzufinden helfen, das dann in der Spielphase gestaltet werden soll. Dieser Erwärmungsprozeß läuft in unterschiedlich fortgeschrittenen Therapiegruppen unterschiedlich rasch ab; stärker gestörte oder behinderte Gruppenmitglieder brauchen eine längere Erwärmungszeit. Die Aufgabe des Psychodramaleiters ist es anzuregen und zu sondieren, was in der Gruppe vorliegt. Techniken in der Erwärmungsphase sind etwa:

Blitzlicht: Jeder Teilnehmer äußert nach kurzer Besinnungsphase, was er jetzt gerade wahrnimmt, fühlt und tun möchte.

Identifikation mit einem Teil: Die Gruppenmitglieder werden aufgefordert, sich in der Ich-Form sprechend in einen Gegenstand, ein Kleidungsstück oder einen Körperteil hineinzuversetzen. Beispiel: Eine Teilnehmerin sagt in der Rolle ihres dunkelblauen Rockes: „Ich bin so stumpf und farblos; Ingrid (die Teilnehmerin) trägt mich immer, wenn sie sich selbst nicht mag und sich am liebsten in eine Ecke verkriecht."

Dialog im Gehen: Gespräch zwischen Leiter und Gruppenteilnehmer, wobei die äußere gemeinsame Bewegung auch den psychischen Prozeß in Gang bringen soll.

Indirekte Vorstellung: Nachdem sich die Gruppenmitglieder in Paaren zusammengefunden haben und gegenseitig Informationen über sich vermittelt haben, stellt jeweils das eine Gruppenmitglied das andere der gesamten Gruppe vor und umgekehrt. Ferner eignen sich noch eine Vielzahl von nonverbalen Übungen gut als Erwärmungstechniken.

Spielphase

Nachdem sich in der Erwärmungsphase das Thema der Spielphase herauskristallisiert hat, z. B. Konflikt- oder Erlebnismaterial eines Gruppenmitgliedes oder auch ein gemeinsames Gruppenproblem oder Gruppenthema, wird in der Spielphase dieses Material in Szene gesetzt und gespielt; wobei verschiedene Psychodramatechniken angewendet werden. Inhalte dieser Spielphase können Protagonistenspiele sein, in denen ein Gruppenmitglied ein aktuelles Problem bzw. seine psychische Situation darstellt und dabei vom Psychodramaleiter sowie von Gruppenmitgliedern, die spezifische Rollen übernehmen, unterstützt wird. Ebenso gibt es Gruppenspiele über ein gemeinsames Gruppenthema. Materialien der Spielphase können auch Träume, Märchen, Zukunftsprojektionen und anderes sein.

Wichtige psychodramatische Techniken der Spielphase sind: *Das Doppeln*: Hierbei steht der Psychodramaleiter, Co-Therapeut oder ein erfahrenes Gruppenmitglied hinter dem Protagonisten und fühlt sich in dessen Haltung, Tonlage und Gestimmtheit ein. Er spricht in der Ich-Form aus, was den Protagonisten gerade bewegen könnte. Gutes Doppeln hilft dem Protagonisten tiefer ins Erleben hineinzukommen und unterstützt damit ganz wesentlich den psychotherapeutischen Prozeß. Zumeist wird das Doppeln einfühlend und stützend sein, es kann jedoch auch erkundend (explorierend), verdeutlichend, konfrontierend und sogar paradox verwendet werden. Das Doppeln ist kein ‚Einreden'; der Protagonist nimmt erfahrungsgemäß nur das an, was für ihn stimmt. Deshalb ist ‚falsches' Doppeln (etwa von einem unerfahrenen Gruppenmitglied) nicht problematisch und führt meist dazu, daß der Protagonist sofort ‚richtigstellt', indem er sein anderes inneres Erleben ausspricht. Das Doppeln knüpft an früheste Zweierbeziehungen von scheinbar unbegrenzter Nähe und Identität zwischen Ich und Du (Mutter mit ihrem Säugling) an.

Das Spiegeln: Hierbei ahmt ein Gruppenmitglied – meist auf Aufforderung des Leiters hin – in einem Spielabschnitt den Protagonisten in Haltung und Sprache möglichst genau oder etwas akzentuiert nach. Durch diese Konfrontation kann der Protagonist zur Selbsterkenntnis und gegebenenfalls Änderung seines Verhaltens kommen. Wird erwartet, daß der Protagonist durch eine solche Konfrontation stärker belastet wird, so kann man ihm für die Szene ein Gruppenmitglied stützend zur Seite geben. Das Spiegeln entspricht in der kindlichen Entwicklung dem Erleben und Benennen des ‚Ich'.

Der Rollentausch: Hierbei nimmt der Protagonist in einer Spielszene die Rolle eines anderen ein; soweit wie möglich denkt, fühlt, spricht und handelt er wie dieser andere. In der kindlichen Entwicklung entspricht der Rollentausch der Stufe der Du-Erkenntnis, wenn z. B. das Kind in der Lage ist, sich in die Rolle seiner Mutter zu versetzen.

Weitere Techniken der Psychodrama-Spielphase sind Beiseitereden und innerer Monolog, Aktionssoziogramm (die Gruppenmitglieder verteilen sich in räumlicher Nähe und Distanz, wie es ihrer gegenseitigen Sympathie oder Antipathie entspricht). Besondere Formen des Aktionssoziogramms sind das soziale Atom (Moreno), bei dem der Protagonist seine wichtigen sozialen Bezugspersonen von Gruppenmitgliedern darstellen läßt und sie entsprechend um sich gruppiert, und das Spektrogramm, d. h. die Gruppenmitglieder ordnen sich räumlich zwischen zwei Extrempolen, z. B. aktiv/passiv entsprechend ihrer Selbstwahrnehmung ein.

Während die Bereitschaft zu Protagonistenspielen, bei denen sich ja ein einzelner mit seinen Problemen einbringt, eher zunimmt, wenn die Gruppe sich besser kennt und Ängste abgebaut oder reduziert sind, eignen sich Stegreifspiele besonderes gut für den Gruppenanfang. Eine andere Möglichkeit des Gruppenspiels ist das Märchenspiel. Hierbei kann ein bekanntes oder auch von den Gruppenmitgliedern spontan erfundenes Märchen den Spielstoff ergeben. In fortgeschrittenen Gruppen oder auch Ausbildungsgruppen, in denen der Schwerpunkt auf der Selbsterfahrung liegt, nimmt das Protagonistenspiel den überwiegenden Raum ein, da es dem einzelnen Gruppenmitglied die intensivste Möglichkeit gibt, sich selbst zu erfahren und an sich zu arbeiten. Beispiele für alle diese Möglichkeiten werden später vorgestellt.

Beziehungsklärung in der Gruppe: Bestehen mehrere Angebote zu Protagonistenspiele, so kann ein Vorspiel mit Auseinandersetzung zwischen den Anwärtern sinnvoll sein, wobei sich auch die anderen Gruppenteilnehmer einschalten und gegebenenfalls abstimmen können. Hierbei zeigt sich oft, daß Protagonisten, die ein latentes Gruppenthema aufgreifen, mit ihrem Spielwunsch leichter durchkommen, da sie auf Resonanz und Interesse der Gruppe stoßen. In die Entscheidung des Protagonisten für bestimmte Mitspieler geht auch zumeist seine aktuelle Beziehung zu diesen Gruppenmitgliedern ein, die sich durch das Spiel auch verändern kann. Möglichkeiten, psychodramatisch mit Konflikten in der Gruppe umzugehen, sind:

- verbale Klärung (die Kontrahenten sitzen sich auf Stühlen gegenüber)
- vertauschte Rollen (die Kontrahenten vertreten jeweils die Gegenseite)
- Sekundanten-Spiel (die Kontrahenten wählen sich ein oder

mehrere Gruppenmitglieder, die für sie mit der Gegenseite verhandeln)

Wenn auch der Protagonist im allgemeinen besonders von der Sitzung profitiert, in der er aktiv seine eigene Problematik darstellt, so können Gruppenmitglieder aus der ‚passiven' Zuschauerposition heraus in der Identifikation mitgehen und durchaus emotional stark beteiligt sein. Dies wird dann zumeist im ‚Sharing' und ‚Feedback' (siehe unten) deutlich und fördert eine Gruppenatmosphäre des gegenseitigen Verstehens, der Nähe und des Vertrauens.

Integrationsphase

Nach Beendigung der Spielphase soll in der Integrationsphase das Erleben aufgearbeitet und rationale Einsicht vermittelt werden. Hierzu zeigen die Gruppenmitglieder ihre gefühlshafte Anteilnahme am (Protagonisten-)Spiel, z. B. in der Form, daß sie kurz über ähnliche Ereignisse aus ihrem eigenen Leben berichten, die durch das Spiel aktualisiert wurden (Sharing). Die Gefühlsreaktion der Gruppe kann im Sharing auch darauf hinweisen, daß der Protagonist mit der Gruppe etwas agiert* hat (Beispiel: Ein Protagonist läßt in seinem Spiel eine offensichtliche Aggressionsproblematik hinter auffällig vorgeschobener Harmonie und Freundlichkeit verschwinden, und seine nicht gelebte und gezeigte Aggression wird erst im Sharing deutlich: Fast alle Gruppenmitglieder haben während des Spiels zunehmend Ärger und Spannung bei sich verspürt).

Im *Feedback* (Rückmeldung) berichten Protagonisten und die Mitspieler über ihre Erlebnisse und Erfahrungen in den verschiedenen Rollen (die nicht aktiv beteiligten Gruppenmitglieder können über die Rollen, in die sie sich beim Zusehen eingefühlt haben, ein Identifikations-Feedback geben). Durch den Rollenwechsel und insbesondere durch das Feedback der am Spiel beteiligten Gruppenmitglieder wird dem Protagonisten eine erweitere und sozusagen von verschiedenen Blick- und Standpunkten differenzierte Sicht auf sein Problem eröffnet. Damit das Feedback auch in dieser Richtung wirksam sein kann, muß der Leiter darauf achten, daß das Feedback konkret, beschreibend, angemessen klar und korrekt ist und nicht allgemein, bewertend, interpretierend und Motive suchend.

Das Gruppensetting

Art und Anzahl der Gruppenteilnehmer: Im allgemeinen umfassen die Psychodrama-Gruppen zwischen acht und zwölf Personen; hinzu kommen dann noch der Leiter, ein Co-Therapeut und gegebenenfalls ein Ausbildungskandidat, eine Krankenschwester oder ein Sozialarbeiter der entsprechenden Einrichtung etc. Ein Verhältnis von 50% Männern zu 50% Frauen in der Gruppe sowie eine breite Altersstreuung ist empfehlenswert.

Dauer: Für die einzelnen Sitzungen sind 1½–2½ Stunden anzusetzen (3 Stunden und mehr kommen lediglich bisweilen in Ausbildungsgruppen vor). Diese Sitzungen können einmal in der Woche stattfinden oder auch fraktioniert, also z. B. einmal im Monat ein Wochenende mit 4–6 Sitzungen. Die Gesamtdauer einer Psychodrama-Gruppe wird zwischen 25–100 Sitzungen liegen und variiert je nach Zielsetzung der Gruppe und Problematik der einzelnen Gruppenmitglieder.

Zielgruppen für Psychodrama: Klienten von Beratungsstellen, Patienten in Klinik und Praxis, Schüler, Studenten und Pädagogen (pädagogisches Rollenspiel); Einsatz in der Jugendarbeit, Erwachsenenbildung, in der Unternehmens- und Organisationsberatung sowic in der Supervision.

Inhaltliche Anwendungsschwerpunkte des Psychodramas:

a) langfristig die Lebensgeschichte aufdeckend und durcharbeitend, wobei ähnliche Phänomene wie bei der Psychoanalyse auftreten: Regression, Übertragung, Widerstandsarbeit;
b) konfliktzentriert und gegenwartsbetont im Sinne einer Fokaltherapie; hier bestehen auch Verbindungen zu den übenden Verfahren der Verhaltenstherapie;
c) zukunftsbezogen, wobei das konkrete Durchspielen einer in naher oder ferner Zukunft anstehenden Problemsituation mit Hilfe der Gruppenmitglieder wirksamer ist als das Probehandeln im Denken;
d) Psychodrama zur Förderung von Kreativität, Spontaneität und Rollenflexibilität, das dem Leiter und den Gruppenmitgliedern gemeinsam Freude und Spaß macht und damit einen erfrischenden Kontrast zu den vielen ‚ernsten' Dingen des Lebens setzen kann.

Kontraindikationen und Einschränkungen: Wie für jede Gruppentherapie ist auch für Psychodrama eine Gruppenfähigkeit zu fordern, d. h. die einzelnen Gruppenmitglieder müssen imstande sein, 1,5 bis 2,5 Stunden an einem Gruppenprozeß aktiv teilzunehmen. Während akute Psychosepatienten (Schizophrenien, manisch-depressive Störung) meist nicht gruppenfähig sind, sind Psychosepatienten in der Remission oder mit abklingender Symptomatik keine Kontraindikation für Psychodrama, wenn der Psychodrama-Leiter psychiatrisch erfahren ist. Wie für andere Gruppen gilt auch im Psychodrama, daß Mitglieder mit Suchtproblematik (z. B. Alkoholiker) besser in einer Gruppe aufgehoben sind, in der nur Patienten mit entsprechender Problematik sind. Auch Patienten mit starken sozialen Ängsten müssen unter Umständen in Einzeltherapie auf die Teilnahme an einer Gruppe vorbereitet werden. Dies gilt auch für psychosomatisch Kranke, die ihre Probleme schlecht verbalisieren können. Hier kann die Psychodrama-Einzelarbeit mit leeren Stühlen, Tücher-Collagen, Einspüren in unterschiedliche Körperhaltungen u. a. die Ausdrucks- und Einsichtsfähigkeit verbessern.

Fallbeispiele aus Psychodramasitzungen

Beispiel für ein Stegreifspiel: Nachdem sich in der Erwärmungsphase kein Protagonist herauskristallisiert hatte und die Gruppenmitglieder den Wunsch äußern, sich erst einmal besser kennenzulernen, findet sich als gemeinsame Möglichkeit für ein Spiel, das Kontakte ermöglicht, das Thema ‚Fußgängerzone'. Unter Beteiligung aller Mitglieder entwickelt sich dann sehr rasch ein Spiel, bei dem die Thematik Kontaktaufnahme mit Anbieten/Annehmen im Vordergrund steht. Es finden sich Verkäufer, die einen Obstladen, ein Reisebüro und ein Kaufhaus eröffnen (im Kaufhaus gibt es auch immaterielle Dinge wie Mut, Toleranz u. ä. zu kaufen, ‚Magic shop'); durch vom Leiter bzw. Co-Leiter eingebrachte kritische Ereignisse wie den Herzanfall eines Mannes (gespielt vom Co-Leiter) oder einen plötzlich einsetzenden Platzregen, entstehen gemeinsame Aktionen. Nach aktiver Beteiligung aller Gruppenmitglieder in der Spielphase wird in der Nachbesprechung deutlich, daß es jetzt den Gruppenmitgliedern viel leichter fällt, miteinander umzugehen, daß Gemeinsamkeiten und Berührungspunkte gefunden sind und die Kontaktängste sich reduziert haben.

Beispiel für ein Märchenspiel: In der zurückliegenden Gruppensitzung hatte das Gruppenmitglied Ingrid einen Traum gespielt. Sie hatte sich dabei in einer neuen Wohnung, in einem riesigen Bett befunden und war angstvoll erwacht. Die psychodramatische Darstellung des Traumes ergab, daß sich bei Ingrid vor dem Hintergrund kindlicher Verlassenheitsängste ganz aktuelle Befürchtungen einstellten, von ihrem jetzigen Partner verlassen zu werden. In der folgenden Gruppensitzung wird eingangs das Thema ‚Partnerbeziehung' von der Gruppe wieder aufgenommen, und einige Teilnehmer schlagen spontan vor, dieses Problem in einem Märchenspiel aufzugreifen. Die Gruppenmitglieder einigen sich auf das Märchen ‚Froschkönig' und lesen es zunächst vor (dies gibt den Teilnehmern die gleiche Ausgangsinformation; im Spiel selber kann und soll es durchaus zu Abweichungen von der Vorlage kommen). Ingrid wird von der Gruppe in die Rolle der Prinzessin gewählt, ein sie eher ängstigender Mann (Gerhard) in die Rolle des Frosches und späteren Prinzen. Eine andere Paarbeziehung, die dann auch inhaltlich im Spiel zum Tragen kommt, ergibt sich durch die Wahl des Königs und der Königin (beide sind im Originalmärchen eigentlich nur Randfiguren), und schließlich entsteht eine dritte, unerwartete Paarbeziehung daraus, daß ein männlicher Teilnehmer sich wünscht, die goldene Spielkugel zu sein, und es auch sehr genießt, durch den Garten zu rollen, während eine Teilnehmerin den Brunnen darstellt, in den die Kugel dann hineinfällt. Im Prozeß des Märchenspiels fällt nun auf, daß sich der Ekel der ‚Prinzessin' hauptsächlich gegen das gemeinsame Essen mit dem Frosch richtet und daß ihr Angstpegel am höchsten steigt, als sie den Frosch ‚an die Wand werfen' soll. In der Nachbesprechung wird ihr ihre Eß- und Aggressionshemmung bewußt und auch, wieviel ihr im Leben dadurch entgeht, daß sie weder richtig zuzupacken noch sich durchzusetzen wagt. Auch die Interaktion zwischen den Rollenträgern von König und Königin und zwischen Kugel und Brunnen werfen Schlaglichter auf die Lebensgeschichte der betreffenden Gruppenmitglieder. So legt dieses Märchenspiel zum Gruppenthema ‚Partnerschaft' Beziehungen und Übertragungen in der Gruppe offen und trägt zur Klärung und Bearbeitung bei (die übertragungsfreie und auf gegenseitige Einfühlung beruhende Beziehung zwischen zwei Menschen nennt Moreno ‚Zweifühlung'). Für Ingrid ist es möglich, einen Teil ihrer Versagens- und Verlustängste abzubauen, eine aktive, zupackende Rolle für das Leben zu erproben und das Ergebnis auch ein Stück zu genießen.

Beispiel für ein Protagonistenspiel: Ingrid, die sich in der Erwärmungsphase bei der vom Leiter vorgeschlagenen Identifikationsübung in die Rolle ihres stumpfen und farblosen Rockes hineinversetzt hatte und dabei die Rockträgerin Ingrid wie in eine Ecke verkrochen empfand, möchte an diesem Bild, das sie stark berührt, weiterarbeiten und wird damit Protagonistin des folgenden Spieles. Ingrid wird also in eine durch Stühle angedeutete Ecke gesetzt und vom Leiter aufgefordert, laut zu denken. Ein Gruppenmitglied stellt sich als Doppel hinter die Protagonistin und unterstützt sie. Nachdem die Protagonistin erst Gefühle der Beengung und Einschränkung, aber auch des Geschütztwerdens in ihrer Eckenposition verbalisiert hat, fällt auf, daß ihre Stimme höher und kindlicher wird und einen quengelig-resignativen Unterton bekommt. Auf die Frage des Leiters, wo sie jetzt sei, gibt Ingrid ganz spontan an, sie fühle sich wieder wie in ihrem Elternhaus, etwa im Alter von zwölf Jahren, es seien gerade Sommerferien und ihr stehe eine Szene vor Augen, in der ihr Vater, ihre Mutter und die zwei Jahre jüngere Schwester vorkämen. Ingrid sucht nun mit Hilfe des Leiters geeignete Gruppenmitglieder für die Rollen ihrer Eltern und der Schwester aus (für die Schwester wählt sie eine recht hübsche und selbstbewußte Gruppenteilnehmerin, mit der sie in den vorigen Gruppenstunden nicht gut zurechtgekommen ist), wobei sie kurze Charakterisierungen abgibt, die es den Teilnehmern erleichtern sollen, in die entsprechenden Rollen zu schlüpfen. Außerdem doppelt die Protagonistin die Familienmitglieder ein, d. h. sie stellt sich der Reihe nach hinter sie und spricht aus, was die handelnden Personen dieser Szene gerade denken. In der folgenden Spielszene geht es dann darum, daß der Vater eine seiner Töchter auf eine kurze Reise mitnehmen kann; eigentlich hat er es schon seiner Tochter Ingrid versprochen, aber die jüngere Schwester überredet, bittet und schmeichelt so lange, bis schließlich Ingrid zurücktritt und die Schwester mit dem Vater fährt. Von der Mutter wird Ingrid anschließend für ihre altruistische Haltung gelobt und als die vernünftigere der beiden Schwerstern hingestellt („die Klügere gibt nach"). Ingrid, die an ihrem Vater sehr hängt und selber gern mitgefahren wäre, ist resigniert, enttäuscht, fühlt sich der Schwester unterlegen und in die Ecke gedrängt. Sie realisiert weinend in einem Selbstgespräch (Psychokatharsis), daß sie in Konkurrenzsituationen gegenüber der hübscheren und durchsetzungsfähigeren Schwester eigentlich immer nachgegeben und nie richtig für ihre eigene Sache gekämpft habe. Der Leiter läßt die Szene noch einmal wiederholen, wobei die Rolle von Ingrid durch ein anderes Gruppenmitglied nachgespielt wird (Spiegeln) und Ingrid neben dem Leiter stehend als Beobachterin Gelegenheit zur Kommentierung hat. Sie wird beim Betrachten der gespiegelten Szene ganz aufgeregt und ärgerlich und meint schließlich: „Die Ingrid soll sich doch nicht übertölpeln lassen und endlich energisch dazu stehen, was sie will, so schwach ist sie nun ja auch nicht". Nachdem sich Ingrid sozusagen aus kritischem Abstand heraus selbst diesen Rat gegeben hat, schlägt ihr der Leiter vor, in einer Szene einmal zu probieren, wie es ist, wenn sie diesen Rat befolgt. Ingrid wählt eine Konkurrenzsituation mit einer Kollegin am Arbeitsplatz, bei der es darum geht, wer das bessere Arbeitszimmer bekommt. Es wird in der folgenden Spielszene deutlich, daß es Ingrid noch schwerfällt, das rechte Maß an Durchsetzungsfähigkeit zu finden, aber ein erster Versuch ist gemacht, und Ingrid bekommt von den anderen Gruppenmitgliedern positive Rückmeldung und Ermutigung.

Dies Protagonistenspiel zeigt u. a. die Vielseitigkeit des Psychodramas: Während in der ersten Spielszene aus einer Hier-und-Jetzt-Situation (sich wie in einer Ecke fühlen) analytisch-tiefenpsychologisch der Weg zu Konfliktmaterial in der Biographie der Patientin führt (Schwierigkeiten in der Auseinandersetzung mit der Schwester), wird in der zweiten Spielszene eher verhaltensmodifizierend vorgegangen (Probehandeln) und versucht, die gewonnenen Einsichten zur Änderung des alten Verhaltens einzusetzen und ein neues Verhalten einzuüben (Durchsetzung gegenüber der Arbeitskollegin).

Beispiel für ein Traumspiel: Hans berichtet, er habe einen Traum gehabt, der ihn stark beschäftige und berühre. Insbesondere eine kurze Sequenz des Traumes, deren (tiefere) Bedeutung ihm unklar sei, stehe ihm deutlich vor Augen. Als Rahmenhandlung beginnt das Traumspiel im Zimmer, in dem Hans vor drei Tagen diesen Traum geträumt hatte. Der Leiter läßt nach Beschreibung und angedeuteter Einrichtung des Zimmers Hans sich mit einer Decke auf den Boden legen und noch einmal „laut denken," was ihm an diesem Abend vor dem Einschlafen durch den Kopf gegangen ist. Hans erwähnt dabei, er habe dieser Tage eine Feriengrußkarte von seinen Eltern bekommen. Nachdem sich Hans wie im Schlaf entspannt hat und ihm sein Traumbild wieder deutlich vor Augen steht, wird dieses Bild in Szene gesetzt. Hans trägt in seinem Traum eine Art Monteuranzug und hat den Auftrag, in einer Fabrik eine Reparatur durchzuführen. Er kommt in eine sehr verlassen wirkende leere und staubige Fabrikhalle, und sein Blick fällt auf ein morsches Holzgestell im Hintergrund, an dem mehrere rostige Eisenketten hängen. Hans ist unschlüssig, wie und wo er seinen Reparaturauftrag ausführen soll, zögert und will sich eigentlich schon wieder zum Gehen wenden. An dieser Stelle läßt der Leiter Hans einen Rollentausch mit dem morschen Holzgestell vornehmen (die Rolle von Hans wird von einem anderen Gruppenmitglied übernommen), und als Ketten hängen sich mehrere Gruppenmitglieder so an den Protagonisten, daß Hans in eine gebückte Haltung kommt, in der er aber erstaunlich ausdauernd verharrt und fast provozierend stabil wirkt. Indem Hans als dieses Holzgestell laut seine Gedanken ausspricht, wirkt er gegenüber seiner Rolle als Monteur so deutlich verändert, daß ihn der Leiter fragt, wer er jetzt eigentlich sei, und Hans wird es schlagartig bewußt (Evidenzerlebnis, Psychokatharsis), daß er in der Rolle seines Vaters ist. Er kann nun auch die verschiedenen Belastungen (Ketten) des Vaters benennen, u. a. die Enttäuschung darüber, daß der Sohn Hans nicht den Weg gegangen ist, den sich der Vater für ihn gewünscht hatte. Im folgenden findet dann in Fortsetzung der Thematik, aber aus dem eigentlichen Traum herausführend, eine längere Auseinandersetzung zwischen dem Vater, der von einem Gruppenmitglied verkörpert wird, und Hans statt. Es wird deutlich, daß sich in der Vatergestalt die Züge des realen Vaters und des von Hans internalisierten Vaters (Über-Ich-Anteile) mischen, außerdem zeigt sich die starke Bindung an den Vater, bei der neben Ablehnung, Enttäuschung und Konkurrenzgefühlen doch ein starkes Bedürfnis nach gegenseitiger Anerkennung, Verständnis und Liebe besteht (Ich-Anteile). Das Spiel klingt aus, indem Hans wieder spielt, daß er aus seinem Traum erwacht und im Bett liegt; nun soll er sich das Traumerlebnis noch einmal laut denkend durch den Kopf gehen lassen.

Dieses Traumspiel zeigt, daß es im Psychodrama sinnvoll ist, auch Gegenstände oder z. B. Begriffe wie Trauer, Sehnsucht, Leere, wenn sie eine wichtige Rolle spielen, personifiziert darstellen zu lassen. Dies steht in Parallele zur gestalttherapeutischen Arbeit mit Träumen, bei der in gleicher Weise der Klient sich mit den einzelnen Gegenständen und Bildern seines Traumes identifizieren und in der Ich-Form laut seine Gedanken aussprechen soll (Beispiel aus einem Traum, in dem ein See vorkommt: „Ich bin der See, ich bin tief und kann einem Schwimmer gefährlich werden, aber an der Oberfläche zeige ich freundliche und spielerische kleine Wellen ..."); es kommt lediglich nicht zum Rollentausch mit dem Antagonisten, weil in der Gestalttherapie keine Mitspieler eingeführt werden.

Gegenwärtiger Stand

Psychodrama ist ein etabliertes (Gruppen)-Psychotherapieverfahren, das in Deutschland mit standardisierten Weiterbildungsrichtlinien an 8 Instituten vermittelt wird. Die Gesamtweiterbildung dauert mindestens 4 Jahre und gliedert sich in Vorbereitungs-, Grund- und Oberstufe. Die Bundesärztekammer erkennt Psychodrama als fakultatives Verfahren in den Zusatzbezeichnungen „Psychotherapie" und „Psychoanalyse" und in der Weiterbildung zum „Facharzt für Psychiatrie und Psychotherapie" sowie zum „Facharzt für Psychotherapeutische Medizin" an.

Zusammenfassung

Der vorliegende Überblick über die Gruppenarbeit mit dem Psychodrama beinhaltet schwerpunktmäßig Methoden sowie beispielhafte Handlungs- und Spielverläufe, deren Motive und Bearbeitung. Wie jede Therapieform hat auch das Psychodrama seine spezifischen Gefahren, mißverstanden und mißbraucht zu werden: Psychodrama hat nichts mit bloßem Aktionismus zu tun. Auch im Psychodrama wird zwischen therapeutischer Arbeit und untherapeutischem Ausagieren unterschieden. Im strukturierten Rahmen des Psychodramas, der den Teilnehmern gleichzeitig viel Raum für Spontaneität und Phantasie gibt, muß deshalb, wie bei jeder anderen Psychotherapie, konzeptgeleitet und therapiezielorientiert vorgegangen werden.

Das Psychodrama als vorwiegend therapiebezogenes Verfahren bedient sich keiner grundsätzlichen neuen Theorie der Entstehung psychischer Erkrankungen, es läßt sich somit sowohl vom Hintergrund analytischer, ich-psychologischer und auch lerntheoretischer Ansätze her begründen (bezüglich Morenos Rollentheorie siehe Literatur im Anhang). Wie schon oben beschrieben, entsprechen z. B. Doppeln, Spiegeln und Rollentausch einer kreativen Umsetzung analytischer Theorie in praktisches Therapievorgehen.

Der Vorteil von Psychodrama gegenüber anderen Therapiemethoden scheint darin zu liegen, daß Psychodrama in seinem Therapieablauf den natürlichen Zusammenhängen und Verwicklungen des Alltagslebens besonders gerecht wird: Erst was erlebt, getan und gesprochen wurde, kann hinterher sinnvoll gedeutet werden. Um diesen Vorteil wirklich nützen zu können, bedarf es allerdings der besonderen Sensibilität eines behutsamen Leiters. Zum Erwerb psychosozialer Kompetenz in der Psychodramatherapie benötigt der Leiter ebensosehr eine gründliche Selbsterfahrung und Kontrolle wie auch eine für alle Begegnungsmöglichkeiten offene, belastungsfähige und ausdauernde Persönlichkeit.

Es mag sein, daß Psychodrama ebenso wie andere intensive Erlebnistherapien Konfliktmaterial schneller auffindet. Die notwendige Durcharbeitung des Konfliktmaterials kann jedoch auch im Psychodrama nicht mit technischen Kunstgriffen verkürzt werden, sie ist wie in jeder ernst zu nehmenden Psychotherapie nur durch ruhige, kontinuierliche Arbeit in kleinen Schritten zu erreichen (Prozeß des persönlichen Wachstums bzw. Nachreifung). Der geübte Leiter wird seine Souveränität eher in Zurückhaltung ausüben und phasen- und strukturgerecht vorgehen, z. B. stützend und ermutigend bei depressiven, wahrnehmungs- und realitätsfördernd bei hysterischen Patienten.

Empfohlene Literatur: Barz, Ellynor: Selbstbegegnung im Spiel. Eine Einführung in das Psychodrama. Zürich: Kreuz Verlag, 1988. *Krüger, R. T.:* Kreative Interaktion, Tiefenpsychologische Theorie und Methoden des klassischen Psychodramas. Göttingen: Vandenhoeck & Ruprecht, 1997. *Leutz, G. A.:* Das klassische Psychodrama nach J. L. Moreno. Berlin, Heidelberg, New York: Springer-Verlag, 1974.

6. Rational-Emotive Verhaltenstherapie

Christof T. Eschenröder

Einführung

Die Rational-Emotive Verhaltenstherapie gehört zu den integrativen Formen der Psychotherapie, die kognitive, imaginative und verhaltensorientierte Methoden verwendet, um Patienten bei der Lösung von Lebensproblemen und dem Erreichen persönlich bedeutsamer Ziele zu helfen.

Ursprünge

Der New Yorker Psychologe Albert Ellis (*1913) arbeitete zunächst als Psychoanalytiker, später mit verschiedenen neoanalytischen Methoden. Da er mit den Ergebnissen dieser überwiegend vergangenheitsorientierten Methoden unzufrieden war, entwickelte er in der Mitte der fünfziger Jahre einen eigenen psychotherapeutischen Ansatz, der unter dem Namen Rational-Emotive Therapie (RET) bekannt wurde. Seit den siebziger Jahren wurden Methoden der RET auch in die Verhaltenstherapie integriert. Seit einigen Jahren nennt Ellis seinen Ansatz Rational-Emotive Verhaltenstherapie (REVT), um die Bedeutsamkeit der Verhaltenskomponente und die Verwandtschaft zur Verhaltenstherapie zu betonen.

Grundannahmen

Die REVT geht von folgenden Grundprinzipien aus:

1. Menschliche Gefühle und Verhaltensweisen werden nicht durch äußere Ereignisse hervorgerufen, sondern durch die Einschätzung und Bewertung dieser Ereignisse.

Als Vorläufer dieser Grundannahme wird häufig der stoische Philosoph Epiktet (ca. 50–135 n. Chr.) zitiert: „Nicht die Dinge selbst beunruhigen den Menschen, sondern die Vorstellungen von den Dingen." In der sogenannten *ABC-Theorie* hat Ellis versucht, die Entstehung von Emotionen darzustellen; die einzelnen Elemente dieses Konzeptes haben folgende Bedeutungen:

A (activating event – Auslöser)
B (belief – Bewertungssystem, Überzeugung)
C (consequences – Gefühle und Verhalten, die auf A folgen).

Dies soll an einem einfachen Beispiel erläutert werden: Ein Schüler wird von seinem Lehrer kritisiert, daß er seine Aufgaben nicht richtig gemacht habe. Wenn der Schüler diese Kritik als „Unverschämtheit und Schikane" bewertet, wird er wahrscheinlich Ärger empfinden. Sofern er aufgrund dieser Kritik glaubt: „Ich bin ein Versager; ich mache alles falsch", wird er sich eher deprimiert fühlen. Wenn er sich dagegen sagt: „Jeder macht mal einen Fehler; jetzt weiß ich, worauf es ankommt und kann es beim nächsten Mal besser machen", wird er diese Kritik relativ gelassen akzeptieren. Ellis (1997) hat die ursprünglich recht einfache ABC-Theorie überarbeitet und geht jetzt von einer Interaktion (Wechselwirkung) zwischen dem wahrgenommenen Ereignis, den Überzeugungen der Person und ihren Gefühlen und Verhaltensweisen aus.

2. Bestimmte irrationale Überzeugungen begünstigen die Entwicklung von emotionalen Problemen und Verhaltensstörungen.

Nach Ellis liegen neurotischen Störungen absolute Forderungen an sich selbst, andere Menschen und die Welt zugrunde (nicht nur Wünsche oder Vorlieben).

Hier drei Beispiele aus der Liste der von Ellis (1997, S. 133–167) formulierten irrationalen Überzeugungen:

- Die Meinung, es sei für jeden Erwachsenen absolut notwendig, von praktisch jeder anderen Person in seinem Umfeld geliebt oder anerkannt zu werden.

- Die Meinung, daß man sich nur dann als wertvoll empfinden dürfe, wenn man in jeder Hinsicht kompetent, tüchtig und leistungsfähig ist.
- Die Vorstellung, daß es schrecklich und katastrophal ist, wenn die Dinge nicht so sind, wie man sie gerne haben möchte.

Diese Einstellungen führen in vielen Fällen zu negativen Gefühlen, z. B. starken Ängsten, Depressionen oder hilfloser Wut, und sie behindern einen konstruktiven Umgang mit schwierigen Lebenssituationen.

3. Wenn problematische Überzeugungen konsequent und mit Nachdruck infrage gestellt werden und durch konstruktivere Überzeugungen ersetzt werden, führt dies auch auf der emotionalen und der Verhaltensebene zu positiven Veränderungen.

Die sogenannte Disputation irrationaler Überzeugungen ist ein wichtiger Schritt im Prozeß der REVT. Dabei werden selbstschädigende (irrationale) Einstellungen infrage gestellt und hilfreiche (rationale) Alternativen entwickelt. Konstruktive Alternativen zu den oben genannten drei Überzeugungen könnten folgendermaßen lauten:

- Es ist schön, wenn ich von anderen Menschen geliebt und anerkannt werde, aber es ist nicht möglich und nicht nötig, daß alle Menschen mich mögen.
- Gute Leistungen bringen oft Vorteile ein, aber mein Wert als Mensch ist nicht mit meinen Leistungen identisch; ich kann mich dafür entscheiden, mich mit Fehlern und Schwächen zu akzeptieren.
- Die Welt ist so, wie sie ist, und nicht so, wie ich sie mir wünsche. Wenn es nicht möglich ist, einen unerwünschten Sachverhalt zu verändern, hängt es von meiner Einstellung ab, wie stark und wie lange ich darunter leide.

4. Wegen der gegenseitigen Beeinflussung von Wahrnehmung, Denken, Fühlen und Handeln können auch Verhaltensänderungen zu veränderten Gefühlen und Gedanken führen.

In der REVT werden Patienten dazu angeregt, nicht nur intellektuelle Einsicht zu gewinnen, sondern auch diesen Einsichten entsprechend zu handeln, auch wenn dies zunächst von negativen Gefühlen begleitet wird. In der Regel führen erst solche praktischen Erfahrungen zu einer dauerhaften emotionalen Einsicht und zu neuen konstruktiven Gewohnheiten.

Methoden

In der Phase der Diagnostik und der Therapieplanung versucht der Therapeut, sich einen Gesamtüberblick über die wichtigsten Probleme und Ziele des Patienten zu verschaffen und eine kooperative therapeutische Beziehung aufzubauen. Typische Problemsituationen werden anhand des ABC-Schemas analysiert, wobei gemeinsam nach den grundlegenden Überzeugungen gesucht wird, die in verschiedenen Lebensbereichen zu Schwierigkeiten führen. In der Regel machen Patienten nur dann bedeutsame Fortschritte, wenn sie selber aktiv daran arbeiten, ihre Denkgewohnheiten und ihr Verhalten zu verändern.

Zu den kognitiven Methoden gehört die *Disputation*, in der selbstschädigende Einstellungen infrage gestellt werden. Hauptsächlich über Fragen versucht der Therapeut, den Patienten dazu anzuleiten, die Realitätsnähe und die Folgen von bestimmten Einstellungen zu untersuchen, z. B. „Welche Beweise gibt es, daß sie ein völliger Versager sind?“ – „Wenn ein guter Freund von Ihnen den gleichen Fehler gemacht hätte, was würden Sie ihm dann sagen?“ – „Was bewirkt es gefühlsmäßig, wenn Sie sich als Versager beschimpfen?“ – „Was könnte schlimmstenfalls passieren, wenn das eintritt, was Sie befürchten?“. Es kann auch sehr hilfreich sein, realistisch-positive Alternativen zu den bisherigen Einstellungen herauszuarbeiten und sowohl die blockierenden als auch die förderlichen Gedanken aufzuschreiben.

Fallbeispiel

Eine fünfzigjährige Patientin, die vor kurzem ihr Studium beendet hatte, hatte verschiedene interessante Ideen, was sie beruflich machen könnte. Bei Schwierigkeiten gab sie ihre Pläne aber sehr schnell auf und verfiel in eine depressiv-resignative Stimmung. Gemeinsam arbeiteten wir folgende dahinterstehende Mißerfolgs- und Erfolgsregeln heraus:

Mißerfolgsregeln
Überhöhter Anspruch: „Du solltest besonders gut sein.“

Selbstabwertung: „Ich bin schlecht, ich kann es nicht, ich bin eine Hochstaplerin."

Erinnerung an frühere Mißerfolge und negative Erlebnisse: „Ich mache das immer so und werde damit auch in Zukunft so weitermachen."

Bei Schwierigkeiten: „Es hat ja keinen Zweck."

Erfolgsregeln

Angemessene Ansprüche: „Es muß nicht immer das Größte und Beste sein, was ich mache; auch Mißerfolge und Fehler gehören dazu. Probier's doch erst einmal aus. Ich gehe auch mal ein Risiko ein."

Selbstbewertung: „Ich habe schon einiges erreicht. Es ist wichtig, daß ich mich an frühere Erfolge erinnere, damit ich sie nicht vergesse."

Erinnerung an frühere Mißerfolge und negative Erlebnisse: „War einfach so – Punkt."

Bei Schwierigkeiten: „Wenn ich ein Ziel habe, gehe ich durch, und dann erreiche ich es auch."

Bei einer guten therapeutischen Beziehung ist manchmal auch die Methode der *humoristischen Übertreibung* irrationaler Gedanken sehr wirkungsvoll. Ein Patient, der dazu neigte, eigene Erfolge immer wieder abzuwerten, berichtete, der Chef habe seine Arbeit gelobt.. Daraufhin äußerte ich: „Wahrscheinlich hatte der Chef Mitleid mit Ihnen und hat gedacht, daß Sie etwas Aufmunterung brauchen." Diese provokative Äußerung bewirkte, daß der Patient seine Leistung verteidigte und mir erklärte, sein Chef würde bestimmt niemanden nur aus Mitleid loben. Als ich daraufhin sagte: „Nun ja, auch ein blindes Huhn findet mal ein Korn", mußte er selber lachen, da er erkannte, daß meine Äußerungen genau seiner typischen Art entsprachen, mit Erfolg umzugehen.

In späteren Therapiephasen wird manchmal auch die Methode des *Rollentauschs* eingesetzt, um zu überprüfen, ob ein Patient in der Lage ist, selbstschädigende Gedanken infrage zu stellen. Dabei äußert der Therapeut die in der Therapie herausgearbeiteten irrationalen Gedanken, während der Patient die Aufgabe hat, sie zu widerlegen und bessere Alternativen zu formulieren.

Auch *imaginative Methoden* können dabei helfen, negative Gefühle zu überwinden und sich auf schwierige Situationen vorzubereiten. Patienten werden dazu angeleitet, sich zunächst eine Problemsituation und die bisher damit verbundenen belastenden Gedanken und Gefühle vorzustellen. Anschließend sollen sie sich auf konstruktive Gedanken konzentrieren und dabei beobachten, wie diese ihre Gefühle beeinflussen.

Zu den verhaltensorientierten Methoden gehört die *Konfrontation* mit bisher vermiedenen Situationen und das Experimentieren mit neuen Verhaltensweisen. Wenn Personen dazu tendieren, unangenehme Aufgaben aufzuschieben, ist es oft sinnvoll, mit ihnen *Tages- und Wochenpläne* auszuarbeiten und sie dazu anzuregen, erledigte Aufgaben in einem „Erfolgskalender“ zu notieren. Dadurch wird die Motivation gefördert, langfristige Ziele konsequent zu verfolgen.

Eine spezielle Methode der REVT sind die *Übungen zur Schamüberwindung*: Patienten, die unter sozialen Ängsten leiden und versuchen, sich niemals „daneben“ zu benehmen, erhalten die Aufgabe, absichtlich etwas Dummes, Ungewöhnliches oder Lächerliches zu tun. Beispiele dafür können sein: mit erhobenen Händen durch eine belebte Fußgängerzone gehen; in einem Geschäft versuchen, den Preis für eine Ware herunterzuhandeln; Blumen oder Geld verschenken; sich neben einem Straßenschild nach dem Namen der betreffenden Straße erkundigen; sich in einer Drogerie über die Vor-und Nachteile verschiedener Präservative beraten zu lassen etc.

Nach der Durchführung solcher Übungen können die vorher geäußerten (Katastrophen-) Erwartungen über die Reaktionen anderer Menschen mit den tatsächlichen Konsequenzen verglichen werden. Außerdem erleben die Patienten, wie Ängste bei der wiederholten Durchführung solcher Übungen abklingen; manchmal empfinden sie sogar Situationen, die früher starke Angst auslösten, als komisch und amüsieren sich darüber.

Gegenwärtiger Stand/Therapie-Rahmen

REVT kann als Einzel- oder als Gruppentherapie durchgeführt werden. Die Dauer einer solchen Therapie liegt in der Regel zwischen zehn und fünfzig Stunden. Bei sehr schweren Störungen kann u. U. auch eine längere Behandlung sinnvoll sein. Es gibt in Deutschland eine Reihe von Psychotherapeuten, die mit REVT-Methoden arbeiten, zumeist in Kombination mit anderen psychotherapeutischen Verfahren. Wenn REVT-Methoden im Rahmen einer Verhaltenstherapie eingesetzt werden, wird die Behandlung in der Regel von den Krankenkassen übernommen.

Die Wirksamkeit der REVT wurde in einer Reihe von Untersuchungen bestätigt, so daß sie als ein potentiell sehr wirksames Verfahren bei verschiedensten Störungen (wie soziale Ängste und Unsicherheiten, neurotische Depressionen, Persönlichkeitsstörungen) angesehen werden kann.

Kurze Zusammenfassung

Die von dem amerikanischen Psychotherapeuten Albert Ellis entwickelte Rational-Emotive Verhaltenstherapie (REVT) gehört zu den Therapieformen, deren Wirksamkeit relativ sorgfältig untersucht wurde. In der REVT werden Denkmuster, die zu emotionalen Problemen führen, identifiziert, analysiert und infrage gestellt. Im therapeutischen Gespräch werden konstruktive Alternativen zu den bisherigen Einstellungen herausgearbeitet. Die konkrete Umsetzung neuer Einsichten im Alltag wird durch imaginative Übungen und vor allem durch verhaltensorientierte Aufgaben gefördert. Für den Erfolg der Therapie ist es entscheidend, daß der Patient bereit ist, sich aktiv mit seinen Einstellungen auseinanderzusetzen und neue Verhaltensweisen zu erproben, oder daß diese aktive Mitarbeit im Laufe der Therapie entwickelt werden kann.

Empfohlene Literatur: Ellis, A.: Training der Gefühle. München/ Landsberg am Lech: mvg, 1989. *Ellis, A.:* Grundlagen und Methoden der Rational-Emotiven Verhaltenstherapie. München: Pfeiffer, 1997. *Ellis, A., Hoellen, B.:* Die Rational-Emotive Verhaltenstherapie – Reflexionen und Neubestimmungen. München: Pfeiffer, 1997. *Schwartz, D.:* Nicht gleich den Kopf verlieren. Vernünftiger Umgang mit selbstschädigenden Gefühlen. Freiburg: Herder, 1991. *Schwartz, D.:* Gefühle erkennen und positiv beeinflussen. München/Landsberg am Lech: mvg, 1994.

7. Körperorientierte Psychotherapien

Frank-M. Staemmler

Einführung

Viele Menschen empfinden es als eine Einschränkung, wenn sie im Rahmen einer Psychotherapie mit ihrem Therapeuten nur sprechen können. Sie haben den Wunsch, auch ihren Körper in die Therapie miteinzubeziehen. Dieser Wunsch trifft auf offene Ohren bei körperorientierten Psychotherapeuten, für die Denken, Fühlen und körperliches Empfinden des Menschen untrennbar zusammengehören. Sie glauben daher, daß eine Therapie, die dem *ganzen* Menschen gerecht werden will, auch eine Beschäftigung mit dem körperlichen Erleben und Sein des Klienten erfordert.

Ursprünge

Die Entwicklung körperorientierter Psychotherapieformen begann mit Wilhelm Reich. Als ein Schüler von Sigmund Freud setzte er sich in den 30er Jahren in wesentlichen Punkten von seinem Lehrer ab; dieser hatte der körperlichen Erfahrung des Menschen im Hinblick auf die Entstehung psychischer Störungen zwar eine gewisse Bedeutung beigemessen, sich in der Therapie aber nicht direkt, sondern nur vermittelt über das Medium der Sprache auf den Körper bezogen. Mit seinem Buch „Charakteranalyse" und auch in seiner therapeutischen Praxis brach Wilhelm Reich mit der in der Freudschen Psychoanalyse praktizierten Trennung von Körper und Seele und fing an, den menschlichen Körper direkt in die psychotherapeutische Arbeit miteinzubeziehen.

In den psychoanalytischen Kreisen, in denen er seine Ideen zunächst vortrug, hatte man sich bislang in der Hauptsache damit befaßt, welche Kindheitssituationen zu welchen innerseelischen Konflikten führten und welche Gefühle dabei verdrängt wurden. Reich untersuchte nun darüber hinaus, *wie* der menschliche Organismus diese Verdrängung vollzog, und hob dabei die Bedeutung körperlicher Vorgänge, besonders der willkürlichen Muskulatur und der Atmung, hervor. Er erkannte, daß das Anspannen von Muskeln sowie die Einschränkung der Atmung dazu dienen können, die Intensität von Gefühlen und Empfindungen zu mindern und zu verdrängen. Konsequenterweise begann er dann auch damit, aktiv durch Eingriffe am Körper seiner Patienten deren muskuläre Spannungen in die Behandlung zu integrieren.

Grundannahmen

Die verschiedenen von Reich inspirierten körperorientierten Psychotherapien gehen davon aus, daß jeder Mensch eine Ganzheit ist, also ein Wesen, das nicht nur einen Körper oder einen Geist *hat*, sondern auch Körper und Geist *ist*. Diese nur in unserer Sprache abgegrenzten Begriffe werden als miteinander verbundene Aspekte desselben Organismus verstanden – daher der schwierige Begriff „*körper*orientierte *Psycho*therapie" – deren Verbindung infolge zivilisatorischer und erzieherischer Einflüsse nur mangelhaft erfahren wird. Die Folge sind Störungen dieses Organismus, die es durch ein Wieder-erlebbar-Machen seiner Einheit aufzuheben gilt.

Viele dieser Methoden leiten ihre Annahme von der Ganzheit des Menschen aus einer bestimmten grundlegenden Vorstellung ab; natürlich gibt es auch viele theoretische Unterschiede, auf die ich hier nicht im einzelnen eingehen kann: Der Mensch wird als eine Art ‚energetisches System' gesehen; seine ‚Energie' ist – wie z. B. Elektrizität – selbst nicht wahrnehmbar, wohl aber sind es deren vielfältige Manifestationen wie Materie, Wärme, Bewegung oder Bewußtsein. Diese ‚Energie' (von Reich „Orgon" oder „Bioenergie" genannt), ‚strömt' oder ‚fließt' nach dieser Vorstellung in bestimmten ‚Kanälen' durch den menschlichen Organismus, wo sie an verschiedenen Orten und in verschiedenen Formen ihre jeweilige Funktion erfüllt. ‚Blockierungen' des ‚Energieflusses', z. B. durch chronische Muskelspannungen, Fehlhaltungen oder unausgewogene Entwicklungen der Körperstruktur, können zu Störungen in einer oder mehreren Funktionen führen. In anderen Worten: Das individuelle Muster von ‚Energiefluß' und ‚-blockierung' in einem Menschen bestimmt die Art und Weise, wie er denkt, geht, spricht, fühlt, seinen Körper im Verlauf seiner Entwicklung ausbildet, Kontakt zu anderen Menschen herstellt, unter welchen körperlichen Symptomen und Krankheiten er leidet, wie er Energie und Erregung in sich wahrnimmt. Stanley Keleman drückt es so aus:

„Wenn ich starre Haltungen habe, so bestimmen diese nicht nur meine starre Weltanschauung, sondern auch meine eintönige Gefühlswelt und meine festgefahrene Handlungsweise, die zur Starrheit meines Leibes gehören ... Meine Haltungen fügen sich zusammen und bilden Grenzen, die meine Erregung zurückhalten ... Ich verkrampfe meine Muskeln in Händen, Armen, Mund, Brust, Bauch und Beinen. Das macht mich vorsichtig, konservativ und mißtrauisch ... Wenn wir erregt sind, die Erregung annehmen und zu ihr stehen, entwickeln wir Haltungen, die unsere Grenzen erweitern. Wir gehen auf die Welt zu. Wir strecken die Arme aus und weiten die Brust. Das Herz geht uns auf. Wir fühlen uns weit werden und sehen die Welt und uns selbst als freundlich an." (1980, 49f.)

Damit kommt Bewegung in den Menschen: Sein Körper, seine Verhaltensweisen, seine Gedanken werden flexibler, und er kann die bislang in Blockierungen gebundenen ‚Energien' auf befriedigendere Weise zur Bewältigung seiner gegenwärtigen Realität einsetzen.

Methoden

Wie in vielen anderen Therapieformen wird zunächst die Vergangenheit und die Gegenwart des Klienten exploriert; danach macht sich der körperorientierte Therapeut nun auch ein genaues Bild vom Körper seines Klienten. Diese geschieht durch Fragen nach der körperlichen Geschichte (Entwicklung, Krankheiten, Verletzungen, Beschwerden, derzeitiges Befinden usw.), nach Bereichen des Körpers, in denen der Klient sich wohl bzw. angespannt fühlt, und danach, wie und wo in seinem Körper er bestimmte Gefühle wie Wut, Angst, Trauer oder Freude wahrnimmt. Darüber hinaus findet oft auch eine eingehende Körperdiagnostik statt, vorwiegend durch gemeinsame Betrachtung („body-reading") und, falls notwendig, durch spürendes Ertasten; gelegentlich werden auch Fotografien mit herangezogen, allerdings hauptsächlich zur Kontrolle und Dokumentation der im Verlauf der Therapie eintretenden körperlichen Veränderungen.

Der Therapeut achtet dabei auf alles, was am Körper seines Klienten wahrnehmbar ist, auf die Proportionen (z. B. Verhältnis von Ober- zu Unterkörper, von Rumpf zu Gliedern, von Kopf zu Körper), die Ausbildung verschiedener Muskelgruppen, Färbung und Beschaffenheit der Haut, warme und kalte Körperbereiche und die Art der Atmung (z. B. mehr in die Brust oder mehr in den Bauch). Er läßt den Klienten vielleicht auch bestimmte Bewegungen machen, um zu sehen, wo sein Körper flexibler und wo er steifer ist. Er macht sich auch ein Bild von dem Verhältnis der Körperachsen zueinander (z. B. ob sich die Schultern waagerecht auf dem Rumpf befinden oder schräg) und von der Art und Weise, wie der Klient steht (z. B. mehr auf den Ballen und Zehen, mehr auf den Hacken, nach hinten oder nach vorn geneigt).

Alle diese Informationen tragen zu dem Gesamteindruck davon bei, wie der Klient gelernt hat, sich durchs Leben zu bewegen, wie er sich ver-hält, welche Ein-Stellungen er hat, wie er Stand-Punkte bezieht, wie er sich mit dem versorgt, was er braucht, wie er sich ausdrückt oder zurückhält, kurz: wer er als körperliches Wesen ist. Der Therapeut gewinnt auf diese Weise ein umfassendes Verständnis von der Persönlichkeit und der Problematik seines Klienten und gleichzeitig eine Reihe von Hinweisen darauf, wo die therapeutische Arbeit auf körperlicher Ebene ansetzen kann.

Hierfür verfügt der Körpertherapeut über eine Menge verschiedener Methoden; sie reichen von der Anleitung zu aufmerksamem Spüren über vielfältige Übungen für Atmung und Muskulatur (Lowen u. Lowen 1996) bis zu massage-ähnlichen Techniken, bei denen von sanftem Auflegen der Hände bis zu kontrolliert ausgeübtem Druck die ganze Bandbreite körperlicher Berührung zur Verfügung steht. Aus ethischen Gründen ausgeschlossen sind dabei wie bei Ärzten natürlich sexuell getönte Berührungen. All dies soll den Klienten dabei unterstützen, die Energien und Blockaden in seinem Körper deutlicher und bewußter wahrzunehmen, ihre Bedeutung für seinen Umgang mit sich und seiner Umwelt zu erfassen sowie schrittweise Änderungen geschehen zu lassen. Der Annahme der Ganzheit sowie der Methode entsprechend sollen diese Veränderungen den Klienten in seiner Ganzheit berühren: Sein Verhalten, sein Empfinden und Wahrnehmen, sein Denken und darüber hinaus noch sein Körper sind in diesen Prozeß einbezogen.

Auch andere Therapieformen mit anderen theoretischen Ansätzen (vgl. die schöne Darstellung von Downing 1996), so z. B.

die Gestalttherapie, gehen von der Ganzheit des Menschen aus (vgl. Staemmler u. Bock 1997) und beziehen den Körper in ihr Vorgehen ein. So fördert etwa ein Gestalttherapeut die Bewußtheit des Klienten von seiner körperlichen Erfahrung primär durch die Fokussierung der Aufmerksamkeit, durch Bewegung oder handelndes Experimentieren. Er arbeitet jedoch nur unter bestimmten Voraussetzungen direkt am Körper des Klienten (vgl. Staemmler 1998).

Fallbeispiel

Der Klient, ein 32jähriger Bürokaufmann, kommt zu seiner 17. Sitzung. Er hatte um Psychotherapie nachgesucht, weil er sich im Kontakt mit anderen Menschen, besonders im Umgang mit Frauen, ängstlich, unbeholfen und unbedeutend fühlte. Er berichtet von einem Traum, der ihn in der vorangegangenen Nacht sehr beängstigt habe und dessen Bedeutung er nicht verstehe. Der Therapeut bittet ihn, seine Kleidung bis auf eine Badehose abzulegen und sich auf eine Matratze am Boden zu legen. Dann fordert er den Klienten auf, den Traum so zu erzählen, als ob er ihn im Moment gerade erlebe.

Klient: Ich stehe in einem hohen, großen Raum mit weißen Wänden, und mir gegenüber ist jemand, der mir irgendwie bekannt vorkommt. Aber gleichzeitig erscheint er mir sehr bedrohlich, und ich habe sehr viel Angst, weil ich etwas von ihm will, das ich ihm geliehen habe. Aber er will es mir nicht zurückgeben.

Therapeut: Was spürst du im Moment in deinem Körper?

Kl: Ich habe Herzklopfen und schwitze. Und hier (legt seine Hand auf einen Punkt dicht unterhalb seines Bauchnabels) tut's weh.

Th: Hm, spüre da hinein und schau den Menschen an, der dir da im Traum gegenübersteht.

Kl: (schaut mit geschlossenen Augen leicht nach oben, während er den Kopf in den Nacken legt und die Schultern hoch und nach vorne zieht; seine Brust fällt in sich zusammen) Das Gefühl geht jetzt weg.

Th: (beginnt, mit langsamen, kräftigen Bewegungen die Schultermuskulatur des Klienten zu dehnen, indem er mit seinen Händen vom Hinterkopf aus den Nacken und die Schultern entlangstreicht)

Kl: (atmet zunehmend tiefer und schneller, fängt an zu zittern, schlägt die Oberschenkel übereinander und zieht die Knie hoch) Au, au (weint), das tut so weh, (schreit) au!

Th: Was tut so weh?

Kl: Da unten ..., mein ... Glied und so (schluchzt heftig).

Th. Und was siehst du dabei vor deinem inneren Auge?

Kl: Da steht jemand ... Nein! (kreuzt die Arme fest über der Brust und schiebt die Schultern weit vor, wird dann ruhiger. Es tritt eine Pause ein)
Th: Was ist deine Stimmung im Moment?
Kl: Etwas Angst und auch traurig.
Th: (fängt an, an der Brustmuskulatur des Klienten zu arbeiten; mit einem gewissen Druck bewegt er seine Hände vom Brustbein aus auf beiden Seiten in Richtung auf die Vorderseite der Schultern zu und auf die Armansätze hin; dabei wird die Atmung des Klienten wieder tiefer) Was für ein Gefühl kommt jetzt auf?
Kl: Enttäuschung (fängt wieder an zu weinen)
Th: Schau ihn an und sag ihm, wie du dich fühlst.
Kl: (vorwurfsvoll) Ich bin so enttäuscht von dir! (schluchzt) Ich habe immer gedacht, es wäre nur die Mama, aber jetzt sehe ich: du auch ...
Th: Wie nennst du ihn? Sprich ihn direkt an!
Kl: Papa. – Papa, ich bin so enttäuscht, (lauter) so enttäuscht!
Th: Sag ihm das noch mal!
Kl: (wütend) Ich bin so enttäuscht! (schlägt mit beiden Fäusten auf die Unterlage) Warum hast du das gemacht? Ich wollte dir doch gar nichts tun! (weint heftig)
Th: (nach einer Weile) Sprich weiter zu ihm.
Kl: Ich hätte nicht gedacht, daß du so was machst. Ich bin so enttäuscht! Das tut so weh.
Th: *Du* tust mir so weh!
Kl: Ja, du tust mir so weh! Hör auf! (laut) Hör auf! (schreit wütend) Hör auf, du Schwein, hör auf! (bäumt sich auf) Du tust mir weh! Hör auf!!! – (schluchzt wieder) Ich will dir doch die Mama gar nicht wegnehmen, (ruhiger) ich will doch nur auch mal zu ihr ins Bett, du brauchst mir doch nicht gleich so weh zu tun ... (es tritt eine Pause ein)
Th: Was hast du jetzt für ein Gefühl für ihn? Sag's ihm.
Kl: (versöhnlich) Ich kann ja verstehen, daß du Angst gehabt hast, die Mama war ja auch nie so lieb zu dir.
Th: Wie fühlst du dich jetzt?
Kl: Ruhiger. Und friedlich, erleichtert.
Th: Und in deinem Körper?
Kl: Warm, besonders im Unterleib.
Th: Kannst du deinem warmen Unterleib eine Stimme geben? Was sagt der?
Kl: Ich ... ich bin auch da. Ja, (lacht) ich bin auch da! Ich gehöre auch dazu, ja!
Th. Wie fühlst du dich, wenn du das sagst?
Kl: Stark, (noch etwas unsicher) männlich.
Th: Magst du das auch mal zu mir sagen: „Ich bin ein Mann"?

Kl: Ja! (lacht) Das ist gut. Ich bin ein Mann, ich bin ein Mann. Ich bin ein *Mann*!

Dieses Beispiel macht anschaulich, wie der Körper des Klienten in den therapeutischen Prozeß einbezogen wird: Die Kommunikation zwischen den Beteiligten findet ebenso auf körperlicher wie auf sprachlicher Ebene statt; der Ausdruck von Empfindungen ist nicht ein Sprechen über Gefühle, sondern physische Emotion, eine Bewegung, die körperlich erfahrbar und sichtbar wird; die Aufmerksamkeit richtet sich mit gleicher Intensität auf Gedanken, bildhafte Vorstellungen, Körperwahrnehmungen und Stimmungen, und der Therapeut verhält sich dementsprechend: Alle Aspekte der Person des Klienten werden vom Therapeuten beachtet und unterstützt; die Ganzheitlichkeit der Erfahrung des Klienten wird so gefördert.

Gegenwärtiger Stand

Unter dem Begriff „körperorientierte Psychotherapie" werden neben einer Reihe weniger bekannter Verfahren heute hauptsächlich die folgenden zusammengefaßt, die sich in den letzten Jahrzehnten etabliert und zunehmende Beachtung gefunden haben:

- *Neo-Reichianische Analyse*, wie sie von Anhängern des Reich-Mitarbeiters und von Reich sozusagen inthronisierte Erben Elsworth Baker (1980) verstanden wird.
- *Bioenergetik* (auch: Bioenergetische Analyse), die wohl bekannteste Körpertherapieform; ihr Hauptvertreter ist der Reich-Schüler Alexander Lowen (1988).
- *Core-Energetik* nach John Pierrakos (1987), ebenfalls Reich-Schüler sowie früherer Partner von Lowen, von dem er sich später trennte und auch inhaltlich absetzte.
- *Biodynamische Psychologie* bzw. Psychotherapie nach Gerda Boyesen (1987).
- *Hakomi*, eine von Ron Kurtz (1985) entwickelte Form der Körpertherapie, die Elemente aus verschiedenen Therapieformen (Gestalttherapie, Bioenergetik, Core-Energetik, Rolfing etc.), aus Buddhismus und Taoismus sowie aus der allgemeinen Systemtheorie zu integrieren versucht.
- *Strukturelle Integration* oder *Rolfing* nach Ida Rolf (1996), eine Methode, die von ihrer Begründerin aufgrund der Be-

schäftigung mit Massage, Chiropraktik und anderen, eher aus medizinischer Sicht am Körper orientierten Verfahren entwickelt wurde und sich erst in den letzten Jahren zunehmend auch psychotherapeutisch versteht.

Diese Formen körperorientierter Psychotherapie wollen zu einer grundsätzlichen, strukturellen Veränderung des Klienten beitragen, die nicht nur isolierte Bereiche oder Aspekte seiner Person oder gar nur seine Symptome tangiert. Wer primär lediglich an seinen Symptomen etwas ändern möchte, für wen die Auseinandersetzung mit dem eigenen Wesen nicht im Vordergrund seines Interesses steht, der findet in der körperorientierten Psychotherapie nicht das, was er sucht. Der Wunsch, den Kern der eigenen Person kennenzulernen und sich als Mensch in seiner ganzen Vielfalt weiterzuentwickeln, ist Voraussetzung dafür, daß der Klient eine körperorientierte Psychotherapie sinnvoll für sich nutzen kann. Er muß Zeit und Energie sowie die Bereitschaft mitbringen, sich nicht nur während der Therapiestunden, sondern auch in seinem Alltag, z.B. durch das tägliche Durchführen von Atemübungen, für sich selbst zu engagieren. Er muß akzeptieren, daß Wohlbefinden und Glück nicht nur aus der Abwesenheit von Schmerz und Unzufriedenheit bestehen, sondern vielmehr in dem aktiven Prozeß persönlichen Wachsens in der Auseinandersetzung mit sich selbst und der Umwelt zu finden sind – ein Prozeß, der viel Lebendigkeit und Freude mit sich bringen kann.

Damit steht körperorientierte Psychotherapie nicht nur Menschen zur Verfügung, die sich als krank, gestört oder nicht normal empfinden. Jeder kann für sich davon profitieren, sei es in der Form einer langfristigen Einzel- oder Gruppentherapie oder auch nur gelegentlich durch die Teilnahme an einer Selbsterfahrungsgruppe.

Natürlich gibt es für manche Menschen Situationen oder Phasen in ihrem Leben, in denen grundlegende Veränderungen, die zunächst Unsicherheit mit sich bringen und eine Belastung darstellen, eine Überforderung bedeuten würden. Jeder sensible Therapeut, gleich welcher Orientierung, wird diese wahrnehmen, respektieren und danach handeln. Ein körperorientierter Therapeut wird in solchen Fällen verstärkt darauf achten, daß vorhandene Blockaden nicht schneller aufgelöst werden, als es der Klient vor dem Hintergrund seiner augenblicklichen Lebenssituation verkraften kann, ohne neue Blockierungen aufbauen zu müssen aus der Angst heraus, dem Alltag sonst nicht mehr gewachsen zu sein.

Aus diesen und anderen Gründen sollten Therapiesuchende, die sich für eine körperorientierte Methode entscheiden, eine besonders gründliche Wahl ihres Therapeuten treffen und sich nicht nur ein genaues Bild von dessen fachlicher Qualifikation, sondern auch von seiner persönlichen Integrität verschaffen.

Um eine alte indische Redewendung zu benutzen: Der Körper des Menschen ist der Tempel, in dem sein Gott lebt. Er sollte darauf achten, daß dieser Tempel mit Respekt und Feingefühl behandelt wird.

Kurze Zusammenfassung

Körperorientierte Psychotherapien gehen von der Ganzheit des Menschen aus und versuchen, dieser mit einem ganzheitlichen Vorgehen gerecht zu werden: Neben den Gedanken und Gefühlen werden die körperlichen Empfindungen und Verhaltensweisen der Klientinnen und Klienten gleichermaßen ernst genommen und aktiv in den therapeutischen Prozeß einbezogen. Dabei helfen die Durchführung von Bewegungs- und Haltungsübungen, die Förderung der Körperwahrnehmung sowie das Angebot von aufmerksamkeitslenkenden und haltgebenden Berührungen. Auch massageähnliche Praktiken werden von körperorientierten Therapeuten und Therapeutinnen angewandt, wenn der therapeutische Prozeß es erfordert und Klient bzw. Klientin damit einverstanden sind.

Empfohlene Literatur: Downing, G.: Körper und Wort in der Psychotherapie – Leitlinien für die Praxis, München: Kösel, 1996. *Lowen, A.:* Bio-Energetik – Therapie der Seele durch Arbeit mit dem Körper, Reinbek: Rowohlt, 1988. *Petzold, H. G. (Hg.):* Die neuen Körpertherapien, Paderborn: Junfermann, 1977. *Staemmler, F.-M., Bock, W.:* Ganzheitliche Veränderung in der Gestalttherapie, Wuppertal: Hammer, 1998.

8. Kunsttherapie

Gertraud Schottenloher

Was ist Kunsttherapie?

Ein Junge sieht einen zotteligen Hund, den er besonders süß findet und läuft auf ihn zu, um ihn zu streicheln. Vielleicht ist seine Handbewegung etwas zu schnell, vielleicht ist der Hund nervös. Der Hund schnappt zu und beißt den Jungen in die Hand. Der Junge ist sehr erschrocken und läuft voller Angst so schnell er kann davon. Der Hund folgt ihm eine Weile und läßt dann von ihm ab.

Zu Hause angekommen verzieht sich der Junge in sein Zimmer, setzt sich an den Tisch, nimmt seine Malkreiden und einen Block und malt den Hund mit übergroßem Maul und gebleckten Zähnen.

Danach fühlt er sich besser. Er wirft die Zeichnung in eine Ecke seines Zimmers, rennt laut bellend hinaus und bedroht seine kleine Schwester mit aufgerissenem Mund und gebleckten Zähnen.

Dieser Junge hat soeben instinktiv eine „Kunsttherapie" an sich selbst vollzogen. Indem er malte, was ihn erschreckte, distanzierte er sich gleichzeitig davon. Der Akt des Malens holte ihn aus der Rolle des Opfers und ließ ihn sein Erlebnis aktiv verarbeiten. Angst und Schrecken fielen dabei von ihm ab, und während er das bedrohliche Maul überdimensonal zeichnete, fühlte er sich plötzlich selbst so stark wie der Hund. Statt Angst vor allen Hunden zu entwickeln, identifizierte er sich mit dem Angreifer. Indem er ihn malte, machte er sich dessen Aggressivität zu eigen, statt sie als etwas zu speichern, das zu fürchten ist.

Ähnlich ermöglicht ein kunsttherapeutisches Atelier seinen Besuchern, in verschiedenen Materialien wie Farbe, Ton oder Stein auszudrücken, was sie bewegt. Oft sind es Inhalte, die sie nicht in Worte fassen könnten, die sie selbst oft nicht einmal kennen oder erinnern. Dennoch bestimmen diese ihr Handeln und ihre Gefühle. Indem sie diese Inhalte gestalten, gewinnen die Klienten die Kontrolle über sie zurück. Bereits in der Steinzeit bannten Menschen Gestalten, vor allem von Tieren, an die Wände ihrer Höhlen und minderten damit vermutlich ihr Gefühl des Ausgeliefertseins an die Mächte der Natur.

Im weitesten Sinne könnte man unter Kunsttherapie alle musischen Therapieformen wie Musik-, Tanz- und Poesietherapie subsumieren. Im engeren Sinn meint Kunsttherapie (engl. art therapy) Therapieformen, die vorwiegend bildnerische Mittel einsetzen.

Ursprünge der Kunsttherapie

In der zweiten Hälfte des 19. Jahrhunderts wurden Psychiater auf die „Bildnereien" ihrer Patienten aufmerksam. Noch gab es kein entsprechendes therapeutisches Angebot in den psychiatrischen Anstalten. Patienten gestalteten spontan und von sich aus Bilder und Plastiken mit allen möglichen Materialien, die ihnen zugänglich waren, wie Zeitungspapier, Packpapier, Brotteig, Holzabfällen. Die psychiatrischen Ärzte sahen damals noch nicht den therapeutischen Wert dieser gestalterischen Tätigkeit. Sie interessierten sich jedoch wie z.B. Ambroise Tardieu für die diagnostischen Aussagen der Gestaltungen. 1907 wurde zum ersten Mal in einer Veröffentlichung (Marcel Réja: „ĹArt chez les Fous") der künstlerische Aspekt der Werke psychiatrischer Patienten betont und damit ein neuer Standpunkt gegen die bisherigen, eher abwertenden Positionen eingenommen.

Um die Jahrhundertwende begann die Wissenschaft langsam zu akzeptieren, daß der Mensch nicht nur aus Bewußtsein besteht, sondern daß ein großer Teil seiner Psyche im Unbewußten verankert ist. Zu dieser Einsicht trug Freuds Arbeit über die Traumdeutung bei. Er zeigte, daß der Traum unterdrückte und verdrängte Wünsche aufgreifen und eine psychische Befriedigung herbeiführen kann. Ebenso scheint sich das Unbewußte in spontanen Gestaltungen auszudrücken. Walter Morgenthaler (Ein Geisteskranker als Künstler, 1921) und Hans Prinzhorn (Bildnerei der Geisteskranken, 1922) zeigten dies in ihren Arbeiten deutlich. Prinzhorn sammelte spontan entstandene Arbeiten von Patienten und Gefangenen ohne künstlerische Vorerfahrung und trug so die berühmte „Prinzhornsammlung" zusammen. Er geht davon aus, daß es individuell unterschiedliche Gestaltungstriebe gibt, die unter anderem auf das Ausdrucksbedürfnis zurückzuführen sind. Das Ausdrucksbedürfnis schafft eine Verbindung zum anderen Menschen und damit Kommunikation. Wie der Spieltrieb läßt er im Einfall des Augenblicks die autonome Logik des Unbewußten lebendig werden, z.B. im Kritzeln, im Malen oder plastischen Gestalten.

Bahnbrechend war ebenso die etwa zeitgleiche Monographie Morgenthalers über Adolf Wölfli „Ein Geisteskranker als Künstler" (1921), die der damaligen psychiatrisch-wissenschaftlichen Überzeugung, krankhaftes psychisches Geschehen wirke sich destruktiv auf die schöpferischen Fähigkeiten aus, entgegentrat.

Nicht wenige Künstler wurden von Prinzhorns und Morgenthalers Ideen beeinflußt, so z.B. Dubuffet, Dali, Ernst, Klee, Kubin, Picasso. Die surrealistischen Dichter (u.a. André Breton, 1933) leiteten daraus die Methode des „automatischen Schreibens" ab, das Botschaften aus dem Unbewußten ins Bewußtsein holen sollte.

Berührungspunkte zur zeitgenössischen Kunst sind in der „Kunst als sozialer Prozeß" der siebziger Jahre zu finden sowie bei Joseph Beuys, der Kunst als einen Prozeß versteht, durch den man mehr Bewußtheit erlangen kann. Durch seine Aussage, Kunst sei ja Therapie, ist er der Künstler, der wohl am häufigsten von Kunsttherapeuten zitiert wird.

Kunsttherapie im heutigen Sinn wurde, von S. Freud beeinflußt, in den 40er Jahren in den USA entwickelt. Margaret Naumburg regte ihre Patienten dazu an, spontan zu malen und dann zu den Bildern frei zu assoziieren. Sie berücksichtigte damit folgende Tatsachen: Viele innere Prozesse und Phantasien drücken sich im Bild leichter aus als im Wort. Auf diese Weise ist der Ausdruck weniger durch Abwehr geprägt und der psychotherapeutische Prozeß beschleunigt sich. Die Übertragung starker Gefühle ist weniger auf den Therapeuten ausgerichtet, da die Bilder zum Träger der Emotionen werden können. Dadurch mindert sich die Abhängigkeit des Patienten vom Therapeuten und seine Autonomie wird gefördert.

Die Künstlerin Edith Kramer, ebenfalls eine Pionierin der Kunsttherapie in den USA und auch von Freud beinflußt, betont mehr den heilenden und integrativen Aspekt des spontanen kreativen Gestaltens selbst. Die Methoden der Kunsttherapie sollen nach Kramer mit den inneren Gesetzen der künstlerischen Prozesse übereinstimmen, wodurch psychische Integration gefördert wird.

In Europa waren die Vorreiterinnen der Kunsttherapie Susan Bach, Jolanda Jacobi und Elisabeth Tomalin, von der Tiefenpsychologie C. G. Jungs beeinflußt. Für Jung waren Imagination und Kreativität heilende Kräfte, die er in seine Therapien einbezog. Neben der von ihm entwickelten Methode der aktiven Imagination ließ er seine Patienten auch malen und bildhauern. Indem der Patient sich ausdrückt und malt, kann er sich selbst gestalten. Zur Interpretation der Werke griff Jung vor allem auf das Bildgut des kollektiven Unbewußten zurück.

Grundannahmen

Kunsttherapie geht davon aus, daß der gestalterische Ausdruck ein Grundbedürfnis des Menschen ist. Dieses befriedigt nicht nur seinen ästethischen Sinn, sondern setzt im kreativen Prozeß selbst Kräfte frei, die im Gestaltenden Energien in einer Weise verschieben können, daß sich Blockierungen lösen, Einsichten gewonnen und Neustrukturierungen ermöglicht werden. Die gestalterische Tätigkeit hat Zugang zu einem intuitiven Wissen, das die gesamte psychische Dynamik umfaßt. So drückt sich der Malende in seinen Bildern unbewußt sowohl mit seinen Fragen und Problemen als auch mit seinem Potential und seinen Lösungsmöglichkeiten aus. Dabei gibt er ihnen eine symbolische Form, die den Augenblick überdauert und über das Persönliche hinauswachsen kann. Das Gestaltungsmaterial bietet gleichzeitig die Möglichkeit zur „Probehandlung". Es können die verschiedensten Formen neuer Verhaltensweisen spielerisch ausprobiert werden, von Aggression bis zur Zärtlichkeit, von Rückzug bis zur Kommunikation, von Katharsis, Zerstörung und Neubeginn, ohne daß dies für den Malenden bedrohliche Konsequenzen hätte. Im Gegenteil: Die neuen Erfahrungen erweitern den Horizont, erlauben mehr Flexibilität, Konzentration und persönliches Wachstum.

Kunsttherapie setzt also bei den Ressourcen und den „gesunden Ichanteilen" an und unterstützt und erweitert diese. Sie nimmt an, daß die Kreativität einem Bereich im Menschen entstammt, der von Ichstörungen nicht betroffen ist und deshalb zeitenweise, wenn das Ich aufgrund innerer oder äußerer Krisen überfordert ist, dessen Funktionen übernehmen kann. Die so gewonnenen Erfahrungen können später vom Ich übernommen und integriert werden. So konnte der eingangs erwähnte Junge der ihn überflutenden Angst dadurch entgegenwirken, daß er kreativ wurde und den Hund zeichnete. Die so gewonnene Stärke konnte er anschließend in sein Verhalten integrieren. Dies bedeutet, daß der Mensch bedrohlichen Erfahrungen von innen und außen nicht hilflos ausgeliefert ist, sondern in der künstlerischen Tätigkeit die Möglichkeit aktiver und konstruktiver Verarbeitung besitzt. Man könnte auch sagen, er verbindet sich im kreativen Prozeß mit seinem Wesenskern oder seinem wahren „Selbst". Ist der Zugang zur Kreativität blockiert, ist es Aufgabe der Kunsttherapie, ihn zu öffnen. Darüber hinaus entfaltet der gestalterische Prozeß seine therapeutische Wirkung oft erst im Dialog zwischen dem Gestaltenden und dem Therapeuten. Die Beziehung zum Kunsttherapeuten stellt diesen Dialog her.

Mit den beschriebenen Fähigkeiten verbunden zu werden, stärkt ganz unmittelbar das Selbstvertrauen, die Kreativität, die Intuition, die Konzentration, die Ausdauer, die Freude, die Fähigkeit zur Selbstregulation und das Gefühl der Sinnhaftigkeit. Findet die Therapie in Gruppen statt, werden neue Kommunikationsformen und bei gemeinsamen Projekten die Möglichkeit, gemeinsam etwas „Größeres" zu schaffen, entdeckt.

Durch die Einbeziehung des künstlerischen Mediums greift die Kunsttherapie tiefer als die individuellen Probleme und deren individuelle Lösungen. Sie verbindet mit der Urkraft des Schöpferischen und gibt so dem Menschen ein Potential zurück, das ihn, wenn er es annehmen kann, unabhängig von Therapien macht bzw ihn selbst zu seinem eigenen Therapeuten werden läßt.

Methoden

Es besteht keine einheitliche Methodik der Kunsttherapie. Kunsttherapeuten arbeiten auf der Basis verschiedener therapeutischer Schulrichtungen. Die Hauptrichtungen sind: Psychoanalyse, Tiefenpsychologie nach C. G. Jung, Gestalttherapie, Themenzentrierte Interaktion, Verhaltenstherapie, systemische Therapien, Neuroimaginatives Gestalten auf der Grundlage von NLP, Gesprächstherapie. Daneben wird eine eklektische Kunsttherapie praktiziert, die bei der Arbeit am Bild Methoden aus verschiedenen Schulrichtungen heranzieht, je nach Situation. Eine Kunsttherapie im engeren Sinn, die ihre Methodik aus künstlerisch-kreativen Prozessen ableitet, entwickelt sich seit Ende der 80er Jahre. Sie wird meistens von Künstlern mit Zusatzausbildung durchgeführt und stellt das künstlerische Ausdruckspotential mit seinen vielfältigen Wirkweisen in den Mittelpunkt.

Allen kunsttherapeutischen Therapien sind bei ihrer Unterschiedlichkeit jedoch bestimmte Vorgehensweisen gemeinsam. In jedem Fall wird der bildnerische Prozeß eingesetzt, manchmal mit Themenstellung, manchmal ohne Thema, in Gruppen- oder in Einzelbehandlungen. In allen Fällen wird über die Bilder auch gesprochen. Wie das Bild eingesetzt wird und wie darüber gesprochen wird, hängt von der entsprechenden Schulrichtung des Therapeuten ab.

Das *Material* in einer Kunsttherapie ist vielfältig und fast unerschöpflich. Es werden alle Arten von Farben eingesetzt, über Stifte, Ölpastellkreiden, Aquarellfarben bis hin zu Fingerfarben, um nur einige zu nennen. Es steht verschiedenartiges Papier in verschiedenen Größen zu Verfügung, auch farbiges Seidenpapier und Transparentpapier und vieles mehr. Zur dreidimensionalen Gestaltung werden u.a. Ton, Speckstein, Ytongsteine, Sandstein, Metall, Draht und Holz verwendet. Das entsprechende Werkzeug steht zur Verfügung.

Im Mittelpunkt einer Kunsttherapie steht der *Prozeß*. In diesem rekonstruiert der Gestaltende seine Lebensmuster. In Verbindung mit der *Beziehungsebene*, d.h. seiner Beziehung zum Therapeuten, kann er diese erkennen und gestalterisch verändern. Diese Veränderungen können in den Alltag übernommen werden. Der Therapeut ermöglicht den Raum, in dem diese Rekonstruktion geschehen kann.

Fallbeispiel

Ein zurückgezogener Patient einer Klinik malt sich mit ausladenden Bewegungen auf einem Blatt frei, zunächst ohne Kontakt zu seinem Therapeuten aufzunehmen. Diese „Entgrenzung“ lockert ihn, macht ihm aber auch gleichzeitig Angst. In einer Gegenbewegung setzt er sich als winzige Person in gekauerter Haltung unten links ins Blatt. In einem weiteren Schritt wird ihm die Begrenztheit der Weite durch die Begrenzung des Blattes bewußt *und* die Möglichkeit, die Weite selbst zu gestalten und zu begrenzen, statt ihr ausgeliefert zu sein. Er beginnt, die bisher unstrukturierte Weite zu strukturieren, ihren wüstenähnlichen

Charakter mit Grün zu beleben und bewohnbar zu machen. Er baut sich sogar eine Höhle, in die er sich zurückziehen könnte, wenn er wollte. So geschützt kann er jedoch zunächst einmal „draußen" bleiben und sich auf den Therapeuten einlassen, dessen Gegenwart diese Szene ausgelöst hatte. Statt tatsächlich starr in einer Ecke zu sitzen, wie er es meistens tat, konnte der Patient auf dem Papier sehr viel klären: Seinen Wunsch nach Geborgenheit, seine Sehnsucht und Angst, aus sich herauszugehen. Er konnte eine symbolische Lösung finden. Gleichzeitig teilte er dem Therapeuten durch sein Bild all dieses mit. Die Ambivalenz dem Therapeuten gegenüber direkt zu empfinden, hätte er nicht ausgehalten. Er konnte sie aber ins Bild bannen und strukturieren. Dadurch klärte er seine Beziehung zum Therapeuten und wagte gleichzeitig einen neuen Schritt, der ihm direkt nicht möglich gewesen wäre.

Ein anderes Beispiel zeigt ein direktiveres Vorgehen des Therapeuten. Er setzte eine Bildserie dazu ein, um neue Strategien im Alltag zu entwickeln. Eine Klientin malte sich in winziger Gestalt vor einem Riesenungeheuer, das sie auffressen will. Es verkörperte ihren Ehemann. In gezielten Bildveränderungen konnte die Ehefrau langsam dieselbe Größe annehmen wie der Mann. Die Frau kann ihm nun ebenbürtig gegenüberstehen. Der Mann wird dabei im Bild zur Person und steht ihr als Mensch gegenüber. Diese bildnerischen Veränderungen innerhalb einer längeren Serie erlaubten der Klientin, ein neues Selbstwertgefühl zu entwickeln und ihrem Mann gleichwertig zu begegnen.

Eine andere Klientin litt an Bulimie. Im Laufe der Therapie lernte sie, bei „Freßanfällen" nicht an den Kühlschrank zu gehen, sondern sich statt dessen Farbe und Papier zu holen. Statt zu „fressen" und sich zu übergeben, „kotzte" sie nun ihren Überdruß aufs Papier, bearbeitete ihn dort und erlangte allmählich Kontrolle über die Dynamik, der sie vorher ausgeliefert war.

Ein weiteres Beispiel demonstriert, daß sich jemand aus einer Krankheit buchstäblich herausmalen kann. Ein junger Bauernsohn wurde Anfang Zwanzig wegen Hebephrenie, einer besonderen Form der Schizophrenie, in die Psychiatrie gebracht. Er lebte dort ca. 8 Jahre, ohne daß sich an seinen Symptomen (Kontaktlosigkeit, kein Bezug zur Realität) etwas veränderte. Als er in die Kunsttherapie kam, begann er sich in zwei wesentlichen Punkten zu verändern: Er nahm intensiven Kontakt zu seiner Therapeutin auf, die gleichzeitig Künstlerin war, und er entdeckte den Künstler in sich. Dies setzte ein solches Potential in ihm frei, daß er im Malen wesentliche psychische Entwicklungsschritte nachholte, die ihm vorher nicht möglich waren. Er begann, sich aus seiner emotionalen Verschmelzung zu lösen und Verantwortung für sich und seine Lebensgestaltung zu übernehmen. Er konnte nach gut einem Jahr kunsttherapeutischer Behandlung entlassen werden und lebt heute auf dem elterlichen Bauernhof als Künstler.

Wie aus diesen Beispielen ersichtlich ist, gibt es viele verschiedene Vorgehensweisen. Dazu gehört auch die Möglichkeit, daß der Therapeut bildnerisch aktiv wird. Er kann sich z.B. fragen: Wo ist der Prozeß blockiert? Welche bildnerischen Angebote können gemacht werden, um die Blockaden abzubauen? Oder er kann in seinen bildnerischen Antworten Tendenzen des Malenden unterstreichen oder betonen oder ihn zu neuen Sichtweisen herausfordern oder Deutungen oder Lösungen auf der Bildebene anbieten, auf die der Malende wiederum reagieren kann. Oft ist es jedoch auch das Bild selbst, das neu und anders betrachtet werden kann und durch die neue Sichtweise neue Wege ermöglicht.

Fallbeispiel

Eine junge Frau kam in die Krisenintervention. Sie hatte eine dreijährige Tochter und war zum zweiten Mal schwanger. Sie fühlte sich durch ihre äußerst lebhafte Tochter völlig überfordert, von ihrem Ehemann nicht unterstützt und trug sich mit dem Gedanken, das Kind abzutreiben. Sie malte sich in diesem Zustand der Hilflosigkeit mit erhobenen Armen, die ihre Ohnmacht ausdrücken sollten. Als sie das Bild anschließend gemeinsam mit der Therapeutin betrachtete und auf sich wirken ließ, änderte sich plötzlich ihre mutlose Stimmung. Das Bild „sprach" seine eigene Sprache zu ihr und sie sah plötzlich in den erhobenen Armen mit herabfallenden Ärmeln kräftige „Engelsflügel". Dadurch veränderte sich die Qualität der dargestellten Person. Sie schien nicht länger verzagt, sondern stark und mutig zu sein, durchdrungen von der Entschiedenheit, Weisheit und Güte eines Erzengels. Plötzlich fühlte sie sich in der Lage, das Kind anzunehmen und aufzuziehen. Sie entschied sich, es auszutragen. Während der folgenden Schwangerschaft diente das Bild als „Anker" ihrer „guten" Gefühle. Überkam sie Mutlosigkeit, betrachtete sie es wieder, um mit ihrer Zuversicht in Kontakt zu kommen. Später berichtete sie, wie glücklich sie über das zweite Kind, einen Sohn, sei, der mit seinem ruhigen Gemüt einen Ausgleich in die Familie brachte.

In diesem Fall wirkte das „ganzheitliche" Potential der Gestaltung, die jeweils das Gegenteil einschließt und Aspekte der Person enthält, welche, dieser unbewußt, Teil des Ganzen sind. Tritt diese „Gegenkraft" ins Bewußtsein, harmonisiert dies die Persönlichkeit und erweitert ihre Möglichkeit kreativer Lebensgestaltung.

Gegenwärtiger Stand

1960 wurde Kunsttherapie in den USA als therapeutische Methode anerkannt. Auch in Deutschland hat sie sich aufgrund ihrer Wirkung in der Praxis längst durchgesetzt und Eingang in alle Bereiche gefunden. Es gibt hier kaum noch eine psychiatrische oder psychosomatische Klinik ohne kunsttherapeutisches Atelier. Doch auch aus anderen klinischen und sozialen Bereichen ist sie nicht mehr wegzudenken. Sie ist vertreten in der Behandlung aller schweren Erkrankungen wie Krebs, Multiple Sklerose, Schlaganfälle, Herzerkrankungen, Mukoviszidose, in der Gynäkologie, nach Organtransplantationen, bei Suchterkrankungen, in der Betreuung von HIV-positiven Menschen und von Personen mit geistigen Behinderungen, im Strafvollzug, in der Rehabilitation und Prophylaxe, in der Heilpädagogik, in der Arbeit mit Senioren, Kindern und Jugendlichen, und zunehmend in der Krisenintervention und der Behandlung von Persönlichkeits- und neurotischen Störungen in freier Praxis. Vor allem aus der Behandlung von Persönlichkeitsstörungen, deren Wurzeln entwicklungsgeschichtlich in eine Zeit zurückreichen, in der Sprache noch nicht oder nicht voll entwickelt war, ist Kunsttherapie mit ihrem nonverbalen Ansatz nicht mehr wegzudenken.

Zusammenfassung

Kunsttherapie ist eine Therapieform, die bei den natürlichen Fähigkeiten des Menschen zur Selbstregulation und Selbstheilung ansetzt. Sie ist ressourcen- und lösungsorientiert. Indem sie künstlerische Formen in die Therapie einführt, verbindet sie das individuell Therapeutische mit kulturellen Traditionen. Der Gestaltende wird an die „Welt der Bilder" angeschlossen und wird mit einem Potential verbunden, das über seine persönlichen Probleme und Möglichkeiten hinausgeht. In der Relativierung und künstlerischen Bearbeitung seiner Probleme findet er einen Standort, der ihm aus der eigenen Mitte heraus neues Wachstum ermöglicht.

Empfohlene Literatur: *Baukus, Peter, Thies, Jürgen (Hrsg.):* Aktuelle Tendenzen in der Kunsttherapie. Stuttgart, Jena, New York: Gustav Fischer, 1993. *Dreifuss-Kattan, Esther:* Praxis der klinischen Kunst-Therapie. Bern, Stuttgart, Wien: Hans Huber, 1986. *Schmeer, Gisela:* Das Ich im Bild. Ein psychodynamischer Ansatz in der Kunsttherapie. München, Pfeiffer, 1992. *Schottenloher, Gertraud:* Kunst- und Gestaltungstherapie. Eine praktische Einführung. München: Kösel, 1992. *Schottenloher, Gertraud, Schnell, Hans (Hrsg.):* Wenn Worte fehlen, sprechen Bilder. Bildnerisches Gestalten und Therapie. München: Kösel, 1994

D Formen der Familientherapie

1. Systemische Therapie

Martin Schmidt

Ursprünge und Entwicklung

Der Beginn dessen, was ursprünglich als Familientherapie, später als systemische Familientherapie und gegenwärtig als systemische Therapie oder systemische Psychotherapie bezeichnet wird, läßt sich in die Zeit nach Ende des Zweiten Weltkrieges datieren. Die „eigentliche" Familientherapie wurde in den 50er Jahren in den USA „erfunden". Im Laufe der 70er Jahre wurde die Familientherapie nach Europa importiert und seit Beginn der 80er Jahre entwickelte sich die systemische Therapie über den Rahmen der Familientherapie hinaus zu einem Ansatz mit eigenen klinischen Theorien und Praxisformen. Vielfältige Formen systemischer Praxis haben Eingang in die Arbeitsmodelle von Einrichtungen der psychosozialen Versorgung gefunden. Systemische Therapie bedeutet, daß die zu behandelnde Klientel keineswegs nur Familien einschließt, sondern alle Personen und/oder Institutionen, die an dem Problem beteiligt sind, welches zur Beratung oder Therapie ansteht.

Grundannahmen der systemischen Therapie

Die systemische Therapie versucht, die Gedanken der Systemtheorien für die Psychotherapie nutzbar zu machen. Im Begriff des Systems sind sowohl das Ganze als auch die Teile eines Systems beinhaltet. Systemtheorien lenken den Blick auf Muster, Zusammenhänge und Dynamiken. Sie beruhen auf dem Grundgedanken, daß sich Teilstrukturen und Teilprozesse eines sich in der Zeit wandelnden Systems wechselseitig beeinflussen und das *Netzwerk der Interaktionen* das entscheidende Band zwischen Teilen und Ganzem eines Systems ist.

Die systemische Therapie kann als eine Rahmentheorie verstanden werden, die es gestattet, die Komplexität menschlichen Erlebens und Handelns zu beschreiben, zu erklären und Veränderungsmöglichkeiten für verschiedene Arten menschlicher Systeme zu gestalten. Besonderes Interesse richtet sich dabei auf die Dynamik und Organisation interpersoneller Beziehungen, die individuellen Erlebens- und Verhaltensmuster sowie auf die in Sprache gefaßte Bedeutung der Erlebens- und Verhaltensqualitäten.

Unterschiedliche Varianten der systemischen Therapien können als Übersetzungsversuche *unterschiedlicher* systemtheoretischer Ansätze in die klinische Praxis angesehen werden. Insofern gibt es *den* Systembegriff ebensowenig wie *die* systemische Therapie.

Selbstorganisation von Systemen und systemische Therapie

Die Anwendung der Theorien der Selbstorganisation von Systemen hat für die psychosoziale Praxis, für die Diagnose und Therapie von Familien weitreichende Folgen. Im Sinne dieser Theorien ist eine Diagnose immer abhängig von den Handlungen und Unterscheidungen, die der Therapeut als Beobachter etwa eines Familiensystems vornimmt. Was er wahrnimmt, ist immer auch eine Folge seiner Handlungen und Interaktionen mit dem Klientensystem. Therapeuten können nicht von außen einseitig bestimmen, was Klienten zu denken, zu erleben und wie sie zu handeln haben. Was ein Klient wahrnimmt, erinnert, aus der Komplexität des therapeutischen Geschehens auswählt, ist abhängig von seinen Wahrnehmungsmustern, seinen Mustern der Sinnkonstruktion, oder, im Falle des sozialen Systems Familie, von dem Glaubenssystem, dem Lebensskript der Familienmitglieder oder von im Familiensystem vorherrschenden Regeln, Interaktions- und Kommunikationsmustern. Es ist ein Mythos, daß es der Therapeut sei, der soziale Systeme verändert. Therapie ist eher in der Bedeutung von Konsultation oder Konversation zu verstehen.

Gemeinsam ist allen systemischen Ansätzen die Perspektive,

Probleme und Symptome nicht als Pathologie eines Individuums, sondern als jeweilige Problemdefinitionen und Festschreibungen im Kontext eines sich entwickelnden sozialen bzw. familiären Bezugssystems zu sehen. Ein zentraler Fokus systemischer Therapie ist die Annahme, daß kognitive und kommunikative Konstruktionen wie auch die sprachlich in Geschichten gefaßten Erfahrungen (Narrationen) von Individuen oder Familien in Zusammenhang mit der Erzeugung von menschlichen Problemen stehen. Es wird angenommen, daß eine *Veränderung dieser spezifischen Konstruktionen oder Narrationen* zu einem veränderten Erleben und auch Verhalten führen kann. Die mit Klienten gemeinsam erarbeitete Thematisierung, Veranschaulichung und Veränderung des wechselseitigen Bezugs von vorgestellten Problemen und Symptomen mit interpersonellen Beziehungs- und Deutungsmustern war und ist daher ein wesentliches Mittel und Ziel systemischer Therapie.

Hypothetisieren, Zirkularität, Neutralität als Grundhaltungen systemischer Therapie

Selvini-Palazzoli, Boscolo, Cecchin & Prata (1980) haben erstmals *Hypothetisieren – Zirkularität – Neutralität* als drei Grundhaltungen von systemischen Therapeuten beschrieben. Diese Haltungen stehen selbst wiederum in einem sich wechselseitig bedingenden Verhältnis zueinander.

Hypothetisieren

Das Aufstellen von Hypothesen (*Hypothetisieren*) ist eine Methode, aus Beobachtungen gewonnene Daten miteinander zu verknüpfen. Dabei gilt, daß im therapeutischen Kontext Hypothesen weder falsch noch richtig sind, sondern die Funktion eines nützlichen Arbeitsinstrumentes erfüllen. Eine Hypothese wird als systemisch angesehen, wenn sie alle Komponenten des beobachteten Systems berücksichtigt und eine Erklärung dafür bietet, wie diese sich aufeinander beziehen. Hypothesen erweisen sich dadurch als nützlich, daß sie vorliegende Informationen ordnen. Sie wirken anregend, wenn sie dem bisher Beschriebenen entgegenstehen sowie neue und manchmal überraschende Sichtweisen eröffnen. Statt sich in eine Hypothese zu verlieben, ist es für den therapeutischen Prozeß anregender, mehrere unterschiedliche Alternativen zu formulieren und die Hypothesen der Therapieentwicklung anzupassen.

Zur Hypothesenbildung können alle zu Beginn einer Therapie oder Beratung vorliegenden Informationen herangezogen werden, seien dies Aufzeichnungen von telefonischen Anmeldegesprächen, Krankenakten, standardisierte Anmeldebögen und Kurzfragebögen, die nach vorgestellten Problemen, Behandlungszielen und Vorbehandlungen von Klienten fragen. Die erhaltenen Informationen können mittels der in systemischen Therapien geläufigen Genogramme, Systemzeichnungen, Organigramme, Zeittafeln von Ereignisabfolgen der Systementwicklung und damit einhergehender Problementwicklung, auch graphisch repräsentiert werden.

In einem Genogramm sind sowohl faktische Daten wie Name, Beruf, Alter, Geschlecht, Geburts-, Todes-, Heirats- und Scheidungsdaten, Wohnorte, Krankheiten/Symptome, Todesursachen als auch Beziehungsdaten integriert. Hierzu zählen die Aspekte Nähe und Distanz, Grenzen, Konflikte, Koalitionsbildungen. Nähe meint Interaktionsdichte im Sinne physischer, geistiger oder emotionaler Nähe bzw. Distanz. Grenzen bezeichnen und ermöglichen die Abgrenzung gegen die Umwelt. Sie können mehr oder weniger klar, durchlässig oder starr sein. Grenzen entstehen in sozialen Systemen durch Vereinbarungen darüber, was und wer zum System gehören und nicht dazugehören soll. Über die Mitgliedschaft hinaus definiert ein soziales System stets auch, was der Kern seiner Identität, seiner Sinngebung sein soll. Im Falle von Konflikten kann unterschieden werden, wer am Konfliktgeschehen wie beteiligt ist, wie Konflikte ausgetragen werden (offen oder verdeckt) und um welche Konfliktthemen es sich handelt. Letztlich werden mit Koalitionen regelhafte Interaktionsmuster zwischen mindestens drei Personen beschrieben (wer mit wem, wer gegen wen?).

Auf der Basis dieser Daten, die zum Beispiel aus der Befragung eines Familiensystems, das mehrere Generationen umfaßt, vorliegen können, ist es möglich, die Struktur des Familiensystems mit einem standardisierten Zeichensystem in graphischer Form darzustellen. So können Hypothesen zur Anpassung des Familiensystems an neue Herausforderungen (z. B. Geburt eines Kindes), Hypothesen über die Verknüpfung eines klinischen

Problems mit der Familienstruktur (z. B. Kinder werden als Bündnispartner in Konflikte der Eltern untereinander einbezogen und reagieren mit Verhaltensstörungen) als auch über die historische Entwicklung dieser Struktur und der damit verbundenen Probleme gebildet werden. Letzteres kann zum Beispiel dann der Fall sein, wenn Kinder nach einem frühen Tod eines Elternteils dessen Platz im Familiensystem einnehmen und so – ihrer Entwicklung nach – überfordert werden.

Beispiele für zirkuläre Fragen

Fragen nach Unterschieden:
Unterschiede in der Zeit
Wann begann das Problem?
Unterschiede zwischen Personen
Wer hat das Problem von Ihnen beiden zuerst bemerkt?
Unterschiede zwischen Teilen einer Person
Wenn Sie an Ihren Verstand und an Ihr Herz denken, welcher Teil sagt Ihnen, Sie sollten in der Beziehung bleiben, welcher Teil möchte, daß Sie gehen?
Unterschiede zwischen Situationen
Ist er eher zu Hause oder in der Schule gewalttätig?
Fragen nach Folgen von Verhalten und Mustern, die verbinden
Ebene von Verhalten
Wie hat sie reagiert, als Sie ihr sagten, Sie wollten sich scheiden lassen?
Ebene der Gefühle
Als sie Ihnen daraufhin sagte, sie liebt Sie auch nicht mehr, welche Gefühle haben sich da bei Ihnen entwickelt?
Ebene der Glaubenssysteme
Wenn Sie denken, Streit in der Ehe ist eher schädlich, ist dies ein Gedanke, der ihre Ehe eher zusammenhält oder sie beide trennt?
Ebene der Bedeutungen
Wie verstehen Sie es, wenn er sagt, er liebe Sie, und immer dann, wenn Sie ihn brauchen, ist er nicht da?
Ebene der Beziehungen.
Wenn sie sagt, sie kommt gleich nach der Arbeit nach Hause, und erscheint erst Stunden später, welchen Einfluß hat dies auf ihre Beziehung?

Zirkularität

Zirkularität meint Kreisförmigkeit. Zirkuläres Denken versucht die wechselseitige Bezogenheit der Elemente eines Systems so zu beschreiben, daß die Eingebundenheit jedes Elementes in das Ganze deutlich wird. Unter Zirkularität wird die Fähigkeit von Therapeuten verstanden, sich in der Befragung von den Antworten der Klienten und den darin enthaltenen sprachlichen und nichtsprachlichen Botschaften leiten zu lassen. Methodisch wird zirkuläres Denken durch zirkuläres Fragen umgesetzt. Diese Interviewmethode erlaubt es, Informationen zu gewinnen und entwickelte Hypothesen weiter zu differenzieren oder zu verwerfen. Durch zirkuläre Fragen (s. S. 252) werden familiäre Interaktionen erfahrbar gemacht und Veränderungen durch in Fragen eingeschlossene Informationen begünstigt.

Frageformen der systemischen Variante der lösungsorientierten Therapie nach de Shazer (vgl. de Shazer, 1992; Walter & Peller, 1994) betonen insbesondere auch die Konstruktionen neuer Möglichkeiten. Dabei wird angenommen, daß es für die Lösung eines Problems nicht wichtig ist, das Problem als solches zu kennen. In der Konsequenz dieser Annahme zielen Frageformen dieses Ansatzes insbesondere auf die Stärken und Ressourcen der Klienten. Im Erstgespräch werden, neben kurzen einleitenden Fragen zum präsentierten Problem und dem angestrebten Ziel der Therapie, Fragen nach Beschreibungen von Zeiten und Situationen, in denen die Probleme/Beschwerden nicht auftreten, gestellt (Ausnahmefragen). Daran schließen sich Fragen zu hypothetischen Lösungen wie die sogenannte Wunderfrage an („Angenommen, es würde eines Nachts, während Sie schlafen, ein Wunder geschehen und Ihr Problem wäre gelöst. Wie/woran würden Sie dies merken? Woran würden dies Ihr Mann und Ihre Kinder merken, ohne daß Sie ein Wort darüber sprechen?") Diese Frageform impliziert eine Verknüpfung der von Klienten imaginierten Lösungen und deren konkrete Umsetzung auf der Verhaltensebene in dem jeweiligen sozialen System. Im Anschluß an die Wunderfrage können Fragen danach gestellt werden, wann das Wunder schon ansatzweise oder in Teilen eingetreten ist. Mit Skalierungsfragen („Auf einer Skala von 1–10 ..."?) können im Kontext der Kooperation von Therapeut und Klient therapeutische Ziele und Entwicklungen in Richtung der erwünschten Lösungen aus subjektiver Sicht eingestuft werden und somit für Klienten noch passendere Lösungsschritte konstruiert werden.

Neben Fragetechniken werden in der systemischen Therapie auch eine Vielzahl weiterer spezifischer Techniken zur Analyse und Modifikation von Wirklichkeits- und Möglichkeitskonstruktionen eingesetzt. Hierzu zählen die gemeinsame Analyse von Videoaufnahmen von Familiengesprächen, spezifische Formen von Hausaufgaben („Beobachten Sie, was in der Familie bereits gut geht und mehr werden sollte?", Durchführen von Ritualen etc.), spezifische Formen von Kommentaren (wertschätzende Kommentierung und positives Umdeuten) sowie der Einsatz metaphorischer Verfahren, zum Beispiel von Familienskulpturen.

Der Begriff Familienskulptur ist der Kunst entlehnt und bedeutet im Falle der systemischen Therapie die Darstellung eines sozialen Systems aus der Sicht der Mitglieder dieses Systems oder eines Beobachters. Im Hinblick auf Wirklichkeitskonstruktionen können aus einer Skulptur Merkmale von Beziehungen wie emotionale Nähe, Distanz und Hierarchie im Sinne von oben und unten in der räumlichen Strukturierung abgeleitet werden. Mit Skulpturen können auch Lösungen von Problemen in sozialen Systemen und neue Möglichkeiten für die Beziehungsgestaltung auf metaphorischer Ebene angeregt werden.

Neutralität

In der ursprünglichen Version meint der Begriff *Neutralität*, daß Therapeuten nacheinander mit allen Beteiligten Bündnisse eingehen, so daß die Therapeuten am Ende gleichzeitig mit jedem und keinem verbündet sind. Demnach kann Neutralität als therapeutische Fähigkeit beschrieben werden, einseitigen Bündnissen mit Familienmitgliedern zu entkommen (Beziehungsneutralität) und ebenso moralische Beurteilungen im Hinblick auf das präsentierte Problem oder Symptom zu vermeiden (Problemneutralität). In einer Erweiterung und Neudefinition des Neutralitätsbegriffs beschreibt Cecchin (1987) die Haltung eines systemischen Therapeuten als die eines kooperativen, kreativen und neugierigen Dialogpartners. Er fordert eine therapeutische Grundhaltung der Neugier dem Klientensystem gegenüber, als deren Ergebnis Respekt gegenüber dem autonomen System entsteht: Therapeuten handeln aus einer neugierigen, respektvollen, weniger produkt- als prozeßorientierten Position heraus, ohne letzlich wissen zu können, wie ihre Anregungen zu einer Veränderung eines sich selbst organisierenden Systems beitragen. Anregend können zum Beispiel Hypothesen wirken, die sich deutlich von den Erklärungen oder Problembeschreibungen der Mitglieder unterscheiden.

Fallbeispiel

Nach Ende eines halbjährigen stationären Aufenthalts in einer psychosomatischen Klinik meldet sich Herr A. auf Empfehlung der Klinik telefonisch bei einer psychotherapeutischen Praxiseinrichtung zur Beratung und eventuellen Familientherapie an. Herr A. ist Mitte Dreißig und Manager in einem Informatikunternehmen. Nach einem Nervenzusammenbruch infolge auch beruflicher Überlastung wurde er in der Klinik stationär aufgenommen und wegen depressiver Persönlichkeitsstörungen behandelt. Im Moment ist er in ambulanter nervenärztlicher Behandlung. Im Telefongespräch berichtet er, daß seine Frau sich von ihm trennen, er hingegen die Ehe aufrechterhalten möchte. Beide kennen sich seit zwei Jahren und haben vor einem Jahr geheiratet. Für beide Ehepartner ist es die zweite Ehe. Kurz nach der Heirat ist der jetzt fast einjährige Sohn geboren worden. Frau A. hatte bis kurz vor der Geburt als Betriebswirtin in einem Unternehmen gearbeitet. Während des Klinikaufenthaltes von Herrn A. ist sein Arbeitsbereich umstrukturiert worden. Seine leitende Stellung hat er verloren. In seiner neuen Position fühlt er sich degradiert und unterfordert. Am Ende der telefonischen Anmeldung wird ein erstes Gespräch vereinbart, zu dem die ganze Familie eingeladen wird.

Im ersten Gespäch klärt der Therapeut das Anliegen und den therapeutischen Auftrag. Er fragt, wer die Idee zur Therapie hatte, wer welche Probleme wie beschreibt und erklärt und welche Bedeutung die beschriebenen Probleme für die Familienmitglieder und ihre Beziehungen untereinander haben. Ebenso wird geklärt, wer welche Erwartungen an die Therapie stellt. Abschließend wird der therapeutische Kontrakt besprochen und vereinbart. Hierzu zählen die vorläufige Anzahl, die Dauer und zeitliche Abfolge der Sitzungen, wer zu den Sitzungen eingeladen werden soll sowie die Bezahlung.

Frau A. erklärt zu Beginn des Gespräches, daß sie die Ehe beenden möchte. Vorher will sie, wie sie sagt, in einem letzten Versuch die Beziehung zu ihrem Mann klären. Sie hat ihren Mann während seines Klinikaufenthaltes sehr unterstützt. Nach seiner Rückkehr fühlt sie sich von ihm nicht beachtet, vernachlässigt und in der Erziehung des Sohnes nicht unterstützt. Sie beklagt, daß ihre Schwiegermutter sich zu sehr um ihren Sohn kümmere und dauernd in die Ehe einmische. Herr A. bestätigt, daß er die Ehe aufrechterhalten möchte. Er stellt sich die Frage, ob er seiner Firma kündigen oder die Demütigung der Degradierung ertragen soll. Er wirkt depressiv und sehr mit sich selbst beschäftigt.

Beobachtungen während des ersten Gesprächs zeigen eine distanzierte Beziehung der Ehepartner, eine sehr enge Mutter-Sohn-Bindung und die Unsicherheit des Vaters, wenn der kleine Sohn versucht, Kontakt aufzunehmen. Darüber hinaus wird auch deutlich, daß Frau A. die Annäherung des Sohnes an den Vater einerseits fordert, andererseits auch, wenn der Sohn sich dem Vater annähert, unterbindet.

Im Gespräch werden charakteristische Grundannahmen deutlich, die das Handeln der Familie und die Bedeutung von Ereignissen im Familienleben bestimmen. Die Muster derartiger Bedeutungsgebungen haben sich meist im Laufe der Familiengeschichte gebildet. In Familie A. zeigen sich Zusammenhänge zwischen der Art und Weise, wie die Ehepartner ihre Beziehung zur Bewältigung der aktuellen Krisensituation gestalten und Beziehungsmustern des Paares vor der aktuellen Krisensituation. Ebenso werden Parallelen der Beziehungsgestaltung der Ehepartner zu den in den Ursprungsfamilien der Ehepartner vorherrschenden Beziehungsmustern deutlich.

Die Ehepartner haben sich an dem Tag kennengelernt, den Frau A. bereits als Tag ihres Selbstmordes vorherbestimmt hatte. Nachdem Herr A. ihr aus ihrer depressiven Krise infolge einer beruflichen Überforderung geholfen hatte und sie wieder sehr erfolgreich in ihrem Beruf arbeiten konnte, begann dessen depressive Krise.

Die Eltern beider Ehepartner stammen aus Unternehmerfamilien. Herr A. ist der ältere von zwei Söhnen. Seine Eltern sind in zweiter Ehe verheiratet. Sein Vater ist bis heute beruflich sehr erfolgreich. Er hat immer nur gearbeitet und die Erziehung ausschließlich seiner Frau überlassen. Zu seiner Mutter hat Herr A. eine sehr enge Bindung, die sich besonders dann zeigt, wenn es dem Sohn schlecht geht. Frau A. ist das zweitälteste von drei Kindern. Ihr älterer Bruder starb kurz vor ihrer Geburt. Nach ihrer Geburt erkrankte ihre Mutter an einer Depression. Die Tochter wurde von Kindermädchen großgezogen, zu ihrer Mutter hat sie eine zwiespältige und überwiegend ablehnende Haltung. Sie war das Lieblingskind des Vaters und ausersehen, die Firma zu übernehmen. Als sie fünfzehn Jahre alt war, beging ihr Vater nach dem Konkurs des Familienunternehmens Selbstmord.

Der Therapeut formuliert am Ende des Gesprächs einen ersten Eindruck seiner Sicht des Familiensystems. Er benennt seiner Beobachtung nach wichtige implizite, nicht ausgesprochene, meist „entweder-oder" Regeln, die die Familienbeziehungen strukturieren und stabilisieren, zugleich aber auch in einem sinnvollen Zusammenhang mit den geschilderten Problemen stehen können. Zu diesen Regeln zählt er, daß es in der Familie anscheinend immer nur einem Partner gutgehen kann. Zuwendung gibt es nur dann, wenn ein Mitglied „krank“ ist. Auf der Elternebene gelten die Regeln, daß man sich ausschließlich entweder dem Beruf oder der Familie widmet und alles, was man in Beruf und Familie leistet, einerseits außerordentlich sein muß, daß aber andererseits das, was die eigenen Eltern geleistet haben, niemals von den Kindern erreicht werden kann. Weitere Regeln legen als Problemlösung bei einem Scheitern von beruflichen Zielvorstellungen Selbstmord nahe. Bei Konflikten zwischen Ehepartnern werden häufig Scheidungen als Konfliktlösungen gewählt.

Der Therapeut stellt Fragen zu den bisher beobachteten und zukünftig erwarteten Auswirkungen dieser Regeln auf die Familienmitglieder und ihre Beziehungen, zu Ausnahmen von den Regeln und zu dem, was die Partner aneinander schätzen und so wie es ist bewahren und weiter entwickeln wollen. Er fragt auch danach, was die Ehepartner bereits getan haben, um die Probleme zu lösen, was sie tun könnten, die vorgestellten Probleme zu verschlimmern und wozu es möglicherweise gut sei, die Probleme noch eine Weile zu behalten. Er fragt die Eltern auch danach, wie es dem kleinen Sohn wohl gehen würde, wenn er sich unzuvereinbarenden Gegensätzen ausgeliefert fühlt und um das Dilemma zu lösen, sich überlegt, ob er sich auf die väterliche oder mütterliche Seite schlagen soll.

Zum Abschluß des ersten Gesprächs fragt er die Ehepartner, ob es für sie vorstellbar sei und wie sie sich in der Familie fühlen würden, wenn es beiden Partnern gleichzeitig gutgehen würde und sie sich sowohl der Arbeit als auch der Familie widmen könnten. Wie es wäre, auch Kompromisse einzugehen, statt dauernd „Krieg“ zu führen, und ob sie es sich erlauben könnten, ihren Eltern und auch sich selbst zuzugestehen, ein eigenes Leben zu leben.

Am Ende des ungefähr einstündigen Gesprächs wird das weitere Vorgehen besprochen. Auf Wunsch des Paares werden fünf weitere Sitzungen im Abstand von ungefähr vier bis sechs Wochen vereinbart. Zu einigen dieser Sitzungen werden auch, jeweils getrennt voneinander, die noch lebenden Eltern und Geschwister der Ehepartner eingeladen. Nach diesem Gespräch werden, je nach Bedarf, sieben weitere Termine vereinbart. Insgesamt werden zwölf Therapiesitzungen im Zeitraum von zwei Jahren durchgeführt.

Im Verlauf der Therapie stabilisiert sich die Situation der Familie. Die Eltern unterstützen sich verstärkt in der Erziehung des Sohnes, die Ehepartner nähern sich wieder vorsichtig aneinander an. Diese Annäherung verstärkt sich nach gemeinsamen Sitzungen mit den noch lebenden Eltern und Geschwistern von Herrn und Frau A. In diesen Sitzungen werden aus Sicht aller Beteiligten die Familienbeziehungen in den jeweiligen Ursprungsfamilien angesprochen und soweit möglich wechselseitige Erwartungen und bisher „Unausgesprochenes" geklärt. So kommt zum Beispiel zwischen Herrn A. und seinem Vater zur Sprache, wieso sich der Vater nur um seine Arbeit und nicht um seinen Sohn gekümmert hat. Nach dieser sehr emotionalen Aussprache und dem gemeinsamen Betrauern dessen, was nicht war, kommt es im Kontakt der beiden zu einer Annäherung. Im Anschluß daran gelingt es Herrn A., sich von seiner Mutter besser abzugrenzen. Im Verlauf der Therapie entscheidet sich Herr A., seiner Firma zu kündigen. Er erlernt einen handwerklichen Beruf und beginnt teilzeitbeschäftigt zu arbeiten. Frau A. übernimmt nach anderthalbjähriger Babypause wieder eine leitende Stellung in einem Unternehmen. Nach einem weiteren Jahr ist sie wieder schwanger. Alle diese Übergänge im Familienzyklus sind begleitet von Krisen, die zunehmend kürzer und von Phasen zunehmender Stabilität gefolgt werden.

Forschungsergebnisse

Eine Therapietheorie ist immer nur *eine* mögliche Linse, die nicht per se richtiger oder fortschrittlicher ist als andere Therapietheorien, sie ist zuerst einmal nur anders als andere. Das Kriterium, an dem sich die systemische Therapie im psychosozialen Bereich zu bewähren hat, ist, ob sie für die zu behandelnden Familien in ihrer besonderen Wirklichkeit „passend" und hilfreich ist. Ob dies der Fall ist, muß sich in wissenschaftlichen Studien zeigen.

Die Auswertung von 163 angloamerikanischen Studien zur Familientherapie zeigen, daß systemische Familientherapie signifikant positive Wirkungen hat (Shadish et al., 1995). Die Ergebnisse besagen, daß in einer Nachuntersuchung bei einer zufälligen Auswahl eines mit Paar- oder Familientherapie behandelten Klienten die Wahrscheinlichkeit, daß es ihm besser geht als einer unbehandelten Person, bei ungefähr 67 % liegt. Ein solche Wahrscheinlichkeit ist größer als man sie in der Regel in medizinischen, chirurgischen oder pharmazeutischen Wirksamkeitsstudien findet.

Systemische Familientherapie erweist sich insgesamt in einem weiten Feld von Problembereichen als wirksam. Dazu gehören Probleme von Kindern (z. B. kindliche Verhaltensstörungen), Erwachsenen (z. B. Phobien, allgemeine psychiatrische Symptome), Paaren, Familien (z. B. allgemeine familiäre Probleme, Kommunikations- und Problemlösungsstörungen) und von größeren Systemen.

Empfohlene Literatur: Simon, F.: Meine Psychose, mein Fahrrad und Ich. Heidelberg: Carl Auer, 1994. *Walter, J., Peller, J.:* Lösungsorientierte Kurztherapie. Dortmund: Modernes Lernen, 1994. *Weber, G., Stierlin, H.:* In Liebe entzweit. Hamburg: Rowohlt, 1984. *Welter-Enderlin, R., Hildenbrand, B.:* Systemische Therapie als Begegnung. Stuttgart: Klett-Cotta, 1996.

2. Psychoanalytische Familientherapie

Thea Bauriedl

Einführung

Psychoanalytische Paar- und Familientherapie ist eine Anwendung der Psychoanalyse im familientherapeutischen Setting. Das bedeutet, daß verborgene und offene Beziehungskonflikte zwischen Mitgliedern einer Familie (verstanden als bestehende oder geplante Lebensgemeinschaft) in Anwesenheit möglichst aller Konfliktpartner behandelt werden. Dabei werden alle Familienmitglieder als Patienten (Leidende) angesehen und die in der Familie bestehenden Symptome (definiert in einem sehr weiten Sinn) sowohl als Ausdruck der persönlichen Beziehungsstrukturen des Symptomträgers als auch als Ausdruck der familiären Beziehungsstrukturen verstanden.

Ursprünge

Schon in der frühen Psychoanalyse sind Vorstellungen von psychischen und psychosozialen Systemen zu finden: Freud bemühte sich um ein dynamisches Verständnis der (zum Teil unbewußten) psychischen Vorgänge im Menschen. Dazu entwikkelte er Bilder vom Zusammenspiel verschiedener innerpsychischer „Instanzen" wie Ich, Es und Über-Ich oder Antrieb und Kontrolle, etc. Auch die Familiendynamik war schon Gegenstand seiner Überlegungen, wenn er zum Beispiel den Ödipuskomplex in den Mittelpunkt seiner Theorie stellte oder die

Übernahme elterlicher Normen durch das Kind als prägend für dessen Über-Ich beschrieb.

Trotzdem entwickelte sich die Familientherapie zunächst außerhalb der Psychoanalyse, und zwar im Zusammenhang mit der Schizophrenieforschung in den USA. Innerhalb der Psychoanalyse entwickelte H. E. Richter (Gießen) in den 60er Jahren die ersten familientherapeutischen Vorstellungen im deutschen Sprachraum („Patient Familie"). Er bezog sich vor allem auf die Rollenzuweisungen der Eltern an die Kinder und beschrieb die Strukturen verschiedener Typen von Familien und deren unbewußte Dynamik. In Göttingen entwickelten E. Sperling und Mitarbeiter die „Mehrgenerationen-Familientherapie". Diese Form der psychoanalytischen Familientherapie geht von dem intrafamiliären Wiederholungszwang aus, der dazu führt, daß unbewältigte Konflikte von einer Generation an die nächste weitergegeben werden. Als therapeutische Konsequenz dieser Erkenntnisse werden in diesem Konzept häufig Vertreter der Großelterngeneration in das Behandlungssetting einbezogen. Ich selbst habe seit Anfang der 70er Jahre unter dem Begriff „Beziehungsanalyse" eine psychoanalytische Beziehungstheorie entwickelt, die aus familiendynamischen Konzeptionen hervorging, aber auf alle Formen zwischenmenschlicher Beziehungen anwendbar ist.

Grundannahmen

Den eben beschriebenen Ansätzen der psychoanalytischen Familientherapie im deutschen Sprachraum ist gemeinsam, daß hier die Vorstellungen vom persönlichen Unbewußten mit Vorstellungen eines gemeinsamen familiären Unbewußten verbunden werden. Man untersucht das Zusammenspiel der individuellen Dynamik des einzelnen mit der interpersonalen Dynamik des Paares bzw. der Familie. Gemeinsame Grundannahmen finden sich auch in der historischen Dimension, was die Lebensgeschichte des einzelnen und die Tradition (Weitergabe) von Beziehungsstrukturen über die Generationen hinweg betrifft: Jedes Kind wächst in einem familiären oder familienähnlichen Umfeld auf, aus dem es die für dieses Umfeld typischen Konfliktlösungsmuster übernimmt, diese seinerseits in der eigenen Partnerschaft wiederholt und dabei an die eigenen Kinder weitergibt. Mit den anderen familientherapeutischen Konzepten verbindet das psychoanalytische Konzept die Erfahrung, daß Personen, die in und an ihren familiären Beziehungsstrukturen erkrankt sind, häufig besser – und manchmal auch schneller – geholfen werden kann, wenn man ihre Konfliktpartner in die Therapie einbezieht.

Ich habe mich wiederholt explizit mit den außerhalb der Psychoanalyse entstandenen Formen der Familientherapie auseinandergesetzt und Überlegungen darüber angestellt, was *spezifisch* für psychoanalytisches Denken und Handeln ist. Dazu einige Überlegungen:

Was wird als System verstanden?

Im Unterschied zu anderen familientherapeutischen Ansätzen ist es für ein psychoanalytisches Konzept unabdingbar, den *Therapeuten als Teil des „therapeutischen Systems"* zu verstehen. Ein ausreichendes Verständnis des therapeutischen Prozesses erscheint nur möglich, wenn man die unbewußten Beziehungsmuster aller Beteiligten in die Überlegungen einbezieht. Hier geht es nicht darum, ein System durch bestimmte Interventionen „von außen" zu verändern, sondern darum, sich selbst als Teil des therapeutischen Systems zu begreifen und aus diesem Selbstverständnis heraus therapeutisch zu handeln. Der Therapeut ist von den Abwehrmechanismen des Familiensystems ebenfalls betroffen und an den Veränderungsprozessen (oder deren Verhinderung) ebenfalls beteiligt. Das ist das systemtheoretische Grundkonzept der Psychoanalyse und der psychoanalytischen Familientherapie.

Durch diese Sichtweise wird die spezifische *Bedeutung* der Interventionen des Therapeuten im *Hier und Jetzt* des therapeutischen Systems erst erkennbar. Da die Wirkung von Interventionen grundsätzlich von deren Bedeutung im Hier und Jetzt der therapeutischen Beziehung abhängt, ermöglicht dieser Ansatz prinzipiell eine exakte Beurteilung der Angemessenheit und der Wirksamkeit von Interventionen. Eine rein „technische", von der subjektiven Bedeutung absehende Vorgehensweise wird dadurch ausgeschlossen. So wird auch die Aufmerksamkeit auf die in jeder Psychotherapie naheliegende Gefahr gelenkt, in der therapeutischen Beziehung nur das Beziehungssystem zu wiederholen, das die Patienten und/oder den Therapeuten bisher schon geschädigt hat. Mit Hilfe der ständigen Aufmerksamkeit auf die Prozesse von Übertragung (Wahrnehmen und Handeln im bisherigen eigenen Beziehungssystem) und Gegenübertragung (Wahrnehmen und Handeln im Beziehungssystem des jeweiligen Beziehungspartners, also auch des Therapeuten oder des Patienten) wird die Gefahr der Manipulation und der fruchtlosen Wiederholung des Gleichen in der Therapie verringert.

Die Rolle der Vergangenheit

Psychoanalytische Familientherapie ist im Gegensatz zu manchen Vorurteilen ihr gegenüber – wie auch die Psychoanalyse insgesamt – keine „Vergangenheitstherapie". Hier soll und kann nicht die Vergangenheit verändert oder beklagt werden. Bei der Einbeziehung der historischen Dimension jedes einzelnen Menschen und der psychischen Traditionen von Familien geht es vielmehr darum, Wege zu finden, wie die aktuellen intrapsychischen und intrafamiliären Vorgänge in ihrem historischen Gewordensein verstanden werden können.

„Verstehen" bedeutet in diesem Zusammenhang nicht „Einverstanden-Sein". Es geht also nicht darum, die Patienten als Opfer ihrer „bösen" Eltern zu sehen, sondern darum, aus der Geschichte der intrafamiliären Verwicklungen die intrapsychischen Antworten der einzelnen auf bestimmte interpsychische Situationen (innere Einverständniserklärungen des Kindes mit dem Beziehungssystem der Umgebung) „begreifbar" und deshalb revidierbar werden zu lassen.

Die Anerkennung der Abhängigkeiten jedes Menschen, auch des Therapeuten, von den Beziehungsszenen, die er in seiner Kindheit in sich aufgenommen hat und die ihm von seiten der heutigen Bezugspersonen (auch der Patienten) entgegengebracht werden, führt im psychoanalytischen Denken dazu, daß der Patient als selbstverantwortliches Subjekt seines Lebens gesehen wird. In der psychoanalytischen Familientherapie werden zusammen mit den einzelnen Familienmitgliedern die Szenen erarbeitet, in denen diese sich immer wieder befinden und die sie immer wieder herstellen (Wiederholungszwang). Die innerpsychischen Entscheidungen, die „Antworten," die jedes einzelne Familienmitglied auf die von ihm subjektiv erlebten Situationen zu geben pflegt, werden danach untersucht, ob sie wirklich den Lebensinteressen des Patienten entsprechen, oder ob dieser sich jetzt und auch in Zukunft für andere „Antworten" entscheiden möchte. Indem der Patient auf die Verantwortlichkeit für sein eigenes Wohlergehen verwiesen wird, wird er in einem anderem Sinn „unabhängig" von seinen Bezugspersonen als wenn ihm „Unabhängigkeitsrezepte" – eventuell auf paradoxe Weise – vermittelt werden.

Methoden

Die Veränderung beginnt im Therapeuten

Die eben beschriebene Sichtweise des oder der Patienten – und gleichermaßen auch des Therapeuten – hat die logische Folge, daß in der psychoanalytischen Familientherapie, wie auch grundsätzlich in der Psychoanalyse, die Aufmerksamkeit auf der „inneren Welt des Analytikers" liegt. Für ihn wie für seine Patienten geht es nicht darum, anders, „richtiger" oder „gesünder" wahrzunehmen, sondern die eigene Wahrnehmung, die eigenen Gefühle und Phantasien als Indikatoren für die aktuelle Beziehungssituation zu nutzen und sich über diese Beziehungssituation und das subjektive Erleben in ihr mit den anderen Beteiligten zu verständigen. Die therapeutische Methode ist aufgebaut auf den *Prozeß der Verständigung* über die Psychodynamik des einzelnen Familienmitglieds und der Gesamtfamilie. (Die „Psychodynamik" beschreibt die Zusammenhänge zwischen Erleben und Verhalten.) Dabei wird der Therapeut „mehr fragen als sagen," d.h.: Die Deutungsmacht bleibt bei den einzelnen Familienmitgliedern. Sie selbst sind dafür zuständig zu fühlen, was in ihnen vorgeht, und verantwortlich dafür, was sie davon mitteilen wollen. Aufgrund dieser prozessualen Betrachtung der therapeutischen Interventionen können – losgelöst von der jeweiligen therapeutischen Situation – keine „typischen" Interventionen und deren Folgen dargestellt werden.

Die therapeutische Arbeit besteht im wesentlichen darin, daß der Therapeut *in sich* die aktuelle Beziehungssituation möglichst bewußt wahrnimmt und die so wahrgenommene Szene zunächst einmal in seinem eigenen Bewußtsein erweitert, und zwar um solche Elemente, die in der von der Familie angebotenen Szene unbewußt bleiben. Diese unbewußten Elemente sind vor allem „Lebenswünsche," z. B. der Wunsch nach Kontakt und Offenheit, der Wunsch, seine Ängste und Befürchtungen mitzuteilen und eine emotionale Resonanz dafür zu finden, der Wunsch, sich bewegen lassen zu können von dem, was einem der oder die andere mitteilt, etc. Für das Verhalten des Therapeuten spielt die *Abstinenz* eine zentrale Rolle. Sie besteht vor allem darin, Tendenzen zur Wiederholung der destruktiven (grenzverletzenden) Beziehungsmuster zu erkennen und zu vermeiden sowie die Grenzen der Therapeut-Patient-Beziehung eindeutig zu wahren.

Um das leisten zu können, ist der Therapeut ständig damit beschäftigt, die in ihm ablaufenden Vorgänge wahrzunehmen, diese zu reflektieren und sein therapeutisches Handeln entsprechend den Ergebnissen dieser inneren Vorgänge auszurichten. Dies sind Vorgänge, die sowieso in jedem Menschen in jeder Situation latent ablaufen. Die Fähigkeit, sie bewußt in sich zu registrieren und zur Grundlage des eigenen (therapeutischen) Handelns zu machen, muß trotzdem in einer fundierten Ausbildung erworben werden.

Gelingt es dem Therapeuten nicht (mehr), die eben angedeuteten (emanzipatorischen) „Lebenswünsche" seiner Patienten zu erkennen oder in sich zu rekonstruieren, dann wird er sich mit diesen ausschließlich „im Kreis drehen". Alle seine Interventionen werden im gleichen Maß nur Elemente der stets wiederkehrenden und den Status quo aufrechterhaltenden Konfliktlösungsstrategien in dieser Familie und eventuell gleichzeitig seiner eigenen Herkunftsfamilie sein. Die strukturelle Veränderung eines Beziehungssystems ist nur möglich, wenn abgespaltene und unbewußt gewordene Bedürfnisse und Gefühle wieder in diesem System Platz finden können. Die unbewußt gewordenen Bedürfnisse sind bei ihrem Wiederauftauchen der „Motor" jeder psychoanalytischen Therapie. Insofern gestalten die Familienmitglieder ihre Veränderung aus eigenem Antrieb und in der ihnen möglichen Weise. Der Therapeut stellt einen *geschützten Beziehungsraum* für diese Veränderungsprozesse bereit. So versucht man in der psychoanalytischen Familientherapie nicht primär, die Symptome zu beseitigen, sondern die intrapsychischen und interpsychischen Beziehungsstrukturen zu verändern, die als Ursache der Symptomatik angesehen werden.

Die Wiederherstellung des zerstörten Dialogs

Zwischenmenschliche Beziehungsstörungen mit den dazugehörenden Symptomen sind Ausdruck einer Unfähigkeit, Grenzen zu respektieren. Die Partner bringen diese Unfähigkeit aus den bisher erlebten Beziehungssituationen mit. Sie wirkt sich nach kürzerer oder längerer Zeit in den Familienbeziehungen aus. Soweit die (psychischen) Grenzen zwischen den Personen über- oder unterschritten werden, kann kein befriedigender und sicherer Kontakt zustandekommen. Der zwischenmenschliche Dialog (= Gespräch zwischen zwei durch psychische Grenzen voneinander unterscheidbare Individuen) ist gestört.

Unter anderem aufgrund dieser Überlegung geht es in der psychoanalytischen Paar- und Familientherapie darum, dialogische Elemente in das Beziehungssystem (wieder) einzuführen und so die Sprachlosigkeit zwischen den Familienmitgliedern schrittweise aufzulösen. Der Therapeut ist dabei nicht verantwortlich für die Qualität der Beziehungen zwischen den Familienmitgliedern: Er ist verantwortlich für die Qualität seiner eigenen Beziehung zu jedem der Familienmitglieder (Abstinenz).

In der Psychoanalyse geht man davon aus, daß jeder Mensch das Bedürfnis hat, mit seinen Beziehungspartnern in einer befriedigenden und sicheren Beziehung zu leben. Soweit dieses Bedürfnis unter der jeweiligen Abwehrstruktur in gemeinsamer Arbeit wiederentdeckt werden kann, ergeben sich die „Lösungen" für die Familienmitglieder spontan. Sie müssen nicht von außen angeboten werden. Der Sinn der jeweiligen Symptome kann gemeinsam verstanden werden, was aber noch nicht automatisch zum Symptomverlust führt. Bloß intellektuelle Einsicht bringt in den meisten Fällen keine veränderten Beziehungsstrukturen mit sich. Nur eine grundsätzliche strukturelle Veränderung der Beziehungsphantasien macht es in den meisten Fällen möglich, daß Symptome nachhaltig aufgegeben werden können und nicht durch andere Symptome ersetzt werden müssen.

Die Rolle der Ressourcen:

Wenn man in der Psychoanalyse von Ressourcen spricht, meint man nicht die „gesunden" (im Gegensatz zu den „kranken") Anteilen der Patienten, also nicht deren Leistungsfähigkeit in irgendeinem Sinn. Vielmehr werden hier die Veränderungswünsche der Patienten als die eigentlichen Ressourcen (das Veränderungspotential) der einzelnen und der familiären Gemeinschaft begriffen.

Das hat Auswirkungen auf die therapeutische Methode: Da man hier vorwiegend die Psychodynamik der Patienten und des therapeutischen Prozesses im Blick hat, versucht man, die regelmäßig auftretende Selbstentwertung der Patienten nicht dadurch rückgängig zu machen, daß man die Leistungen oder die Leistungsfähigkeit der Patienten hervorhebt. Vielmehr versteht man den „Sinn" der Selbstentwertung als in der jeweiligen Situation bestmöglichen Kompromiß (Schutzmechanismus) und schafft so eine Möglichkeit, die Spaltung zwischen „richtigem" und „falschem" Verhalten grundsätzlich in Frage zu stellen. Es geht also nicht darum, kurzfristig einen „Gegenbeweis" gegen die Wertlosigkeitsgefühle der Patienten zu führen, sondern darum, den Verzicht auf die Orientierung an den eigenen Gefühlen und Wünschen in Frage zu stellen. So entsteht ein Beziehungsraum (therapeutisches System), in dem nicht danach gesucht wird, was als Anpassungsleistung möglich und nötig ist, sondern in dem verstanden wird, weshalb welche Anpassungsleistungen auf Kosten der eigenen Lebendigkeit immer wieder angeboten und erbracht werden.

Dauer und Frequenz

Da sich ständig wiederholende konflikthafte Szenen Verhaltens- und Erlebnismuster sind, deren Ursprung weit in die Geschichte von allen Beteiligten zurückgeht, ist eine grundsätzliche und nachhaltige Veränderung von Beziehungsstrukturen zumeist nicht in kurzer Zeit zu erreichen. Ein kontinuierlicher Prozeß braucht eine kontinuierliche Begleitung. Hier unterscheidet sich die psychoanalytische Familientherapie – jedenfalls in der Form der Langzeitpsychotherapie – von den meisten anderen Formen der Familientherapie. Ein Abstand von ein bis höchstens zwei

Wochen zwischen den Sitzungen ist üblich. Die Sitzungen dauern je nach Arbeitsweise des/der Therapeut/in 50, 90 oder 100 Minuten.

Verschiedene Anwendungsformen

Sowohl mit Paaren als auch mit ganzen Familien wird in Form von *Kriseninterventionen* (wenige Sitzungen innerhalb kurzer Zeit, „Weichenstellungen" in einer akuten Krisensituation, häufig schließt sich ein grundsätzlicher therapeutischer Prozeß an), von *Fokaltherapie* (orientiert an einem bestimmten Beziehungskonflikt) und von *Langzeittherapie* (kontinuierlich während einem oder mehrerer Jahre) gearbeitet. Familientherapien gehen häufig nach einiger Zeit in Paartherapien über, sobald deutlich wird, daß der zentrale Beziehungskonflikt in der Paarbeziehung liegt. Nahe verwandt mit der psychoanalytischen Familientherapie ist die analytisch orientierte Paar- und Familienberatung, die nicht nur von psychoanalytisch ausgebildeten Psychotherapeuten, sondern auch von Angehörigen anderer Berufe (z. B. Sozialpädagogen) durchgeführt wird.

Indikation und Gegenindikation

Beides hängt von der Art der Störung sowie von den Bedürfnissen und Fähigkeiten sowohl der Patienten als auch des Therapeuten ab. Ist in den Vorgesprächen kein Konsens darüber zu finden, daß es um eine aufdeckende, die Beziehungen klärende Arbeit gehen kann und soll, dann ist eine psychoanalytische Familientherapie nicht indiziert. Das kann an der Situation der Patienten oder auch an der des Therapeuten liegen. – Unabhängig von dieser Frage ist in jedem Fall zu klären, ob die Familientherapie als Alibiveranstaltung mißbraucht werden soll. (Hier würde sich zum Beispiel das Element des Mißbrauchs im Sinne eines Mißbrauchs des Therapeuten und der Therapie wiederholen.) So ist grundsätzlich zur Indikationsstellung die Frage zu klären, ob es in dieser Therapie im Prinzip um eine Wiederholung des gleichen gehen soll, oder ob Impulse zu strukturellen Veränderungen (Leidensdruck) erkennbar sind. – Selbstverständlich ist auch dann eine Paar- oder Familientherapie fehl am Platze, wenn es ausschließlich um die Erkrankung eines

Familienmitglieds geht oder gehen soll. In diesen Fällen, vor allem, wenn es um die Ablösung von Jugendlichen oder jungen Erwachsenen geht, ist häufig eine Einzeltherapie indiziert, weil das familientherapeutische Setting unter Umständen die Ungetrenntheit in unheilvoller Weise nur wiederholen würde. Wenn aber bei einem einzelnen Patienten die Partner- oder Familienproblematik so sehr im Vordergrund steht, daß er kaum von etwas anderem sprechen kann, ist grundsätzlich die Möglichkeit eines familientherapeutischen Settings zu überlegen.

Zusammenfassung

Die psychoanalytische Paar- und Familientherapie versteht sich nicht als eigenes psychotherapeutisches Verfahren, sondern als eine Anwendung psychoanalytischer Erkenntnisse und beziehungsanalytischer Perspektiven in dem besonderen Setting der Paar- oder Familientherapie. Dies wird deutlich, wenn man die Überlegungen zur Konzeption des therapeutischen Systems und zu den darin ablaufenden Prozessen betrachtet. Wesentlich für die psychoanalytische Paar- und Familientherapie ist die Vorstellung, daß der Therapeut selbst betroffener und beteiligter Teil des gemeinsamen therapeutischen Systems ist und daß er durch seine Interventionen versucht, die starke Tendenz zur Wiederholung destruktiver Beziehungsstrukturen zu vermeiden, indem er selbst eine konstruktive (dialogische) Beziehungsform einführt.

Empfohlene Literatur: Bauriedl, Th.: Auch ohne Couch. – Psychoanalyse als Beziehungstheorie und ihre Anwendungen. Stuttgart: Verlag Internationale Psychoanalyse, 1994. *Bauriedl, Th.:* Leben in Beziehungen. Von der Notwendigkeit, Grenzen zu finden. Freiburg: Herder, 1996. *Herberth, F., Maurer, J. (Hrsg.):* Die Veränderung beginnt im Therapeuten. Anwendungen der Beziehungsanalyse in der psychoanalytischen Theorie und Praxis. Frankfurt/M.: Brandes & Apsel, 1997.

E Entspannungsverfahren

Burkhard Peter und Alida Iost-Peter

Muskelentspannung

Die progressive Muskelentspannung wurde von dem amerikanischen Physiologen Edmund Jacobson entwickelt und 1929 zum ersten Mal beschrieben, drei Jahre ehe in Deutschland der Arzt Johannes H. Schultz 1932 das Autogene Training vorstellte. Über die Verhaltenstherapie, speziell über die systematische Desensibilisierung (s. Kap. B,1,a), wurde Anfang der 70er Jahre die Muskelentspannung auch bei uns bekannt.

Bei seinen Untersuchungen über physiologische Spannungszustände fand Jacobson, daß mit Gefühlen der Unruhe und Erregung eine deutliche Erhöhung der Muskelspannung einhergeht. Bei Angst beispielsweise spannen sich Teile der Willkürmuskulatur an; umgekehrt kann Angst verringert werden, wenn es gelingt, die Muskelspannung zu reduzieren darauf baut Joseph Wolpes Systematische Desensibilisierung auf. Einer Entspannung der Muskulatur folgen in der Regel weitere Entspannungsprozesse im vegetativen Nervensystem wie z. B. erniedrigter Blutdruck, reduzierter Pulsschlag und verlangsamte Atmung. Damit führt das Verfahren der progressiven Muskelentspannung zu den gleichen autonomen Veränderungen, welche durch die Übungen der Grundstufe des autogenen Trainings erzielt werden sollen. Dies ist die Schnittstelle zwischen progressiver Muskelentspannung und autogenem Training, auf die weiter unten noch eingegangen wird.

In der von Jacobson vorgestellten Form war die Muskelentspannung mit über 50 Sitzungen ein sehr zeitintensives Verfahren, weil alle Muskelgruppen nachhaltig geübt werden sollten. In späteren Versionen (z. B. Bernstein & Borkovec, 1975; Peter & Gerl, 1988) wurde die Anzahl der Übungen z. T. jedoch drastisch reduziert.

Zur Technik der Muskelentspannung

Eine Muskelgruppe kann sehr schnell und effektiv entspannt werden, wenn man sie vorher willentlich anspannt. Auf diesem Prinzip der natürlichen Ermüdung eines Muskels nach vorausgegangener Belastung basiert die Grundtechnik der Muskelentspannung. Schritt für Schritt („progressiv“) werden die einzelnen Muskelgruppen des Körpers angespannt, diese Spannung wird kurze Zeit gehalten und dann einfach losgelassen.

Sowohl während des Anspannens wie auch nach dem Loslassen der Spannung wird die Wahrnehmung auf die kinästhetischen (mit dem Muskelsinn verbundenen) Empfindungen gelenkt, die in dem jeweiligen Körperteil spürbar sind. Im Unterschied zum autogenen Training soll man sich also nicht nur auf die Gefühle konzentrieren, die während der Entspannung auftreten, sondern auch auf die spezifischen Empfindungen, die mit Anspannung oder gar Verspannung einhergehen. Gerade bei Verspannungen in Teilen der Willkürmuskulatur ist es wichtig, nicht nur die wohltuenden Gefühle der Entspannung wie Wärme, angenehme Schwere oder auch Leichtigkeit wieder erleben zu können, sondern auch die Fähigkeit zu erlernen, zwischen normaler und überhöhter Anspannung zu unterscheiden.

In den Grundübungen der Muskelentspannung wird mit allen Muskelgruppen nacheinander gearbeitet. In der Regel beginnt man (bei Rechtshändern) mit der rechten Hand und geht dann zur linken, danach zu den Unterarmen und zu den Oberarmen weiter; es folgen die Muskelgruppen des Gesichtes, die von Nakken, Schultern, Rücken, Brust, Bauch und Becken und zum Schluß die der Beine und Füße. Jede einzelne Muskelgruppe wird solange geübt, bis die Entspannung als hinreichend tief erlebt wird.

Beispiel: Anspannen und Entspannen der rechten Hand (aus Peter & Gerl, 1988)

Anspannen: Lenken Sie jetzt Ihre Aufmerksamkeit auf Ihre rechte Hand und spannen Sie diese langsam an. Schließen Sie sie ganz langsam zu einer Faust. Achten Sie dabei auf die Gefühle beim stetigen Übergang vom Ruhezustand zu einer immer stärker werdenden Anspannung der Muskeln. Drücken Sie die Faust noch stärker zusammen und fühlen Sie, wie die Spannung weiter wächst, wie Ihre Muskeln härter und fester werden. Die Anspannung ist nun bald an dem Punkt, wo Ihre Kraft zu einem weiteren Zusammenpressen der Faust nicht mehr ausreicht.

Halten der Spannung: Halten Sie nun diese Anspannung ca. 5 Sekunden lang aufrecht. Fühlen Sie während dieser Zeit, wie jeder einzelne Finger Ihrer Hand angespannt ist. Machen Sie sich diese Anspannung bewußt. Nehmen Sie sie ganz deutlich wahr und achten Sie darauf, wie sie in den Muskeln und den belasteten Gelenken zum Ausdruck kommt. Zählen Sie dabei den Countdown: „5-4-3-2-1 …"

Entspannen: „Entspannen!" Sprechen Sie dieses Wort innerlich ganz bewußt aus und lassen Sie damit schlagartig die Spannung in der Hand los. Einfach loslassen, ganz unvermittelt alle Anspannung aus den Muskeln herauslassen. Ihre Hand hängt jetzt leicht und locker am Handgelenk. Mit einem Schlag sind alle Gefühle der Anspannung weg. Die Finger sind etwas gekrümmt, und langsam beginnt Entspannung sich in der Hand auszubreiten. Achten Sie dabei auf die Gefühle, die damit in den Muskeln auftreten. Diese Gefühle können sehr vielfältiger Art sein. Lassen Sie alles zu, auch wenn es vielleicht neu und ungewohnt ist. Versetzen Sie sich in die Rolle eines passiven Beobachters, der alles geschehen läßt, was sich in der Hand abspielt. Tun auch Sie nichts anderes als nur beobachten und fühlen … bloß fühlen … ganz passiv sein … nur beobachten und fühlen.

Nachdem in den Grundübungen mit Hilfe von Anspannen und Entspannen schrittweise alle Muskeln des Körpers tief entspannt werden können, folgt der zweite Schritt des Trainings, das sogenannte *Vergegenwärtigungsverfahren.* Dieses bildet sozusagen die „Oberstufe" der progressiven Muskelentspannung. Hier werden die einzelnen Muskelgruppen nicht mehr vorher angespannt, sondern gleich entspannt. Der Übende hat bis dahin erfahren, was Entspannung ist. An den spezifischen Empfindungen kann er den Entspannungszustand der Muskeln unmittelbar ablesen. Seine Wahrnehmung für den Muskeltonus und den vegetativen Zustand seines Körpers ist inzwischen so entwikkelt, daß er auch feine Spannungen und Spannungsänderungen feststellen kann. Er braucht sich also nur an die Gefühle zu erinnern, die an das Loslassen der Spannung gekoppelt sind diese „vergegenwärtigen", und erzielt damit die gleiche Entspannung.

Will man Muskelentspannung wegen der vorherigen Anspannung als aktive Entspannung bezeichnen, so könnte man dieses eben beschriebene Vorgehen der Oberstufe als autogene, das heißt durch Konzentration erzeugte Entspannung bezeichnen, denn sie gleicht der sogenannten Unterstufe des autogenen Trainings: Entspannung durch Konzentration auf die Gefühle von Schwere und Wärme. Die Oberstufe der Muskelentspannung ist also zumindest im Prinzip vergleichbar mit der Unterstufe des autogenen Trainings.

Autogenes Training

Das autogene Training wurde 1932 zum ersten Mal von dem Berliner Arzt Johannes H. Schultz beschrieben. Aus seinen Erfahrungen mit Hypnose kannte er die Wirkung von Suggestionen bzw. das sog. ideodynamische Prinzip: Wenn man sich intensiv auf eine einzige Vorstellung konzentriert, dann tendiert der Inhalt dieser Vorstellung dazu, sich zu verwirklichen. Dies läßt sich am einfachsten mit Hilfe des sog. Pendelversuchs verdeutlichen: Hält man bei aufgestütztem Ellbogen ein Pendel zwischen Daumen und Zeigefinger und konzentriert sich auf bestimmte Schwingungen dieses Pendels vor und zurück, seitlich oder kreisförmig, dann beginnt dieses Pendel nach einer Weile tatsächlich in die vorgestellte Richtung zu schwingen, ohne daß man willkürlich etwas dazu getan hat. Die Erklärung ist, daß Gedanken unterschwellig, d. h. außerhalb bewußter Wahrnehmung, minimale Muskelkontraktionen bewirken, welche durch das Pendel vergrößert werden; die Pendelbewegungen werden dann bewußt wahrgenommen und verstärken nach dem Prinzip des Biofeedback die unwillkürlichen Bewegungen. Ähnlich ist die Wirkung bestimmter Gedanken bzw. Vorstellungen, die im autogenen Training in sog. *Formeln* gekleidet sind: Die intensive *Vorstellung von Schwere* in den Händen oder Armen („rechte Hand ist schwer, ganz schwer, angenehm schwer ...“) bewirkt Muskelentspannung; deren Auswirkung wird subjektiv als Schwere wahrgenommen, was wiederum die Vorstellung verstärkt, so daß die Muskelentspannung sich vergrößert, usw. Analog bewirkt die *Vorstellung von Wärme* („rechte Hand ist warm, ganz warm, angenehm warm ...“) zunächst die bloße Empfindung der Wärme, bis diese zu einer minimalen Gefäßerweiterung in der entsprechenden Hand (mehr warmes Blut) führt, so daß nun tatsächlich mehr Wärme wahrgenommen wird, was wiederum die Vorstellung verstärkt, etc.

Neben dieser Schwere- und Wärmeübung gibt es im autogenen Training noch folgende Übungen, die je nach Fähigkeiten der Übenden mehr oder weniger vollständig und in unterschiedlicher Reihenfolge durchgeführt werden:

Die *Atemübung* (z. B. „Es atmet mich") zielt ebenfalls eher auf Gleichmäßigkeit denn auf Verlangsamung ab und macht durch dieses Mißverständnis manchen Menschen Probleme.

Die *Sonnengeflecht-Übung* („Sonnengeflecht strömend warm") zielt auf Wärmegefühle in der Magengrube bzw. im Oberbauch.

Die *Stirnkühle-Übung* („Stirn angenehm kühl" oder „Kopf leicht und klar") steht zu allen anderen Übungen scheinbar im Gegensatz und erklärt sich daraus, daß Schwere oder Wärme im Kopf von vielen Menschen nicht als angenehm empfunden werden.

Die *Herzübung* („Herz schlägt ruhig und gleichmäßig") ist eher problematisch und wird häufig ausgelassen, obwohl sie keine Verlangsamung – wie häufig mißverstanden – sondern nur die Gleichmäßigkeit des Herzschlags intendiert.

Alle diese Übungen bewirken letztlich das Gleiche wie die Übungen aus der Muskelentspannung, auch wenn sie direkter auf eine sog. vegetative Umschaltung in einen Ruhezustand abzielen. Der Unterschied zur Muskelentspannung ist der, daß dort zunächst eine muskuläre Entspannung indirekt über die willkürliche Anspannung der Muskulatur erzielt und so das allgemeine Körperbewußtsein verbessert wird; alle anderen vegetativen Prozesse wie Veränderungen der Durchblutung, des Atemrhythmus, des Pulsschlags etc. folgen automatisch nach. Im autogenen Training dagegen sollen sie unwillkürlich über gedankliche Konzentration bzw. autosuggestive Formeln direkt erzeugt werden.

Da willkürliches Anspannen von Muskeln meist einfacher ist als das gedankliche Rezitieren bestimmter Formeln, fällt den meisten Menschen zumindest am Anfang Muskelentspannung wesentlich leichter als autogenes Training. Deshalb sollte man damit auch beginnen, insbesondere weil man danach, wenn einmal eine gewisse Entspannungsfertigkeit erreicht worden ist, mit den Formeln viel schneller Erfolge erzielt, als wenn diese gleich zu Beginn benutzt worden wären.

In der Regel sind 10 bis 12 Abende à 1½ Stunden gerade ausreichend, um die Übungen der Muskelentspannung und des autogenen Trainings der Unterstufe in einer Gruppe mit ca. 10 Teilnehmern zu üben und damit auch gute Erfolge zu erzielen. Die Übungen zur sog. Oberstufe des autogenen Trainings werden nur ganz selten in dieses Basistraining eingebaut. Voraussetzung dafür ist, daß ein hinreichend tiefer Entspannungs- und Konzentrationszustand ungefähr eine halbe Stunde lang aufrechterhalten werden kann. Viele dieser Übungen zur Oberstufe wirken heute auch etwas antiquiert, und man fragt sich nach der Gültigkeit ihrer inhaltlichen Bestimmung. Oft benutzt man daher gleich Übungen aus meditativen und imaginativen Verfahren, wenn zusätzlich zur körperlichen, d. h. muskulären und vegetativen Entspannung noch Verfahren zur geistigen Entspannung gewünscht werden.

Meditative und imaginative Verfahren

Viele der bei uns bekannten Meditationsverfahren haben ihren Ursprung in den Kulturen und Religionen fernöstlicher Länder; Yoga stammt aus der hinduistischen Tradition, Zen aus der buddhistischen Tradition Japans. Es wird oft übersehen, daß auch Europa eine weitverbreitete christliche Meditationstradition besitzt.

Die Exerzitien des Ignatius von Loyola beispielsweise geben eine systematische Anleitung zum Meditieren, wie sie ähnlich auch in östlichen Traditionen beschrieben wird: Der erste Teil der Exerzitien besteht in der Reinigung; der Mensch solle sich von allen Sünden, weltlichen Gedanken und Neigungen lösen. Neutral formuliert geht es hier um das Stillwerden in Gedanken und Gefühlen; das Bewußtsein soll leer werden, die inneren Monologe sollen verstummen. Im zweiten Teil wird Erleuchtung angestrebt; der Exerzitant soll sich des Wesens Gottes bewußt werden. Dies kann man vergleichen mit der durch längeres Üben entstehenden zunehmenden Wachheit und Bewußtheit bei den östlichen Meditationen. Im dritten Teil kommt das Selbst in Berührung mit Gott; dieser Teil der Vereinigung wird in der christlichen Tradition oft als mystische Hochzeit (unio mystica) mit Gott beschrieben. Yoga und Zen haben vergleichbare Ziele.

Meditation als Technik der Entspannung

Entkleidet des jeweiligen religiösen oder spirituellen Hintergrundes wird Meditation bei uns vor allem als Entspannungstechnik benutzt und steht so in einer Reihe mit Muskelentspannung und autogenem Training. Betrachtet man Meditation unter diesem Blickwinkel, kann man feststellen, daß bei vielen Meditationstechniken das Bemühen im Vordergrund steht, die Aufmerksamkeit für eine bestimmte Zeit auf eine einzelne konstante Reizquelle zu richten. Dabei ist es prinzipiell gleichgültig, welcher Natur dieses Meditationsobjekt ist. Es können Worte oder Gedanken sein wie beim Gebet, beim Gesang oder bei der sogenannten Mantra-Technik; es können auch körperliche Vorgänge wie beispielsweise der eigene Atem sein oder sichtbare Objekte wie eine brennende Kerze oder bestimmte Bilder, die die visuelle Wahrnehmung fesseln. Gleichgültig, welche spezielle Übung man bevorzugt, die hauptsächliche Wirkung aller Übungen besteht darin, daß man die Außenwelt ausblendet und sich in den Zustand innerer Leere begibt.

Wirkung der Meditation als Entspannungstechnik

Meditation hat zunächst die gleichen körperlichen Wirkungen wie Muskelentspannung und Autogenes Training, nämlich Entspannung der Muskulatur und des Vegetativums, z. B. Verlangsamung von Herzschlag und Atmung. Da aber kein anderes Hilfsmittel eingesetzt wird als die bloße geistige Konzentration auf das jeweilige Meditationsobjekt, ist Meditation für die meisten Menschen unseres Kulturkreises schwierig und ohne vorhergehende körperliche und vegetative Entspannung kaum durchzuführen. Je nachdem wie fortgeschritten jemand im Meditieren ist, wird er nicht nur tiefe Entspannung und innere Gelassenheit als wohltuend erleben, sondern auch Erfahrungen machen, die sich scheinbar in anderen Bewußtseinssphären abspielen. Dies allein kann schon dazu beitragen, daß der Übende einen wirkungsvollen Abstand von den Sorgen des alltäglichen Lebens gewinnt und auf diese Weise lernt, Dinge gelassener zu sehen und bedachter zu handeln.

Imaginative Verfahren

In unserem Zusammenhang, d. h. innerhalb eines Entspannungstrainings, ist eines der Ziele imaginativer Verfahren, unter Anleitung eine symbolische Figur, eine Art inneren Führer zu finden und verfügbar zu machen. Hierzu kann man auch Anleihen bei der katathymen Psychotherapie (s. Kap. A,5) machen, ohne deren tiefenpsychologisches Selbstverständnis übernehmen zu müssen. Folgende Bilderreihe ist beispielsweise geeignet, eine solche Figur aufzubauen: Man geht von einer vorgestellten Wiese aus, zu der man zum Abschluß auch wieder zurückkehrt. Von dieser Wiese geht man weiter an den Waldrand und in den Wald hinein. Dort gelangt man nach einiger Zeit an eine Quelle oder einen Graben mit frischem, reinem Wasser, von dem man trinkt oder mit dem man die Hände oder das Gesicht benetzt als symbolisches Zeichen der Reinigung. Geht man dann weiter, so kommt man an eine Höhle, betritt sie und findet tief in der Höhle eine alte, weise Gestalt, einen Mann oder eine Frau, kommt ins Gespräch und kann sich mit seinen Fragen, Sorgen oder Problemen anvertrauen. Diese Figur antwortet, sie rät oder schenkt vielleicht auch ein Symbol, mit dem man die Höhle dann wieder verläßt, um auf dem gleichen Weg zur Wiese zurückzukehren.

Kontraindikationen

Alle drei Verfahren, Muskelentspannung, autogenes Training sowie meditative und imaginative Verfahren, können oder sollen unter bestimmten Umständen nicht angewandt werden. Eine detaillierte Auflistung der Kontraindikationen würde hier zu weit führen. So soll nur darauf verwiesen werden, daß bei manchen Muskelverspannungen das Anspannen der Muskeln deshalb schwierig ist, weil sich danach keine Entspannung mehr einstellt. Das autogene Training sollte mit Vorsicht eingesetzt werden bei übermäßigen physiologischen Fehlregulationen wie z. B. Herzrasen, Schweißausbrüchen oder Ohnmachtsanfällen. Imaginative Verfahren sind kontraindiziert bei Personen, denen die klare Unterscheidung zwischen innerer und äußerer Welt, zwischen phantasierter und „harter" Wirklichkeit schwerfällt. Meditation kann zur Vermeidung oder Flucht vor Problemen benutzt werden und so die Funktion eines Beruhigungsmittels gewinnen, das mehr verschleiert als erhellt, was ihrem eigentlichen Sinn zuwiderläuft. Alle Entspannungsverfahren stoßen letztlich immer dann an ihre Grenzen, wenn sie für Zwecke eingesetzt werden, für welche sie nicht gedacht sind, beispielsweise eine lang andauernde oder schwerwiegende psychische Störung zu beheben.

Anwendung und Erfolge

Die hier kurz skizzierten drei Entspannungsverfahren sind die am häufigsten in Kliniken oder auch an Volkshochschulen und Gesundheitszentren angewandten Techniken. Meist werden sie in Gruppen von ca. 10 Personen als Einzelverfahren oder auch in integrierter Form (*Integriertes Entspannungstraining*) zur Rehabilitation und Prävention eingeübt. Es ist aber auch möglich, daß in psychotherapeutischen Praxen Teile davon bei Einzelpatienten zur Anwendung kommen, dann innerhalb eines psychotherapeutischen Behandlungsrahmens. Aber auch als Gruppentraining erfüllen sie einen guten Zweck in der Gesundheitsvorsorge und sind nachgewiesenermaßen bei ausgewählten Störungen wie z. B. bei Kopfschmerzen, Migräne oder bei Schlafstörungen, intensives Training zuhause vorausgesetzt, recht erfolgreich.

Empfohlene Literatur: Bernstein, D. A., Borkovec, T. D.: Entspannungs-Training: Handbuch der progressiven Muskelentspannung. München: Pfeiffer, 1975. *Kraiker, C.:* Das Autogene Training. In: D. Revenstorf (Hrsg.): Klinische Hypnose. Berlin: Springer, 1993. *Peter, B., Gerl, W.:* Entspannung. München: Mosaik Verlag, 1988 [zu beziehen über M. E. G.-Stiftung, Konradstr. 16, 80801 München]. *Vaitl, D., Petermann, F.:* Handbuch der Entspannungsverfahren, Bd. I und Bd. II. Weinheim: PVU, 1993–94.

F Therapeutische Maßnahmen im medizinischen Bereich

1. Kurzer Abriß der Psychopharmakotherapie

Wolfgang Rossius und Michael Linden

Vorbemerkungen

Psychopharmaka sind Medikamente, die zur Behandlung seelischer Krankheiten eingesetzt werden. Sie verfügen über eine sogenannte psychotrope Wirkung, d.h. das Pharmakon (die enthaltene Substanz) selbst oder seine Stoffwechselprodukte beeinflussen nervliche Abläufe im Gehirn, die dann auf die psychische Verfassung wirken. Sie gehören zu den häufig verordneten Medikamenten und werden sowohl von Nervenärzten als auch in allen anderen ärztlichen Fachrichtungen routinemäßig eingesetzt. In der Akut- und Langzeitbehandlung affektiver Störungen und schizophrener Psychosen sind sie unverzichtbar und meist eine Voraussetzung für anschließende sozio- und psychotherapeutische Maßnahmen. Eine wichtige Rolle spielen sie auch bei schweren Angst- und Zwangsstörungen. Akute Krisen mit Selbstmordgefahr und Erregungszuständen können ebenfalls eine kurzzeitige psychopharmakologische Behandlung sinnvoll erscheinen lassen. Gleiches gilt für ausgeprägte Schlafstörungen oder chronische Schmerzen.

In der Regel sind Psychopharmaka gut verträglich. Sie haben im Normalfall einen relativ schnellen und deutlichen Wirkeintritt, indem sie die Symptome verringern bzw auflösen. Als Zusatztherapie können sie bei Bedarf mit anderen Behandlungen wie Psychotherapie, Soziotherapie oder somatischen Behandlungsverfahren kombiniert werden.

Einteilung der Psychopharmaka

Die Psychopharmaka werden üblicherweise in sieben Gruppen eingeteilt:
- Neuroleptika
- Antidepressiva

- Tranquilizer
- Phasenprophylaktika (Lithium, Carbamazepin)
- Hypnotika (Schlafmittel)
- Nootropika bzw Antidementia (Mittel gegen geistigen Abbau)
- sonstige Psychopharmaka (u. a. Clomethiazol für den Alkoholentzug)

Im folgenden werden nur die drei erstgenannten Psychopharmakagruppen dargestellt, da sie als Hauptvertreter der Psychopharmakotherapie gelten.

Neuroleptika

Als Neuroleptika werden Psychopharmaka bezeichnet, die sogenannte psychotische Symptome beseitigen können, wie z. B. Stimmenhören, visuelle Halluzinationen oder Wahngedanken. Sie haben zudem eine dämpfende Wirkung bei Erregtheit, aggressivem Verhalten oder affektiver Spannung. Häufig verordnet werden z. B. Taxilan, Fluanxol, Leponex, Imap, Haldol, Risperdal etc. Neuroleptika unterscheiden sich bezüglich der Stärke ihrer dämpfenden, schlafanstoßenden oder antipsychotischen Wirkung. Sie werden vor allem bei akuten psychotischen Syndromen jeder Art eingesetzt, auch bei akuten Schizophrenien und vor allem zur Vermeidung von Rückfällen bei immer wiederkehrenden schizophrenen Episoden. Aufgrund ihrer unspezifisch beruhigenden Wirkung können ausgewählte Neuroleptika auch als Beruhigungsmittel oder Schlafmittel eingesetzt werden (z. B. Eunerpan).

Unerwünschte Wirkungen der Neuroleptika können neben Blutbildveränderungen oder Blutdrucksenkung sogenannte extrapyramidalmotorische Nebenwirkungen sein, die sich u. a. als Muskelverkrampfungen, Sitz-/Bewegungsunruhe, allgemeine Verlangsamung oder unwillkürliche Bewegungen äußern. Die Auswahl und Dosierung des Medikaments erfolgt nach individueller Verträglichkeit und Symptomatologie.

Antidepressiva

Antidepressiva helfen bei Vorliegen einer depressiven Erkrankung, die Stimmung aufzuhellen und den Antrieb zu normalisieren. Gleichzeitig verringern sie auch die körperlichen Depressionssymptome. Antidepressiva haben sich nicht nur im Falle depressiver Störungen bewährt, sondern einige ausgewählte Präparate helfen auch bei Angst- und Zwangserkrankungen, bei psychosomatischen Erkrankungen, Schlafstörungen oder allgemeinen Unruhezuständen. Antidepressiva unterteilt man danach, inwieweit sie eher beruhigend oder eher antriebssteigernd wirken. Bekannt sind zum einen die sogenannten trizyklischen Antidepressiva wie z. B. Saroten, Equilibrin, Anafranil, Aponal, Stangyl etc. Ihre Nebenwirkungen liegen hauptsächlich im Bereich des vegetativen Nervensystems wie z. B. Mundtrockenheit, Verstopfung, Sehstörungen, Störungen des Wasserlassens oder Kreislaufprobleme. Sogenannte serotonerge Antidepressiva wie Seroxat, Cipramil oder Fluctin können als unerwünschte Nebenwirkung zu Übelkeit oder innerer Unruhe führen.

Tranquilizer

Unter dem Begriff Tranquilizer oder Beruhigungsmittel werden sehr unterschiedliche Substanzen zusammengefaßt, die alle eine angst- und spannungslösende Wirkung entfalten. Zahlreiche Tranquilizer verfügen zusätzlich über eine schlafanstoßende Wirkung. Die Hauptvertreter der Tranquilizer sind die Benzodiazepine, die zusätzlich muskelentspannend und gegen epileptische Anfälle wirken. Neben Benzodiazepinen (wie Valium, Faustan, Tranxilium, Tavor, Librium etc.) und anderen Tranquilizern wie z. B. Bespar können auch die bereits erwähnten Antidepressiva, niedrig dosierte Neuroleptika, Beta-Rezeptorenblocker und pflanzliche Präparate (wie z. B. Baldrian) als Tranquilizer eingesetzt werden.

Alle diese Arzneimittel haben einen eingeschränkten Anwendungsbereich: Als Anwendungsschwerpunkt der Tranquilizer gelten die Zielsymptome Angst und/oder Erregungszustände unabhängig von ihrem Ursprung, sowie vor allem Schlafstörungen. Benzodiazepine sind selbst bei Überdosierung gut verträglich. Zu ihren Nebenwirkungen zählen Müdigkeit, Schläfrigkeit,

Konzentrationsschwäche, eingeschränkte geistige Leistungsfähigkeit und Gedächtnisstörungen. Benommenheit, Schwindel und Bewegungsstörungen können bei höheren Dosierungen auftreten. Bei längerfristiger und regelmäßiger Anwendung besteht die Gefahr der Gewöhnung und der Abhängigkeit, die bei einem abruptem Absetzen dann zu starken Entzugssymptomen führt. Ein sogenanntes „Ausschleichen" als systematische Dosisverringerung zur Entwöhnung aus einer Tranquilizer-Abhängigkeit sollte nur unter ärztlicher Aufsicht geschehen.

Pharmakologische Behandlung ausgewählter psychischer Erkrankungen

Schizophrene Erkrankungen

Bei schizophrenen Erkrankungen ist eine neuroleptische Psychopharmakotherapie unverzichtbar. Die Auswahl des im Einzelfall geeigneten Neuroleptikums orientiert sich im wesentlichen daran, ob eine Beruhigung erforderlich ist und an der individuellen Verträglichkeit hinsichtlich der oben beschriebenen muskulären Nebenwirkungen (unwillkürliche Bewegungen, Unruhezustände). Beide Wirkungen stehen in wechselseitiger Beziehung zueinander: Je weniger die Neuroleptika beruhigen oder auch müde machen, um so stärker sind die zu erwartenden muskulären Nebenwirkungen. Typische Vertreter der Neuroleptika mit geringer müde machenden Wirkungen, aber zugleich vermehrten extrapyramidal motorischen Nebenwirkungen sind die Butyrophenonderivate (z. B. Imap, Haldol), während Phenothiazinderivate (z. B. Neurocil, Atosil, Taxilan) eher dämpfende Wirkungen haben. Es gibt jetzt auch neuere Neuroleptika, die in die genannte Unterteilung nicht mehr eingeordnet werden können und weder müde machen noch wesentliche motorische Nebenwirkungen haben (z. B. Risperdal, Sertindol).

Als Therapieprinzip gilt, daß die Dosierung des Neuroleptikums einschleichend (= langsam steigend) vorgenommen wird und sich an der individuellen Wirkung orientieren sollte. Nach deutlicher Besserung der Symptomatik kann die Dosierung, abhängig von der Verträglichkeit, wieder etwas gesenkt werden. Ein besonderes Problem besteht darin, daß es bei einer schizophrenen Erkrankung immer wieder zu Rückfällen kommen kann. Deshalb sollte von Anfang an eine mehrjährige vorbeugende Behandlung mit Neuroleptika eingeleitet werden. Dies erfordert eine enge Zusammenarbeit von Patient und Arzt.

Depressive Erkrankungen

Die Auswahl eines geeigneten Antidepressivums richtet sich nach der Behandlungsvorgeschichte, der aktuellen Symptomatik und dem Nebenwirkungsprofil des Psychopharmakons. Bei ängstlich-unruhigen depressiven Zustandsbildern sollten Antidepressiva mit beruhigender Komponente (z. B. Amitriptylin, Doxepin, Mianserin, Trazodon, Maprotilin), bei gehemmt-depressiven Patienten Antidepressiva mit eher anregender Wirkkomponente verordnet werden (z. B. Imipramin, Desipramin, Nortriptylin, Clomipramin, Paroxetin, Fluoxetin, Venlafaxin, Moclobemid, Tranylzypromin).

Als Therapieprinzip gilt auch hierbei, daß die Aufdosierung einschleichend (= langsam) erfolgen sollte, wobei eine hinreichend hohe Dosis erreicht werden muß. Normalerweise bemerkt der Patient nach etwa ein bis zwei Wochen eine deutliche Besserung, gelegentlich aber auch erst nach drei bis fünf Wochen. Bei Wirkungslosigkeit nach vier Wochen kann zusätzlich Lithium verabreicht werden, oder man versucht ein Antidepressivum aus einer anderen Substanzklasse. Teilweise erweist sich eine unterstützende Therapie mit Schlafentzügen als hilfreich. Nach erfolgreicher Therapie einer depressiven Ersterkrankung sollte das Absetzen des Antidepressivums erst nach einer Stabilisierungsphase von einigen Monaten und auch dann nur langsam und schrittweise erfolgen, um einem möglichen Rückfall vorzubeugen. Wiederholt sich eine Depression häufiger, dann empfiehlt sich z. B. nach dem dritten Mal eine vorbeugende medikamentöse Dauertherapie gegen das Auftreten depressiver Episoden (etwa durch Lithium oder Carbamazepin).

Angst- und Zwangserkrankungen

Komplexe Angststörungen lassen sich aufgrund ihrer Symptomatik in akute Angstanfälle (Panikattacken) und eher chronische Angstzustände unterteilen.

*Panikattacken** sind plötzlich einsetzende Angstanfälle, die mit zahlreichen körperlichen Begleitsymptomen wie z. B. Herzrasen, Atembeklemmung, Brustschmerz, Schwindelgefühl, Übelkeit, Durchfällen, Zittern, Hitze- oder Kälteempfinden einhergehen. Gerade bei Angststörungen haben sich psychotherapeutische Verfahren bewährt. Eine frühzeitig anzustrebende Psychotherapie läßt sich u. U. bei häufigen derartigen Attacken durch einschleichenden (sich langsam steigernden) Einsatz eines Antidepressivums (Imipramin) unterstützen. Allerdings ist frühestens nach sechs Wochen mit einer deutlichen klinischen Besserung zu rechnen. Im Einzelfall ist ein Behandlungserfolg/-mißerfolg erst nach sechsmonatiger Behandlungsdauer abschätzbar.

*Generalisierte Angstsyndrome** zeichnen sich durch ein durchgängig erhöhtes Angstniveau aus, das sich in Symptomen wie muskulärer Verspannung, autonom nervöser Hyperreagibilität (= hohe Schreckhaftigkeit und Nervosität), in einer besorgten Erwartungshaltung sowie einer sehr starken ängstlichen Aufmerksamkeit zeigt. Neben einer frühzeitigen Psychotherapie empfielt sich aus Sicht der psychopharmakologischen Therapie des generalisierten Angstsyndroms die Kombination mit dem Medikament Buspiron. Nach einer zügigen Aufdosierung läßt sich die Wirksamkeit innerhalb von vier Wochen beurteilen. Weitere Behandlungsalternativen sind die Verabreichung eines Antidepressivums (Imipramin), niedrig dosierter Neuroleptika (Fluspirilen) oder pflanzlicher Beruhigungsmittel.

Neben vorrangig anzuwendenden psychotherapeutischen Verfahren spielen bei der pharmakologischen Therapie von *Zwangserkrankungen** Antidepressiva (besonders Clomipramin) eine wichtige Rolle. Nach einer einschleichenden, ausreichend hohen Aufdosierung läßt sich ein Behandlungserfolg frühestens nach zehn Wochen abschätzen und besteht eventuell (nur) aus einer subjektiv erlebten gebesserten Kontrollfähigkeit bei einer weiterhin bestehenden Zwangssymptomatik, nicht selten jedoch auch in einer wesentlichen Besserung der Zwänge. Eine Kombination mit Neuroleptika (Haloperidol u. a.) kann sich als hilfreich erweisen und sollte erprobt werden.

Empfohlene Literatur: Benkert, O., Hippius H.: Psychiatrische Pharmakotherapie. Heidelberg: Springer, 1997. *Laux, G.:* Pharmakopsychiatrie. Jena: Gustav Fischer, 1992. *Platz, W. E.:* Psychopharmaka bei psychiatrischen Erkrankungen. Wiesbaden: Deutscher Universitätsverlag, 1996.

2. Neuropsychologische Rehabilitation nach Hirnschädigung

Josef Zihl und Karin Münzel

Schädigungen des Zentralnervensystems (z. B. nach Schlaganfall oder Schädel-Hirn-Trauma) können dazu führen, daß kognitive Leistungen (Wahrnehmung, Aufmerksamkeit, Lernen und Gedächtnis, Denken und Planen), Sprache, Sensomotorik (z. B. die Steuerung von Augen- und Handbewegungen) sowie das Erleben beeinträchtigt oder verändert sind. Solche Funktionseinbußen behindern den betroffenen Menschen nicht nur in Ausbildung oder Beruf, sondern wirken sich auch auf seine zwischenmenschlichen Beziehungen nachteilig aus.

Diese Störungen diagnostisch zuverlässig zu erfassen und zu behandeln, ist Aufgabe der *klinischen Neuropsychologie*. Mit Hilfe spezieller rehabilitativer Verfahren kann das Ausmaß der Behinderung in Alltag und Beruf reduziert werden. Dazu gehört neben der Behandlung der jeweiligen Leistungseinbußen die Bearbeitung psychischer Probleme. Die Betroffenen und ihre Angehörigen bei der Entwicklung eines Lebensplans zum Wiedergewinn von Selbständigkeit und Lebensqualität zu unterstützen, ist ebenfalls Bestandteil der Rehabilitation von Patienten mit Hirnschädigung.

Die neuropsychologische Rehabilitation ist eine relativ junge Disziplin, obwohl sich erste erfolgreiche Ansätze bereits zu Beginn dieses Jahrhunderts finden lassen. Im Vordergrund der klinischen Neuropsychologie stand sehr lange die Diagnostik; erst seit etwa 10 Jahren sind vermehrt wissenschaftlich fundierte Anstrengungen zur Behandlung hirngeschädigter Patienten zu beobachten. Gegenwärtig läßt sich feststellen, daß für die meisten Bereiche von Funktionsstörungen nach Hirnschädigung wissenschaftlich ausreichend überprüfte und klinisch erprobte Verfahren vorliegen.

Grundlagen

Die Behandlung von Patienten mit Funktionseinbußen nach Hirnschädigung beruht auf zwei Prinzipien: der *Restitution* von Funktionen und der *Kompensation* von Funktionseinbußen. Unter Restitution versteht man die vollständige oder teilweise Rückkehr bzw. Wiederherstellung der betroffenen Leistung. Solche Fälle stellen leider eher die Ausnahme als die Regel dar. Weitaus häufiger wird auf die Möglichkeit der Kompensation zurückgegriffen, d. h. die beeinträchtigte oder verlorengegangene Leistung wird durch eine andere Leistung oder durch ein Hilfsmittel ersetzt. Im Mittelpunkt dieses Rehabilitationsansatzes stehen vor allem Verfahren zum Erwerb von wirksamen Kompensationsstrategien, die es dem Betroffenen ermöglichen, die nicht mehr ausreichend zur Verfügung stehende Leistung durch andere Funktionen zu ersetzen.

Als wesentliche Grundlage für den Erwerb von Kompensationsstrategien werden Lernprozesse angenommen; entsprechend gelten für den Erwerb einer Kompensationsstrategie die Rahmenbedingungen, die für erfolgreiches Lernen erforderlich sind. Die Anwendung einer Kompensationsstrategie unter realen Bedingungen, d. h. im Alltag, stellt eine wesentliche Komponente der Rehabilitationsbemühungen dar. Die Gestaltung der aktuellen Umwelt (Vereinfachung zu Beginn, allmähliche Zunahme der Komplexität gegen Ende der Rehabilitation) spielt eine zentrale Rolle für die neuropsychologische Rehabilitation hirngeschädigter Patienten; unter Umständen ist auch eine Anpassung der Umwelt an die Behinderung erforderlich, z. B. in Form der Verminderung von Belastungsbedingungen.

Methoden

Die Methoden neuropsychologischer Rehabilitation beziehen sich auf die verschiedenen Bereiche der Behinderung. Als Grundlage für die Indikationsstellung dienen vor allem:

- Gespräche mit den Betroffenen und ihren Angehörigen, die vor allem auf die Erfassung der subjektiven Bewertung der Behinderung im Alltag abzielen,
- die störungsspezifische Diagnostik, die Auskunft über die Art und den Schweregrad der Funktionseinbuße(n) gibt und

- die im Alltag bzw. Beruf erforderlichen Leistungen sowie die Bedürfnisse des Betroffenen und seiner Angehörigen, die als Behandlungsziel(e) definiert werden.

Die grundlegende Strategie der Rehabilitation beruht auf einer individuell angepaßten, störungsspezifischen und systematischen Vorgehensweise, wobei der Schwierigkeitsgrad der Anforderungen unter Berücksichtigung emotionaler und motivationaler Faktoren stufenweise erhöht wird. Dabei ist wichtig, daß sich das jeweils erreichte Leistungsniveau stabilisieren und nach Möglichkeit im Alltag bereits Anwendung finden kann, bevor der nächste Schwierigkeitsgrad in Angriff genommen wird. Bei Vorliegen einer Mehrfachbehinderung (das ist die Regel bei dieser Patientengruppe) wird darauf geachtet, daß die einzelnen Behandlungsbereiche aufeinander abgestimmt werden; dies gilt vor allem, wenn eine Leistung (z. B. Lernen) auf einer anderen aufbaut (z. B. Wahrnehmung, Aufmerksamkeit).

In der neuropsychologischen Rehabilitation konzentriert sich die Behandlung auf folgende Schwerpunktbereiche:

- *Wahrnehmung:* Störungen der visuellen Wahrnehmung, vor allem Beeinträchtigungen des Lesens, des Überblicks und der visuellen Exploration bei Patienten mit Gesichtsfeldeinbußen (siehe Fallbeispiel)
- *Aufmerksamkeit:* Beeinträchtigung der selektiven Aufmerksamkeit (Konzentration), der geteilten Aufmerksamkeit (auf mehrere Informationen gleichzeitig achten können) bzw. Daueraufmerksamkeit (eine bestimmte Aufmerksamkeitsleistung über längere Zeit erbringen)
- *Lernen und Gedächtnis:* Störungen des mittel- und längerfristigen Einprägens neuer Informationen und des Abrufs aus dem Gedächtnis; Altgedächtniseinbußen einschließlich der eigenen Biographie
- *Planen und Problemlösen:* Beeinträchtigung der Fähigkeit einer erfolgreichen Verhaltensanpassung in neuen Situationen; Problemlösungen können „im Kopf" nicht mehr durchgespielt und entwickelt werden; fehlerhaftes Verhalten kann nicht als Rückmeldung für die Zukunft verwendet werden
- *Sprache:* Beeinträchtigungen des Sprachverständnisses oder der Sprachfähigkeit, einschließlich Lesen und Schreiben
- *Motivational-affektiver Bereich:* Depression und Angststö-

rungen, die als direkte oder indirekte Folge der Hirnschädigung auftreten könen; Erwerb sozialer Kompetenz im Umgang mit verbleibenden Behinderungen

- *Antrieb*: reduzierter Antrieb bzw. Antriebsverlust; gesteigerter Antrieb und verminderte/fehlende Impulskontrolle

Fallbeispiel

Anamnese

46jähriger Bankangestellter, verheiratet, ein Kind; Zustand nach Infarkt im Versorgungsbereich der rechten hinteren Hirnarterie.

Funktionseinbußen: Verlust des Sehens in beiden linken Gesichtsfeldhälften bis an das Gesichtsfeldzentrum reichend. Deutliche Beeinträchtigung des Lesens (Schwierigkeiten beim Finden des Zeilen- und Wortanfangs; Auslassen von kurzen Wörtern und Vorsilben; Weglassen von Ziffern am Anfang einer Zahl) und des Überblicks (deutlich erhöhter Zeitaufwand beim Betrachten eines Bildes; Schwierigkeiten, sich auf belebten Plätzen, in Kaufhäusern und in Räumen mit mehreren Personen zurechtzufinden). Nur unwesentliche spontane Besserung innerhalb der ersten 6 Wochen. Die wesentliche Behinderung besteht im Verlust der Leseleistung (56 Wörter pro Minute; altersentsprechender Vergleichswert: 164 Wörter pro Minute), des Überblicks und der visuellen Orientierung. Es besteht keine Arbeitsfähigkeit; der Patient zieht sich außerdem zunehmend aus sozialen und sportlichen Aktivitäten (Ausgehen, Treffen mit Freunden; Tennis) zurück, obwohl seine Frau durchaus bereit ist, ihn zu unterstützen. Der Patient wirkt depressiv, mutlos, ohne eigene Initiative, erlebt sich privat und beruflich als minderwertig, macht sich große Sorgen um die Zukunft seiner Familie. Nach einem ausführlichen Gespräch stimmt er einer Behandlung zu, die drei Tage später begonnen wird.

Behandlung

Die wesentliche Komponente der Behandlung besteht darin, daß der Patient lernt, immer zuerst den Anfang des nächsten Wortes aufzusuchen und ganzheitlich zu erfassen, bevor er liest (im Sinne von Verstehen). Zu Beginn der Behandlung werden kurze, später lange, zusammengesetzte Wörter verwendet; schließlich Sätze zunehmender Länge. Nach 16 Sitzungen zeigt sich eine deutliche Steigerung seiner Leseleistung (112 Wörter pro Minute). Der Patient wird gebeten, zu Hause selbständig regelmäßig weiterzulesen. Die weitere Behandlung konzentriert sich nun auf die Ausweitung des durch den Gesichtsfeldausfall eingeengten Überblicks. Dazu werden großflächige Diavorlagen verwendet, auf denen er vorgegebene Reize (z. B. Buchstaben, Formen) suchen soll. Durch dieses Training lernt er, möglichst große Augenbewegungen zu verwenden und sich so einen raschen und sicheren Überblick zu verschaffen. Nach weiteren 11 Sitzungen weist er ein annähernd „normales" visuelles Suchverhalten auf. Er wird nun gebeten, die neue Blickstrategie bewußt in verschiedenen Alltagssituationen einzusetzen, die ihm bisher Schwierigkeiten bereitet haben. Zur Vermeidung von Mißerfolgserlebnissen werden diese Situationen vorher mit ihm gedanklich durchgespielt.

Nachuntersuchung

Eine Verlaufskontrolle 4 Wochen später ergibt eine weitere Steigerung der Leseleistung (148 Wörter pro Minute); auch beim Lesen von 5 bis 6stelligen Zahlen treten kaum noch Auslassungen auf. Zudem berichtet der Patient, daß es ihm zunehmend besser gelingt, sich rasch und sicher einen Überblick zu verschaffen. Lediglich in neuen, ungewohnten und sehr komplexen Situationen fühle er sich unsicher und brauche noch mehr Zeit, um sich zurechtzufinden. Ein Arbeitsversuch mit reduzierter Arbeitszeit verläuft positiv; die berufliche Wiedereingliederung an einem Arbeitsplatz mit Tätigkeiten ohne hohen Zeitdruck gelingt 5 Monate nach der Entlassung. In der Zwischenzeit hat der Patient auch wieder vermehrt soziale Aktivitäten aufgenommen. Das Tennisspielen wird zunächst durch Tischtennis ersetzt; 6 Monate später spielt er wieder mit Erfolg normales Tennis.

Der Rehabilitationserfolg beruht in diesem Fall im wesentlichen auf zwei Komponenten: (1) die erfolgreiche Kompensation des Gesichtsfeldausfalls, die zum Wiedergewinn der Lesefähigkeit, des Überblicks und der visuellen Orientierung geführt hat, und (2) die zusätzliche psychotherapeutische Betreuung als Stützmaßnahme zum Wiedergewinn beruflicher und sozialer Kompetenzen sowie einer ausreichenden emotionalen Stabilität. Beide Komponenten zusammen haben schließlich auch zum Wiedergewinn der Lebensqualität und Zufriedenheit geführt.

Zukunftsaussichten

Der Schwerpunkt der weiteren wissenschaftlichen Bemühungen in der klinischen Neuropsychologie wird in der Verbesserung der Funktionsdiagnostik liegen, um eine möglichst zuverlässige

Einschätzung der Behinderung zu gewinnen. Auf dieser Basis wird dann auch ein gezielterer Einsatz von Behandlungsverfahren möglich sein sowie eine zuverlässigere Beurteilung der Behandlungseffekte. Ein weiterer Schwerpunkt wird sicherlich in der Integration von funktionsorientierten Trainingsverfahren und psychotherapeutischen Interventionen liegen. Eine solche integrierte Vorgehensweise würde einem Rehabilitationsansatz gerecht werden, der dringend erforderlich erscheint, um den durch die Folgen einer Hirnschädigung behinderten Menschen in individueller und ganzheitlicher Weise gerecht zu werden und es ihnen auf diese Weise zu ermöglichen, ein Höchstmaß an Lebensqualität in den wesentlichen Bereichen wiederzuerlangen.

Empfohlene Literatur: Prosiegel, M.: Neuropsychologische Störungen und ihre Rehabilitation (2. neubearb. u. erw. Aufl.). München: Pflaum Verlag, 1998.

3. Schmerztherapie

Hanne Seemann

Einführung

Schmerz ist ein allen Menschen vertrautes Erleben, das einerseits vor Gefahren und Verletzungen warnt und schützt, andererseits den Betroffenen auffordert, Hilfe zu suchen und genesungsfördernde Bedingungen zu schaffen. Schmerz ist vielgestaltig und wird außerdem von jedem Einzelnen ganz individuell empfunden. Falls bei der Schmerzbehandlung psychotherapeutische Unterstützung erforderlich wird, müssen deshalb für verschiedene Schmerzarten unterschiedliche psychotherapeutische Zugangsweisen gewählt werden, und jeder Patient muß die für ihn wirksamen Wege suchen und erproben.

Akuter Schmerz

Bei *akuten Schmerzen* kann psychische Unterstützung nötig werden, wenn sie mit starker Angst verknüpft sind wie z. B. bei Zahnbehandlungen, Knochenmarkspunktionen oder bei kleineren Operationen. Angst und Anspannung verstärken

Schmerzen, eine wesentliche Voraussetzung der Angst- und Schmerzlinderung ist körperliche Entspannung. Auch in der Geburtsvorbereitung erleichtert atemunterstützte Entspannung den Geburtsvorgang. Bei akuten Schmerzen hat sich die Hypnose (s. Kap. B,4), auch in Form der Selbsthypnose, besonders bewährt. Oftmals wird die Selbsthypnose in diesem Zusammenhang als *Fakirtechnik der Schmerzkontrolle* bezeichnet.

Chronische Schmerzen

Eine Überweisung an einen Psychologen oder Psychotherapeuten mit einer Zusatzausbildung in Schmerztherapie kommt hauptsächlich bei chronischen Schmerzen in Betracht. Bei chronischen Schmerzen ist fast immer eine *interdisziplinäre Therapie angezeigt*, bei der Ärzte unterschiedlicher Fachrichtungen, Physiotherapeuten und Psychotherapeuten aufeinander abgestimmt zusammenarbeiten. Eine bewährte Form dieser Zusammenarbeit ist die interdisziplinäre *Schmerzkonferenz*, auf der Patienten von ihrem Arzt, sei es ein Allgemeinmediziner, Schmerztherapeut oder Orthopäde, den Fachkollegen vorgestellt werden. Gemeinsam erarbeiten sie dann weitere diagnostische Maßnahmen eines interdisziplinären Therapieplans, in den auch die Psychotherapie eingebunden ist.

Symptomatische Schmerztherapie

Auch chronische Schmerzen sind vielfältiger Natur. Wenn den Schmerzen eine *chronische Erkrankung* zugrundeliegt, z. B. Polyarthritis oder eine Krebserkrankung, oder wenn Schmerzen als Folge von Nervenverletzung auftreten (Postherpetische Neuralgie, Neurinome oder Phantomschmerzen nach Amputation), wird man sowohl ärztlicherseits als auch psychotherapeutisch eine *symptomatische Schmerztherapie* einleiten. Sie zielt direkt auf Symptomlinderung. Der Patient mit chronischen Schmerzen sollte wissen, daß das stoische Aushalten von Schmerzen weder dem Körper noch der Psyche nützt, sondern im Gegenteil eher schadet. Chronische Schmerzen führen sehr oft zu Erschöpfungsdepressionen, da chronische Schmerzen wie Dauerstress auf den Körper und die Psyche wirken (können). Darüber hinaus wird das Nervensystem bei anhaltenden Schmerzreizen sensibilisiert; die Schmerzwahrnehmung wird im Gehirn gebahnt, d. h. es entstehen Pfade im Nervensystem, die dem Schmerz Vorrang gegenüber anderen Informationen einräumen (Schmerzgedächtnis). Um dies zu verhindern, sollte der Betroffene auch psychotherapeutische Angebote zur Schmerzlinderung ergreifen. Dabei wird zunächst erkundet, wann und unter welchen Bedingungen die Schmerzen bevorzugt auftreten und schlimmer werden und, was noch wichtiger ist, wann sie nachlassen oder verschwinden. Diese Informationen werden genutzt, um die schmerzfreien Zeiten auszuweiten.

Wenn Patienten in diesem Zusammenhang berichten, daß sie sich mit einer bestimmten Tätigkeit von den Schmerzen ablenken können, werden weitere Ablenkungsstrategien entwickelt. Besonders in der *Hypnose* können solche Strategien wirksam angewandt werden, indem der Patient lernt, sich in seiner Vorstellung aus seinem (schmerzhaften) Körper zu entfernen und an einen anderen Ort zu gehen oder in eine andere, frühere Zeit, in der er keine Schmerzen hatte. Diese hypnotische Strategie, auch Dissoziation genannt, ermöglicht es, zumindest zeitweise die Schmerzen vollständig auszublenden und somit eine Erholungspause zu bekommen. Auch Techniken der Schmerzumwandlung, z. B. in ein kribbelndes oder in ein Taubheitsgefühl, können nützlich sein. Es gibt viele hypnotische Techniken, die in der Schmerztherapie mit Erfolg angewandt werden (Peter 1996), etwa die Methode der Zeitverzerrung, mithilfe derer Zeiten des Wohlbefindens weit über die „reale" Zeitspanne hinaus ausgedehnt werden können. Wenn eine solche Suggestion dem Patienten zusagt, so kann er sie erlernen und autohypnotisch anwenden (Alman & Lambrou 1995).

Bewältigung von Schmerzfolgen

Chronische Schmerzen ziehen nicht selten psychische und soziale Probleme nach sich, für deren Bewältigung psychotherapeutische Hilfe vonnöten ist. Körperliche Bewegungseinschränkungen können sozialen Rückzug begünstigen, eine Umverteilung der familiären Arbeitslasten bewirken oder einen Wechsel in der Arbeitstätigkeit erforderlich machen. Oft entstehen dabei Verluste, die zu Depression oder anderen Persönlichkeitsveränderungen führen, was vom Betroffenen und seinem sozialen

Umfeld verkraftet werden muß. Hier kann die Psychotherapie helfen, neue Räume befriedigender Tätigkeit und der Lebenslust zu erschließen. Manchmal ist die ganze Familie in das Schmerzgeschehen einbezogen und miteinander so eingespielt, daß die Schmerzen einen wichtigen Stellenwert in den Familienbeziehungen erhalten. Wenn zum Beispiel ein Kind vor allem oder nur dann Zuwendung von seinen Eltern erhält, wenn es krank ist oder Schmerzen hat, so wird das Schmerzen-Haben begünstigt. Es müssen dann Bedingungen geschaffen werden, die es dem Kind reizvoller erscheinen lassen, gesund und schmerzfrei zu sein.

Als *körperliche Folge* chronischer Schmerzen kommt es oft zu Schonhaltungen und Muskelverspannungen, die auch durch Massagen und Krankengymnastik nicht dauerhaft gelöst werden können. Muskelverspannungen entstehen reflektorisch, d. h. automatisch, wenn Schmerzen auftreten. Die Muskelverspannung verstärkt aber den Schmerz, und dieser wiederum erhöht die Muskelverspannung, so daß es zu einem sich aufschaukelnden Teufelskreis zwischen Anspannung und Schmerz kommt, der in der psychologischen Therapie durchbrochen werden kann. Hier ist die therapeutische Mitarbeit des Patienten unbedingt gefordert. Er ist es, der herausfinden muß, was ihm hilft.

Für Schmerzpatienten hat sich die *Progressive Muskelentspannung nach Jacobson* (s. Kap. E) besonders bewährt. Diese Entspannungsmethode arbeitet mit dem Wechsel von An- und Entspannung und bringt damit wieder rhythmische Bewegung in festgefahrene Funktionssysteme. Schmerzpatienten müssen bei der Jacobson-Methode darauf achten, daß sie schmerzhafte Muskeln beim Anspannen auslassen und daß sie insgesamt ihre Muskulatur nur so stark und so lang anspannen, wie es für sie angenehm ist. Die Muskelentspannung nach Jacobson ist leicht zu erlernen und zeigt schnell eine positive Wirkung. Die Patienten sollten sich ihr eigenes Entspannungsprogramm so zusammenstellen, daß ihnen das Üben Spaß macht. Die Muskelentspannung dient gleichzeitig auch als *Wahrnehmungstraining.* Da Schmerzpatienten bezüglich ihrer Körpersignale Wahrnehmungsdefizite entwickeln bzw. hauptsächlich nur den Schmerz wahrnehmen, ist es für sie besonders wichtig, auch Wohlbefindenssignale ihres Körpers zu bemerken und zu berücksichtigen, um die Zeiten des Wohlbefindens verlängern zu können.

Auch das *Biofeedback ist* eine Methode, die diesen beiden Zielen dient: entspannen und wahrnehmen zu lernen. Das Biofeedback ist ein psychophysiologisches Verfahren, mit dem Körpervorgänge dem Patienten zurückgemeldet werden (feedback), indem sie auf einem Bildschirm sichtbar, oder über Kopfhörer hörbar gemacht werden.

Bei Muskelverspannungen wird sehr oft das EMG-Biofeedback (elektromyographisches Feedback) angewandt. Auf die Nacken- oder Rückenmuskulatur werden Elektroden aufgeklebt, die den Grad der Muskelanspannung (Muskeltonus) abgreifen. Dieser wird z. B. in einen Ton umgesetzt, der angenehm tief ist, wenn der Muskel sich entspannt und unangenehm hoch, wenn er angespannt ist. Der Patient lernt so wahrzunehmen, welchen Anspannungsgrad seine Muskulatur hat und lernt gleichzeitig, ihn zu beeinflussen.

Ein anderes Biofeedbackverfahren ist das Atemfeedback, das besonders leicht zu erlernen ist. Hier werden Atemfrequenz und Atemtiefe durch Fühler auf der Bauchdecke abgetastet und zurückgemeldet: Tiefer, langsamer Atem ist kennzeichnend für den Entspannungszustand.

Eine Form des Feedback, die für die Migränebehandlung entwickelt wurde, ist das *Vasokonstriktionstraining*. Hier lernt der Patient, die Fließgeschwindigkeit in den Blutgefäßen seines Kopfes gleichmäßig zu halten und übermäßiges Weitstellen dieser Blutgefäße, wie es für den Migräneanfall typisch ist, zu vermeiden. Auf diese Weise können sich Patienten auch davon überzeugen, daß physiologische Vorgänge willkürlich beeinflußbar sind.

Für viele Patienten mit chronischen Schmerzen sind *Schmerzbewältigungsgruppen* sehr geeignet, in denen die Therapie auf mehreren Ebenen der Schmerzentstehung und der Schmerzfolgen ansetzt. Sie heißen deshalb auch multimodale Therapien. Schmerzbewältigungsgruppen finden meist einmal wöchentlich statt und umfassen 7 bis 12 Sitzungen. Neben Informationen über Schmerzentstehung, Mechanismen der Chronifizierung, Wirkung von Schmerzmedikamenten und die Folgen von Medikamentenentzug sind Entspannungsübungen, Wahrnehmungsübungen und Körpertraining zum aktiven Bewegungsausgleich zentrale Bestandteile. Die Teilnehmer werden angeregt, schmerzfördernde Gewohnheiten und Normen (z. B. hohe

Leistungsnormen) zu überdenken und zu verändern und dadurch besser für sich selbst zu sorgen. In diesem Zusammenhang deckt das Genußtraining“ oft einen wichtigen Nachholbedarf der Patienten ab. Auch der persönliche Umgang mit Stress-Situationen wird bewußt gemacht und zu verbessern versucht. So lernen zum Beispiel Migränepatienten in Schmerzbewältigungsgruppen, wie sie der Reizüberflutung, der ihr Nervensystem besonders ausgesetzt ist, entgehen können. Sie sind von Natur aus sehr aufmerksam, haben gewissermaßen immer ihre Antennen ausgefahren und haben wenig eingebaute Filter, um sich abzuschirmen. Das setzt ihr Nervensystem periodisch so unter Streß, daß es im Migräneanfall zusammenbricht. Sich rechtzeitig vor Reizüberflutung schützen zu lernen, ist deshalb für diese Menschen eine wichtige Aufgabe. Ein weiteres Lernziel für viele Schmerzpatienten ist der angemessene Ausdruck negativer Gefühle wie Wut, Ärger, Ablehnung oder auch Trauer.

Kopfschmerzgruppen werden zur Zeit vermehrt auch für Kinder angeboten, da Kopfschmerzen und Migräne schon früh im Kindesalter auftreten können und dann oft bis ins Erwachsenenalter hinein anhalten und chronisch werden. In den Schmerzgruppen spielen der Austausch unter den Teilnehmern, das gegenseitige Verständnis und ihre Solidarität füreinander eine wichtige Rolle. Ein großes Problem von Menschen mit chronischen Schmerzen, insbesondere von Migränepatienten, ist das Unverständnis ihrer Umwelt, da Menschen, die keine Schmerzen haben, sich nicht vorstellen können, wie es ist, ständig schmerzgeplagt zu sein.

Psychosomatische Schmerztherapie

Eine Schmerzform, für die eine Psychotherapie besonders angezeigt ist, sind Schmerzen ohne erklärungskräftigen Organbefund, die man auch funktionelle oder psychosomatische Schmerzen nennt. Sie sind besonders hartnäckig und leidvoll und reagieren auf ärztliche/medikamentöse Therapie meist nur kurzfristig oder gar nicht. Sie gehören eindeutig in psychotherapeutische Behandlung. Anders als die bisher besprochenen organbezogenen Schmerzen haben psychosomatische Schmerzen ihre Warnfunktion nicht verloren. Ganz im Gegenteil: man kann sie verstehen als einen Protest, eine Klage des Körpers, der darauf hinweisen will, daß etwas im Leben seines Besitzers nicht stimmt oder daß ihm etwas Wichtiges fehlt. So sind zum Beispiel wiederkehrende Kopf- und Rückenschmerzen sehr oft der Hinweis auf eine Lebensweise, die dem Körper nicht bekommt, auch wenn sie aus der Sicht der betroffenen Person wichtig und richtig erscheint. Rückenschmerzpatienten neigen häufig dazu, sich bei der Arbeit oder anderen Verpflichtungen zu übernehmen, sie achten zu wenig auf sich selbst, machen zu wenig Pausen, halten zu lange durch. Der Schmerz ist ein wichtiger Hinweis auf solche Überforderung und sollte beachtet werden. Oder denken wir an Migränepatienten. Das sind oft hoch leistungsmotivierte Menschen, die sich ständig überfordern, sich viel aufbürden und den Sachzwängen, die sich daraus ergeben, nicht mehr entkommen können. Hier zieht der Körper mit einem Migräneanfall gewissermaßen die Notbremse und nimmt sich seine Erholung mit Macht. Auch die sogenannte Wochenendmigräne, die in Entspannungsphasen auftritt, unterliegt der gleichen Dynamik: Die Anspannungsphase war zu lang, so daß die Körperfunktionen total zusammenbrechen, sobald Anzeichen des Nachgebens spürbar werden. Man spricht dann auch von einer gestörten Rhythmik des vegetativen bzw. autonomen Nervensystems. Solche oder ähnliche Regulationsstörungen liegen vielen psychosomatischen Schmerzen zugrunde. Auf der körperlichen Ebene handelt es sich dabei oft um punktuelle oder großräumige Muskelverspannungen, die sich auch durch Massagen, Krankengymnastik, Beruhigungsmittel und Entspannungsübungen nicht lösen lassen, wenn die zugrundeliegenden Ansprüche wie durchzuhalten, nicht nachzugeben, sich zu überfordern, hundertprozentig ordentlich zu sein usw. nicht verändert werden. Um dies zu erreichen, ist psychotherapeutische Unterstützung nötig.

Manchmal zeigt das psychosomatische Schmerzsymptom auch auf symbolischer Ebene, wo das Problem liegt. So konnte sich ein 43jähriger Mann wegen seiner Rückenschmerzen lange Zeit nicht fortbewegen, bis er darauf kam, daß in seinem gesamten Leben alles bewegungslos geworden war, weil alles stagnierte. Als er anfing, wieder etwas Neues zu planen und Bewegung in sein Leben zu bringen, wurden die Schmerzen besser und verschwanden schließlich ganz. Schmerzen in den Beinen deuten manchmal darauf hin, daß jemand nicht recht weiß, wo es hingehen soll. Migräneanfälle fordern die Betroffenen auf, sich zurückzuziehen, sich vor Reizen aus der Umwelt abzuschirmen, für sich zu sein. Oft hilft es, wenn man dieser Forderung regelmäßig und freiwillig nachkommt, bevor die Migräne es erzwingt.

In einer Psychotherapie hilft der Therapeut, solche Ideen zu entwickeln und Lösungen zu erproben. Die *Hypnotherapie* ist hier besonders geeignet, weil man im Zustand einer leichten Trance seinen Bedürfnissen leichter auf die Spur kommen kann. In der hypnotischen Trance ist das Bewußtsein weniger wachsam und erhebt keinen Einspruch, wenn z. B. gelernte Normen nicht streng eingehalten werden, wenn Widersprüche auftauchen und wenn verschiedene Teile einer Person unterschiedliche Wünsche haben. Wie in den Tag- und Nachtträumen ist in der Trance vieles möglich, was sonst von der psychischen Selbstzensur verboten wird. Der Hypnotherapeut wird aber seinen Patienten nicht in irgendeine Richtung führen, die ihm angemessen erscheint, sondern die hypnotische Trance dazu nutzen, den Patienten seine eigenen Wege suchen und finden zu lassen. Die Hypnotherapie ist dabei ein Instrument, das den Zugang zu den verborgenen Fähigkeiten und Inhalten des Bewußtseins erleichtert. Insofern gehört die Hypnotherapie zu den sanften Methoden der Schmerzbehandlung.

Ein anderer Hintergrund für wiederkehrende Schmerzen liegt manchmal in der Körpererinnerung an frühere Traumatisierungen. Es kommt nicht selten vor, daß der Körper erwachsener Menschen erlebte Gewalttätigkeiten aus der Kindheit als Schmerzen wiederbelebt. Auch früherer Mißbrauch kann sich später in Schmerzen immer wieder kundtun. So hatte eine erwachsene Patientin mit schweren Rückenschmerzen in der Hypnose die lebhafte Erinnerung, als Kind öfters mit einem Riemen auf den Rücken geschlagen worden zu sein. Ihrem wachen Bewußtsein war diese Erinnerung unzugänglich, da die Seele die Fähigkeit hat, schmerzhafte und demütigende Ereignisse zu verdrängen. Der Körper aber, der eine eigene Wahrnehmungsfähigeit besitzt, erinnerte sich schmerzlich. Als die Patientin dieser Erinnerung habhaft wurde, konnte sie therapeutisch bearbeitet werden, und die Schmerzen verschwanden.

Der chronische Schmerz kann und muß in seinen vielfältigen Erscheinung- und Ausdrucksformen verstanden und therapeutisch angegangen werden. Welches psychotherapeutische Verfahren für einen indidividuellen Schmerzpatienten geeignet ist, muß der betroffene Patient selbst herausfinden, indem er sorgfältig beobachtet, ob sich auf den verschiedenen Ebenen des Schmerzerlebens Veränderungen einstellen und indem er diese Beobachtungen seinem Therapeuten mitteilt. Oft ist das Ergebnis einer Psychotherapie, daß die Schmerzen selbst sich kaum verändert haben, aber das Leben mit dem Schmerz leichter und lebenswerter geworden ist.

Empfohlene Literatur: Alman, B. M., Lambrou, P. T.: Selbsthypnose: Das Handbuch zur Selbstbehandlung. Heidelberg: Carl-Auer-Systeme, 1995. *Basler, H.-D., Franz, C., Kröner-Herwig B., Rehfisch, H. P., Seemann, H. (Hrsg.):* Psychologische Schmerztherapie. Grundlagen, Diagnostik, Krankheitsbilder, Behandlung. (3. Aufl.) Berlin: Springer, 1996. *Basler, H.-D., Beisenherz, B., Frank, A., Gessler, M., Kaluza, G., Zimmer, C. (Hrsg.):* Schmerz im Gespräch. Tips und Tricks gegen den Schmerz. Patientenbuch. Heidelberg: Spektrum Akademischer Verlag, 1977. *Peter, B.:* Hypnose. In: Basler, H. D. et al. (Hrsg.) Psychologische Schmerztherapie. 3. Aufl. Berlin: Springer, 1996, S. 593–612. *Seemann, H.:* Freundschaft mit dem eigenen Körper schließen. Über den Umgang mit psychosomatischen Schmerzen. München: Pfeiffer, 1998.

4. Verhaltensmedizinische Intervention

Lydia Hartl

Anders als in den meisten vorangegangenen Kapiteln kann hier nicht eine einzelne Therapieform vorgestellt werden, da jeweils im Einzelfall entschieden werden muß, welche psychologischen Vorgehensweisen im Zusammenhang mit der medizinischen Grundbehandlung und Therapie verknüpft werden sollen. Die Basis der Therapieformen, die zur Anwendung kommen, ist allerdings ihre wissenschaftliche Absicherung durch klinisch orientierte Grundlagenforschung in der Psychologie als jener Disziplin, die sich mit den Vorgängen des Verhaltens und Erlebens befaßt.

Erster Schritt ist immer eine sorgfältige Problemanalyse, die zur Kooperation aller Beteiligten führen soll. Wie schon beklagt, hat sich außerhalb eines kleinen, forschungsorientierten Bereichs die neue Psychosomatik in unserem Gesundheitssystem noch nicht etabliert, obwohl sie dringend erforderlich wäre. Daher ist man bei der Suche nach Behandlunsmöglichkeiten dieser Art stark auf Eigeninitiative angewiesen. Wichtig ist dabei, sich nicht an einen „Alleskönner" zu wenden, da die psychosomatischen Grundprobleme zu komplex sind, sondern an behandelnde Spezialisten (Ärzte und Psychologen), die erstens zu Kooperation bereit sind und zweitens die Forschungsliteratur ihres jeweiligen Fachgebietes kennen.

Da es im allgemeinen um spezifische Probleme geht, muß der jeweilige psychotherapeutische Ansatz sinnvollerweise ebenfalls darauf ausgerichtet sein, zu einer gezielten Problemlösung zu führen. Dies bedeutet, daß sein Ansatz stützend, sein Erfolg überprüfbar und der Zeitaufwand ökonomisch sein soll. Gerade körperlich schwer oder chronisch kranke Menschen sind in so vieler Hinsicht belastet, daß bei jeder Maßnahme, wie auch im medizinischen Bereich üblich, deren Zumutbarkeit erwogen werden muß. Idealerweise könnte man sich, analog zum Konzept des Hausarztes, der als Bezugs- und Vertrauensperson die unterschiedlichsten medizinischen Maßnahmen erklären, integrieren und vermitteln soll, eine Art *Patientenanwalt* vorstellen, der sich um die biopsychosozialen Probleme des erkrankten Patienten kümmert und die notwendigen spezifischen Interventionen* vermittelt.

Anwendungsbereiche finden sich im gesamten Spektrum der Medizin. Was allerdings durchgeführt wird, hängt nicht nur von der jeweiligen aktuellen Gesundheitssituation des Betroffenen ab, sondern auch von anderen Faktoren wie Lebensalter, Geschlecht, sozioökonomischem Status oder psychosozialem Netz. Im folgenden sollen einige besonders wichtige Bereiche herausgehoben werden.

Herz-Kreislauf-Erkrankungen (wie arterieller Bluthochdruck, Schlaganfälle, Herzkranzgefäßveränderungen und Herzinfarkt) sind die häufigsten Todesursachen in den Industrieländern und stehen bisher am längsten im Brennpunkt gesundheitspsychologischer Arbeit, sowohl was die Vorsorge als auch was die Rehabilitation angeht. Die Risikofaktoren (körperliche Inaktivität, fettreiche Ernährung, Übergewicht, Rauchen, Alkohol, langdauernder negativer Stress) sind bekannt. Ihre Verhütung bedeutet eine Veränderung des Lebensstils. Hierzu reichen Aufklärung und Ratschläge nicht aus, so daß differenzierte psychologische Maßnahmen zu Änderung dieser Lebensgewohnheiten eingesetzt werden sollten. Programme und Einzelbehandlungen dieser Art, deren Bausteine zum großen Teil auch in diesem Buch beschrieben sind, werden ambulant und stationär angeboten und haben sich bewährt.

Auch bei *schizophrenen Erkrankungen* hat sich der biopsychosoziale Ansatz bereits etabliert. Denn bei diesen spielen zwar genetische und biochemische Faktoren eine Rolle, haben jedoch keinerlei Erklärungswert dafür, ob es tatsächlich zu schizophrenen Episoden kommt. Hier hat sich ebenfalls die Kombination von Medikamentengabe und einer psychotherapeutischen Betreuung, die die Familie mit einschließt, in den letzten Jahren bewährt.

Anders ist es bei den *Krebserkrankungen*, bei denen zwar ein vielschichtiges kooperatives Medizinprogramm verfügbar ist, aber die Integration der psychologischen Betreuung noch nicht zu den Standardverfahren gehört. Das Vorhandensein irreversibler körperlicher Schädigungen sagt noch nichts über die Bewältigungsmöglichkeiten des Leidens durch den Patienten aus. Erst die gemeinsame Betrachtung dieser beiden Prozesse läßt jedoch Prognosen über den weiteren Verlauf zu.

Unter „Krebs" versteht man eine heterogene Gruppe von Störungen vielfacher Ursachen, die sich voneinander stark unterscheiden. Dennoch findet man häufig eine gemeinsame Endstrecke, die hauptsächlich durch die drei großen medizinischen Therapieschienen bedingt ist: die operative Tumor- und Metastasenentfernung, die Chemo- und die Bestrahlungstherapie, die alle ihre Vorzüge und Probleme haben, sowie die Schmerzbehandlung. Während in den Industrieländern die Mortalität durch Herz-Kreislauf-Erkrankungen abnimmt, ohne ihre Spitzenposition zu verlieren, nimmt die Sterblichkeit durch Krebs zu. In den USA und Europa steigerte sie sich in den letzten 30 Jahren um 20% mit weiter wachsender Tendenz. Inzwischen gibt es Therapiemöglichkeiten; die Therapie ist jedoch schwierig und belastend, bei vielen Tumorarten führt sie nicht zu einer Heilung, und die 5-Jahres-Überlebensrate über alle Krebserkrankungen hinweg liegt bei rund 50%.

Nach Ursachen für das explosionsartige Wachstum bösartiger Zellen hat man bisher breit gestreut gesucht, so auch in der Psyche. Während man jedoch keine Hinweise auf die Existenz einer Risikopersönlichkeit für Krebs finden konnte, weiß man immer mehr über den schädlichen Einfluß der Lebens- und Freizeitgewohnheiten in den industrialisierten Ländern, insbesondere folgender Faktoren, die allesamt Wohlstandszeichen sind: Rauchen, Alkohol, hoher Fett- und Eiweißgehalt der Nahrung, hohes Körpergewicht, Freizeitverhalten wie Sonnenbaden bzw. Sonnenbrände, keine Kinder zu haben oder spät das erste Kind zu gebären.

Sowohl die Diagnose „Krebs“ als auch die medizinischen Methoden zur Krebsbehandlung sowie die Unterbrechung der bisherigen Lebensgewohnheiten können einen Zustand chronischer Belastung hervorrufen. Als chronische Stressoren gelten die emotionale Belastung, die Unterbrechung der Lebensaufgaben, soziale/interpersonale Aufregung, Müdigkeit und Energieverlust. Diese können nicht nur die Lebensqualität verringern, sondern auch biologische Veränderungen bewirken, vor allem eine erhöhte Infektionsanfälligkeit. Psychosoziale Unterstützung dagegen verbessert die Immunfunktion und erhöht die 5-Jahres-Überlebensrate. Es muß also Ziel von psychologischen Maßnahmen bei Tumorpatienten sein, den psychischen und Verhaltensbelastungen vorzubeugen und sie zu reduzieren, die Lebensqualität zu steigern, die Zusammenarbeit von Arzt und Patient sowie dessen Gesundheitsverhalten zu verbessern.

Folge der psychischen Belastungen durch Krebserkrankungen auf das Gesundheitsverhalten ist z. B. Appetitverlust (belastete Personen essen allgemein weniger bzw. ernähren sich mit niedrigerem Nährwertgehalt). Bei Krebs sind Eßstörungen auch unabhängig von dem durch Chemotherapie oder Bestrahlung ausgelösten Erbrechen und Übelkeit bekannt. Depressive und ängstliche Personen neigen zur Selbstmedikation durch Alkohol und Drogen: Beides verstärkt im Teufelskreis wiederum die Belastung und schwächt das Immunsystem. Der Konsum von Nikotin und Koffein, der unter Belastung oft gesteigert wird, intensiviert die physiologischen Effekte psychosozialer Belastung, hauptsächlich durch die Sekretion von Streßhormonen. Belastete Personen leiden weiterhin oft unter Schlafstörungen. Direkte Effekte der Chemo- oder Bestrahlungstherapie führen zu Veränderungen der Sinneswahrnehmung, die wiederum negative Folgen haben (z. B. eine Schwellenerhöhung für süßen und salzigen Geschmack, eine Schwellenerniedrigung für bitteren Geschmack, Änderungen in der Geschmacks- und Geruchsgenauigkeit). Die Folgen sind verändertes Eßverhalten mit Gewichtsverlust und gelernten Geschmacksabneigungen oder Anorexie.

Für den Tumorpatienten bedeutet negatives Gesundheitsverhalten zusätzliche psychosoziale und biologische Belastung, und diese reduziert wiederum die Immunfunktion und erhöht die Mortalität. Die Noncompliance (d. h. das Nichtbefolgen der ärztlichen Therapievorschläge) kann die Mortalitätsrate ebenfalls drastisch erhöhen. Dies ist ein häufiges Problem, da die Patienten ob der Belastungen entmutigt sind und die somatische Therapie unvollständig durchführen oder auch ganz abbrechen. Belastungen („Lebensqualität"), Gesundheitsverhalten und Compliance sind demnach die Hauptfaktoren im Zusammenhang mit Krebsbehandlungen. Der aktuelle Gesundheitszustand ist weiterhin abhängig von der Qualität und der Verfügbarkeit zwischenmenschlicher Beziehungen. Nur biopsychosoziale Erklärungsmodelle helfen hier weiter, will man die Bedeutung solcher Befunde für Krebs oder anderer Immunfunktionsstörungen wie rheumatische, allergische oder AIDS-Erkrankungen untersuchen und umfassend behandeln.

Daß ein bestimmtes Ausmaß an körperlicher Erkrankung mit sehr unterschiedlichen Berichten von Krankheitserleben und Belastetheit verbunden sein kann, die nicht nur von der individuellen Eigenart, sondern auch von Umgebungsfaktoren, spezifischen Einstellungen und Erwartungen, Modellen über den Umgang mit dem eigenen Körper in der Lerngeschichte und dem jeweiligen soziokulturellen Kontext beeinflußt sind, zeigt sich bei vielen weiteren Zivilisationskrankheiten. Das Erleben, Berichten und Behandeln komplexer Störungen ist nicht durch ein einzelnes Konstrukt psychologischer oder physiologischer Natur zu erklären. Es ist daher vernünftig, unterschiedliche Entwicklungsprozesse bei komplexen Geschehnissen zu vermuten, auch wenn die Endstrecke viele phänomenologische und psychophysiologische Gemeinsamkeiten aufweist. Nicht nur in der Psychologie, auch in der modernen Biologie wird heute eine erstaunliche Verhaltensfreiheit des Menschen angenommen. Diese muß in die Behandlungs- und Vorsorgemöglichkeiten mit eingehen. Die Patienten brauchen nicht generell Psychotherapie, sondern spezifische problemorientierte Hilfe. Diese muß sowohl psychische als auch körperliche Bedingungen ansprechen. Um dies umzusetzen, müssen nicht zwangsweise neue psychotherapeutische Methoden erfunden werden. Es würde vorläufig genügen, die vorhandenen Methoden und Erkenntnisse der empirischen Psychologie problembezogen anzuwenden, um die in diesem Kapitel beschriebenen Zusammenhänge aus dem Bereich der Utopie zu holen.

Empfohlene Literatur: Köhler, T.: Psychosomatische Krankheiten. 3. Aufl., Stuttgart: Kohlhammer, 1995.

IV Situation der Forschung

Kann uns die Forschung etwas über die Wirksamkeit der Psychotherapie sagen?

Christoph Kraiker

Vorbemerkung

Man ist gerne stolz auf das, dem man angehört, sei es Volk, Glauben, Fußballverein oder Psychotherapieschule. Deswegen sieht man eher, was den Stolz fördert, und übersieht, was ihm abträglich ist oder sein könnte. Solche Wahrnehmungsstörungen erklären zum Teil die ziemlich heftigen Auseinandersetzungen zwischen verschiedenen Richtungen der Psychotherapie, aber sie tun es nicht vollständig. An sich ist klar: Welches therapeutische Vorgehen das beste ist, wird nicht offenbart und ist auch keine logische Wahrheit, sondern eine empirische Frage. Sie muß durch Erfahrung, also durch Forschung entschieden werden. Weshalb kann man sich also nicht einigen? Man kann sich deshalb nicht (ohne weiters) einigen, weil unterschiedliche Auffassungen darüber bestehen, wie richtige Forschung in diesem Bereich auszusehen hat. Um deutlich zu machen, worin die Probleme liegen, soll zunächst beschrieben werden, warum es so schwierig ist, die Wirksamkeit von therapeutischen Vorgehensweisen zu beurteilen, und dann, was sich angesichts dieser Sachlage tun läßt.

Probleme der Definition von Erfolg

Es gibt verschiedene Meinungen darüber, was das Ziel einer Psychotherapie sein sollte. Diese Meinungen lassen sich grob in zwei Gruppen einteilen: In der einen heißt es, das Ziel sei die Entwicklung eines tieferen Verständnisses von der eigenen Person und ihrem Platz in der Welt, eine fundamentale (strukturelle) Änderung der Persönlichkeit. Die andere besagt, es gehe um die Beseitigung oder zumindest Linderung von ganz konkreten psychischen Störungen. Offensichtlich geht es bei der Frage der Zielfestsetzung nicht um etwas, was man herausfinden muß, sondern um eine Entscheidung. Diese Entscheidungsprobleme werden jedoch mit empirischen Fragen verquickt, wenn ich argumentiere, daß meine Therapie die richtige sei, weil sie das richtige Ziel habe, oder daß die eine Sache (z. B. Beseitigung der Störung) dauerhaft nur dann gelingen könne, wenn man erst etwas anderes (z. B. eine tieferes Verständnis) erreicht habe. Das Problem liegt hier also darin, daß *unterschiedliche* Meinungen über das richtige Ziel bestehen, obwohl einerseits die Entscheidungen darüber nicht Sache der Therapeuten, sondern Sache des Patienten sind, und andererseits ein richtiges Ziel noch nicht beweist, daß der vorgeschlagene Weg auch dahin führt.

Probleme der Messung von Erfolg

Selbst wenn Einigkeit über das Ziel besteht, ist nicht leicht festzustellen, ob dieses Ziel erreicht wurde. Veränderungen im Verlauf einer Psychotherapie sind immer komplex, und es ist von daher naheliegend anzunehmen, die Therapeuten selbst könnten diese Veränderungen am besten beurteilen. Aber Therapeuten haben ein Interesse daran, ihre Arbeit als erfolgreich darzustellen, und deswegen sind sie nicht unvoreingenommen. Die alte juristische Forderung „nemo iudex in causa sua" muß auch hier berücksichtigt werden. Die Patienten zu befragen, ist auch nicht unproblematisch. Geschieht dies durch die Therapeuten, besteht die Gefahr, daß die Patienten ihnen zuliebe positiver antworten, als gerechtfertigt, oder – umgekehrt – ihnen zuhaß negativer. Durch neutrale Interviewer kann dies umgangen werden, aber auch dann müßte die Art der Befragung überall möglichst gleich sein, da durch unterschiedliche Formulierungen auch unterschiedliche Antworten nahegelegt werden. Schließlich kann jedes Umfrageinstitut, das sein Geld wert ist, die Fragen so stellen, daß die Ergebnisse im Sinne des Auftraggebers liegen.

Die Ansprüche der Patienten wachsen auch im Laufe der Therapie. Das ist zwar positiv zu sehen, kann aber auch dazu führen, daß Veränderungen, die zu Beginn für kaum möglich gehalten wurden, zum Schluß als unbedeutend und enttäuschend erlebt werden.

Aus diesen und anderen Gründen gilt es als wissenschaftlich

korrekt, Erfolgsmessungen durch unabhängige Beobachter durchführen zu lassen, die zu diesem Zweck standardisierte Fragebögen, Beurteilungsskalen und Beobachtungsinstrumente benutzen und dabei möglichst „blind" vorgehen, das heißt nicht wissen, ob und wie die untersuchten Personen behandelt wurden. Und dagegen kann man nun geltend machen, daß auf diese Weise nur ein paar äußerliche Merkmale erfaßt würden, aber nicht die tiefgreifenden Veränderungen, auf die es schließlich ankomme.

Probleme der Zuschreibung von Erfolg

Derartige Messungen werden bei *Gruppen* von Patienten vorgenommen, die auf gleichartige Weise behandelt wurden. Warum macht man das? Schließlich geht es bei der Therapie um Einzelschicksale und nicht um Massenveranstaltungen. Der Grund ist der, daß sich positive Veränderungen, die im Verlauf einer Therapie auftreten, nicht mit Sicherheit auf das segensreiche Wirken eben dieser Therapie zurückführen lassen. Es gibt andere Faktoren, die dafür verantwortlich sein können. Drei sollen hier aufgeführt werden.

Spontanerholung: Viele psychische (und körperliche) Störungen verschwinden nach einiger Zeit von selbst. Die Wahrscheinlichkeit, daß dies innerhalb einer Therapie auftritt, ist um so größer, je länger die Therapie dauert.

Äußere Umstände: Positive Entwicklungen in der Lebenswelt der Patienten, z. B. berufliche und finanzielle Verbesserungen oder neue Beziehungen, können Ursache von positiven Entwicklungen im Befinden sein. Diese Entwicklungen können auch global wirken, etwa wenn sich die wirtschaftliche Situation in einem Land entscheidend bessert.

Placeboeffekt: Schon allein die Tatsache, daß man eine Therapie macht, kann positive Auswirkungen haben, da sie Zuversicht weckt, Geborgenheit vermittelt und Sorgen verringert. Das sind aber unspezifische Effekte, das heißt sie haben mit der *speziellen* Therapie nichts zu tun, sondern sie können immer auftreten, wo die Therapeutin einen vertrauenswürdigen und kompetenten

Eindruck macht, unanhängig davon, ob sie jetzt eine Psychoanaylse, Gestalttherapie, Verhaltenstherapie oder sonst etwas durchführt. Ein *Placebo* nennt man in der pharmakologischen Forschung ein Medikament, das keinen Wirkstoff für die damit behandelte Störung enthält, und mit einem anderen verglichen wird, das zwar genau so ausschaut, aber den Wirkstoff besitzt. Der Placeboeffekt ist ein echter Effekt; begrifflich ist er zwar eine Wirkung der Behandlung, aber eben nicht desjenigen Behandlungselementes, das man für auschlaggebend hält. Der Begriff Placebo stammt übrigens letztlich aus einem Gebet für die Verstorbenen: *placebo domino in regione vivorum* – „Ich werde dem Herrn gefallen im Lande der Lebenden" – das kann man nur hoffen.

Kontrollgruppenuntersuchungen

Um die Wirkung der drei genannten Faktoren von der speziellen Wirkung der Therapie unterscheiden zu können, werden Patienten*gruppen* miteinander verglichen. Eine Gruppe, die sogenannte Experimentalgruppe, erhält eine Therapie, und zwar alle Patienten die gleiche (so weit das überhaupt möglich ist), die andere, die sog. Kontrollgruppe, erhält keine Therapie oder eine Placebobehandlung, d. h. eine Behandlung, die jenen therapeutischen Faktor, dessen Wirkungskraft man untersuchen möchte, *nicht* enthält. Ansonsten sind die beiden Gruppen möglichst identisch: Die Patienten haben die gleiche Störung in vergleichbarer Intensität, sie sind ähnlich an Alter, Einkommen und ähnlichen Eigenschaften, und sie werden den gleichen Meßverfahren unterzogen. Insbesondere wird die Zuteilung zu den beiden Gruppen durch ein Zufallsverfahren bestimmt und weder den Patienten noch den Therapeuten überlassen. Wenn sich nun am Ende der Therapie und zum Zeitpunkt der Nachuntersuchungen deutliche Unterschiede zwischen diesen Gruppen ergeben, dann muß dies an der unterschiedlichen Therapie liegen und kann nicht auf jene Faktoren zurückgeführt werden, die fur beide Gruppen gleich waren.

Mögliche Einwände dagegen ergeben sich wie von selbst: Patienten können gar nicht gleich sein, sondern jeder Patient ist ein Individuum mit einer ganz individuellen Lebensgeschichte und Problematik. Therapien können auch nicht für alle Mitglieder einer Gruppe gleich sein, und wenn sie es könnten, sollten sie es nicht sein, da sie auf die jeweils individuellen Bedürfnisse der Patienten abgestimmt werden müssen. Und schließlich sind solche Untersuchungen derart aufwendig, daß sie nur für bestimmte Formen von Kurztherapie mit halbwegs vernünftigem Aufwand und in halbwegs vernünftiger Zeit durchführbar sind.

Abschließender Kommentar

Trotz der geschilderten Probleme bin ich der Ansicht, daß die geschilderte Therapieforschung unverzichtbar ist, daß sie schon wichtige Ergebnisse gebracht hat, daß sie aber niemals die Wahl einer bestimmten Therapie zwingend festlegen kann. Ich schlage folgendes vor:

Wenn der Patient den Wunsch äußert nach Beseitigung oder wenigstens Linderung von Symptomen einer Störung, für die eine in mehreren kontrollierten Untersuchungen bewährte Therapieform existiert, dann muß die Therapeutin diese Therapie anbieten. Wenn sie eine solche Therapie nicht selbst durchführen kann oder mag, dann muß sie darauf hinweisen, daß solche Therapieformen existieren und wo bzw. bei wem sie nachgefragt werden können. Dies gilt gegenwärtig wenigstens für Phobien, Agoraphobien, Panikstörungen, typische Depression, bestimmte sexuelle Funktionsstörungen und Zwangshandlungen, für die effektive Behandlungsmöglichkeiten in diesem Führer beschrieben wurden. Selbst wenn die Therapeutin der Ansicht ist, daß sich hinter oder neben dem präsentierten Symptom etwas anderes verbirgt (was oft genug der Fall sein mag), so darf sie jene Information trotzdem nicht zurückhalten. Der Patient muß die Möglichkeit haben zu entscheiden, ob er symptomorientiert arbeiten will oder ob er mit einer anderen von der Therapeutin vorgeschlagenen Therapieform beginnen will. Er muß ferner die Möglichkeit haben, diese Entscheidung zu revidieren, und das bringt uns zu der zentralen Schlußfolgerung, nämlich daß dem Patienten Gelegenheit gegeben werden muß, nach einiger Zeit in Beratung mit der Therapeutin eine Entscheidung über die Weiterführung der Therapie zu treffen.

Sollte zu diesem Zeitpunkt eine negative Entwicklung sichtbar werden, läßt sich dies entweder als Fehlschlag interpretieren oder als eine (möglicherweise unvermeidbare) Phase, die später noch in eine positive Entwicklung münden wird. Ich sehe hier zwei Verpflichtungen für die Therapeuten: Im ersten Fall sollte die Therapie beendet und eine andere vorgeschlagen werden, wenn sich Anhaltspunkte ergeben haben, daß ein solcher Wechsel hilfreich sein kann. Im zweiten Fall darf die Entscheidung nicht auf den Sankt Nimmerleinstag verschoben werden. Es muß ein vernünftiger Zeitpunkt angegeben werden, zu dem ein Urteil gefällt werden kann, ob die Therapie weitergeführt, durch eine andere (ggf. auch bei einer anderen Therapeutin) ersetzt oder endgültig abgebrochen wird. Diese Frist muß nicht für alle Therapieformen gleich lang sein.

Anhang

1. Anschriften von Therapiegesellschaften

Arbeitsgemeinschaft für Kathathymes Bilderleben (AGKB), Friedländer Weg 30, 37085 Göttingen; 0551-46754/ Fax: 0551-487930

Berufsverband Deutscher Psychologinnen und Psychologen (BDP), Heilbachstr. 22, 53123 Bonn; 0228-987310/ Fax: 0228-9873170

Berufsverband Österreichischer Psychologinnen und Psychologen (BÖP), Garnisongasse 1, A-1090 Wien; 0043-1-4072671

Christoph-Dornier-Stiftung für Klinische Psychologie, Hohe Str. 53, 01187 Dresden; 0351-463-6961

Dachverband für Familientherapie und systemisches Arbeiten (DFS), Oesterleystr. 12, 30171 Hannover

Deutsche Akademie für Psychoanalyse (DAP), Goethestr. 54, 80336 München; 089-539674/ Fax: 089-5328837

Deutsche Feldenkrais-Gilde (DFG), Schleißheimer Str. 74, 80797 München; 089-52310171; Fax: 089-52310172

Deutsche Gesellschaft für Analytische Psychologie e. V. (DGAP), Lietzenburger Str. 54, 10719 Berlin; 030-8860772

Deutsche Gesellschaft für Hypnose e. V. (DGH), Lindauer Str. 6, 86399 Bobingen

Deutsche Gesellschaft für Individualpsychologie e. V. (DGIP), Ruffinistr. 10, 80637 München

Deutsche Gesellschaft für Psychoanalyse, Psychotherapie, Psychosomatik und Tiefenpsychologie e. V. (DGPT), Johannisbollwerk 20, 20459 Hamburg; 040-3192619

Deutsche Gesellschaft für Verhaltenstherapie (DGVT), Neckarkalde 55, 72070 Tübingen; 07071-943411/943435; Fax: 07071-943412

Deutsche Gesellschaft für zahnärztliche Hypnose (DGFZH), Esslinger Str. 40, 70182 Stuttgart; 0711-2360618

Deutsche Psychoanalytische Gesellschaft e. V. (DPG), Nußbaumstr. 7, 80336 München

Deutsche Psychoanalytische Vereinigung e. V. (DPV), Sulzaer Str. 3, 14199 Berlin; 030-8264547/ Fax: 030-8266090

Deutsche Vereinigung für Gestalttherapie e. V. (DVG), Oberweg 54, 60318 Frankfurt

Deutsches Ausbildungsinstitut für Focusing (DAF), Frankfurter Str. 10, 97082 Würzburg, 0931-416283/ Fax: 0931-41137

Deutsches Institut für Rational Emotive Therapie (DIRET), Deutsch-Ritter-Allee 44, 41515 Grevenbroich; 02181-42324

Existential-psychologische Bildungs- und Begegnungsstätte Exist Rütte (RÜTTE), Graf-Dürckheim-Weg 12, 79682 Todtmoos; 07674-350

Föderation Schweizer Psychologinnen und Psychologen (FSP), Choisystr. 11, CH-3000 Bern 14; 0041-31-3820377

Gesellschaft für wissenschaftliche Gesprächspsychotherapie Geschäftsstelle (GwG), Richard-Wagner-Str. 12, 51145 Köln; 0221-8901201/ Fax: 0221-251276

Gesellschaft für Kognitive Verhaltenstherapie & REVT (KVTRET), Osterstr. 79, 20259 Hamburg; 040-493126

Heidelberger Institut für Systemische Forschung (SYG), Therapie und Beratung, Kußmaulstr. 10, 69120 Heidelberg; 06221-40640

Institut für Integrierte Therapie (IIT), Konradstr. 16, 80801 München; 089-336255

Milton-Erickson-Gesellschaft für Klinische Hypnose e.V. (MEG), Konradstr. 16, 80801 München; 089-34029720

Münchener Arbeitsgemeinschaft für Psychoanalyse (MAP), Bauerstr. 15, 80796 München; 089-2715966/ 089-2716458/ Fax: 089-2717085

Psychol. Arbeitskreis f. Autogenes Training und Progressive Relaxation (AutTrRel), Paulinenstr. 20, 32108 Bad Salzuflen; 05222-83710

Süddeutsches Institut für Logotherapie (SdtschIfLogo), Geschwister-Scholl-Platz 8, 82256 Fürstenfeldbruck; 08141-18041

2. Literaturverzeichnis

Alman, B. M., Lambrou, P. T. (1995). *Selbsthypnose: Das Handbuch zur Selbstbehandlung*. Heidelberg: Carl-Auer-Systeme.

Amler, M. (1992). Hypnose und Psychoanalyse. *Hypnose und Kognition* (M. E. G.-Stiftung. München), *9* (1/2).

Arentewicz, G., Schmidt, G. (1993). *Sexuell gestörte Beziehungen. Konzepte und Techniken der Paartherapie* (3. neu bearbeitete Aufl.). Stuttgart: Enke.

Argelander, H. (Hrsg.) (1985). *Psychoanalytische Beratung*. Göttingen: Verlag für medizinische Psychologie.

Baker, E. (1980). *Der Mensch in der Falle – Das Dilemma unserer blokkierten Energie – Ursachen und Therapie*. München: Kösel.

Barbach, L. G. (1982). *For Yourself. Die Erfüllung weiblicher Sexualität*. Berlin: Ullstein.

Barlow, D. H. (1986). Causes of sexual dysfunction: the role of anxiety and cognitive interference. *Journal of Consulting and Clinical Psychology*, *54*, 140–148.

Bernstein, D. A., Borkovec, T. D. (1975). *Entspannungs-Training: Handbuch der progressiven Muskelentspannung*. München: Pfeiffer.

Bongartz, W., Bongartz, B. (1998). *Hypnosetherapie*. Göttingen: Hogrefe.

Boyesen, G. (1987). *Über den Körper die Seele heilen – Biodynamische Psychologie und Psychotherapie*. München: Kösel.

Cecchin, G. (1987). Hypothesizing, circularity and neutrality revisted. *Family Process*, *26*, 405–413.

Cierpka, M. (1996). *Handbuch der Familiendiagnostik*. Berlin: Springer.

D'Zurilla, T. J., Goldfried, M. R. (1971). Problem solving and behavior modification. *Journal of Abnormal Psychology*, *78*, 107–126.

De Shazer, S. (1992). *Putting difference to work*. New York: Norton.

Diagnostisches und statistisches Manual psychischer Störungen: DSM-IV (hrsg. v. Saß, H.; Wittchen, H.; Zaudig, M.). (1996). Göttingen: Hogrefe.

Don, N. (1978). EEG patterns during feelings of insight. In: L. Olsen (Hrsg.), *Research in Experimental Focusing*. Chicago: University of Chicago Press.

Downing, G. (1996). *Körper und Wort in der Psychotherapie – Leitlinien für die Praxis*. München: Kösel.

Duncker, K. (1935). *Zur Psychologie des produktiven Denkens*. Berlin: Springer.

Eckert, J. (1994). Die Auswirkungen trieb- und selbsttheoretischer Auffassungen der Aggression auf die Psychotherapie von Patienten mit einer Borderline-Störung. In: L. Teusch, J. Finke, M. Gastpar (Hrsg.), *Gesprächspsychotherapie bei schweren psychiatrischen Störungen* (S. 42–48). Heidelberg: Asanger.

Ellis, A. (1997). *Grundlagen und Methoden der Rational-Emotiven-Verhaltenstherapie*. München: Pfeiffer.

Erickson, M. E. (1995–1998). *Gesammelte Schriften (Bd. 1–5)*, hrsg. von Rossi, E. L. Heidelberg: Carl Auer.

Fiegenbaum, W. (1988). Long-term efficacy of ungraded versus graded massed exposure in agoraphobics. In I. Hand, H. U. Wittchen (Hrsg.), *Panic and Phobias* (Band 2). Berlin: Springer.

Fiegenbaum, W., Tuschen, B. (1996). Reizkonfrontation. In J. Margraf (Hrsg.), *Lehrbuch der Verhaltenstherapie* (Band 1). Berlin: Springer.

Finke, J., Teusch, L. (1991). *Gesprächspsychotherapie bei Neurosen und psychosomatischen Erkrankungen*. Heidelberg: Asanger.

Frankl, V. E. (1996). *Das Leiden am sinnlosen Leben. Psychotherapie für heute* (7.). Freiburg: Herder.

Freud, S. (1914). *Zur Geschichte der psychoanalytischen Bewegung* (In: Ges. Werke X, S. 43–113). Frankfurt/M.: Fischer 1967.

Freud, S. (1925/26). *Hemmung, Symptom und Angst* (Gesammelte Werke Bd. XIV). Frankfurt/ M.: Fischer.

Freud, S., Breuer, J. (1892/93). *Studien über Hysterie* (Gesammelte Werke Bd. I). Frankfurt/ M.: Fischer.

Fromm, E., Nash, M. R. (1996). *Psychoanalysis and Hypnoanalysis*. New York: International Universities Press.

Gendlin, E. T. (1987). *Dein Körper – Dein Traumdeuter*. Salzburg: Otto Müller.

Gerl, W. (1982). Kombination von Gesprächspsychotherapie mit Focusing nach E. Gendlin. In: Howe (Hrsg.), *Integratives Handeln in der Gesprächstherapie*. Weinheim: Belz.

Grawe, K., Donati, R., Bernauer, F. (1994). *Psychotherapie im Wandel: Von der Konfession zur Profession*. Göttingen: Hogrefe.

Greenberg, L. S., Elliot, R. K., Lietaer, G. (1994). Research on experimential psychotherapies. In: A. E. Bergin, S. L. Garfield (Hrsg.), *Handbook of psychotherapy and behavior change* (S. 509–539). New York: Wiley.

Haley, J. (1978). *Die Psychotherapie Milton H. Ericksons*. München: Pfeiffer. (Orig.: Uncommon therapy, New York: 1973)

Hoyndorf, S., Reinhold, M., Christmann, F. (1995). *Behandlung sexueller Störungen: Ätiologie, Diagnostik, Therapie: sexuelle Dysfunktionen, Mißbrauch, Delinquenz*. Weinheim: Psychologie Verlags Union.

Internationale Klassifikation psychischer Störungen 10 (hrsg. H. Dilling, W. Mombour, M. H. Schmidt, 2.). (1993). Bern: Huber.

Jung, C. G. (1967). *Theoretische Überlegungen zum Wesen des Psychischen*. Zürich: Rascher.

Kanfer, F. H., Reinecker, H., Schmelzer, D. (1996). *Selbstmanagement-Therapie* (2. Aufl.). Berlin: Springer.

Keleman, S. (1980). *Dein Körper formt dein Selbst – Der bioenergetische Weg zu emotionaler und sexueller Befriedigung*. München: Moderne Verlagsgesellschaft.

Kirsch, I. (1996). Hypnosis in psychotherapy: Efficacy and mechanism. *Contemporary Hypnosis*, *13*, 109–114.

Kirsch, I., Montgomery, G., Sapirstein, G. (1995). Hypnosis as an adjunct to cognitive-behavioural psychotherapy: A meta-analysis. *Journal of Consulting and Clinical Psychology*, *63*, 214–220.

Kruse, P., Dreesen, N. H. (1995). Therapeutische Rituale. *Hypnose und Kognition* (M. E. G.-Stiftung: München), *12*.

Kurtz, R. (1985). *Körperzentrierte Psychotherapie – Die Hakomi-Methode*. Essen: Synthesis.

Leuner, H. (1954). Kontrolle der Symbolinterpretation im experimentellen Verfahren. *Zeitschrift für Psychotherapie und medizinische Psychologie*, *4*.

Leuner, H. (1955). Experimentelles katathymes Bilderleben als ein klinisches Verfahren der Psychotherapie. *Zeitschrift für Psychotherapie und medizinische Psychologie*, *5*.

Leuner, H. (1994). *Lehrbuch der katathym-imaginativen Psychotherapie* (3. korr. und erw. Auflage). Bern: Hans Huber.

Leuner, H., Henning, H., Fikentscher, E. (1993). *Katathymes Bilderleben in der therapeutischen Praxis*. Stuttgart: Schattauer.

Leuzinger-Bohleber, M. (Hrsg.). (1985). *Psychoanalytische Kurztherapie*. Opladen: Westdeutscher Verlag.

Lowen, A. (1988). *Bio-Energetik – Therapie der Seele durch Arbeit mit dem Körper*. Reinbek: Rowohlt.

Lowen, A., Lowen L. (1996). *Bioenergetik für Jeden – Das vollständige Übungshandbuch*. München: Goldmann.

Mahoney, M. J. (1977). *Kognitive Verhaltenstherapie*. München: Pfeiffer. (engl. Cognition and Behavior Modification; Cambridge, Mass. 1974: Ballinger Publ. Co.)

Marks, I. M. (1991). Self-administrated behavioral treatment. *Behavioural Psychotherapy, 19*, 42–46.

Masters, W. H., Johnson, V. E. (1970). *Human sexual inadequacy*. Boston: Little Brown. (dtsch. Impotenz und Anorgasmie (1973); Goverts Frankfurt/ M.)

Mayer, A.-E., Richter, R., Grawe, K., Graf v. d. Schulenburg, J.-M., Schulte, B. (1991). *Forschungsgutachten zu Fragen eines Psychotherapeutengesetzes*. Universitäts-Krankenhaus, Hamburg Eppendorf.

Moreno, J. L. (1973). *Gruppenpsychotherapie und Psychodrama: Einleitung in die Therapie und Praxis* (2. Aufl.). Stuttgart: Thieme.

Morgenthaler, W. (1985). *Ein Geisteskranker als Künstler. Adolf Wölfli*. Wien: Medusa.

Perls, F. S. (1973). *Grundlagen der Gestalttherapie*. München: Pfeiffer.

Perls, L. (1992). Concepts and Misconceptions of Gestalt Therapy. *Journal of Humanistic Psychology, 32*, 50–56.

Peter, B. (1996). Hypnose. In: H. D. Basler (Hrsg.), *Psychologische Schmerztherapie* (3. Aufl., S. 593–612). Berlin: Springer.

Peter, B., Gerl, W. (1988). *Entspannung*. München: Mosaik. (zu beziehen über M. E. G.-Stiftung, Konradstr. 16, 80801 München)

Peter, B., Kraiker, C., Revenstorf, D. (Hrsg.). (1991). *Hypnose und Verhaltenstherapie*. Bern: Huber.

Pierrakos. (1987). *Core Energetik – Zentrum Deiner Lebenskraft*. Essen: Synthesis.

Polster, E., Polster, M. (1973). *Gestalttherapie*. München: Kindler.

Prinzhorn, H. (1922). *Die Bildnerei der Geisteskranken*. Berlin: Springer.

Reich, W. (1976). *Charakteranalyse*. Frankfurt/M.: Fischer.

Reisch, E. (1994). *Verletzbare Nähe: Ein klientenzentrierter Weg zum psychosomatischen Patienten*. München: Pfeiffer.

Réja, M. (1907). *L'art chez les fous* (dt: Die Kunst bei den Verrückten, hrsg. v. Eissing-Christophersen, Ch. u. LeParc, D. (1997)). Wien: Springer.

Revenstorf, D., Prudlo, U. (1994). Zu den wissenschaftlichen Grundlagen der klinischen Hypnose unter besonderer Berücksichtigung der Hypnotherapie nach Milton H. Erickson. *Hypnose und Kognition, 11* (1/2), 190–224.

Rogers, C. R. (1947). Some observations on the organization of personality. *American Psychologist, 2*, 358–368.

Rogers, C. R. (1986). Client centered therapy: In I. L. Kulash, A. Wolf (Hrsg.), *Psychotherapists' Casebook: Theory and techniques in practice* (S. 197–208). San Francisco: Jossey-Bass.

Rogers, C. G. (1987). Rogers, Kohut und Erickson: Eine persönliche Betrachtung über einige Ähnlichkeiten und Unterschiede. In: J. Zeig (Hrsg.), *Psychotherapie: Entwicklungslinien und Geschichte*. Tübingen: DGVT.

Rogers, C. R. (1981). *Der neue Mensch*. Stuttgart: Klett-Cotta.

Rolf, I. (1996). *Rolfing – Strukturelle Integration – Wandel und Gleichgewicht der Körperstruktur.* München: Hugendubel.

Sachse, R. (1995). *Der psychosomatische Patient in der Praxis*. Stuttgart: Kohlhammer.

Schulz, J. H. (1970). *Das Autogene Training* (13. Aufl.). Stuttgart: Thieme.

Selvini-Palazzoli, M., Boscolo, L., Cecchin, G., Prata, G. (1980). Hypothesizing – Circularity – Neutrality. Three guidelines for the conductor of sessions. *Family Process, 19*, 3–12.

Shadish, R. W., Ragsdale, K. & Glaser, R. R. (1995). The efficacy and effectiveness of marital and family therapy: A perspective from meta-analysis. *Journal of Marital and Family Therapy, 21*, 345–360.

Shapiro, F. (1997). 8 Phases of EMDR. *http://www.behaviour.net/ mhn/ bolforum/message/30/7.*

Staemmler, F.-M. (1998). Der Geist der Gestalttherapie in Aktion – Methoden und Techniken. In R. Fuhr, M. Sreckovic, M. Gremmler-Fuhr (Hrsg.), *Das Handbuch der Gestalttherapie*. Köln: Edition Humanistische Psychologie.

Staemmler, F.-M., Bock, W. (1998). *Ganzheitliche Veränderung in der Gestalttherapie*. Wuppertal: Hammer.

Teusch, L., Böhme, H. (1991). Was bewirkt ein stationäres Behandlungsprogramm mit gesprächspsychotherapeutischem Schwerpunkt bei Patienten mit Agoraphobie und/ oder Panik?. *Psychotherapie, Psychosomatik und medizinische Psychologie, 41*, 68–76.

Teusch, L., Finke, J., Gastpar, M. (Hrsg.). (1994). *Gesprächspsychotherapie bei schweren psychiatrischen Störungen*. Heidelberg: Asanger.

Ullrich, R., DeMuynck, R. (1998). *Das Assertiveness Training Programm ATP. Einübung von Selbstvertrauen und sozialer Kompetenz* (Bd. 1–3). München: Pfeiffer.

Walter, J. L. & Peller, J. E. (1994). *Lösungs-orientierte Kurztherapie.* Dortmund: Modernes Leben.

Wilke, E. (1996). Katathym-imaginative Psychotherapie – eine spezielle Form tiefenpsychologisch fundierter Psychotherapie. In J. Eckert, M. Hautzinger, C. Reimer, E. Wilke (Hrsg.), *Psychotherapie.* Berlin: Springer.

Wolberg, L. R. (1958). *Medical Hypnosis* (Vol II – The practice of hypnotherapy). New York: Grune & Stratton.

Wolpe, J. (1958). *Psychotherapy by reciprocal inhibition.* Stanford: Stanford University Press.

Zilbergeld, B. (1994). *Die neue Sexualität des Mannes. Was Sie schon immer über Männer, Sex und Lust wissen wollten.* Tübingen: DGVT.

3. Erklärung von Fachausdrücken

Abwehr, Abwehrmechanismen. In der psychoanalytischen Auffassung jene meist unbewußt ablaufenden Mechanismen oder Operationen, durch die das Bewußt- oder Wirksamwerden bedrohlicher und angsterregender Motive, Konflikte und Phantasien verhindert werden soll. Die verschiedenen „Techniken“ (z. B. Sublimation oder Verdrängung) werden Abwehrmechanismen genannt.

Ätiologie. Die Lehre von den Ursachen der Krankheiten. Oft auch diese Ursachen selbst. Wenn man sagt, die Ätiologie einer Störung sei unbekannt, dann meint man, daß man ihre Ursachen nicht kennt.

Agieren. In der Psychoanalyse spricht man von A., wenn aus der Vergangenheit stammende unbewußte Phantasien, Wünsche, Konflikte nicht erinnert und ausgesprochen werden, sondern sich in verschiedenen Handlungen zeigen (z. B. zu spät kommen, Wutanfälle kriegen), wobei dem Agierenden der Zusammenhang nicht klar ist.

Archetyp. In der Psychologie C. G. Jungs die angeborene Bereitschaft, die Erfahrungen und das Verhalten in bestimmten Mustern zu organisieren. Wie das dann tatsächlich aussieht, hängt von der Lebenswelt einer Person und ihrem Entwicklungsstand ab. Die Begriffe Vater, Mutter, Kind z. B. bezeichnen auch Archetypen, also bestimmte Handlungs- und Erlebnismuster. Andere Archetypen sind etwa die *Persona* und der *Schatten* (s. d.)

Borderline Störung. Eine Persönlichkeitsstörung, die durch emotionale Wankelmütigkeit, Impulsivität, Ziellosigkeit und der Tendenz zu selbstschädigendem Verhalten bis hin zur Selbstmordgefahr gekennzeichnet ist. Abgrenzungen und Diagnose sind schwierig, deswegen sollten selbst Fachleute den Begriff nur mit Vorsicht gebrauchen.

Deutung. Die D. ist das zentrale therapeutische Mittel der Psychoanalyse. Es ist ein von der Psychoanalytikerin dem Patienten gegenüber ausgesprochener (hypothetischer) Hinweis auf die mögliche *Bedeutung* von z. B. erzählten Träumen, Symptomen, Versprechern, Widerstandsäußerungen und anderem. Solche Deutungen beziehen sich etwa auf unbewußte Motive, Konflikte, Ängste und Erinnerungen, die den gedeuteten Verhaltensweisen zugrundeliegen könnten.

Differentialdiagnose. Feststellung einer Krankheit oder Störung bei gleichzeitiger Abgrenzung gegenüber anderen Krankheiten mit ähnlichen Symptomen.

Empathie, empathisch. Einfühlung, einfühlsam. Der deutsche Begriff ist ins Englische mit dem Kunstwort „empathy" übersetzt und von Leuten mit wenig Sprachgefühl zu uns zurücktransportiert worden.

Familienmythen. Die von Generation zu Generation innerhalb einer Familie weitergegebenen Meinungen, Zuschreibungen, Sichtweisen oder Rollenverteilungen, die das Verhalten eines oder aller Mitglieder der Familie in starrer Form bestimmen können.

Forensisch. Von lateinisch „forum", der Versammlumgsplatz, das Gericht. Forensische Psychologie und Psychiatrie sind diejenigen Zweige dieser Wissenschaften, die sich mit den bei Gerichtsverhandlungen und im Strafvollzug auftretenden Problemen beschäftigen. Wichtige Aufgaben sind die Beurteilung der Glaubwürdigkeit von Zeugen, der Zurechnungsfähigkeit von Tätern und die Einschätzung der Gefahr erneuter Straftaten.

Gegenübertragung. s. Übertragung

Indikation. Unter der I. eines Behandlungsverfahrens oder eines Medikamentes versteht man den Bereich derjenigen Störungen oder Krankheiten, die durch das Verfahren wirksam behandelt werden können. Die *Gegenindikation* ist jener Bereich, in dem das Verfahren unwirksam oder sogar schädlich ist. Von *differentieller I.* spricht man, wenn verschiedenen Störungen jeweils ein geeignetes Behandlungsverfahren zugeordnet wird.

Intervention. Im Bereich der psychologischen Versorgung ist I. der übergeordnete Begriff für verschiedene mögliche Maßnahmen. Üblicherweise rechnet man zur I. die *Prävention* (s. d.), die *Beratung* (z. B. Erziehungs-, Ehe- oder Drogenberatung), die *Therapie* oder Behandlung und die *Rehabilitation*, d. h. die Wiederherstellung von beeinträchtigten Fähigkeiten bzw. deren Ersatz durch andere Techniken. Ein Spezialfall ist die *Krisenintervention.*

Katharsis. Kommt aus dem Griechischen und heißt „Reinigung". Man versteht darunter das Wiedererinnern von vergangenen schrecklichen Erfahrungen unter starker affektiver Beteiligung und intensivem emotionalem Ausdruck wie Weinen oder Schreien. In der frühen Psychoanalyse und anderen Therapieformen versprach man sich davon gewissermaßen eine Erlösung von den pathologischen Auswirkungen der vorher verdrängten (s. d.) Erfahrungen.

Konfrontation. Wenn man sich gefürchteten Gegenständen oder Situationen aussetzt ohne wegzulaufen oder die Wahrnehmung zu blokkieren spricht man von K. Unter bestimmten Umständen führt wiederholte und/oder länger andauernde K. zum dauerhaften Verschwinden der Angst. Deswegen ist K. ein zentraler Bestandteil verhaltentherapeutischer Angstbehandlung, aber K. in der einen oder anderen Form spielt in praktisch allen Therapieformen eine wichtige Rolle.

Kognitionen. Geistige Vorgänge oder Dispositionen wie Selbstgespräche, Phantasien, Überzeugungen, Einstellungen, Denkmuster und Denk-fehler, Ursachenzuschreibungen etc., denen man bei bestimmten psychischen Störungen eine mitverursachende Rolle zuschreibt und durch deren Beeinflussung man therapeutische Wirkungen erzielen kann.

Libido. In der Psychoanalyse jene angenommene psychische Energie, die den im weitesten Sinne erotischen (aufbauenden) Lebensäußerungen zugrundeliegt. Ihr Gegensatz ist der (zerstörerische) Todestrieb.

Lösungsorientierung. Das therapeutische Prinzip, sich nicht so sehr mit den Problemen einer Person zu beschäftigen, sondern mit den Möglichkeiten, diese zu überwinden.

Neurose, neurotisch. N. ist eine verbreitete, aber in Fachkreisen zunehmend kritisierte Bezeichnung für psychische Störungen, die weder als Geisteskrankheit bezeichnet werden können noch auf körperliche Ursachen, z. B. Gehirnschäden, zuückführbar sind. Die Kritik richtet sich gegen die Unklarheit des Begriff und gegen seinen abwertenden Charakter.

Nosologie, nosologisch. Die Krankheitslehre bzw. diese betreffend. Im wesentlichen handelt es sich um die systematische Beschreibung und Klassifikation von Krankheiten bzw. psychischen Störungen und um die Erforschung ihrer Ursachen und Verbreitung.

Panikanfall. Plötzlich einsetzender, heftiger Angstanfall mit verschiedenen Symptomen wie Schweißausbruch, Herzjagen, Schwindel, Gefühl des Realitätsverlustes, und häufig der Angst zu sterben oder die Kontrolle zu verlieren. Kann in verschiedenen Zusammenhängen auftreten und ist für sich genommen noch keine psychische Störung (s. aber *Panikstörung*).

Panikstörung. Von P. spricht man dann, wenn Panikanfälle (s. d.) ohne medizinische oder medikamentöse Ursache über einen längeren Zeitraum wiederholt und unerwartet auftreten, sich Erwartungsangst entwickelt sowie Besorgnis bezüglich der möglichen Auswirkungen dieser Anfälle.

Paradoxe Intervention. Das Verschreiben bzw. Auftragen scheinbar widersinniger Aufgaben wie z. B. ein bestimmtes Symptom, das der Patient eigentlich loswerden möchte, willentlich zu erzeugen. Es gibt hier unterschiedliche Strategien mit unterschiedlichen Begründungen.

Paraphilien. Wurden früher Perversionen genannt. Es handelt sich um Störungen, die dadurch gekennzeichnet sind, daß sexuelle Befriedigung (fast) ausschließlich durch bestimmte unübliche Objekte und Handlungen erreicht werden kann. Paraphilien können relativ harmlos sein wie Schuhfetischismus, strafrechtlich verfolgbar wie Voyeurismus oder Exhibitionismus und ausgesprochen krimininell wie bestimmte Formen des Sadismus.

Persona. In der Psychologie C. G. Jungs ein Archetyp (s. d.), der die Gesamtheit der sozial angepaßten, offiziellen und nach außen präsentierten Persönlichkeitszüge umfaßt. Die Persona ist gewissermaßen die soziale Maske (lateinisch *persona*) eines Menschen.

Phobie. Extreme Angst vor bestimmten Situationen oder Objekten. Beispiele sind Tierphobien, besonders vor Schlangen, Spinnen, Insekten u. ä., Höhenangst, Agoraphobie (Angst, in engen Räumen eingeschlossen zu sein oder allein sich von zu Hause zu entfernen), Blut- Spritzen-Phobie und soziale Phobien wie z. B. vor dem öffentlichen Auftreten.

Prävention. Verhütung einer Krankheit oder ihrer Verschlimmerung durch geeignete Maßnahmen. Schutzimpfungen sind ein klassisches Beispiel, ein anderes sind die Kampagnen zur Verhütung von Aids.

Primärvorgänge. In der psychoanalytischen Theorie sind – grob gesagt – die P. jene seelischen Funktionsweisen, die unbewußt, automatisch und nach dem Lustprinzip ablaufen, während die *Sekundärvorgänge* bewußt bzw. vorbewußt, willkürlich kontrolliert und nach dem Realitätsprinzip vor sich gehen.

Regression. In der psychoanalytischen Theorie ein Zurückgehen von Teilen der Persönlichkeit auf eine frühere Stufe der Entwicklung. Allgemeiner und etwas ungenauer versteht man unter R. das Auftauchen von infantilen Formen des Fühlens, Denkens und Handelns. Unter gewissen Umständen kann dies durchaus angemessen sein

Ressourcenorientierung. Ein therapeutisches Prinzip, das eher die Stärken eines Patienten betont und auf ihnen aufbaut als sich mit seinen Defekten zu beschäftigen. Auch die Symptome selbst werden als eine wenn auch verunglückte Stärke gesehen, die in den Dienst der Therapie gestellt werden können.

Schatten. In der Psychologie C. G. Jungs ein Archetyp, der die von der *Persona* (s. d.) unterdrückten, finsteren Seiten eines Menschen repräsentiert. Sexuelle Gier, Gewalttätigkeit, Habsucht und andere sozial unerfreuliche Charakterzüge finden sich dort. Diese Seite des Selbst zu erfahren und mit ihr ins Reine zu kommen ist ein wichtiger Aspekt der analytischen Therapie.

Sekundärvorgänge s. Primärvorgänge

Setting. Die äußeren Bedingungen einer Therapie. Dazu gehören Länge und Anzahl der Sitzungen, die Räumlichkeiten, in denen sie stattfindet, die beteiligten Personen, die relative Position von Therapeutin und Klient (gegenüber sitzen, auf der Couch liegen, miteinander Dinge unternehmen), die Art der Bezahlung und sonstige Arrangements.

Sublimation. In der psychoanalytischen Auffassung ein Abwehrmechanismus (s. *Abwehr*), durch den libidinöse Energie (s. *Libido*) in Richtung einer künstlerischen oder intellektuellen Tätigkeit „umgelenkt" wird.

Trauma, Traumatisierung. Ein Trauma ist ein Ereignis, das für jeden Menschen eine furchtbare Erfahrung und Belastung darstellen würde. Dazu gehören Naturkatastrophen wie Überschwemmungen oder Erdbeben, Vergewaltigungen, Verwicklung in kriegerische Ereignisse, Unfälle, Folter oder Geiselnahme. Von Traumatisierung spricht man dann, wenn sich als Folge eines Traumas seelisches Leiden oder psychische Störungen entwickeln.

Übertragung. In der psychoanalytischen Theorie positive oder negative emotionale Reaktionen auf andere Menschen, die durch deren Verhalten nicht gerechtfertigt sind. Man nimmt an, daß in diesen Fällen Reaktionsmuster aus der Vergangenheit, insbesondere aus der Kindheit wiederholt und auf andere Menschen eben „übertragen" werden. Ü. tritt ausgeprägt in der psychoanalytischen Therapie auf (aber nicht nur dort), und ihre Deutung (s.d) ist ein wichtiger Bestandteil der analytischen Technik.

Verdrängung. Ein Abwehrmechanismus (s. d.), durch den bedrohliche oder sonstwie unakzeptable Wahrnehmungen, Erinnerungen oder Phantasien aus dem Bewußtsein verbannt und somit unbewußt werden. Dies ist ein viel tiefgehender Vorgang als mit der alltäglichen Verwendung dieses Begriffes gemeint ist, denn da heißt verdrängen nur, sich mit etwas nicht zu befassen, nicht daran zu denken.

Verstärkung. Ein Ereignis, daß unmittelbar oder in kurzen Abstand auf eine Handlung folgt und die Wahrscheinlichkeit erhöht, daß diese Handlung unter ähnlichen Bedingungen wieder auftritt.

vorbewußt. Etwas, was im Moment zwar nicht bewußt ist, aber relativ leicht bewußt (gemacht) werden kann, wie z. B. die Tatsache, daß man irgendwann einmal wieder eine Steuererklärung abgeben muß.

Widerstand. Wenn sich ein Mensch dem Bewußtwerden des Unbewußten widersetzt, heißt dies W. Das Motiv für den W. ist klar: Gerade weil etwas dem Ich unakzeptabel ist, wurde es ja ins Unbewußte verbannt (s. Verdrängung). W. kann sich gegen alles richten, was ein derartiges Bewußtwerden provozieren könnte, also auch gegen Taten und Worte des Analytikers oder gegen die Analyse selbst.

4. Verzeichnis der Autorinnen und Autoren

Bauriedl, Thea, Dr. phil., Dipl.-Psych., Psychoanalytikerin. Privatdozentin für Klinische Psychologie an der Ludwig-Maximilians Universität München, Vorsitzende der Akademie für Psychoanalyse und Psychotherapie e. V. München und Leiterin des Instituts für Politische Psychoanalyse München. Forschungsschwerpunkte: Wissenschaftstheoretische Grundlagen der Psychoanalyse, Angewandte Psychoanalyse, Politische Psychoanalyse, psychoanalytische Friedens- und Konfliktforschung. Autorin zahlreicher Publikationen.

Bender, Wolfram, Prof. Dr. med., Dr. phil., Dipl.-Psych. Studium der Medizin und Psychologie in Hamburg. Weiterbildung zum Nervenarzt und Facharzt für Psychotherapeutische Medizin. Lehrtherapeut und Supervisor für Psychodrama und Psychoanalyse am Moreno-Institut in Überlingen. Ärztlicher Direktor des Bezirkskrankenhauses Haar bei München. Arbeitsschwerpunkte sind Psychopathologie-Skalen, Entwicklung und Evaluation von Psychotherapie sowie psychosozialen Rehabilitationsprogrammen für schwer psychisch erkrankte Menschen. Veröffentlichungen: Zahlreiche Beiträge in Fachzeitschriften und Büchern.

Eschenröder, Christof T., Dipl.-Psych.
Studium der Psychologie in Marburg und Münster. Weiterbildung in Verhaltenstherapie und Rational-Emotiver Verhaltenstherapie. Psychotherapeut und Supervisor in eigener Praxis in Bremen, Ausbilder in Rational-Emotiver und Kognitiver Verhaltenstherapie.
Veröffentlichungen: Reden ohne Streß (Buch und Tonkassette). Offenbach 1990; Selbstsicher in die Prüfung (Buch und Tonkassette). Offenbach 1993; EMDR – Eine neue Methode zur Verarbeitung traumatischer Erinnerungen. Tübingen 1997.

Evers-Fahey, Dirk, Dr. theol., Dipl. Analyt. Psych.
Studium der Philosophie, Theologie und Psychologie in Fulda und München. Ausbildung zum Psychotherapeuten am C. G. Jung Institut Zürich, dort auch als Dozent, Supervisor und Lehranalytiker tätig. Arbeit in eigener Praxis als Jungscher Psychotherapeut in Zürich.
Veröffentlichungen: Sittlichkeit im Wort-Feld der Begegnung. Regensburg 1979; Der Traum im menschlichen Seelenleben. In: Westermann, C. (Hrsg.): Träume verstehen – Verstehen durch Träume. München, 1986.

Gerl, Wilhelm, Dipl.-Psych., Klinischer Psychologe (BDP).
Studium der Psychologie in München. Weiterbildung in Verhaltenstherapie, Gesprächspsychotherapie und Klinischer Hypnose; Schüler Mil-

ton H. Ericksons. Ausbilder für Gesprächspsychotherapie (GwG) und für Klinische Hypnose (M. E. G.) und am Institut für Integrierte Therapie e. V. (IIT) in München. Mitherausgeber der Zeitschrift ‚Partnerberatung'. Veröffentlichungen: Entspannung (zus. mit B. Peter). München 1981; mehrere Artikel in Fachzeitschriften und -büchern.

Gneist, Joachim M., Dr. med., Psychotherapeut und Psychoanalytiker in eigener Praxis.
Studium der Theologie und Medizin in Heidelberg, Hamburg, Berlin und München. Weiterbildung zum Nervenarzt und Facharzt für Psychotherapeutische Medizin, Zusatzbezeichnung Psychoanalyse; Ausbildung im Katathymen Bilderleben. Lehrtherapeut und Supervisor für Psychodrama und Autogenes Training, Dozent im Münchner Ärztlichen Weiterbildungskreis und an der Akademie für Psychoanalyse in München.
Veröffentlichungen: Wenn Haß und Liebe sich umarmen. Das Borderline-Syndrom. Ein Psychodrama unserer Zeit. Frankfurt 1995; weitere Artikel in Fachzeitschriften und -büchern.

Hartl, Lydia, Prof. Dr. med., Dr. phil.
Ärztin und Psychologin. Lehrt am Institut für Psychologie der Ludwig-Maximilians-Universität München. Forschungs- und Arbeitsschwerpunkte sind Verhaltensmedizin und Gesundheitspsychologie. Seit 1994 lehrt sie zudem an der Hochschule für Gestaltung in Karlsruhe Wahrnehmungspsychologie und Medienanthropologie.

Hautzinger, Martin, Prof. Dr. phil.
Professor an der Eberhard-Karls-Universität in Tübingen, Leiter der Abteilung für klinische und Physiologische Psychologie.Veröffentlichungen u. a.: Kognitive Verhaltenstherapie bei psychischen Erkrankungen, Berlin 1994; Kognitive Therapie der Depression (zus. mit A. T. Beck et al.) 5. Aufl., Weinheim 1996; Kognitive Verhaltenstherapie bei Depressionen – Behandlungsanleitungen und Materialien. 4. Aufl., Weinheim 1998. Zahlreiche weitere Beiträge in Fachzeitschriften und -büchern.

Hellauer, Dieter, Dr. phil., Dipl.-Psych.
Psychotherapeut in eigener Praxis in München, Redakteur im Bildungsfernsehen (NDR, BR) und im Pressereferat der Max-Planck-Gesellschaft, Chefredakteur von „Bild der Wissenschaft". Weiterbildung in Verhaltenstherapie im Münchner Institut für Sozialtraining, Supervisor und Lehrbeauftragter an der Universität Hamburg.
Veröffentlichungen: Naturwissenschaftliche Sendungen und Bücher für das Telekolleg; Regiearbeit für die Münchner Therapiefilme; Publika-

tionen über Asthma, Adipositas, Störungen des Körperschemas und Videoeinsatz in der Psychotherapie in Fachzeitschriften und Büchern.

Hockel, Curd Michael, Dipl.-Psych..
Psychotherapeut in eigener Praxis in München. Weiterbildung in Gesprächspsychotherapie und Kinder- und Jugendlichenpsychotherapie. Ausbilder für Gesprächs- und Kinder- und Jugendlichenpsychotherapie. Gründungspräsident der Europäischen Föderation der Berufsverbände von Psychologen (EFPPA). Lehrbeauftragter an der Universität Innsbruck für Kinder- und Jugendlichenpsychotherapie. Veröffentlichungen: Handbuch der angewandten Psychologie (zus. hrsg. mit von Rosenstiel und Molt). Landsberg 1994.

Houben, Antoon, Privatdozent, Dr. phil., Dipl.-Psych.
Psychotherapeut und Psychoanalytiker in eigener Praxis in München. Studium der Theologie in den Niederlanden, Studium der Psychologie in Freiburg/Br. Dozent an der LMU München und den Universitäten Heidelberg und Freiburg. Weiterbildung in Psychoanalyse in der Deutschen Psychoanalytischen Vereinigung (DPV), dort auch Lehrtherapeut. Veröffentlichungen: Klinisch psychologische Beratung. München, 1975.

Hoyndorf, Stephan, Dipl.-Psych.
Lehrtherapeut für Verhaltenstherapie. Studium der Psychologie in Tübingen und St. Louis (USA), Ausbildung in Sexualtherapie bei Mark Schwartz (Masters & Johnson Institut). Verschiedene Veröffentlichungen zur Behandlung von Sexualstörungen und zur Therapie von Sexualtätern. Er arbeitet seit 1987 im Therapiezentrum der Gerhard-Alber-Stiftung in Stuttgart.

Jost-Peter, Alida, Pädagogin und Dipl.-Psych.
Studium der Pädagogik und Psychologie in Freiburg und München. Klinische Psychologin (BDP), Mitbegründerin der Milton-Erickson-Gesellschaft für klinische Hypnose (M. E. G.). Weiterbildung in klientenzentrierter Gesprächsführung, Verhaltenstherapie, Hypnotherapie und systemorientierter Paar- und Familientherapie. Psychotherapeutin in eigener Praxis in München.

Kraiker, Christoph, Dr. phil., Dipl.-Psych.
Studium der Psychologie und Philosophie. Wissenschaftlicher Mitarbeiter am Institut für Psychologie der Universität München. Mitherausgeber der Zeitschrift „Hypnose und Kognition“. Veröffentlichungen: Handbuch der Verhaltenstherapie. München 1974; Psychoanalyse, Behaviorismus, Handlungstheorie. München 1981; Hypnose und Verhal-

ienstherapie (zus. hrsg. mit B. Peter und D. Revenstorf). Bern 1991. Arbeitsgebiete: Kogntive Verhaltenstherapie, Wissenschaftstheorie.

Linden, Michael, Prof. Dr. med., Dipl.-Psych.
Studium der Medizin und Psychologie in Mainz und Berlin. Leiter der Poliklinik an der Psychiatrischen Klinik und Poliklinik der Freien Universität Berlin. Forschungsschwerpunkte: Versorgungsforschung, Affektive Störungen, Verhaltenstherapie. Veröffentlichungen: Verhaltenstherapie: Techniken, Einzelverfahren und Behandlungsanleitungen. (hg. zus. mit M. Hautzinger), 3. Aufl. Berlin 1996. Drug utilization observation studies (Hg.), Stuttgart/New York 1997.

Lukas, Elisabeth, Dr. phil., Dipl.-Psych.
Klinische Psychologin und Schülerin von Viktor E. Frankl seit 1968. Gründungsmitglied der Deutschen Gesellschaft für Logotherapie e. V. und fachliche Leiterin des Süddeutschen Instituts für Logotherapie in Fürstenfeldbruck bei München.
Veröffentlichungen: Von der Trotzmacht des Geistes. Freiburg 1986; Rat in ratloser Zeit. Freiburg 1988; zahlreiche weitere Publikationen in acht Sprachen.

Mertens, Wolfgang, Prof., Dr. phil., Dipl.-Psych.
Weiterbildung zum Psychoanalytiker (DGPT). Professor für Klinische Psychologie (Psychoanalyse) an der Ludwig-Maximilians-Universität München; Weiterbildungsleiter an der Akademie für Psychoanalyse und Psychotherapie in München. Veröffentlichungen: Psychoanalyse. Stuttgart 1981; Einführung in die psychoanalytische Entwicklungspsychologie. Stuttgart 1991; zahlreiche weitere Artikel in Fachzeitschriften und Fachbüchern.

Münzel, Karin, Prof., Dr. phil., Dipl.-Psych.
Studium der Psychologie an der Universität München, Weiterbildung zur Verhaltenstherapeutin. Wissenschaftliche Angestellte und außerplanmäßige Professorin für Psychologie am Institut für Psychologie/Neuropsychologie der Universität München. Mitherausgeberin der Zeitschrift „Verhaltenstherapie und Verhaltensmedizin".

Overkamp, Bettina, Dipl.-Psych.
Studium der Psychologie in Gießen und München. Wissenschaftliche Mitarbeiterin an der Universität München, Institut für Psychologie/Klinische Psychologie. Weiterbildung in Hypnotherapie in Berlin u. Gaberville (USA). Arbeitsschwerpunkt: Dissoziative (Identitäts-)Störungen.

Peter, Burkhard, Dr. phil., Dipl.-Psych.
Weiterbildung in Verhaltenstherapie, Gesprächstherapie und Klinischer Hypnose; Schüler Milton H. Ericksons; Klinischer Psychologe (BDP). Ausbilder für Klinische Hypnose in der M. E. G. und am Institut für Integrierte Therapie e. V. München; Lehrauftrag für klinische Hypnose am Inst. f. Psychologie der Universität München Mitherausgeber der Zeitschrift „Hypnose und Kognition". Veröffentlichungen u.a.: Entspannung (zus. mit W. Gerl). München 1981; Hrsg.: Hypnose und Hypnotherapie nach Milton H. Erickson. München 1985; Hypnose und Verhaltenstherapie (zus. hrsg. mit C. Kraiker und D. Revenstorf). Bern 1991; zahlreiche weitere Artikel in Zeitschriften und Fachbüchern.

Reinecker, Hans, Prof. Dr. phil.
Studium der Psychologie und Pädagogik in Salzburg. Lehrstuhlinhaber für Klinische Psychologie an der Universität Bamberg. Arbeitsschwerpunkte: Grundlagen der Klinischen Psychologie, Psychotherapieforschung, Angststörungen, Kognitive Verhaltenstherapie. Veröffentlichungen u. a.: Grundlagen der Verhaltenstherapie, 2. Aufl., München, 1994. Zwänge. Diagnose, Theorien und Behandlung, 2. Aufl. Bern 1994; Lehrbuch der Klinischen Psychologie. Göttingen, 3. Aufl. 1998.

Revenstorf, Dirk, Prof., Dr. rer. soc., Dipl.-Psych.
Studium der Psychologie in Hamburg. Weiterbildung in Verhaltenstherapie, Gestalttherapie und Klinischer Hypnose. Prof. für Klinische Psychologie an der Universität Tübingen und an der Universidad de las Americas in Puebla/Mexico. Herausgeber der Zeitschrift „Partnerberatung". Veröffentlichungen u. a.: Psychotherapeutische Verfahren, Bd. 1–4. Stuttgart 1982–1985; Klinische Hypnose (Hg.). 2. Aufl. Berlin 1993; zahlreiche Beiträge in Büchern und Fachzeitschriften als Herausgeber und Autor.

Rossius, Wolfgang, Dipl.-Psych.
Arzt und Diplompsychologe. Studium der Medizin und Psychologie in Berlin. Wissenschaftlicher Mitarbeiter an der Psychiatrischen Klinik und Poliklinik der Freien Universität Berlin. Forschungsschwerpunkte: Gehirnveränderungen im Alter und bei Demenz, Angsterkrankungen.

Schmidt, Martin. Dr. phil., Dipl.-Psych.
Akademischer Oberrat am Institut für Psychologie der Universität München. Lehre und Forschung im Bereich Familienpsychologie (Familiendiagnostik, Familientherapie). Leiter einer Forschungsstelle für Familienberatung und -therapie. Supervisor und Ausbilder. Veröffentlichungen u. a.: Beratung und Therapie im Kontext der Familie. In: Schneewind, K. A. (Hg.) Enzyklopädie der Psychologie. Göttingen

1994. Systemische Beratung/Therapie. In Körner & Hörmann (Hg.) Hb. d. Erziehungsberatung I. Göttingen 1998.

Schon, Lothar, Dipl.-Psych.
Studium der Psychologie in Regensburg und München. Weiterbildung in Psychoanalyse und Katathymer Psychotherapie. Wissenschaftlicher Mitarbeiter am Institut für Psychologie der Univ. München bis 1997, jetzt an der WiSo-Fakultät der Universität Augsburg/Fachgruppe Psychologie. Arbeitsschwerpunkte: Psychoanalytische Entwicklungspsychologie und Psychoanalyse der Ökononmie. Veröffentlichung: Entwicklung des Beziehungsdreiecks Vater-Mutter-Kind. Stuttgart 1995.

Schottenloher, Gertraud, Prof. Dr. phil.
Studium der Psychologie, Philosophie und Völkerkunde. Psychotherapeutin (HP). Aufbau und Leitung des Instituts für Kunst und Therapie München (seit 1984) und des Aufbaustudiums Bildnerisches Gestalten und Therapie an der Akademie der Bildenden Künste München (seit 1987). Zahlreiche Vorträge und Seminare im In- und Ausland.
Autorin zahlreicher Artikel und folgender Bücher: Kunst- und Gestaltungstherapie, Eine praktische Einführung, München, Kösel (1992). Schottenloher, Gertraud und Schnell, Hans, Hrsg. (1994) Wenn Worte fehlen, sprechen Bilder. Bildnerisches Gestalten und Therapie. München, Kösel.

Seemann, Hanne, Dipl.-Psych.
Wissenschaftliche Mitarbeiterin an der Abteilung für Medizinische Psychologie der Psychosomatischen Universitätsklinik Heidelberg. Arbeitsgebiete: Therapie und Forschung zu psychosomatischen Schmerzen, Gesprächsführung, Hypnotherapie nach Milton H. Erickson. Veröffentlichungen: (Hrsg.) Psychologische Schmerztherapie. Grundlagen, Diagnostik, Krankheitsbilder, Behandlung, 3. Aufl., Berlin 1996; Freundschaft mit dem eigenen Körper schließen. Über den Umgang mit psychosomatischen Schmerzen. München 1998.

Staemmler, Frank-M., Dipl.-Psych.
Weiterbildung in Gestalttherapie, Gesprächspsychotherapie (GwG). Klinischer Psychologe (BDP). Supervisor und Psychotherapeut im Zentrum für Gestalttherapie in Würzburg. Veröffentlichungen: Therapeutische Beziehung und Diagnose – Gestalttherapeutische Antworten. München 1993; Der ‚leere Stuhl' – Ein Beitrag zur Technik der Gestalttherapie. München 1995; zahlreiche weitere Beträge in Fachzeitschriften und -büchern.

Witte, Karl Heinz, Dr. phil.
Psychoanalytiker und Lehranalytiker DGIP, DGPT in eigener Praxis. Dozent am Alfred Adler Institut für Individualpsychologie e. V. München.

Ziesing, Frank, Dipl.-Psych.
Studium von Vedanta-Philosophie und -Meditation im Ashram eines indisches Mönchs. Danach Studium der Psychologie in Bielefeld. Interessengebiete: Selbstveränderung und Bewußtseinserweiterung. Freiberuflich tätig, u. a. therapeutisch.
Veröffentlichung (zusammen mit Ulrich Pfingsten): Selbstveränderung. Verhaltenstherapie selbst erfahren. Tübingen 1998 (2. Auflage): DGVT-Verlag.

Zihl, Josef, Prof. Dr. phil.
Studium der Psychologie an der Universität Innsbruck, Inhaber des Lehrstuhls für Neuropsychologie am Institut für Psychologie der Universität München und Leiter der Arbeitsgruppe „Neuropsychologie" am Max-Planck-Institut für Psychiatrie in München.

5. Sachregister

Lebenspraxis – Gesundheit – Psychologie – Ratgeber

Ute Benz
Warum sehen Kinder Gewaltfilme?
1998. 150 Seiten mit 14 Abbildungen. Paperback
Beck'sche Reihe Band 1245

Reinmar du Bois
Kinderängste
Erkennen – verstehen – helfen
3., durchgesehene Auflage. 1998. 228 Seiten. Paperback
Beck'sche Reihe Band 1137

Brigitta Bondy
Was ist Schizophrenie?
Ursachen, Verlauf, Behandlung
2., unveränderte Auflage. 1997. 113 Seiten. Paperback
Beck'sche Reihe Band 1077

John H. Greist/James W. Jefferson
Depression
Was man darüber wissen sollte und was man dagegen tun kann
Aus dem Amerikanischen von Edith Wesel
1995. 155 Seiten. Paperback
Beck'sche Reihe Band 1093

Werner Kraus (Hrsg.)
Die Heilkraft des Malens
Einführung in die Kunsttherapie
2., durchgesehene Auflage. 1998. 180 Seiten mit 46 Abbildungen. Paperback
Beck'sche Reihe Band 1157

Werner Kraus (Hrsg.)
Die Heilkraft der Musik
Einführung in die Musiktherapie
1998. Etwa 250 Seiten. Paperback
Beck'sche Reihe Band 1260

Verlag C. H. Beck München